汽车维修全程图解

底盘和车身电气系统分册

双色版

李昌凤　主编

机械工业出版社

本书分为十二章，内容包括手动变速器、自动变速器、离合器、悬架与传动系统、制动系统、助力转向系统、空调系统、安全气囊系统、车载电话与车载网络系统、音响与导航系统以及其他电气系统和汽车电路综合知识，介绍了各系统的组成、工作原理、检修、故障排除以及故障实例等，全书系统地总结和归纳了维修工作中常见的疑点、难点问题，结合维修工作中的案例，对故障原因进行分析、讲解并总结维修经验，帮助读者提升维修技能，突出“新技术”、“新方法”以及“提高实际应用能力”的特点。

本书条理清晰，图文并茂，理论与实践相结合，适合广大汽车技术人员和汽车维修人员阅读参考。

图书在版编目（CIP）数据

汽车维修全程图解. 底盘和车身电气系统分册：双色版/李昌凤主编. —2 版. —北京：机械工业出版社，2016. 5

ISBN 978-7-111-53212-5

Ⅰ.①汽… Ⅱ.①李… Ⅲ.①汽车-底盘-车辆修理-图解②汽车-车体-电气设备-车辆修理-图解 Ⅳ.①U472. 4-64

中国版本图书馆 CIP 数据核字（2016）第 049838 号

机械工业出版社（北京市百万庄大街 22 号 邮政编码 100037）
策划编辑：杜凡如 连景岩 责任编辑：杜凡如 连景岩
责任校对：陈 越 封面设计：马精明 责任印制：李 洋
三河市国英印务有限公司印刷
2016 年 4 月第 2 版第 1 次印刷
148mm×210mm · 8. 25 印张 · 257 千字
0001— 3000 册
标准书号：ISBN 978-7-111-53212-5
定价：29. 90 元

凡购本书，如有缺页、倒页、脱页，由本社发行部调换

电话服务
服务咨询热线：010-88361066
读者购书热线：010-68326294
010-88379203
封面无防伪标均为盗版

网络服务
机 工 官 网：www. cmpbook. com
机 工 官 博：weibo. com/cmp1952
金 书 网：www. golden-book. com
教育服务网：www. cmpedu. com

前言

汽车电子技术的飞速发展，给汽车维修业带来新的变革，使得汽车诊断维修思路、检测方式和维修方法也产生了新的变化，为了让广大汽车维修人员更好地掌握汽车维修技能，我们特意组织编写本书。

本书是修订版，采用双色印刷的形式，将书中插图的重点部件、电路回路、结构细节等用蓝色突出显示，易于读者掌握要点。全书分为十二章，内容包括手动变速器、自动变速器、离合器、悬架与传动系统、制动系统、助力转向系统、空调系统、安全气囊系统、车载电话与车载网络系统、音响与导航系统，介绍了各系统的组成、工作原理、检修、故障排除以及故障实例等，以及其他电气系统和汽车电路综合知识。全书系统地总结和归纳了维修工作中常见的疑点、难点问题，结合维修工作中的案例，对故障原因进行分析、讲解并总结维修经验，帮助读者提升维修技能，突出“新技术”“新方法”以及“提高实际应用能力”的特点。

本书层次分明，条理清晰，图、表相结合，简单实用，易学易懂，适合广大汽车维修新人、初级技师、汽车维修爱好者自学以及作为汽车维修入门培训的指导用书。

本书由李昌凤主编，参加编写的人员还有李富强、李素红。在本书编写过程中，得到了许多汽车维修企业以及广大技师朋友的大力支持和协助，并参阅了大量的相关资料，在此表示诚挚的感谢！

由于编者水平有限，书中难免有不足之处，恳请广大读者批评指正，以便再版时补充完善。

编　者

目录

前言

第一章 手动变速器

第一节　手动变速器结构概述

一、手动变速器的组成

普通齿轮变速器主要分为三轴变速器和两轴变速器两种，两种变速器的区别主要在于齿轮传动机构的不同，而操纵机构基本相同。

1. 三轴式 5 档变速器

三轴式 5 档变速器有 5 个前进档和一个倒档，由壳体、第一轴（输入轴）、中间轴、第二轴（输出轴）、倒档轴、各轴上齿轮、操纵机构等几部分组成，如图 1-1 所示。

学习提示

在该变速器上，各轴上倒档齿轮均为直齿圆柱齿轮，采用移动齿轮换档方式。其余各齿轮全部为斜齿圆柱齿轮，具有传动平稳的特点，并且全部采用同步器换档。

2. 两轴式 4 档变速器

两轴式变速器由输入轴和输出轴两根轴组成，与传统的三轴式变速器相比，省去了中间轴，如图 1-2 所示。

二、手动变速器的工作原理

以 5 档手动变速器为例说明其工作原理。

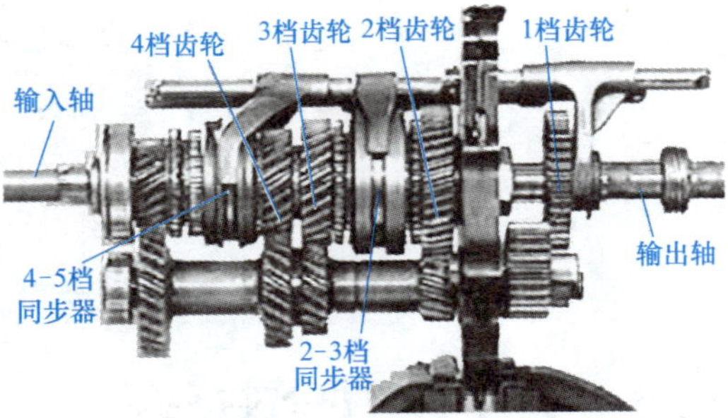

图 1-1　三轴式 5 档变速器示意图

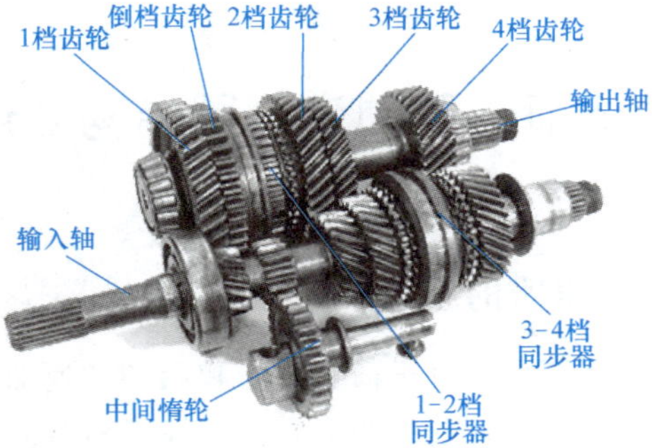

图 1-2　两轴式 4 档变速器示意图

（1）空档动力传递路线如图 1-3 所示。

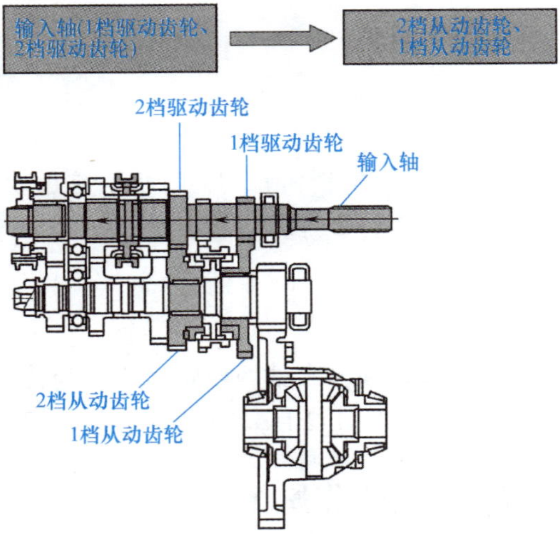

图 1-3　空档动力传递路线示意图

（2）1 档动力传递路线如图 1-4 所示。

输入轴(1档驱动齿轮) → 1档从动齿轮 → 1~2档同步器 → 输出轴(驱动小齿轮) → 差速器齿轮 → 差速器

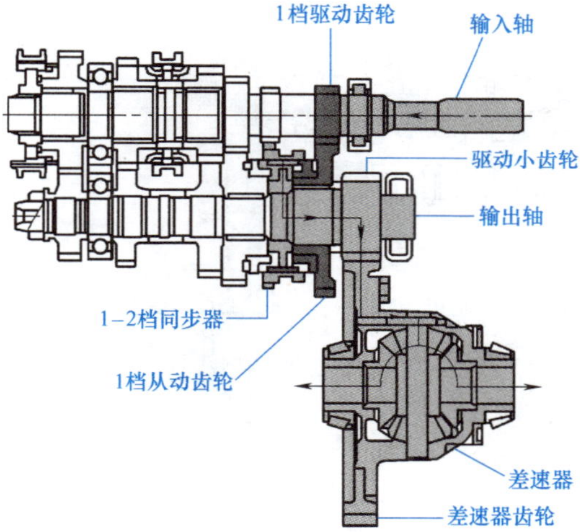

图 1-4　1 档动力传递路线示意图

（3）2 档动力传递路线如图 1-5 所示。

轴入轴 (2档驱动齿轮) → 2档从动齿轮 → 1-2档同步器 → 输出轴(驱动小齿轮) → 差速器齿轮 → 差速器

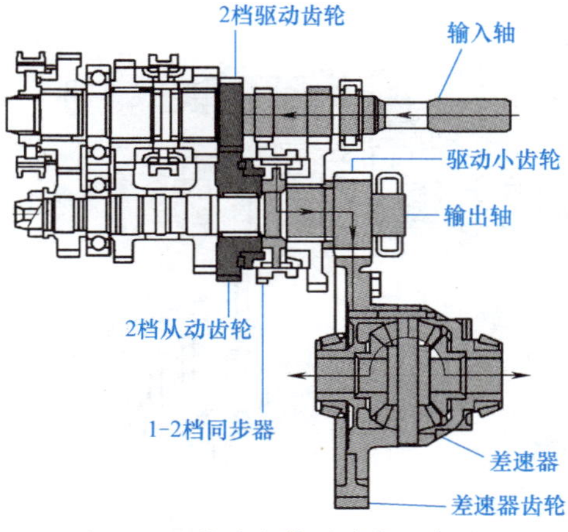

图 1-5　2 档动力传递路线示意图

（4）3 档动力传递路线如图 1-6 所示。

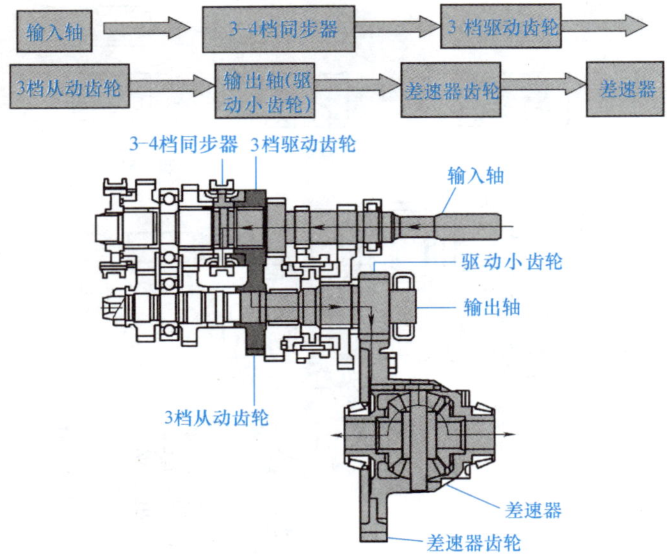

图 1-6　3 档动力传递路线示意图

（5）4 档动力传递路线如图 1-7 所示。

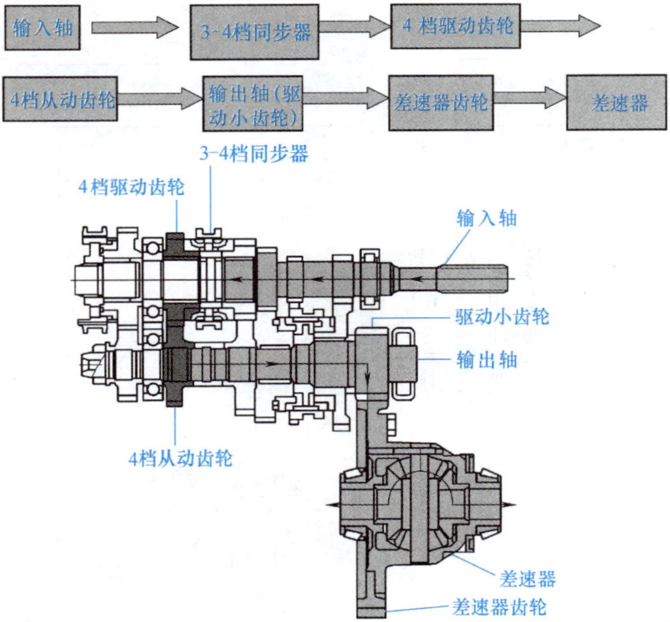

图 1-7　4 档动力传递路线示意图

（6）5 档动力传递路线如图 1-8 所示。

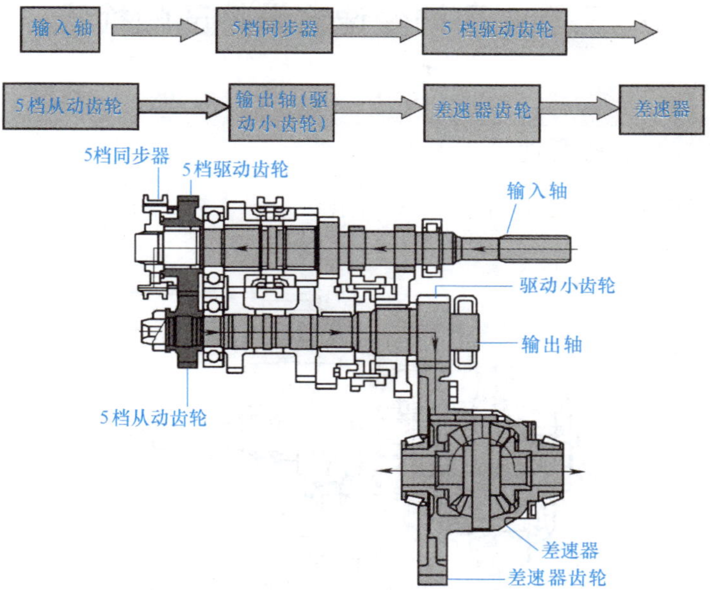

图 1-8　5 档动力传递路线示意图

（7）倒档动力传递路线如图 1-9 所示。

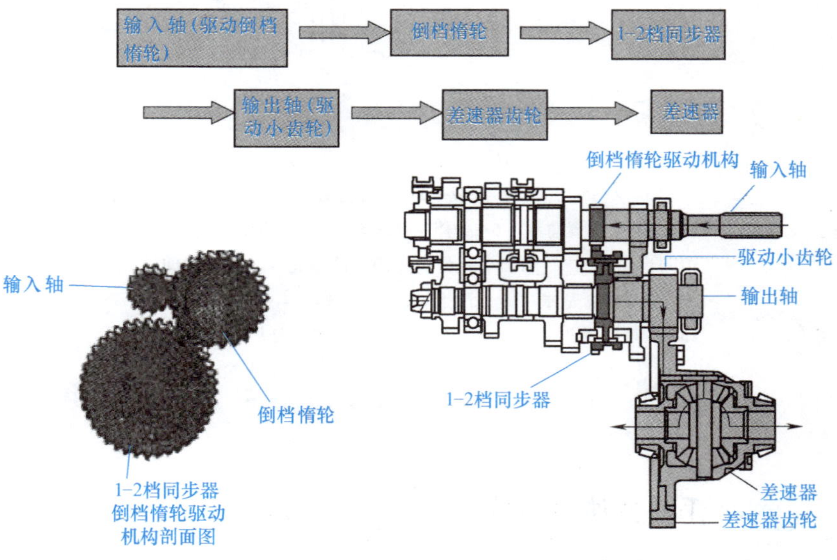

图 1-9　倒档动力传递路线示意图

第二节　手动变速器系统故障检修

一、手动变速器的构造

手动变速器的构造如图 1-10 所示。

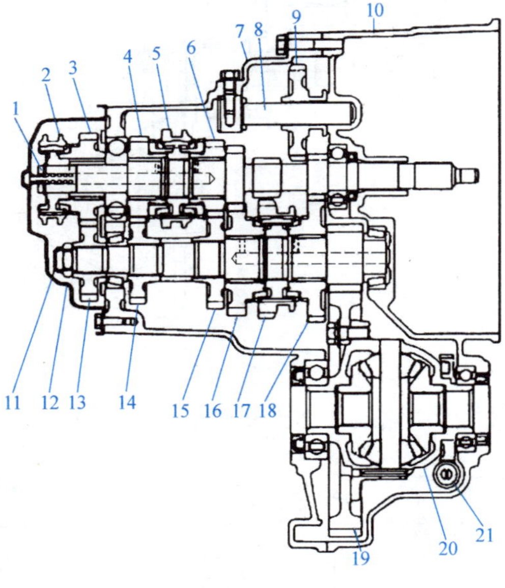

图 1-10　手动变速器的构造

1—输入轴　2—5 档同步器总成　3—5 档主动齿轮　4—4 档主动齿轮　5—直接档同步器总成　6—3 档主动齿轮　7—中间壳体　8—倒档中间齿轮轴　9—倒档中间齿轮　10—前端壳体　11—中间轴　12—后端壳体　13—5 档从动齿轮　14—4 档从动齿轮　15—3 档从动齿轮　16—2 档从动齿轮　17—低档同步器总成　18—1 档从动齿轮　19—主减速器从动齿轮　20—差速器壳体　21—差速器从动齿轮

二、手动变速器的检修

1. 手动变速器拆解

(1)拆下变速杆盖	(2)拆下变速器盖螺栓
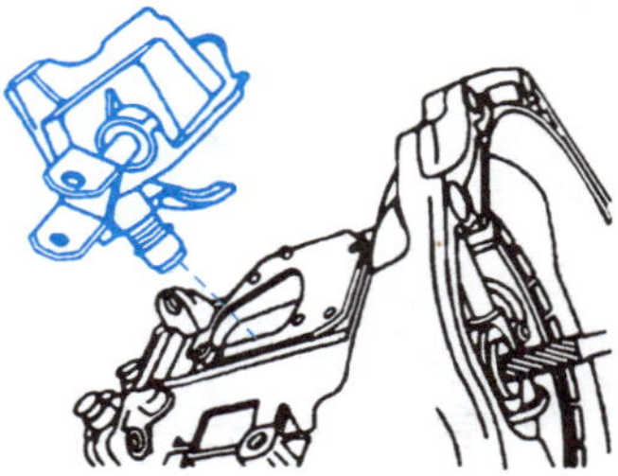	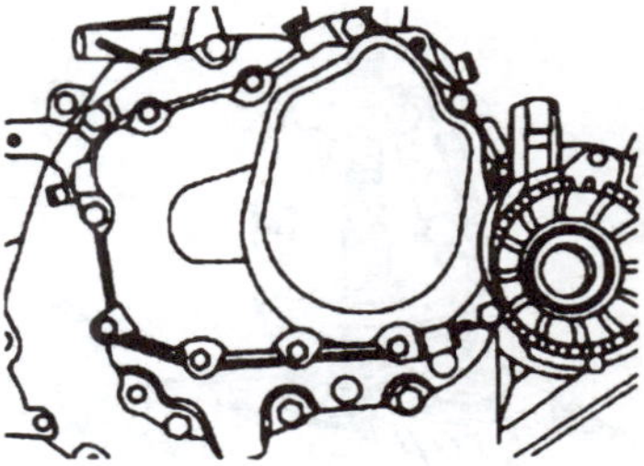
(3)拆下变速器盖	(4)拆下轴承板螺栓
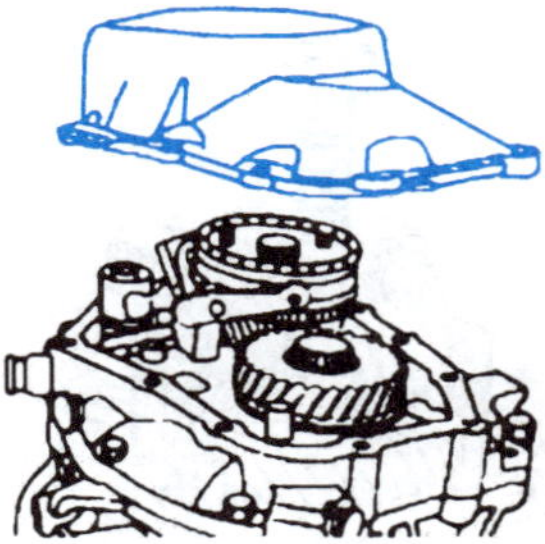	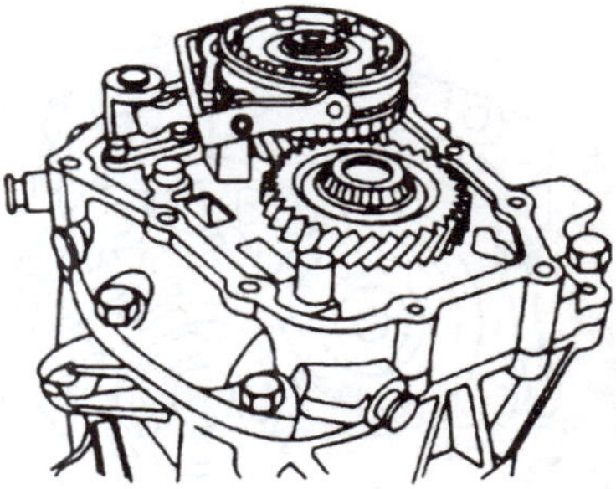
(5)将轴承板和轴一起从壳体中拉出	(6)从轴承板上拆下 5 档拨叉和卡环
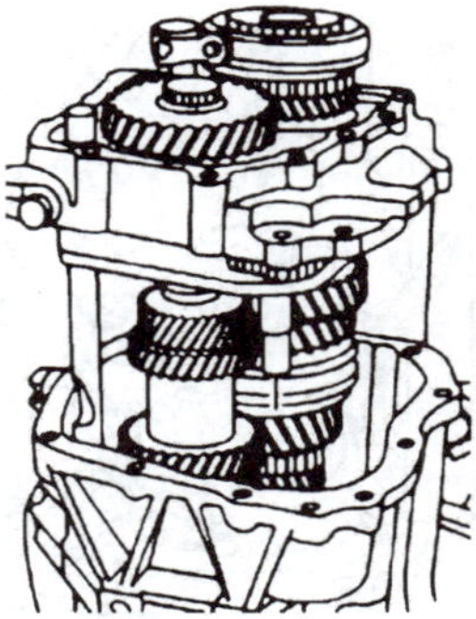	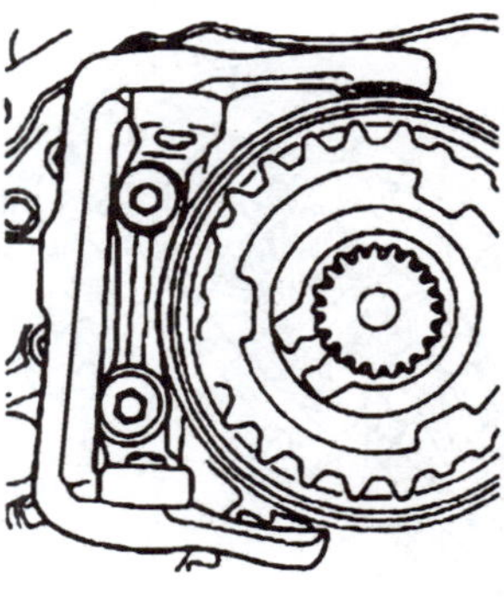

(7)用顶拔器拆下5档从动齿轮同步器接合套、同步器齿轮以及从动齿轮	(8)拆下主轴滚针轴承、卡环和止推垫圈
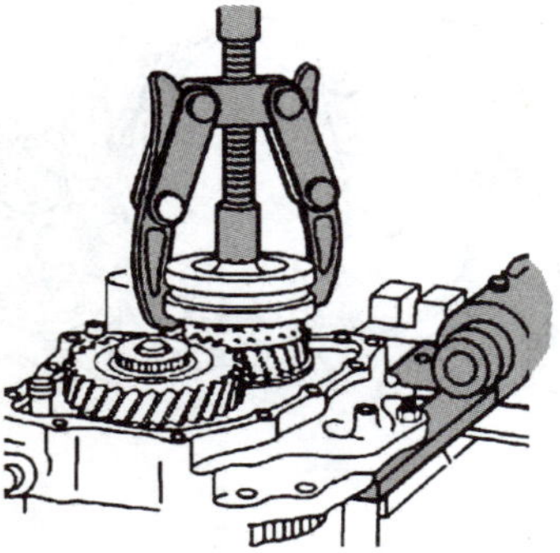	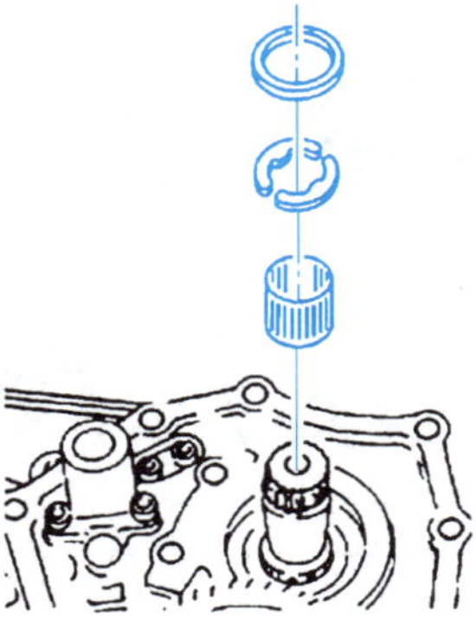
(9)拆下输入轴5档主动齿轮卡环	(10)拆下输入轴5档主动齿轮
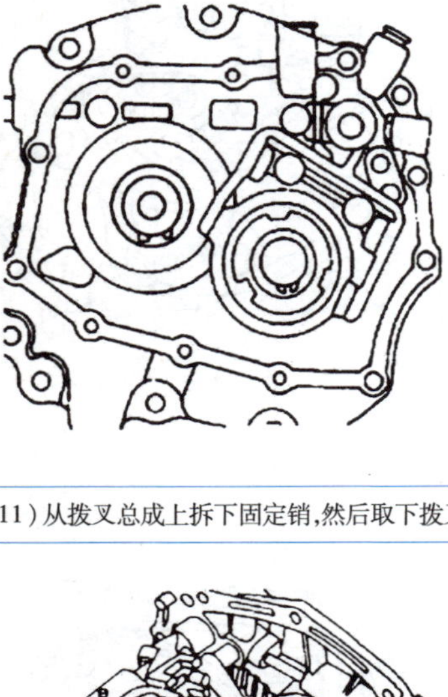	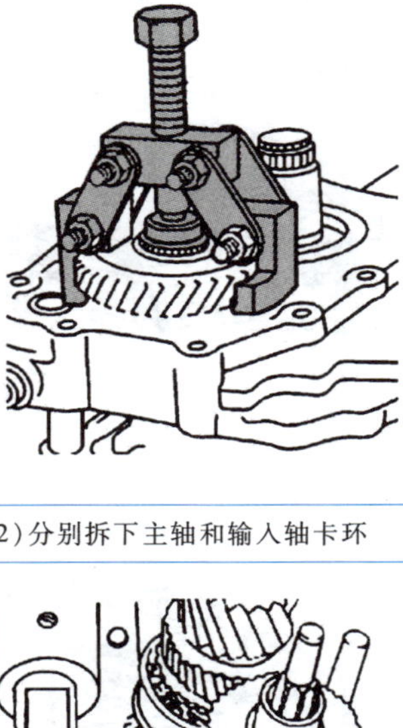
(11)从拨叉总成上拆下固定销，然后取下拨叉	(12)分别拆下主轴和输入轴卡环
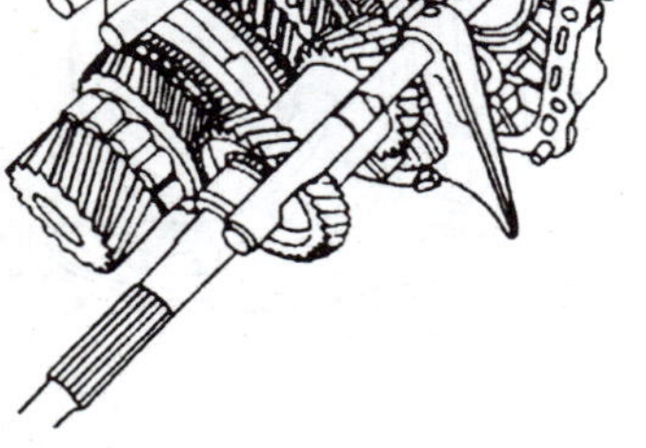	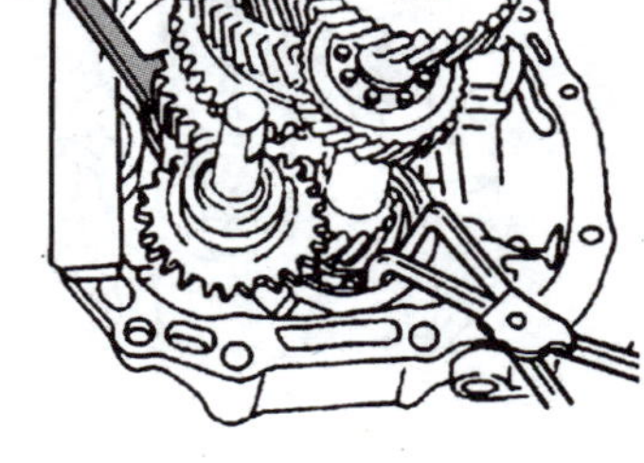

2. 输入轴的分解

(1)拆下输入轴端部的锁止螺钉

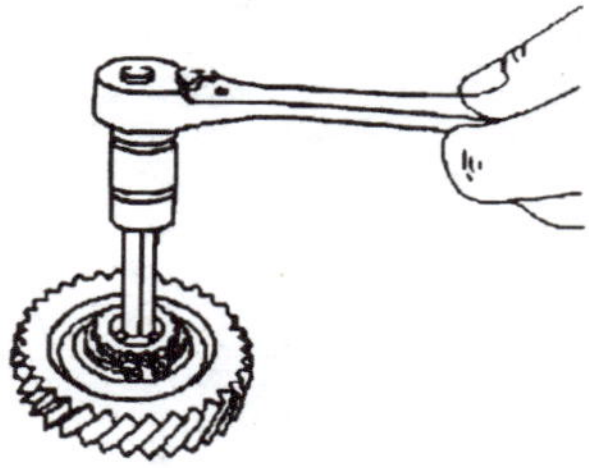

(2)拆下齿轮组底部的弹簧卡环

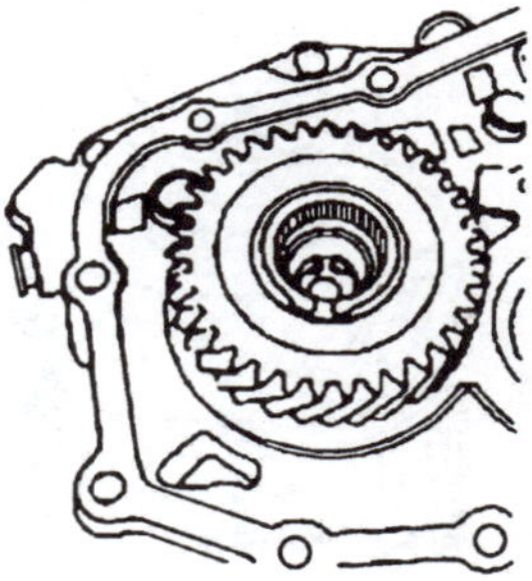

(3)拆下输入轴齿轮组轴承

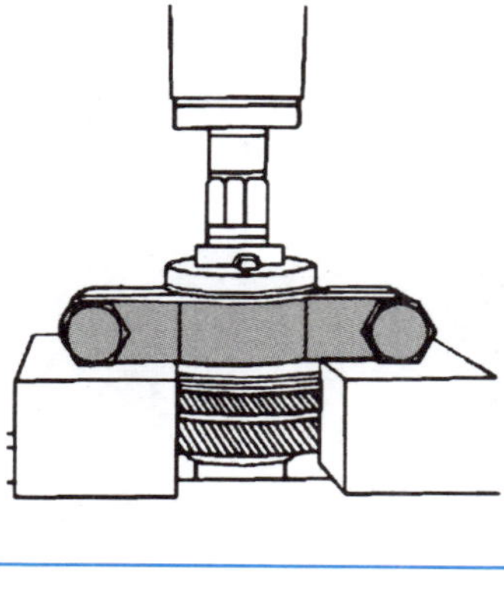

3. 主轴的分解

(1)拆下主轴轴承

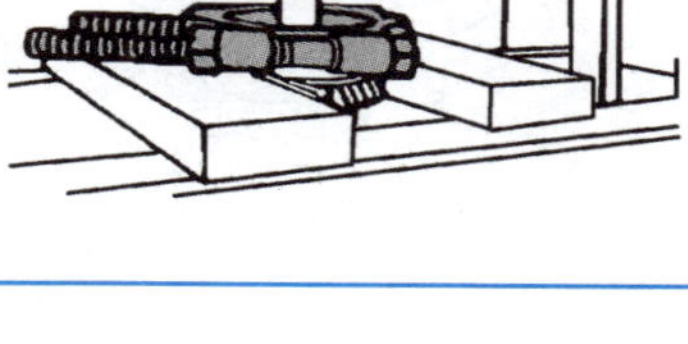

(2)拆下卡环

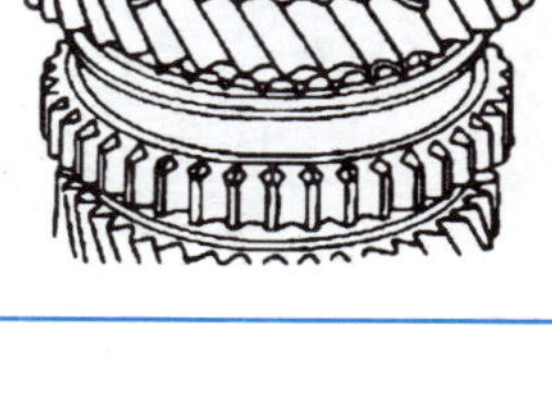

(3)拆下1档齿轮、滚针轴承和主轴防磨板

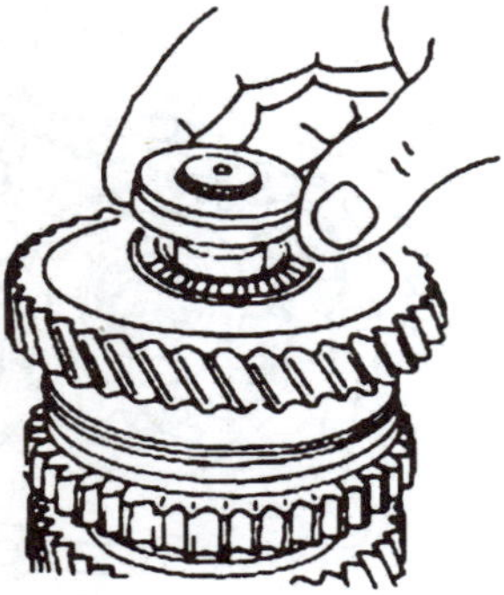

(4)拆下同步器接合套以及外锁环

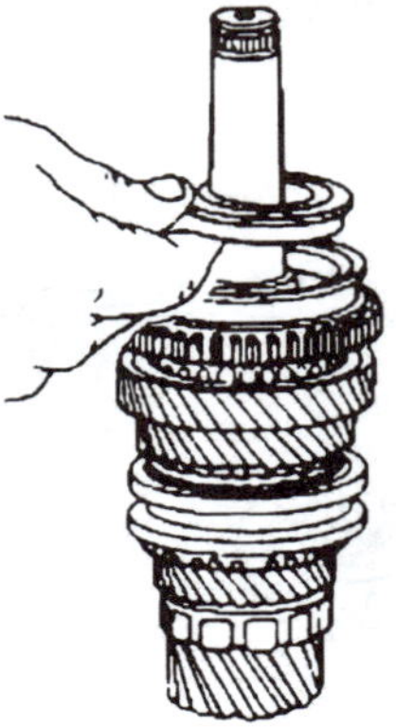

(5)从1-2档同步器齿轮上拆下滑块

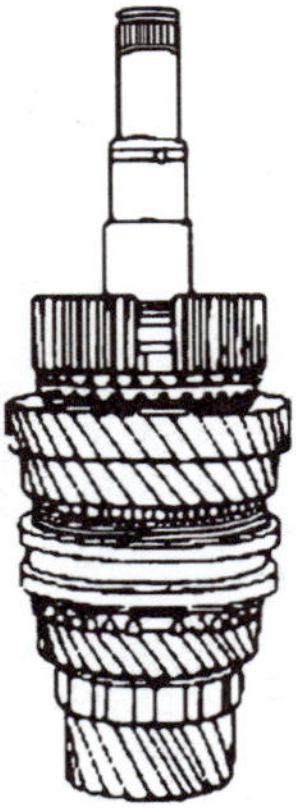

(6)拆下1档齿轮滚针轴承

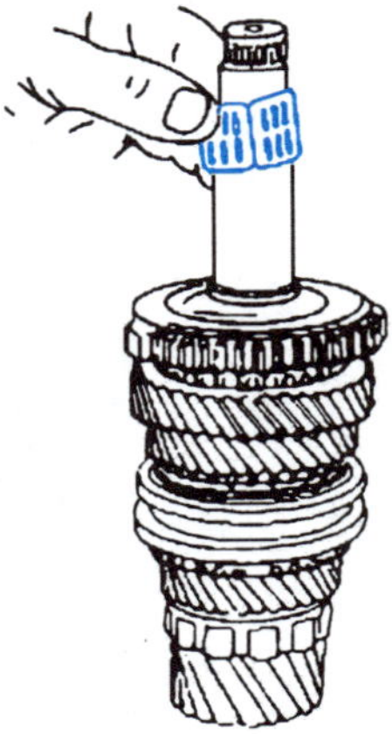

(7)拆下卡环和垫圈

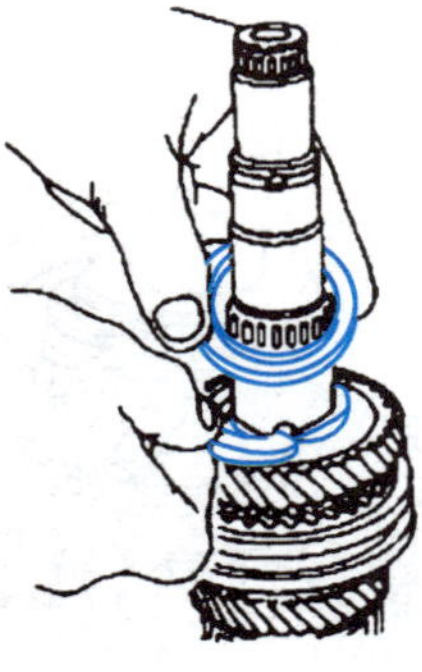

(8)拆下主轴1-2档同步器齿轮

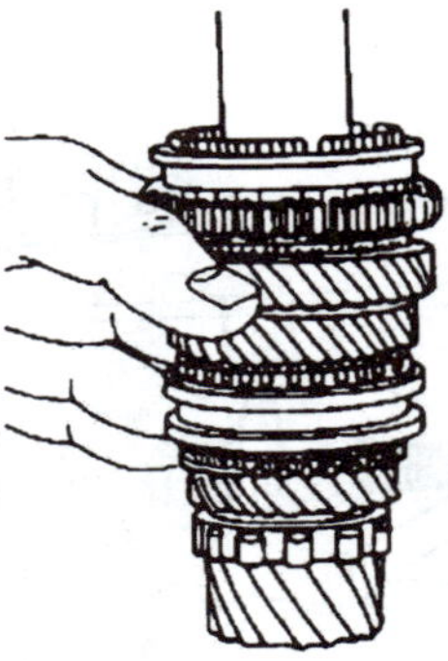

(9)拆下 1-2 档齿轮锁环

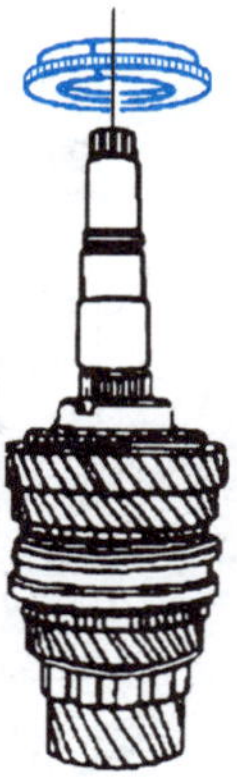

(10)拆下 2 档齿轮

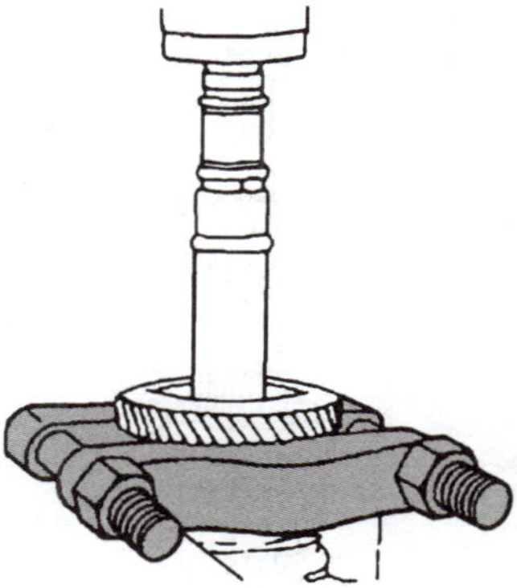

(11)拆下 2 档齿轮滚针轴承

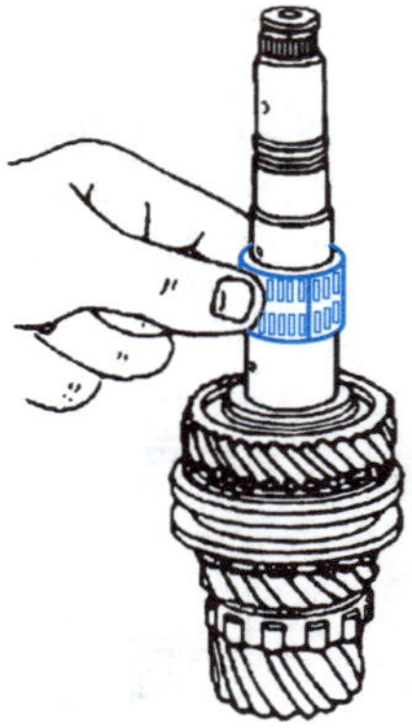

(12)拆下 2 档齿轮卡环和止推垫圈

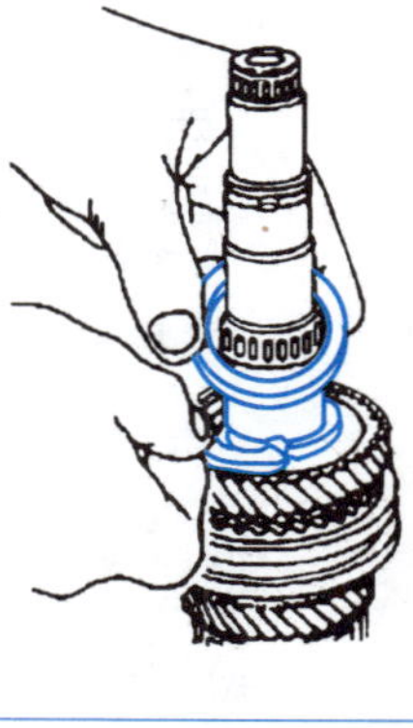

(13)拆下 3 档齿轮和同步器锁环

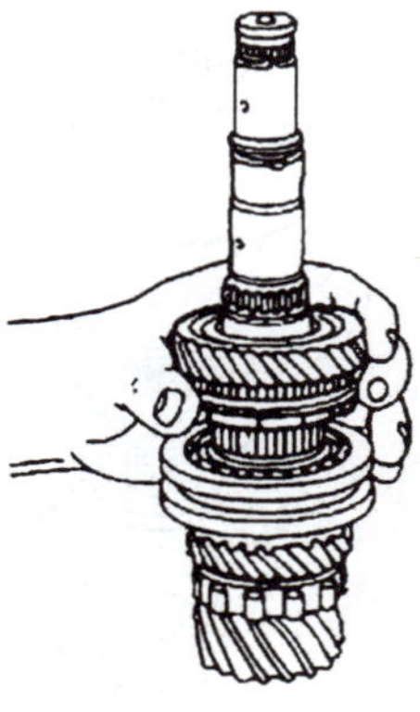

(14)从 3 档齿轮上分离同步器锁环

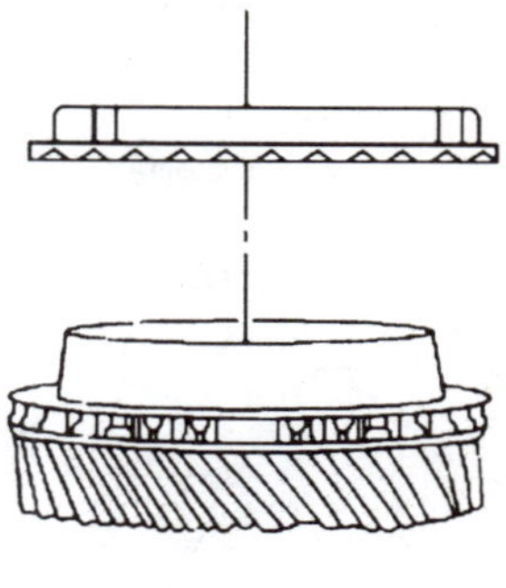

（15）拆卸 3 档齿轮滚针轴承和同步器接合套

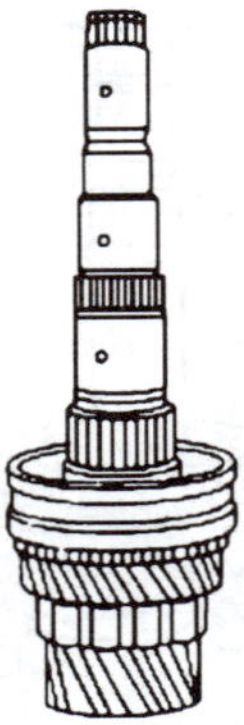

（16）从主轴上拆下 3-4 档齿轮卡环和垫圈.

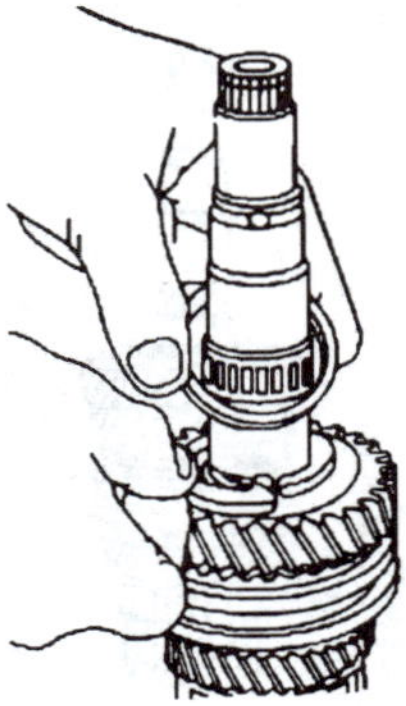

（17）拆下 3-4 档同步器齿轮

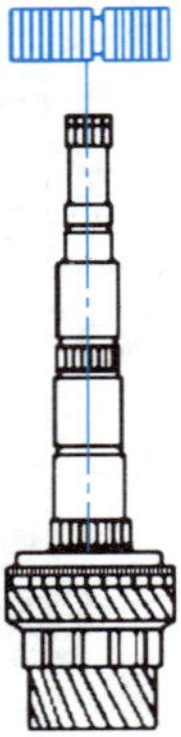

（18）拆下 4 档齿轮以及同步器锁环

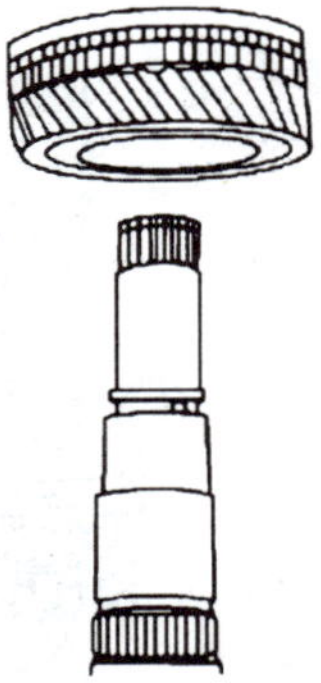

（19）拆下 4 档齿轮滚针轴承

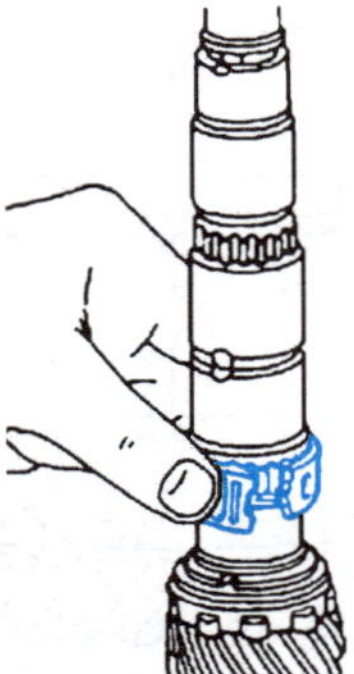

（20）拆下主轴轴承

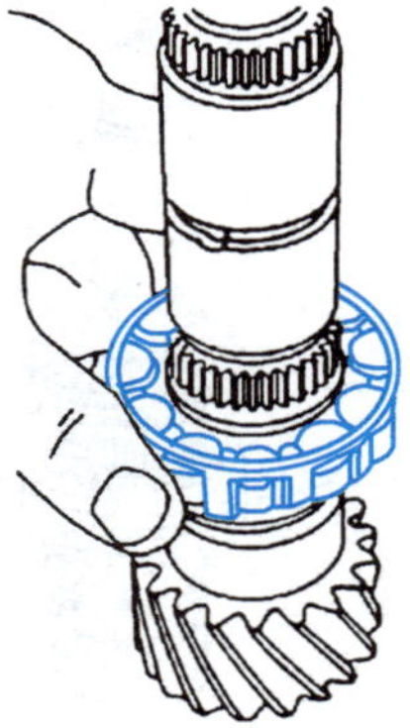

4. 差速器壳体的分解

(1)拆下差速器盖和轴承调节环固定板	(2)拆下轴承调节环
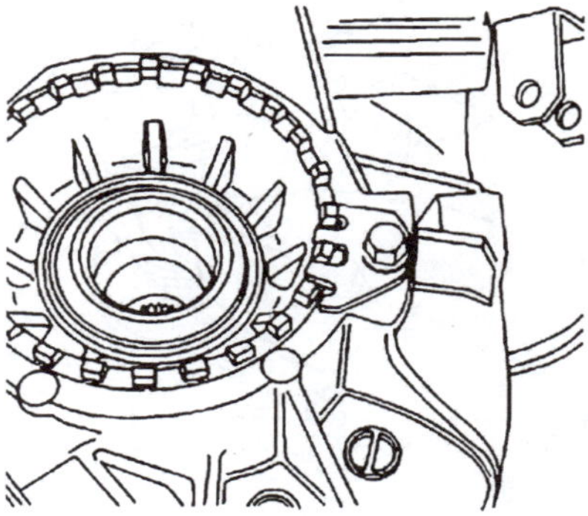	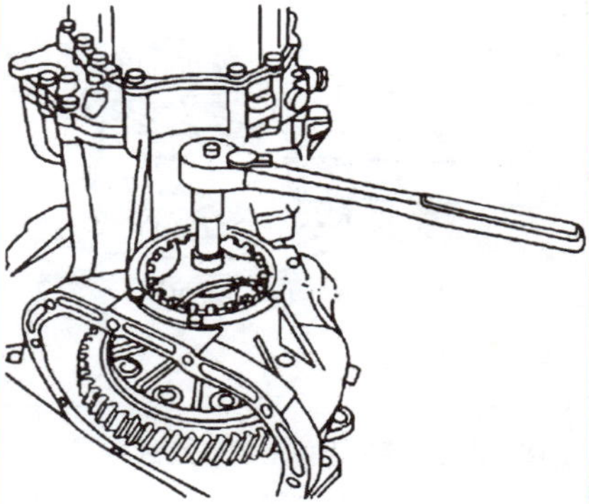
(3)从变速器壳体上拆下差速器总成	(4)拆下齿圈螺栓
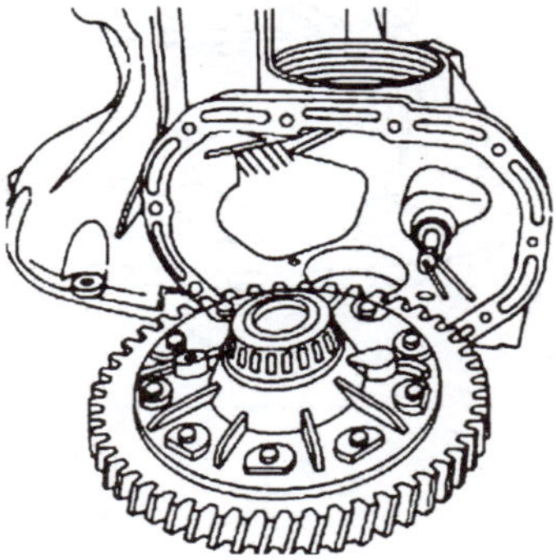	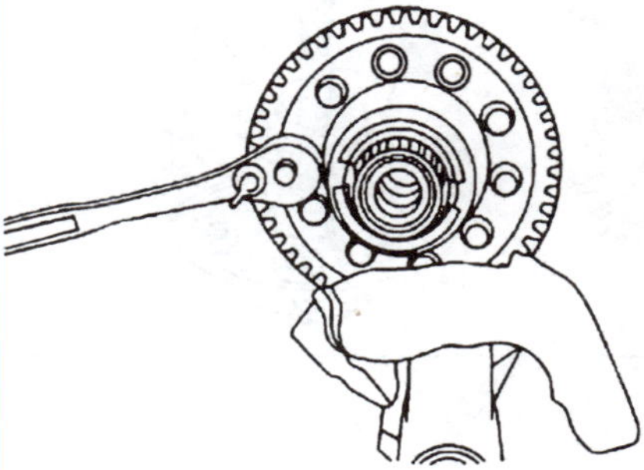
(5)从差速器外壳上拆下齿圈	(6)从差速器外壳和锥齿轮轴上冲出锥齿轮轴锁销
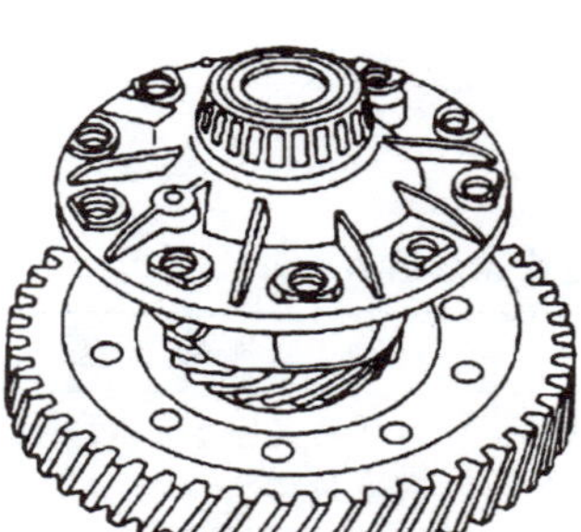	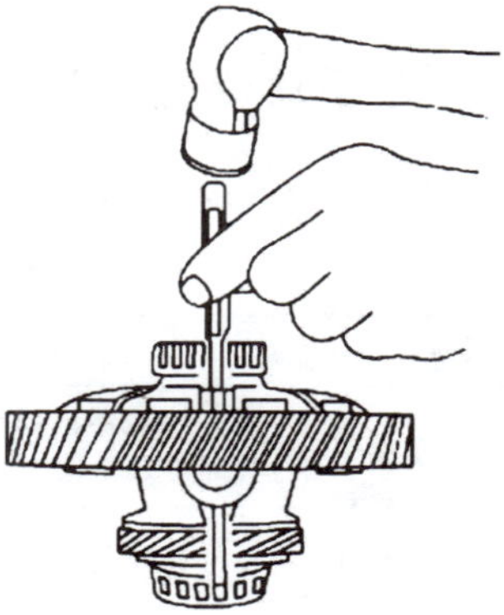

(7)拆下锥齿轮轴	(8)拆下锥齿轮和垫圈以及半轴齿轮和止推垫圈
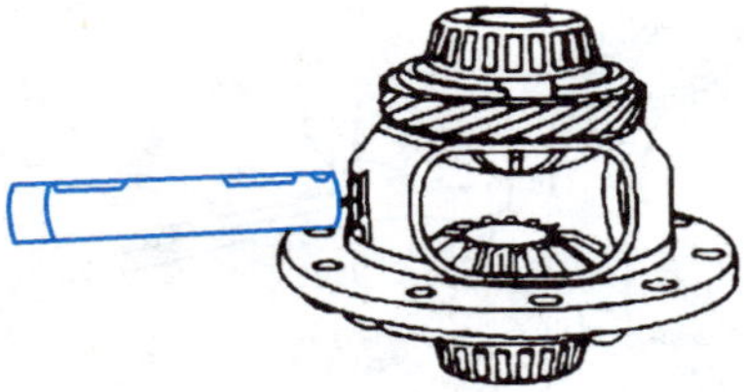	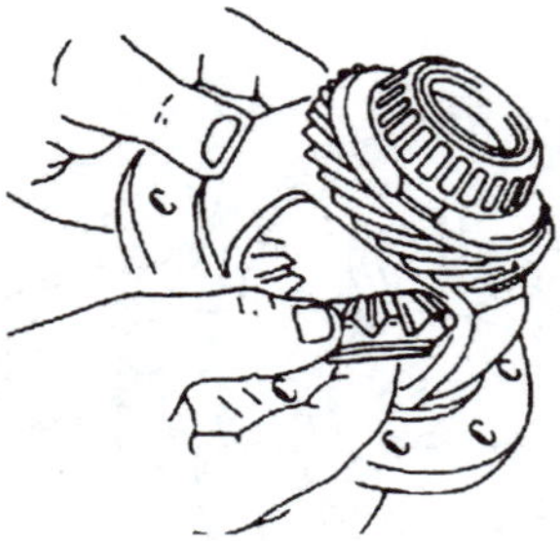
(9)用顶拔器拆下两个差速器轴承	(10)从差速器齿轮外壳上拆下车速表主动齿轮
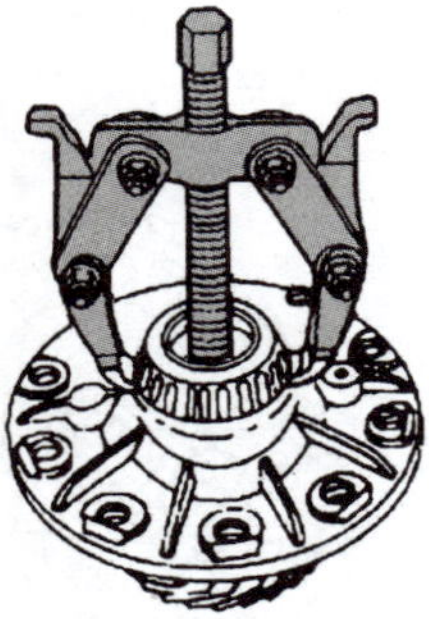	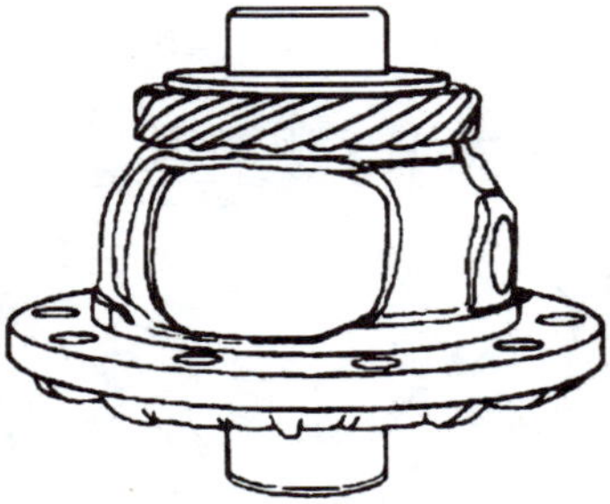

第三节 手动变速器常见故障排除与维修实例

一、手动变速器常见故障排除

手动变速器故障的快速诊断见表1-1。

表1-1 手动变速器故障快速诊断表

故障现象	故障原因	排除方法
换档时在某一个档或各个档均困难或换不进档	(1)变速器内部出现故障，如拨叉变形、同步器损坏等	①将变速器解体，查明原因，排除故障
	(2)操纵机构部件损坏或调整不当	②更换操纵机构的损坏部件或重新调整

（续）

故障现象	故障原因	排除方法
在某一档位时，变速杆自动跳回空档	(1)齿轮及同步环磨损严重；拨叉磨损过度；档位锁止机构失效；输入轴、输出轴不平行等	①分解变速器进行检查
	(2)止动螺栓和卡槽元件损坏或磨损过度	②更换卡槽元件或止动螺栓
变速器换档困难	(1)操纵机构调整不当或部件损坏	①更换损坏部件，并重新调整操纵机构
	(2)离合器分离不彻底	②更换或调整离合器
	(3)换档叉轴弯曲变形	③校正或更换
	(4)同步器齿环磨损或换档时同步器不起作用	④更换同步器
变速器漏油	(1)油量过多	①排除多余的油
	(2)通气阀堵塞	②疏通通气阀的气孔
	(3)油封或密封件损坏	③更换损坏的油封或密封件
	(4)底部螺栓未拧紧或脱落	④将涂有密封胶的底部螺栓拧紧
	(5)变速器壳体破裂	⑤更换变速器壳体
变速器异响	(1)润滑油油量不足或润滑油变质	①更换润滑油
	(2)轴承磨损过度或烧蚀；齿轮严重磨损或齿轮断裂	②更换轴承
	(3)轴承没有按正确的方法装配，致使轴承磨损或轴承的滚子碎裂	③重新装配或更换损坏零件
	(4)齿轮有较严重的磕碰、毛刺、折断，啮合齿面有金属碎屑以及接触位置不正确等	④检查个别齿是否折断或有毛刺、磕碰以及啮合齿面是否存有金属碎屑等物，齿轮与壳体内壁是否干涉，啮合印痕位置是否正确等，如果存在异常应予以更换或清除
	(5)变速器内有异物	⑤清理干净或分解清洗

二、手动变速器维修实例

1. 别克凯越轿车变速器异响故障

故障现象

一辆 2011 年款别克凯越 1.6L 轿车，配置 5 档手动变速器，该车行驶 4 万 km 就出现换档时有齿轮撞击异响，有时换档困难的现象。

故障诊断与排除

（1）首先检查变速器齿轮油，变速器油质正常。

（2）拆下变速器并分解检查，各部件状态和间隙均正常。

（3）检查离合器摩擦片和压盘也正常。

（4）最后询问车主得知更换的齿轮油不是专用齿轮油，于是重新更换通用公司指定的专用齿轮油后进行驾驶试验，变速器的异响彻底排除。

维修小结

在维修保养变速器时，一定要使用原厂的专用齿轮油，否则将会导致齿轮润滑不良而产生各种各样的异响。

2. 大众捷达轿车换档异响故障

故障现象

一辆 2011 年款大众捷达 1.6L 轿车，配置 5 档手动变速器，该车行驶 5.6 万 km。冷车时，变速器有“吱吱”异响，热车时，噪声有所减轻但没有完全消失，踩下离合器踏板后异响消失。

故障诊断与排除

（1）首先检查变速器油，发现油已变质，于是更换新油，试车发现故障仍然存在。

（2）拆下变速器进行分解，检查离合器压盘和摩擦片，状况良好。

（3）转动变速器一轴时发现径向和轴向间隙过大，松旷感较强。分解变速器检查各档齿轮及同步器的工作状况，并没有发现打齿或磨损的现象。

（4）测量各齿轮的轴向和径向间隙，发现 3 档齿轮轴向间隙过大，于是决定在输入轴、3 档齿轮后部增加一个厚度大约为 0.3mm 的垫片来缩小间隙。修复后试车异响消失。

维修小结

在维修变速器的过程中，出现磨损时一般建议更换总成，否则将会产生其他的异常故障。

第二章 自动变速器

第一节 自动变速器结构概述

一、自动变速器控制系统组成

1. 组成部件

学习提示

自动变速器由液力变矩器、齿轮变速机构、换档执行机构、液压控制系统以及电子控制系统等几部分组成。

<table>
<tr>
<td>(1)液力变矩器</td>
<td>液力变矩器位于自动变速器的最前端，安装在发动机的飞轮上。它利用液力传动的原理，将发动机的动力传给自动变速器的输入轴</td>
<td>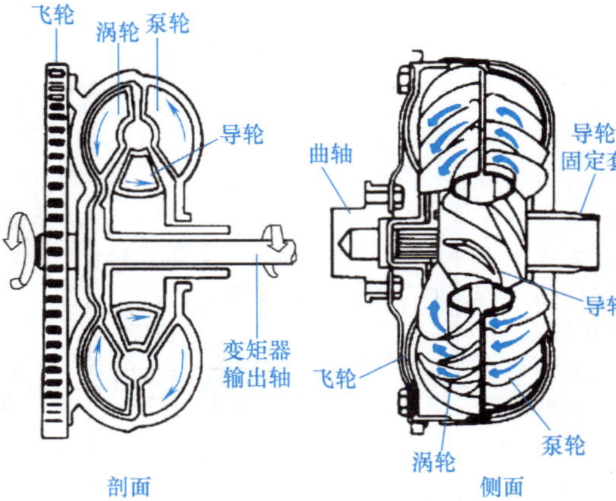
</td>
</tr>
</table>

(2)齿轮变速机构	齿轮变速机构可形成不同的传动比，组合成电控自动变速器不同的档位	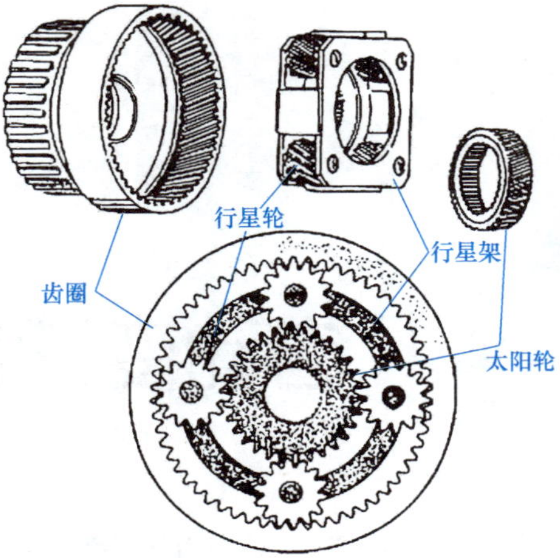
(3)换档执行机构	电控变速器的换档执行机构受液压系统控制，主要包括离合器、制动器、单向离合器3种，以东风日产启辰为例说明结构	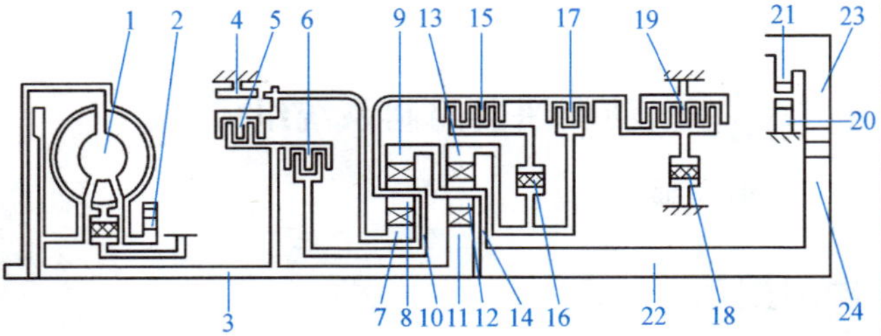 1—变矩器　2—油泵　3—输入轴　4—制动带　5—倒档离合器　6—高速档离合器　7—前太阳轮　8—前小齿轮　9—前内齿轮　10—前行星轮架　11—后太阳轮　12—后小齿轮　13—后内齿轮　14—后行星轮架　15—前进档离合器　16—前进档单向离合器　17—超速档离合器　18—低速档单向离合器　19—低速倒档制动器　20—驻车爪　21—驻车齿轮　22—输出轴　23—惰轮　24—输出齿轮
(4)液压控制系统	电控自动变速器中的液压控制系统主要控制换档执行机构的工作，由液压泵及各种液压控制阀和液压管路组成	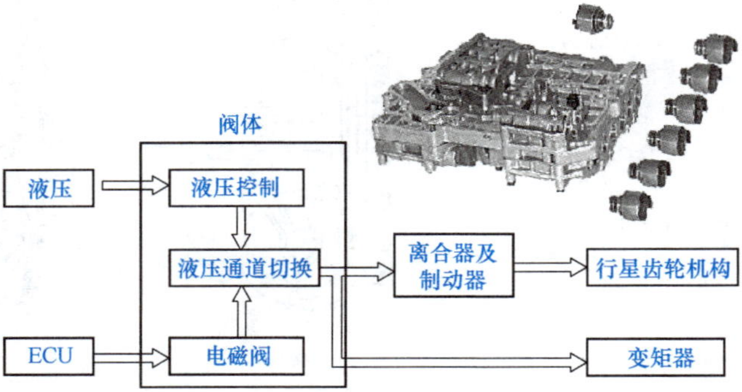

(5)电子控制系统	电子控制系统主要包括电子控制单元、传感器、执行器及控制电路，以东风日产启辰为例说明电气元件位置	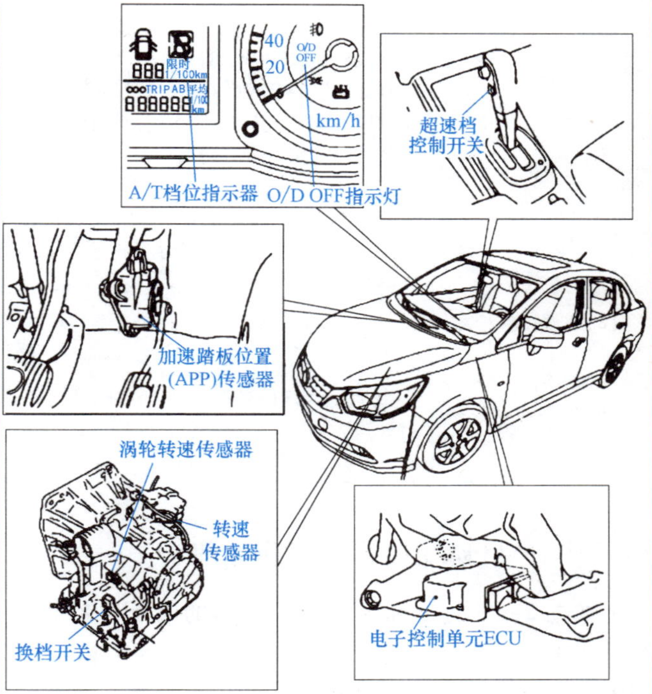

2. 自动变速器使用知识

(1)P 位(停车档)	只限于停车或起动使用，停放时变速杆必须置于 P 位，从而通过变速器内部的停车制动装置将输出轴锁住，并拉紧驻车制动器手柄，防止汽车移动
(2)R 位(倒档)	当变速杆处于 R 位时直接实现倒档
(3)N 位(空档)	在起动发动机时，自动变速器必须置于 P 位或 N 位，否则发动机无法起动
(4)D 位(前进档)	正常行驶时将变速杆置于 D 位，自动变速器根据节气门开度大小与车速高低来确定档位，它可在 1 至 4 档(或 3)之间自动换档。此外 D 位还具有强制低档作用，便于高速时超车
(5)S、L 位或 2、1 档及 3、2、1 档(闭锁档)	自动变速器在 S 位或 L 位上处于低档范围，可以在坡道等情况下使用。下坡时换入 S 位或 L 位能充分利用发动机制动，避免车轮制动器过热，导致制动效能下降
(6)O/D 开关(超速档控制开关)	只有按下 O/D 开关，汽车车速达到规定的超速升档点时才能升到超速档；若不按下 O/D 开关，即使汽车车速达到规定的超速升档点也无法升到超速档

(7)模式选择开关	模式选择开关一般有四种功能： ①在上坡及山路上行驶或希望发动机在高转速下工作时，可选择动力换档模式(POWER) ②经济换档模式(ECONOMY)，可以降低油耗。在经济换档模式下相同的节气门开度，升档车速较高 ③也有的车型有自动换档模式(AUTO)开关，其换档特性即经济换档特性 ④当手动换档模式(MANUAL)开关接通时，自动变速器不再自动换档，起步行驶时如手动变速器一样进行相应的换档操作
(8)巡航控制开关	有些高级进口轿车在转向柱或仪表板上装有巡航控制开关，在规定车速以上接通此开关，汽车即能匀速持续行驶，降低油耗。在巡航开关接通以后，只要踩制动踏板即可解除控制
(9)定档行驶控制开关	当开关接通时，则D位高速时固定在3档行驶，低速时固定在2档行驶，S位固定在2档行驶，L位固定在1档行驶，因此在冰雪路面上起步及山区行驶时十分方便

二、自动变速器的工作原理

如图2-1所示，液力自动变速器的电子控制主要通过自动变速器控制模块ECU接收来自汽车上各种传感器的电信号输入，根据汽车的使用工况对这些信息进行处理来决定液力自动变速器运行工况。自动变速器控制模块ECU给执行机构发出指令，并实现变速器的升档和降档。

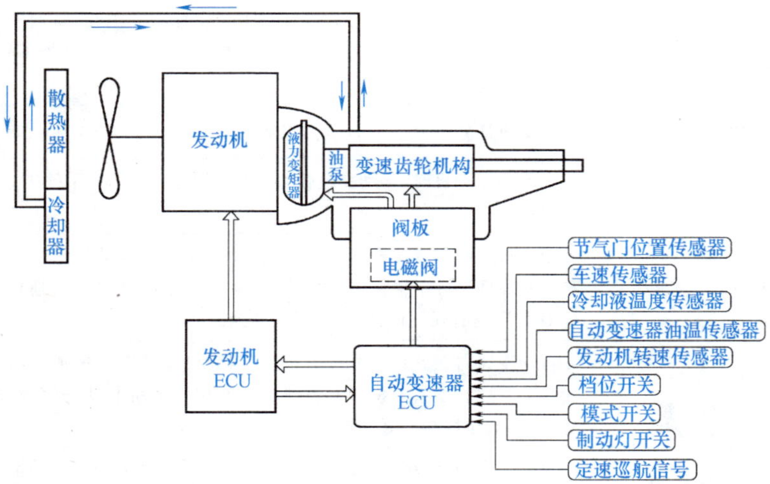

图2-1 自动变速器工作特性

三、自动变速器的分解

1. 自动变速器的结构

以东风日产启辰为例说明自动变速器的结构，如图 2-2 所示。

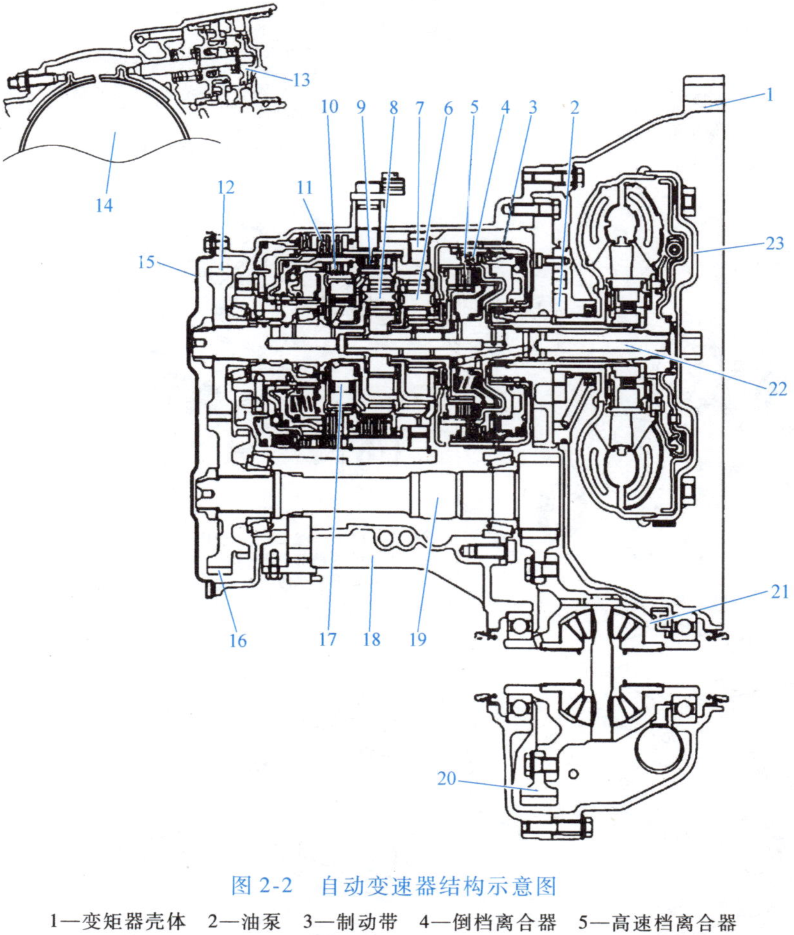

图 2-2 自动变速器结构示意图

1—变矩器壳体 2—油泵 3—制动带 4—倒档离合器 5—高速档离合器 6—前行星轮 7—低速档单向离合器 8—后行星轮 9—前进档离合器 10—超越档离合器 11—低速档和倒档制动器 12—输出齿轮 13—制动带伺服活塞 14—倒档离合器鼓 15—侧盖 16—惰轮 17—前进档单向离合器 18—变速器壳 19—减速小齿轮 20—主减速齿轮 21—差速器壳 22—输入轴 23—变矩器

2. 自动变速器内部结构

以东风日产启辰为例说明自动变速器的内部结构，如图 2-3 所示。

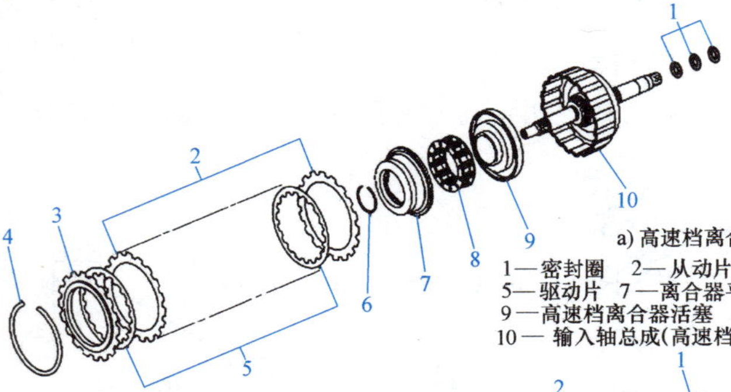

a) 高速档离合器

1—密封圈 2—从动片 3—挡片 4、6—卡环
5—驱动片 7—离合器平衡器 8—弹簧座总成
9—高速档离合器活塞
10—输入轴总成(高速档离合器毂)

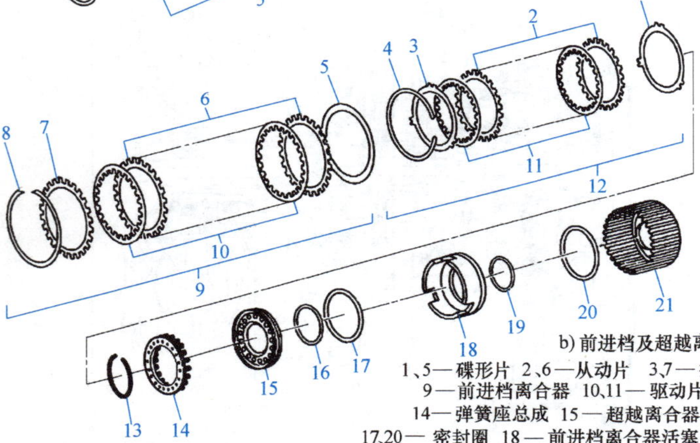

b) 前进档及超越离合器

1、5—碟形片 2、6—从动片 3、7—挡片 4、8、13—卡环
9—前进档离合器 10、11—驱动片 12—超越离合器
14—弹簧座总成 15—超越离合器活塞 16、19—O形圈
17、20—密封圈 18—前进档离合器活塞 21—前进档离合器毂

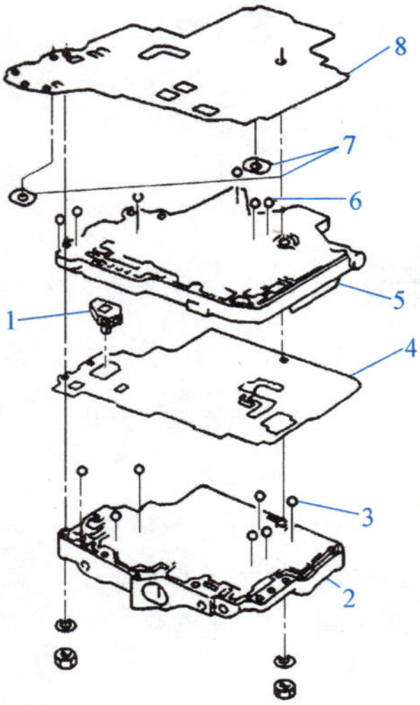

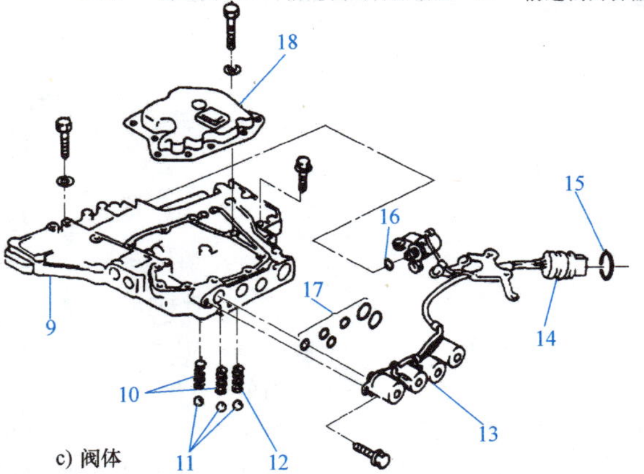

c) 阀体

1—向导滤清器 2—控制阀上体 3、6—钢珠 4、8—隔离板
5—控制阀内体 7—支撑板 9—控制阀下体 10—管路压力泄压阀弹簧
11—单向阀球 12—变矩器压力保持弹簧 13—电磁阀总成 14—端头
15、16、17—O形圈 18—机油集滤器

图 2-3 自动变速器内部分解图

3. 差速器内部结构

以东风日产启辰为例说明差速器内部结构，如图 2-4 所示。

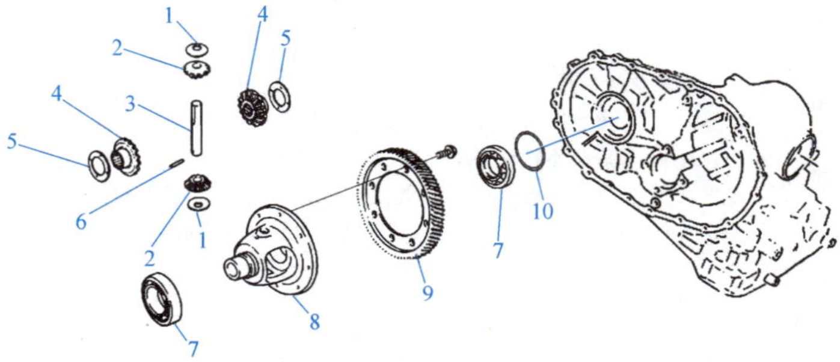

图 2-4　差速器内部结构示意图

1—小齿轮止推垫圈　2—小齿轮　3—小齿轮轴　4—侧齿轮　5—侧齿轮止推垫圈　6—锁止销　7—差速器侧轴承　8—差速器壳　9—主减速齿轮　10—差速器侧轴承调整垫片

第二节　自动变速器控制系统故障检修

一、自动变速器控制系统故障诊断方法与技巧

1. 自动变速器控制系统故障快速诊断流程

进行驾驶路试，判断自动变速器的工作技术情况

↓

进行基本检查，包括以下几项：
①检查自动变速器油面高度
②检测自动变速器油是否老化、变质。若油液为黑色、有异味，则为摩擦片磨损；若油液为乳白色，则是有冷却液进入油液；若油液呈褐色，则为油液氧化变质
③检查自动变速器油是否符合该车的使用要求
④检查油管及接头处是否出现弯曲、漏油等

↓

使用故障诊断仪进行故障诊断，确认自动变速器是电控系统故障还是机械故障

显示DTC ↓ 根据故障码指示的内容进行检修

未显示DTC ↓ 进行液压试验、失速试验和时间滞后试验。根据具体实际情况进行修理或更换变速器

↓

自动变速器修复后，进一步检查，判断自动变速器的各项技术指标，主要包括：
①重新进行路试，检查自动变速器的升档、降档是否恢复到规定的换档点
②检查自动变速器是否有异常响声
③进行液压试验、失速试验以确认故障是否完全消除

2. 自动变速器控制系统故障诊断方法（表 2-1）

表 2-1 自动变速器的诊断方法

诊断方法类型	说　明
1. 利用原车故障自诊断系统辅助诊断	自诊断系统主要是通过组合仪表故障指示灯(MIL)信号进行故障判断。如果出现异常情况,故障指示灯将会发出警告信号,并储存故障码,来指导维修工作。 首先将点火开关转至 ON 位置,观察故障指示灯是否亮起,起动发动机后,观察故障指示灯是否正常熄灭或闪烁,如果不正常,则表明系统存在故障。 自诊断系统故障信息可以通过人工激活诊断系统读取和故障诊断仪读取
2. 电路测试诊断	在进行电路测试时,需要使用高阻抗的数字万用表进行测试。 电路测试是利用汽车万用表或示波器等电路测试工具,对系统电子元件和线路的电阻、电压、电流、数字信号等进行检测,并根据检测数据进行比较做出故障判断的一种方法
3. 专用仪器诊断	利用诊断仪进行测试时,首先要确保诊断仪与电控单元正常通信。如果未通信,则处理 DLC 电路故障。 专用的检测仪主要包括带自诊断功能的综合检测仪(修车王、电眼睛、OBD-Ⅱ解码器等)和汽车厂商配置的检测本公司所生产的指定车型的检测仪(如本田的 HDS、大众汽车公司的 V. A. G5052 等)。 利用专用诊断仪可以读取故障码、数据流以及清除故障码等

二、自动变速器控制系统的检修

1. 油泵的检修

(1)使用两个螺钉旋具转动主动齿轮并确保能够平滑旋转	(2)将被动齿轮推入泵体一侧,使用塞尺测量间隙,泵体间隙维修极限为 0.17mm 左右
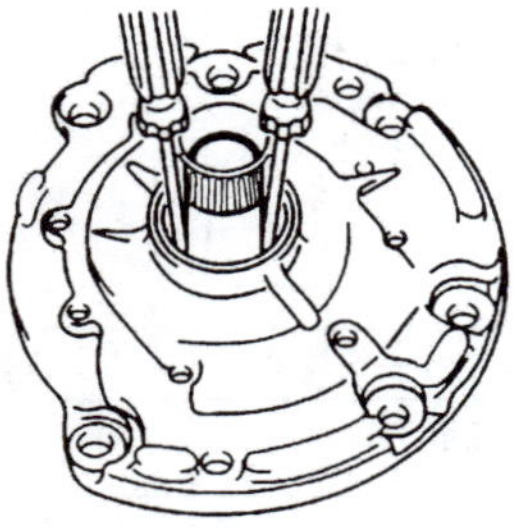 小心不得损坏油封唇。密封圈唇口损坏将导致漏油	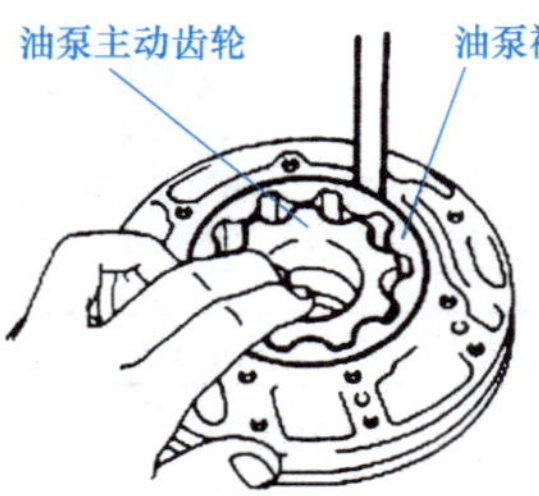 如果泵体间隙大于最大值,则更换机油泵体总成
(3)使用塞尺测量被动齿轮轮齿和主动齿轮轮齿之间的间隙,最大顶端间隙为 0.15mm 左右	(4)使用钢直尺和塞尺测量两个齿轮的侧隙,标准值为 0.02 ~ 0.05mm,最大侧隙为 0.05mm

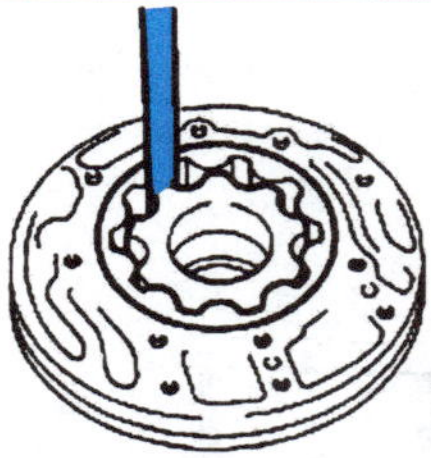 如果顶端间隙大于最大值，则更换油泵体总成	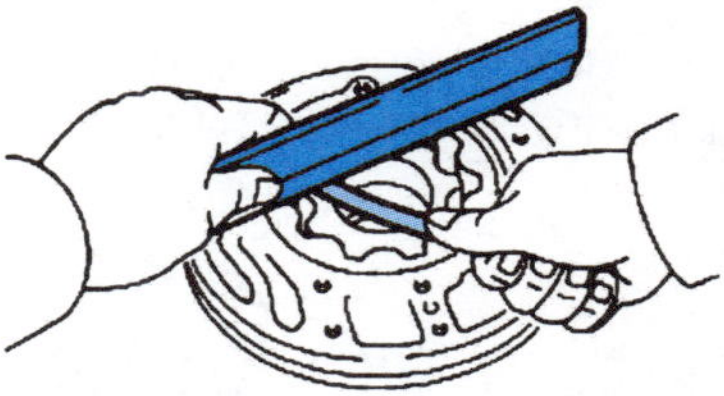 如果侧隙超过最大值，主动齿轮与从动齿轮应同时更换
(5)用百分表测量油泵体衬套内径	(6)用百分表测量定轮轴内径
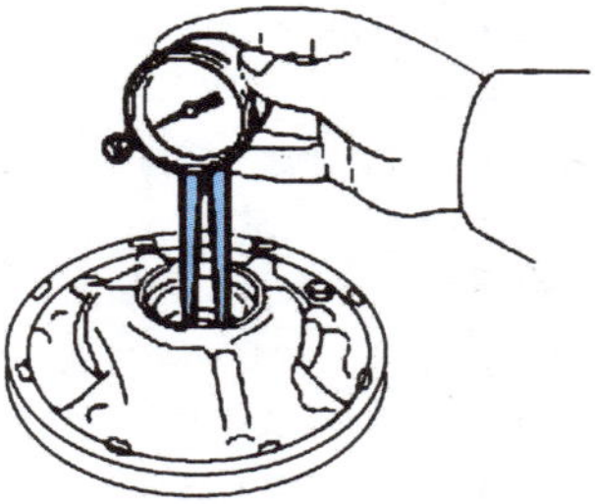 如果内径大于规定值，则更换油泵体轴承	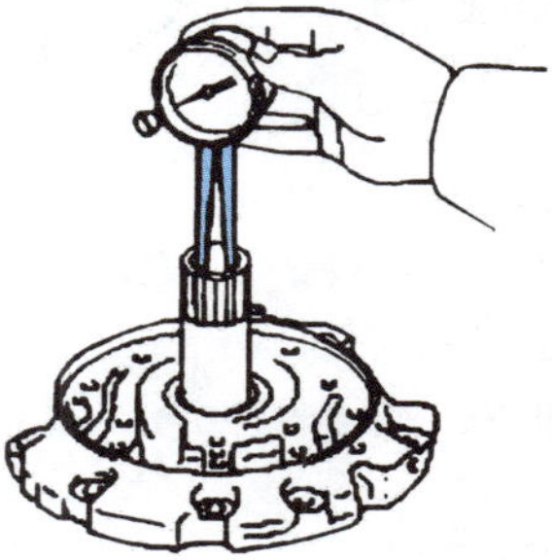 如果内径大于规定值，则更换定轮轴

2. 高速档离合器的检修

(1)将高速档离合器安装到油泵上，然后在施加和放出 392kPa 的压缩空气时，用百分表测量前进档离合器组件间隙，组件间隙应为 1.00mm 左右，如果间隙不在标准范围内，则应分解检查摩擦片、钢片和凸缘	(2)用螺钉旋具拆下卡环
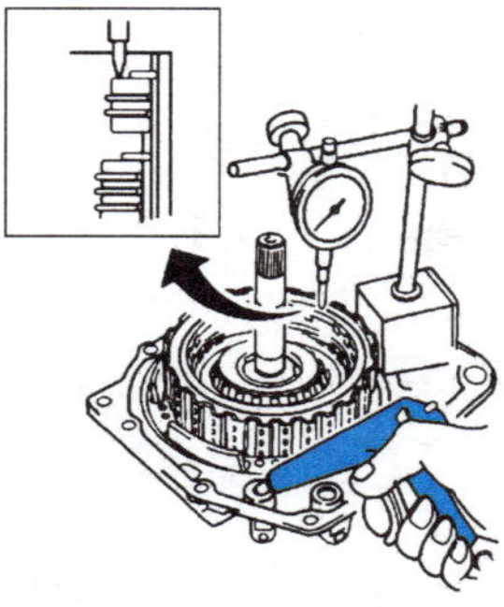 ①安装时不能损坏油泵油封环 ②如果活塞行程小于最小值，表明零件可能组装错误，应重新组装	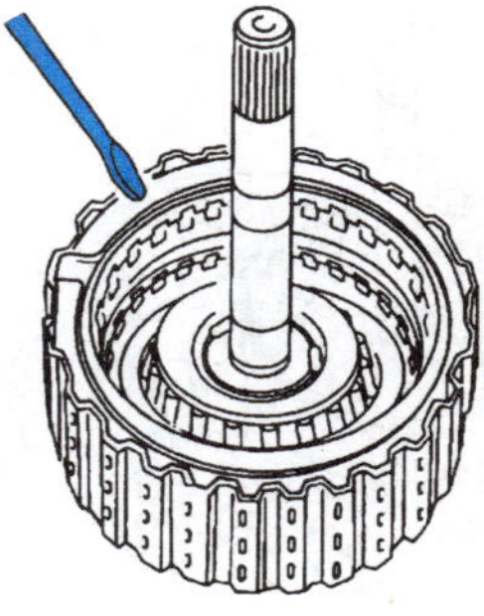

(3)从输入轴总成上拆下挡片(法兰)、从动片(摩擦片)和驱动片(压板),同时检查它们的滑动表面是否出现磨损或烧坏,必要时将其更换

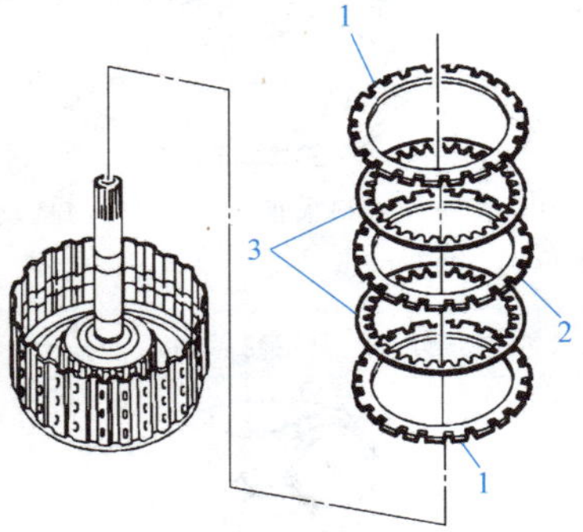

1—挡片 2—驱动片 3—从动片

如果摩擦片衬里剥落或褪色,或者凹槽损坏,则更换所有的摩擦片

(4)将专用工具放在弹簧座圈上,用压力器压缩回位弹簧,同时用卡环钳拆下卡环

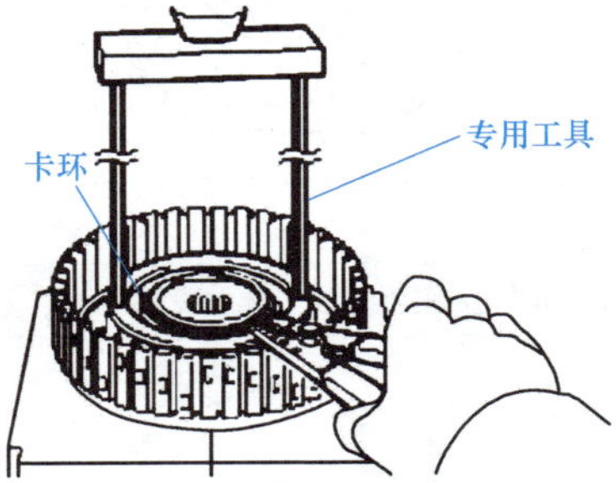

将弹簧座按压到距离卡环槽 1 ~2mm 时应停止,否则弹簧座将变形

(5)将离合器平衡器和离合器回位弹簧从输入轴上拆下

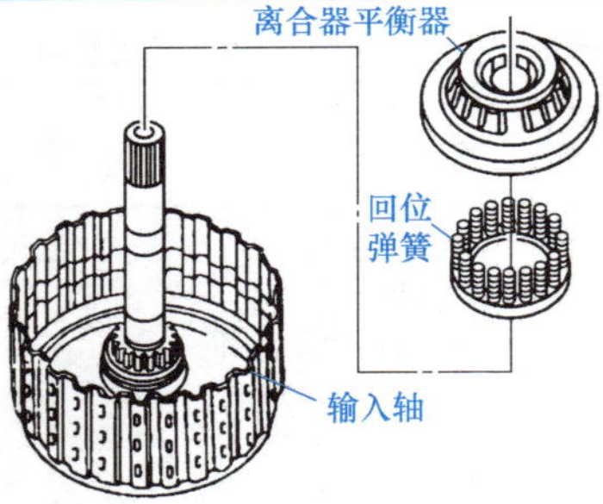

(6)使用游标卡尺测量弹簧座在内的弹簧自由长度。如果自由长度小于规定值,则更换前进档离合器回位弹簧总成

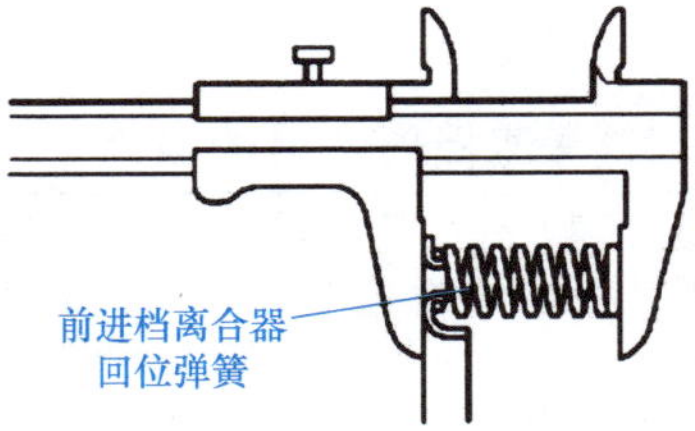

弹簧自由长度不同,车型标准值有所不同

(7)将高速档离合器毂放置到油泵上,用手握住前进档离合器活塞,向机油泵注入 392kPa 压缩空气,以拆下前进档离合器活塞

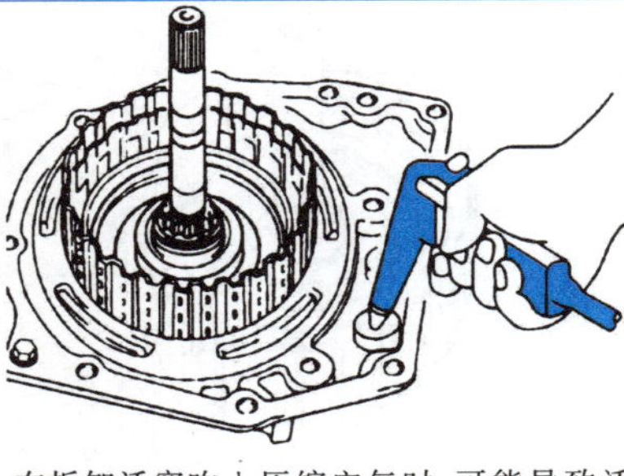

在拆卸活塞吹入压缩空气时,可能导致活塞跳出,需用废布垫着手握住活塞

(8)拆卸输入轴油封环,检查油封环有无损坏,若损坏则应更换

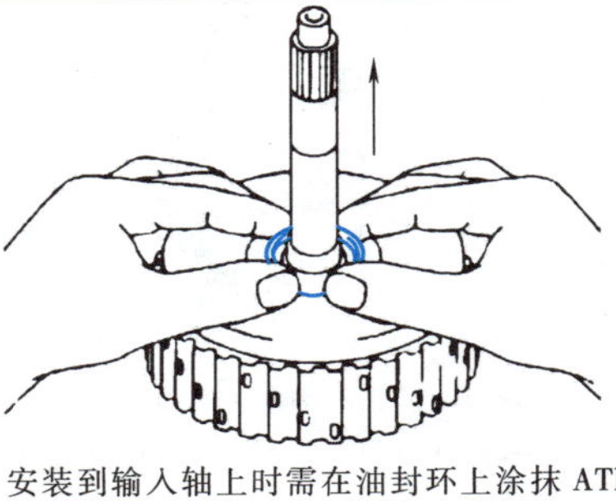

安装到输入轴上时需在油封环上涂抹 ATF(自动变速器油)

3. 高速档离合器的分解

(1)用螺钉旋具拆下前进档离合器卡环	(2)从输入轴上拆下凸缘、摩擦片和压板
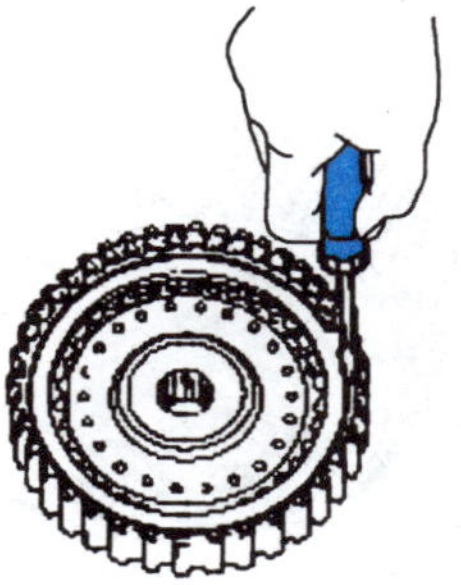	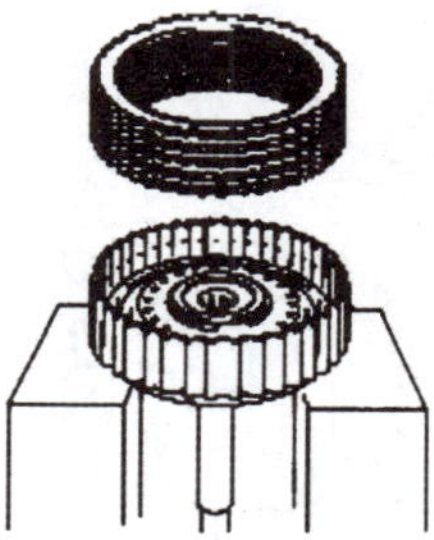
(3)拆下高速档离合器回位弹簧	(4)拆下高速档离合器活塞
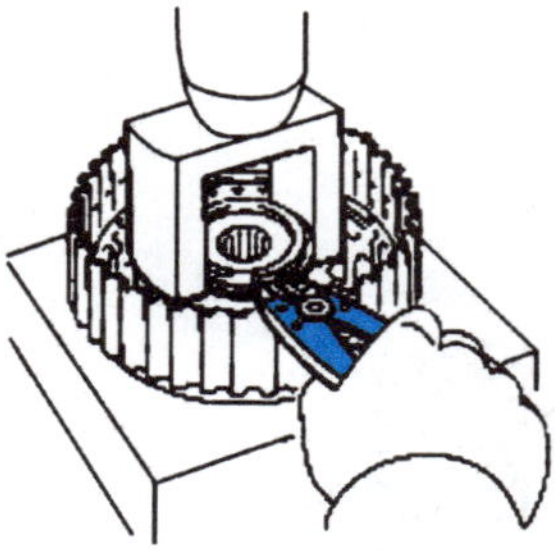	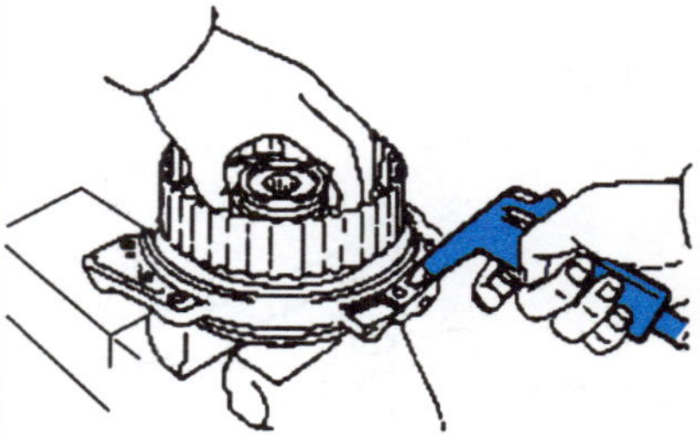

4. 前进档以及超越离合器的分解

(1)用螺钉旋具从前进档离合器毂上拆下卡环	(2)拆下前进档离合器的挡片、驱动片、从动片以及碟形片
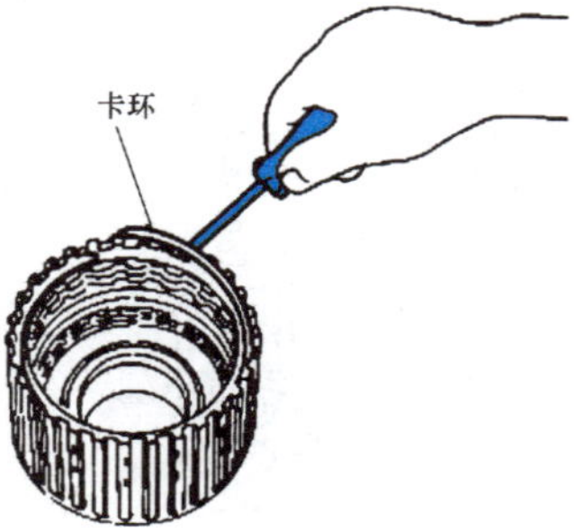	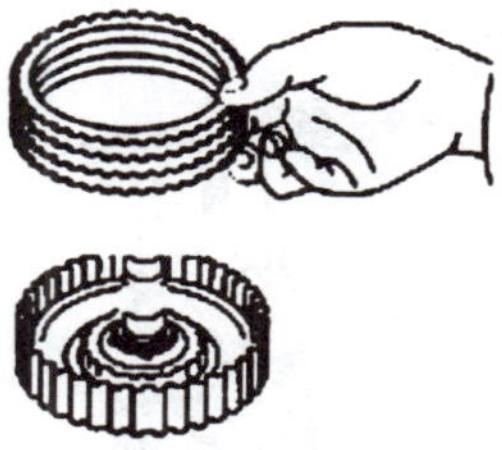

(3)拆下前进档离合器回位弹簧

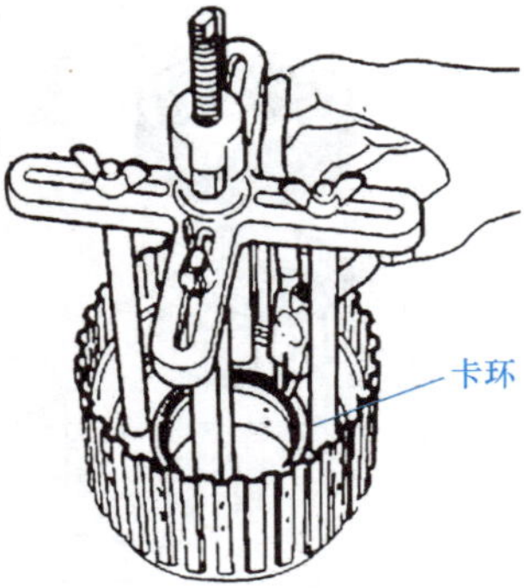

(4)向油孔中吹入压缩空气，以便从前进档离合器活塞中卸下超越离合器活塞

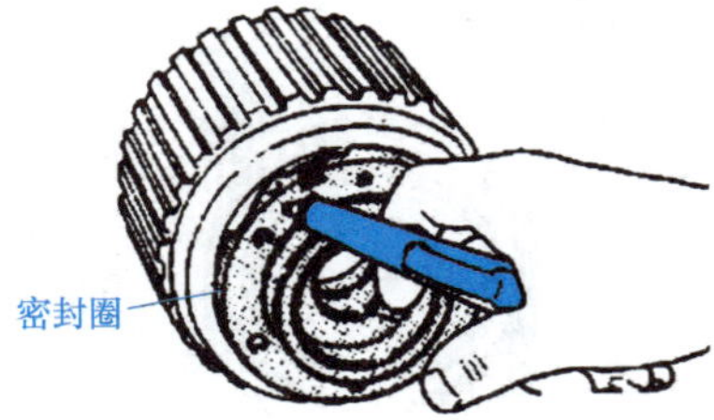

5. 行星轮的分解

(1)拆下前行星轮螺母

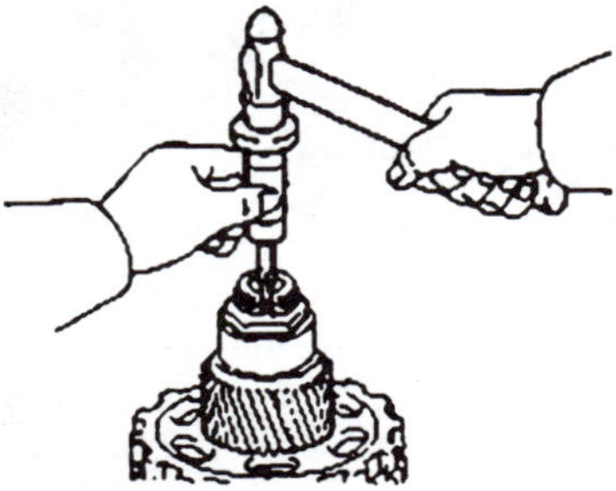

(2)将减速行星轮固定在台虎钳内，并拆下锁止螺母

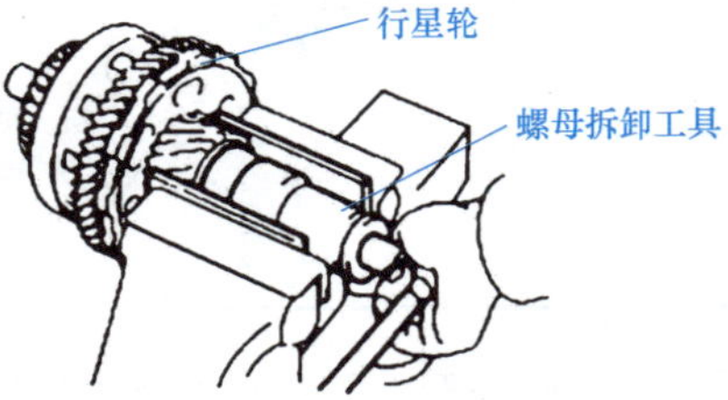

(3)拆下圆柱滚子轴承内圈

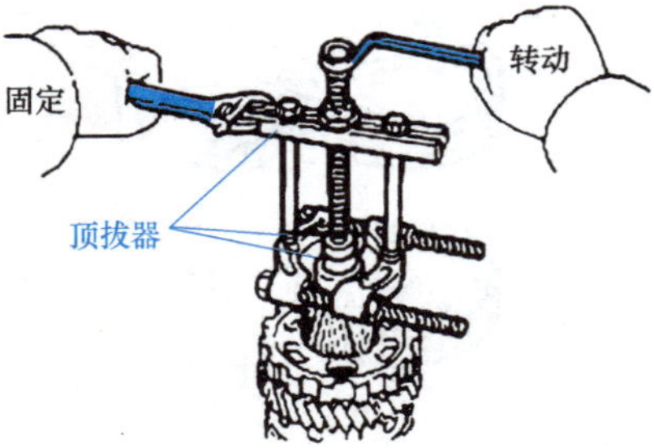

(4)将圆锥滚子轴承从传动行星轮上拆下

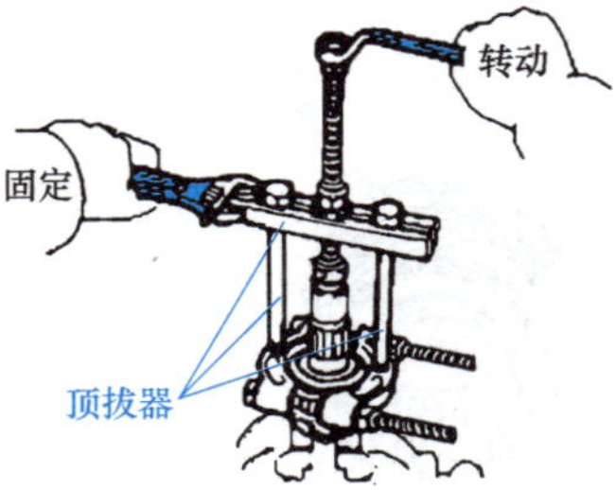

(5)用卡环钳拆下传动行星齿圈卡环	(6)将传动行星齿圈从中间轴被动齿轮上拆下
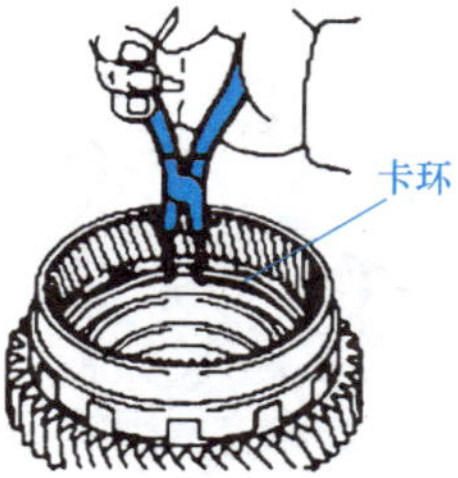	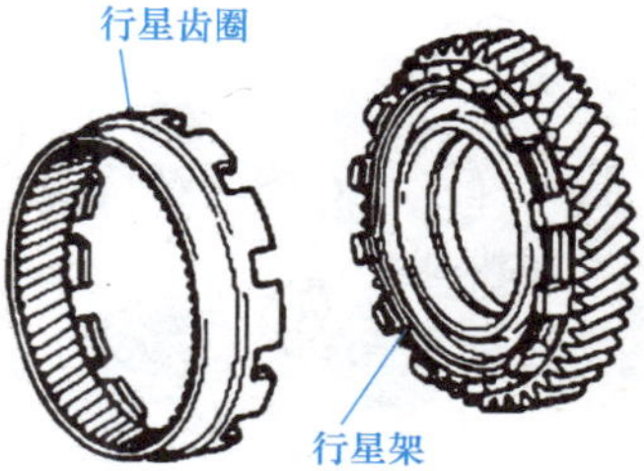

6. 差速器的分解

(1)在差速器齿圈和差速器壳上标明配合标记	(2)拆下紧固螺栓
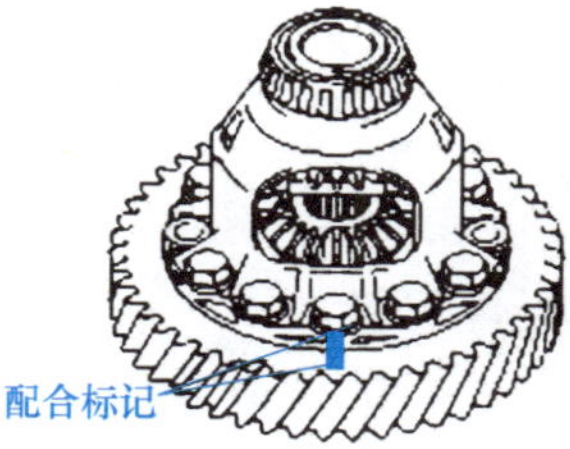	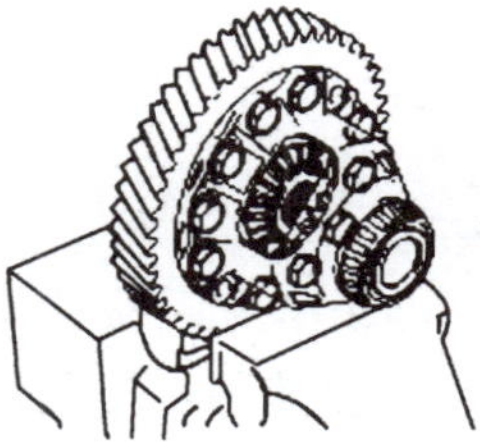
(3)用塑料锤将差速器齿圈敲松，然后将其分离	(4)将圆锥滚子轴承从差速器壳上拆下
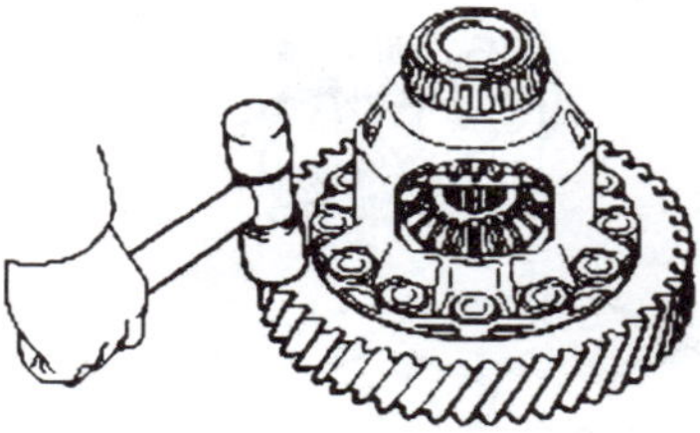	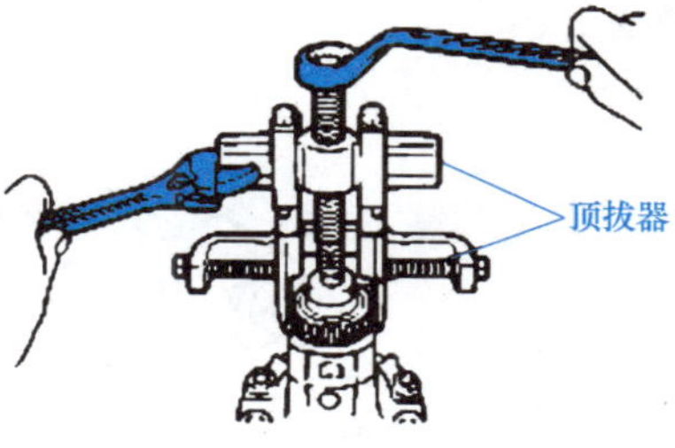
(5)用销冲和塑料锤松开差速器壳锁紧零件	(6)从差速器壳上拆下小齿轮轴
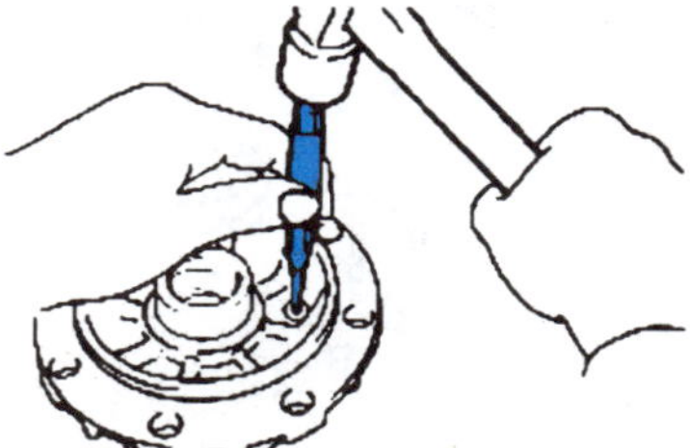	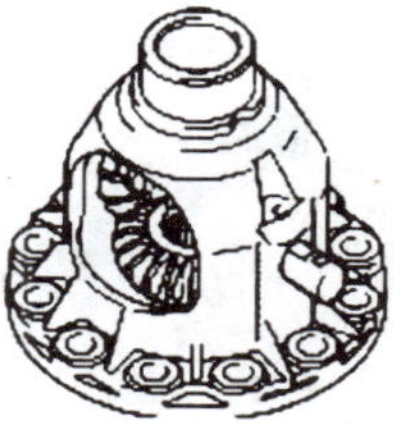

（7）将差速器小齿轮、小齿轮止推垫圈、差速器半轴齿轮和半轴齿轮止推垫圈从差速器上拆下	（8）拆卸差速器侧轴承挡圈油封
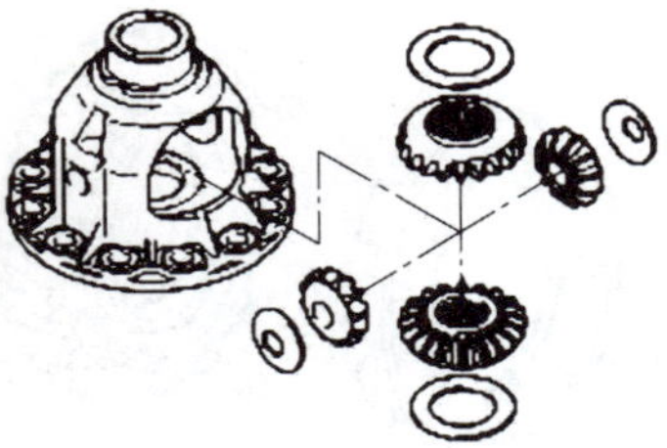	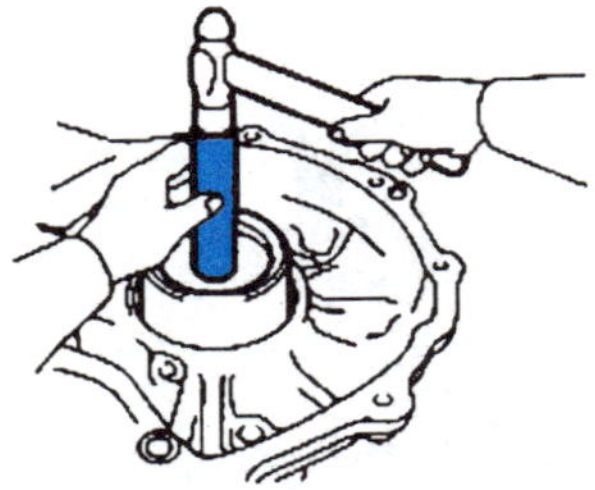

第三节　电控元件及电路

一、电控元件位置图

以路虎轿车为例说明自动变速器电控元件位置。

1. 自动变速器电控元件布置

自动变速器电控元件布置如图 2-5 所示。

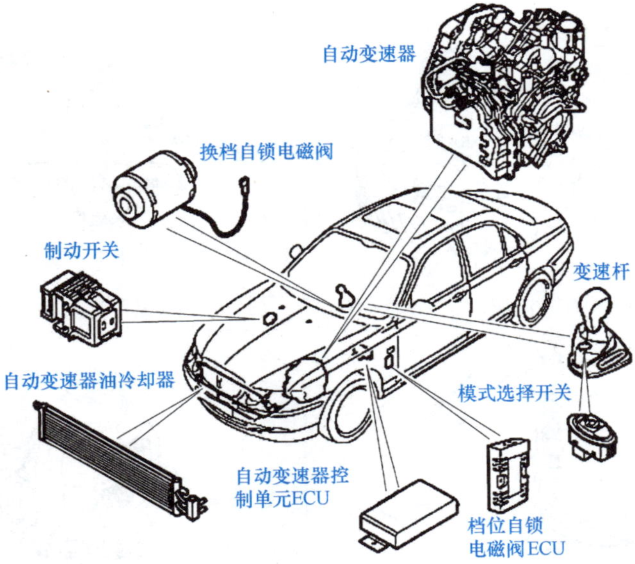

图 2-5　自动变速器电控元件布置图

2. 自动变速器控制线路

自动变速器控制线路如图 2-6 所示。

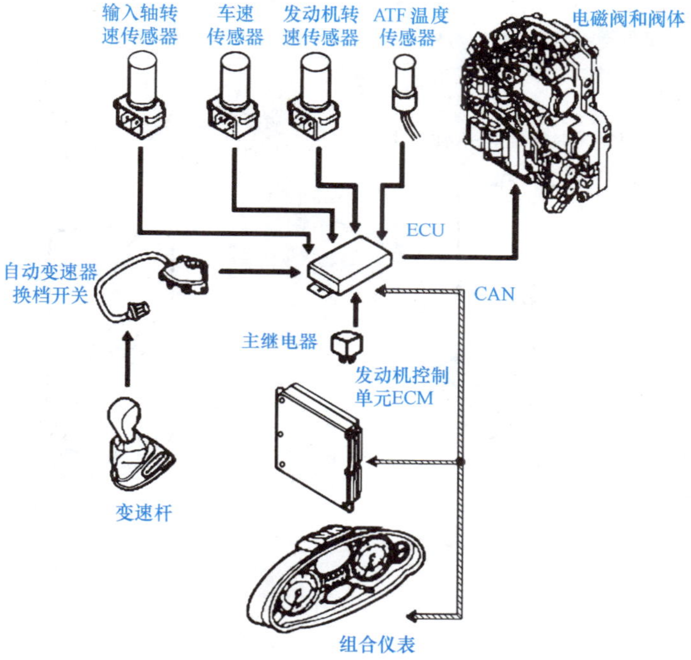

图 2-6　自动变速器控制线路示意图

3. 变速器主要元件位置

<table>
<tr><th>(1)变速杆位置指示</th><th>(2)阀体和电磁阀</th></tr>
<tr><td>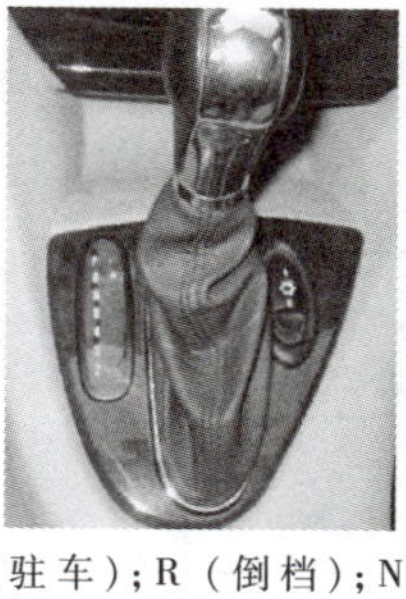
P(驻车);R(倒档);N(空档);D(行驶)4(1档、2档、3档和4档);3(1档、2档和3档);2(1档和2档);不同档位之间的换档时机取决于车辆速度和节气门的开度</td><td>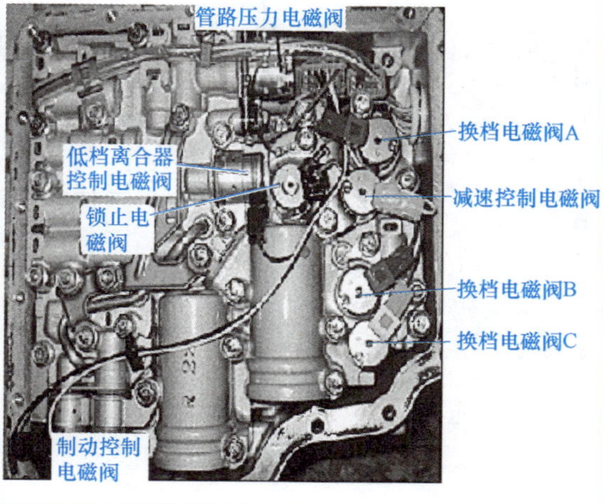
</td></tr>
</table>

二、电控元件电路检修

1. 检查换档电磁阀

(1)电阻测试

使用万用表测量换档电磁阀的电阻。

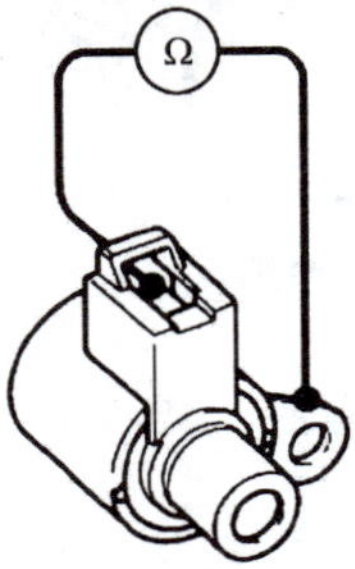

以丰田汽车的电磁阀为例，电磁线圈电阻一般为 11～15Ω，如果不在规定范围内，应更换换档电磁阀

(2)通电测试

将蓄电池正极(＋)导线连接到电磁线圈插接器的端子上，将负极(－)导线连接到电磁线圈体上。

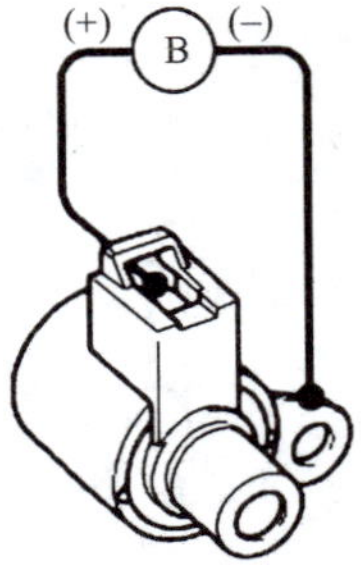

通电时电磁阀应发出“嘀嗒”工作响声，否则应更换电磁阀

2. 控制继电器测试

将 12V 的蓄电池电压连接到控制继电器 2 号和 4 号端子上，用万用表检查 1 号和 3 号端子的电阻。

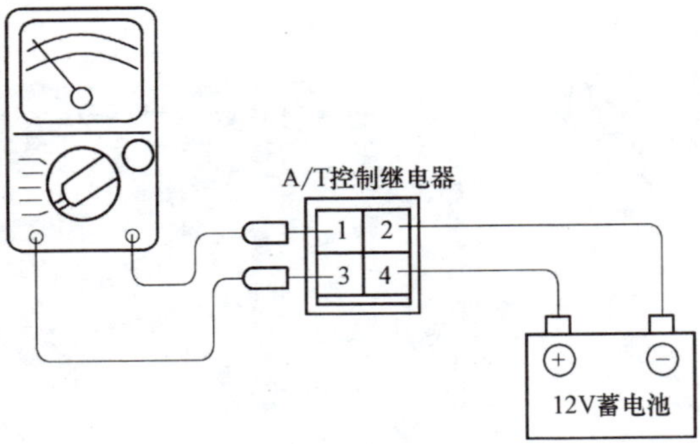

以丰田汽车的控制继电器为例，如果测试结果为导通，表明控制继电器正常，否则应更换继电器

<table>
<tr>
<td rowspan="2">3. ATF温度传感器测试</td>
<td colspan="2">将 ATF 温度传感器和温度计放入 ATF 中，然后逐渐加热 ATF，使用万用表测量温度传感器的电阻。
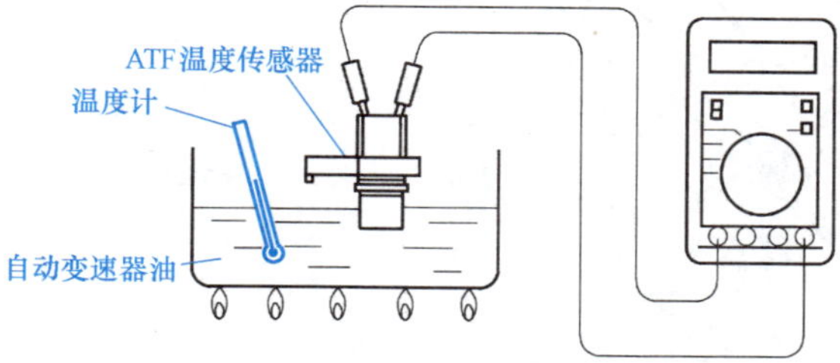
</td>
</tr>
<tr>
<td colspan="2">将测试结果与标准值相比较，如不在规定的范围内，则更换 ATF 温度传感器</td>
</tr>
<tr>
<td>4. 制动灯开关测试</td>
<td>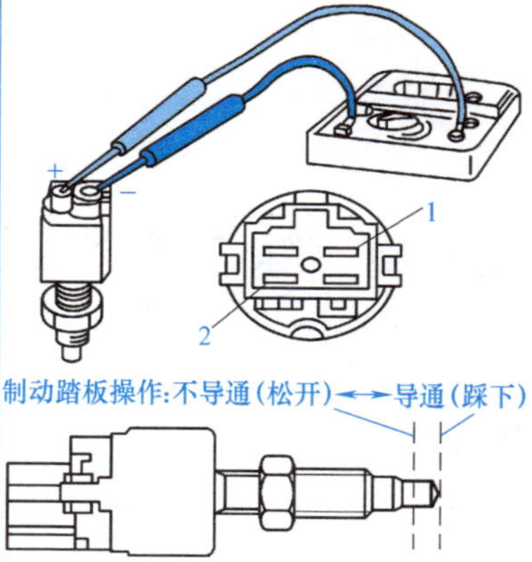
</td>
<td>将万用表表笔分别连接到制动灯开关 1 号和 2 号端子上，然后通过踩下和松开制动踏板来测试制动开关的工作情况。
当踩下制动踏板时，制动灯开关应导通，松开时应不导通，否则应更换制动开关</td>
</tr>
<tr>
<td rowspan="2">5. 换档开关测试与调整</td>
<td>(1)就车测试</td>
<td>(2)拆下变速器换档开关插头进行测试</td>
</tr>
<tr>
<td>将变速杆分别挂入 P、N、D、R 位，组合仪表的档位指示应正确对应。
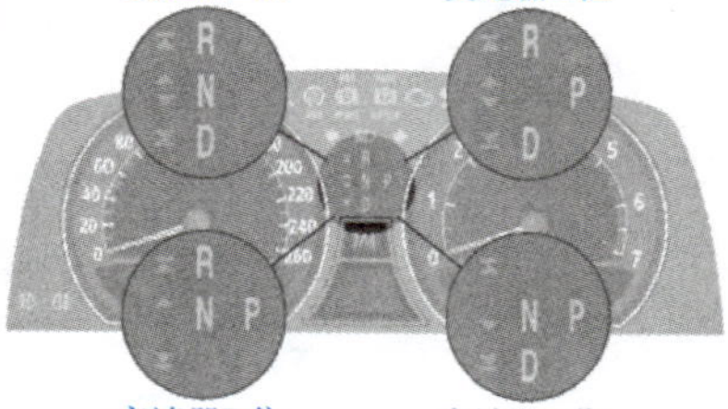

①如果组合仪表显示与变速杆位置不一致，必须进行调整或修理
②车型不同，档位显示有所差异</td>
<td>利用万用表检查变速器换档开关在各开关位置上的端子之间导通情况。
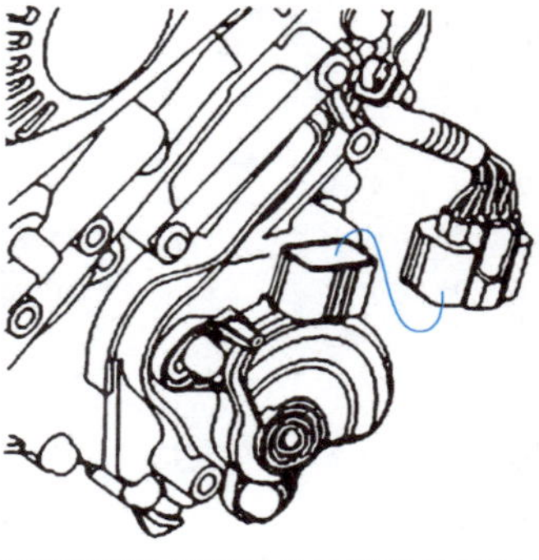
如果变速器档位开关导通性检查正常，则更换故障的变速器档位开关线束，否则应更换变速器档位开关</td>
</tr>
</table>

5. 换档开关测试与调整	(3)拆下换档开关	(4)调整换档开关位置
	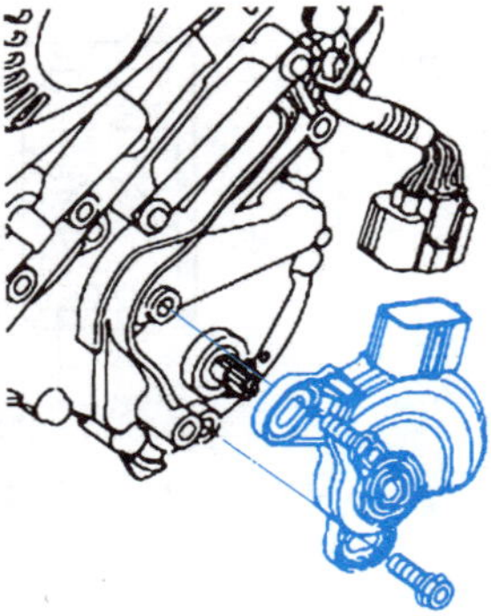 拆卸时，确保换档位置在 N 位置	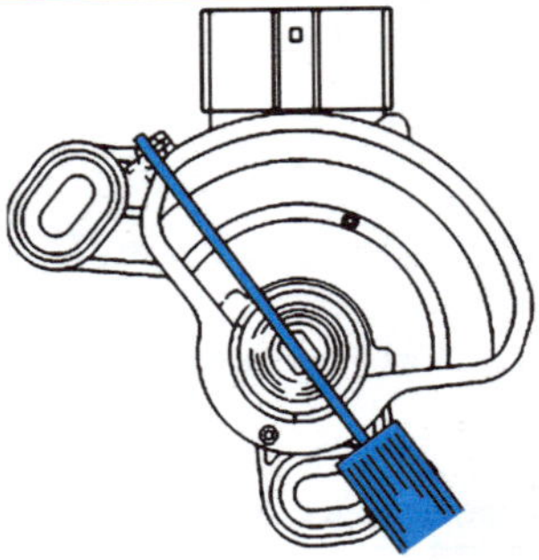 将旋转架上的切口和档位开关上的 N 位置切口对齐，然后用 2.0mm 的塞尺钢片将切口定位在 N 位置

第四节 自动变速器常见故障排除与维修实例

一、自动变速器常见故障排除

自动变速器常见故障的原因及排除方法见表 2-2。

表 2-2 自动变速器常见故障的原因及排除方法

故障现象	故障原因	排除方法
1. 自动变速器油变质、变色	(1)自动变速器油温度过高	①更换 ATF
	(2)自动变速器内工作元件磨损	②分解变速器，查找损坏的零部件，并将其更换
2. 自动变速器换入 D 位或 R 位均无反应	(1)换档拉索调整不当	①重新调整换档拉索，必要时重新更换
	(2)液力变矩器损坏	②更换液力变矩器
	(3)油路堵塞，油压失调或油泵故障等	③分解阀体和油泵，并进行清洗
3. 只能前进，不能后退或只能后退，不能前进	(1)换档拉索调整不当	①重新调整换档拉索
	(2)执行元件有故障	②拆检对应的离合器，必要时更换
4. 升档、降档时滞过长	(1)节气门位置传感器、换档开关故障等	①检查、调整或更换
	(2)换档执行组件失调或磨损	②检查、调整或更换

（续）

故障现象	故障原因	排除方法
5. 踩下制动踏板时，变速杆不能从P位移出	（1）加速踏板位置传感器电路故障	①检查APP传感器信号
	（2）制动踏板位置开关电路故障	②对换档锁止系统电路进行故障排除
	（3）换档锁止电磁阀控制电路故障	③测试换档锁止电磁阀
	（4）变速器档位开关故障	④检查变速器档位开关
6. 点火钥匙不能拔出	（1）互锁控制系统电路故障	①对钥匙互锁系统电路进行故障排除
	（2）变速器档位开关故障	②检查变速器档位开关
7. 车辆在所有档位都不能移动	（1）ATF液位过低	①检查ATF液位，检查ATF冷却器管路是否泄漏，如有必要，清洗ATF冷却器管路
	（2）换档拉索断裂或失调	②检查变速杆和变速器控制杆上的换档拉索是否松动
	（3）换档拉索和变速器连接处或阀体磨损	③更换换档拉索
	（4）ATF泵磨损或卡滞	④更换ATF泵
	（5）阀体卡住或弹簧磨损	⑤更换或清洗阀体
	（6）ATF滤网堵塞	⑥更换ATF滤网，并彻底清洗变速器
8. 从N位换档至R位时换档滞后，或换档至R位时振动过大	（1）换档电磁阀故障	①检查换档电磁阀是否卡滞
	（2）换档拉索断裂或失调	②检查变速杆和变速器控制杆上的换档拉索是否松动
	（3）输入轴或输出轴转速传感器故障	③检查输入轴转速传感器和输出轴转速传感器
	（4）ATF温度传感器故障	④更换ATF温度传感器
9. 变速器不能换档	（1）输入轴或输出轴转速传感器故障	①检查输入轴转速传感器和输出轴转速传感器
	（2）换档电路故障	②更换换档开关或修复线路故障
10. 在所有档位，变速器中均出现噪声	（1）ATF泵磨损或损坏	①ATF泵与变矩器壳体未对准导致ATF泵卡滞，更换ATF泵
	（2）离合器故障	②分解自动变速器，检查执行元件

（续）

故障现象	故 障 原 因	排 除 方 法
11. 起步时，变速杆从P或N位换入D或R位时，汽车振动大；行驶中，自动变速器升档瞬间产生振动	(1)发动机怠速过高	①检查并调整发动机怠速
	(2)节气门拉索或节气门位置传感器调整不当，主油路油压高	②检查、调整节气门拉索和节气门位置传感器
	(3)升档过迟	③路试检查自动变速器升档是否过迟，升档过迟是换档冲击大的常见原因
	(4)主油路调压阀故障，使主油路油压过高	④检测主油路油压。如果怠速时主油路油压高，说明主油路调压阀或节气门阀存在故障；如果怠速油压正常，而起步冲击大，说明前进档离合器、倒档及高速档离合器的进油单向阀损坏或漏装
	(5)减振器活塞卡住，不起减振作用	⑤检查换档时主油路油压。正常情况下，换档时主油路油压瞬时应有下降。若油压无下降，说明减振器活塞卡住，应拆检阀体和减振器
	(6)单向阀球漏装，制动器或离合器接合过快	⑥检查油压电磁阀的工作是否正常
	(7)油压电磁阀以及电控单元故障等	⑦检查控制单元在换档瞬间是否向油压电磁阀发出控制信号。如果电磁阀故障应更换；如果线路有损毁应修复
12. 起步时踩下加速踏板，发动机转速上升很快但车速升高缓慢；上坡时无力，发动机转速上升很快	(1)变速器油面太低	①检查液压油油面高度和油的品质；若液压油变色或有烧焦味，说明离合器或制动器的摩擦片烧坏，应拆检自动变速器
	(2)离合器或制动器磨损严重	②路试检查，若所有档都打滑，原因出在前进档离合器 —若在D位的2档打滑，而在S位的2档不打滑，说明2档单向超越离合器打滑 —若不论在D位、S位的2档时都打滑，则为低档及倒档制动器打滑 —若在3档时打滑，原因为倒档及高速档离合器故障 —若在超速档打滑，则为超速制动器故障 —若在倒档和高档时打滑，则为倒档和高速档离合器故障 —若在倒档和1档打滑，则为低档及倒档制动器打滑 —若在前进档或倒档都打滑，说明主油路油压低。此时应对油泵和阀体进行检修 —若主油路油压正常，原因可能是离合器或制动器摩擦片磨损过度或烧焦，应更换摩擦片
	(3)油泵磨损严重，主油路漏油造成主油路油压低	
	(4)单向超越离合器打滑	
	(5)离合器或制动器密封圈损坏导致漏油	
	(6)减振器活塞密封圈损坏等	

（续）

故障现象	故障原因	排除方法
13. 行驶途中自动变速器只能升1档，不能升2档及高速档；或可以升2档，但不能升3档或超速档	(1)节气门拉索或节气门位置传感器调整不当 (2)调速器存在故障 (3)调速器油路漏油 (4)车速传感器故障 (5)2档制动器或高速档离合器存在故障 (6)换档阀卡滞或档位开关故障等	①检查调整节气门拉索和节气门位置传感器 ②测量调速器油压，如果车速升高后调速器油压为0或很低，说明调速器有故障或漏油 ③检查换档执行组件是否打滑，用压缩空气检查各离合器、制动器油缸或活塞有无泄漏 ④检查车速传感器 ⑤检查档位开关信号
14. 倒档正常，但在D位时不能行驶；在D位时汽车不能起步，在S、L位（或2、1位）时可以起步	(1)前进档离合器打滑 (2)前进档单向离合器打滑 (3)前进档离合器油路泄漏 (4)换档拉索调整不当等	①检查变速杆位置，如有异常，应按规定程序重新调整 ②测量前进档主油路油压，若油压太低，拆检自动变速器，更换前进档油路上各处密封圈 ③检查前进档离合器，如果摩擦片烧损或磨损过度应更换；若主油路油压和前进离合器均正常，应拆检前进单向离合器
15. 自动变速器无超速档	(1)超速档开关故障 (2)超速电磁阀故障 (3)档位开关以及节气门位置传感器故障 (4)液压油温度传感器故障 (5)超速行星排上的直接离合器或直接单向离合器故障	①检查超速档开关。在ON位时，超速档开关触点应断开，指示灯不亮；在OFF位时，超速档开关触点应闭合，指示灯亮。否则应更换超速档开关 ②检查超速档电磁阀的工作情况。打开点火开关，不起动发动机，按下O/D开关，超速档电磁阀应有接合声音。若无接合声音，应检查控制电路或更换电磁阀 ③检查档位开关和节气门位置传感器的输出信号。档位开关信号应与变速杆的位置相符，节气门位置传感器输出电压应与节气门的开度成正比 ④检查液压油温度传感器电阻值 ⑤用举升器举起车辆，使四轮悬空。起动发动机，使自动变速器在D位工作，检查在无负荷状态下的自动变速器升档情况。如果能升入超速档，并且车速正常，说明控制系统工作正常。如果能升入超速档，而升档后车速提不高，发动机转速下降，说明超速行星排中直

（续）

故障现象	故障原因	排除方法
15. 自动变速器无超速档	(6)超速制动器打滑 (7)换档阀体卡滞等	接离合器或直接单向超越离合器故障。如果在无负荷情况下不能升入超速档,说明控制系统存在故障,应拆检阀体进行检修
16. 汽车在D位能行驶而倒档不能行驶	(1)变速杆调整不当 (2)倒档油路泄漏 (3)倒档及高速档离合器或低档及倒档制动器打滑	①检查并调整变速杆位置 ②检查倒档油路油压。若油压太低,说明倒档油路泄漏,应拆检自动变速器 如果倒档油路油压正常,应拆检自动变速器,更换损坏的离合器或制动器摩擦片或制动带
17. 汽车行驶中,自动变速器出现突然降档现象,降档后发动机转速升高,并产生换档冲击	(1)节气门位置传感器故障 (2)车速传感器故障 (3)控制系统电路故障 (4)换档电磁阀接触不良 (5)电控单元故障	①测量节气门位置传感器 ②测量车速传感器 ③拆下自动变速器油底壳,检查电磁阀连接线路端子情况 ④检查控制系统各接线端子电压
18. 汽车行驶中,当变速杆位于2、1或S、L档位时,松开加速踏板,发动机转速降至怠速,但汽车减速不明显;下坡时,自动变速器在前进低档,但不能产生发动机制动作用	(1)变速杆位置调整不当 (2)档位开关调整不当 (3)2档强制制动器打滑或低档及倒档制动器打滑 (4)控制发动机制动的电磁阀或阀体故障 (5)电控单元损坏等	①检查并调整变速杆位置 ②调整或更换档位开关 ③路试检查自动变速器有无打滑现象 —如果在S位时没有发动机制动作用,而在L位时有发动机制动作用,说明2档强制制动器打滑 —如果在L位时没有发动机制动作用,而S位时有发动机制动作用,说明低档及倒档制动器打滑 ④拆检阀体,清洗所有控制阀。检查电控单元各接线端子电压,如果正常,再检查各个传感器电压 ⑤更换新的电控单元重新试验,如果故障消失,说明电控单元损坏
19. 液力变矩器离合器无锁止	(1)锁止电磁阀故障 (2)变矩器中锁止离合器损坏	①检查锁止电磁阀 ②检查变矩器,必要时应更换变矩器

（续）

故障现象	故 障 原 因	排 除 方 法
20. 不能强制降档	(1)节气门拉索或节气门位置传感器调整不当 (2)强制降档开关损坏 (3)强制降档电磁阀短路或断路 (4)强制降档电磁阀卡滞	①检查节气门拉索、节气门位置传感器的安装情况 ②检查强制降档开关。在加速踏板踩到底时,强制降档开关触点应闭合;松开加速踏板时,强制降档开关触点应断开。如果加速踏板踩到底时,强制降档开关触点没有闭合,说明开关安装不当或开关损坏 ③检查强制降档电磁阀工作情况 ④拆卸阀体,分解清洗强制降档控制阀,阀芯若有问题,应更换阀体总成

二、自动变速器维修实例

1. 别克轿车 GF6 变速器程序设定不符合规定故障

故障现象

一辆 2010 年款别克 1.6L 轿车，配置 L4 发动机，行驶里程为 4 万 km，车主反映该车行驶时无法升档。

故障诊断与排除

（1）试车发现，冷车起动后，以小节气门开度低速行驶时车辆进入 2 档行驶模式，然后故障灯点亮，变速器进入保护模式。

（2）根据故障现象进行分析，可能是由于发动机低温环境导致变速器工作油液的粘度过大，从而引起电磁阀动作变化迟缓，于是清洗电磁阀，但故障依旧。

（3）连接故障诊断仪进行检测，发现原标定程序的参数设定不符合规定，导致故障的存在。

（4）使用 VCI 软件对 TCM 进行刷新后故障彻底排除。

2. 奔驰 S600 轿车变速器电磁阀控制单元故障

故障现象

一辆 2012 年款奔驰 S600L 轿车，装备 V12 发动机，为手自一体变速器，行驶 3.5 万 km 后发动机出现无法起动故障。

故障诊断与排除

（1）首先询问车主了解到该车停车后发动机无法起动，起动机没反应。

（2）将点火钥匙转到起动位置，用测试灯连接起动机“30”接线柱，没有电源信号，于是确定为起动机前端的线路存在故障。

（3）使用测试灯检查点火开关起动时的“50”接线柱上的电源信号正常。测其起动锁止中间接头电压信号，也正常。

（4）查看线路图可知，其起动锁止开关是通过与其串联的变速器油温度传感器把信号送到变速器电脑进行档位识别的。

（5）拆检变速器后发现电磁阀控制单元上控制起动锁止开关的机械机构已断裂到油底壳中，更换变速器电磁阀控制单元后故障彻底排除。

维修小结

通过检测仪在移动变速杆的过程中直接观察该开关的状态，确定故障方向，然后进行点对点测量，即可判断出故障原因。

3. 奇瑞东方之子轿车换档时冲击过大故障

故障现象

一辆 2012 年款奇瑞东方之子轿车，配置 F4A4BK2 变速器，该车行驶 1.1 万 km 后，换档时冲击很大，乘坐舒适感较差。

故障诊断与排除

（1）根据以往的经验，首先拔出换档开关插头，检查发现插头内有大量的水，用电吹风筒把插头及线束内的水吹干，装复后挂 D、R 位，冲击仍然很大，说明换档开关无故障。

（2）用诊断仪检查自动变速器系统故障码，发现有“节气门位置传感器信号失真”的故障，但检查发动机电控系统则无故障码。踩下加速踏板，读取发动机电控系统数据流，发现节气门位置传感器的输出电压随节气门开度的变化而相应变化，说明节气门位置传感器并无故障。

（3）仔细检查线束时发现线束上多出一个插头，该插头是机械变速器上的倒车灯插头，于是再次询问车主了解到由于怠速不稳曾在其他服务站更换过发动机线束，更换的发动机线束是手动档线束，所以没有节气门位置信号送到 TCU（自动变速器控制单元），造成 TCU 进入故障模式，换档冲击。

（4）重新更换线束后故障彻底排除。

维修小结

TCU 在监测到电控部分故障时会进入故障模式，一般都是 3 档，一旦进入故障模式，就会造成换档冲击的现象。

4. 本田飞度轿车换档冲击故障

故障现象

一辆 2008 年款本田飞度 1.5L 轿车，配置 5 档自动变速器，该车行驶 3 万 km 后出现换档冲击，变速杆处有明显的振动。

故障诊断与排除

（1）首先连接 HDS 诊断仪读取故障码，没有任何显示。

（2）拆下自动变速器档位开关并进行测试没发现损坏，重新进行调整后试车，故障依旧。

（3）打开发动机舱盖，拆下空气滤清器总成，检查变速器上的换档电磁阀体线束插接器插头，发现该线束插接器松动，重新紧固插头后故障排除。

5. 奇瑞 QQ3 轿车自动变速器自动降档故障

故障现象

一辆 2011 年款奇瑞 QQ3 1.0L 轿车，配置了自动变速器，该车行驶 1.6 万 km 后出现车辆加速到 100km/h 时，再加速时将从 5 档自动降到到 4 档的现象。

故障诊断与排除

（1）首先用诊断仪检查变速器，无故障码显示。

（2）仔细检查相关线路，没有发现线束插头漏插的现象，于是驾驶车辆进行试车，当出现故障时，发动机故障指示灯闪了一次，说明发动机存在间歇性故障。

（3）用 X431 对发动机部分进行诊断，发现故障码为爆燃传感器对地短路，更换爆燃传感器后，故障排除。

维修小结

在解决自动变速器降档的故障时，不能单纯地考虑变速器部分，应充分考虑发动机，因为发动机动力不足，也会造成降档。爆燃传感器出现故障后，ECU 收到爆燃信号，推迟了点火提前角，造成动力不足，发生自动降档。

6. 雪佛兰景程轿车变速器不升档且油耗升高故障

故障现象

一辆 2011 年款雪佛兰景程 1.8L 轿车，配置了 6 档手自一体变速器，该车行驶 6 万 km 后，车主反映行驶时发动机转速很高但变速器却不升档，油耗明显升高的现象。

故障诊断与排除

（1）首先进行路试，发现在 1-2 档换档点，发动机转速约为 2100r/min；在 2-3 档换档点，发动机转速则高达 3300r/min，而正常应在 2200r/min 左右，说明自动变速器换档故障。

（2）用 Tech2 检查没有故障码，各项数据也正常。行驶时变速器的噪声比较大，根据经验判断油耗高的原因是发动机的动力不足，转速过高，可能是三元催化转化器堵塞造成的。

（3）拆下三元催化转化器，发现内部有严重烧结的现象，清理后装复试车，故障排除。

7. 北京现代伊兰特轿车换档冲击故障

故障现象

一辆 2011 年款北京现代伊兰特 1.8L 轿车，配置 FA4A42 型自动变速器，行驶里程为 6.9 万 km，车主反映该车在 1 档升 2 档时换档冲击最为明显。

故障诊断与排除

（1）首先检查自动变速器油液面，在标准范围内，检查油质也未发现异常。

（2）连接诊断仪对自动变速器的控制系统进行检测，但没有发现任何故障码存储。同时利用诊断仪对发动机系统进行检测，结果也没有发现故障记忆。

（3）根据以往维修经验，节气门位置传感器的信号电压直接影响变速器的换档，于是查看了相关数据流，发现发动机在怠速状态时，节气门位置传感器的输出电压为 0.3V，数据正常。

（4）进行失速试验，发动机的失速转速为 2000r/min（标准值为 1800～2600r/min），符合技术要求。

（5）驾驶车辆进行路试，发现变速器在每个档位都存在换档冲击，比车主反映的情况更为严重。于是将阀体拆下，对各控制阀及蓄压器的工作情况进行检查。此时发现 LR、UD、2ND 及 OD4 个蓄压器的活塞都很紧，断定故障在 4 个蓄压器上。

（6）更换 4 个蓄压器并更换新的阀体后，对变速器进行一次全面的清洗、换油保养后试车，故障彻底排除。

8. 大众高尔夫 A6 轿车自动变速器升档困难故障

故障现象

一辆 2011 年款高尔夫 A6 轿车，搭载了 01M 自动变速器，行驶里程为 5 万 km，车主反映该车冷车正常，热车升档延迟，当发动机转速升至 2800r/min 时，才勉强升入 2 档；转速升至 3600r/min 时，方可升入 3 档。

故障诊断与排除

（1）首先对变速器进行常规检查，发现油压正常、变速器油无异味、油质透亮纯净无杂质、油位符合标准。

（2）用 V. A. G5052 查看自动变速器动态数据流时，发现变速器油温上升过快。

（3）结合该车热车后才出现延迟升档故障的现象，用红外测温仪监控变速器散热器温度，在行驶一段时间后变速器油温陡升至 120℃，故障随之再次出现，这说明故障确系高温所致。

（4）用红外测温仪测量变速器散热器进出口温度，发现进出口温差很小，说明散热器故障。

（5）将散热器卸下，用风枪吹出许多黄色的泥状沉积物，然后用清洗剂反复清理后装复进行试车，升降档时均正常，故障排除。

维修小结

当散热器发生堵塞后，散热不良，使流回油底壳的变速器油携带着大量的热量，导致油温迅速升高，控制单元通过油温传感器上获得的电压信号，感知当前油温异常，为达到保护变速器的目的而执行了延迟上档保护控制模式。

第三章

离 合 器

第一节　离合器概述

一、离合器的组成

离合器主要由主动部分、从动部分、压紧机构和操纵机构四部分组成，具体如图 3-1 所示。

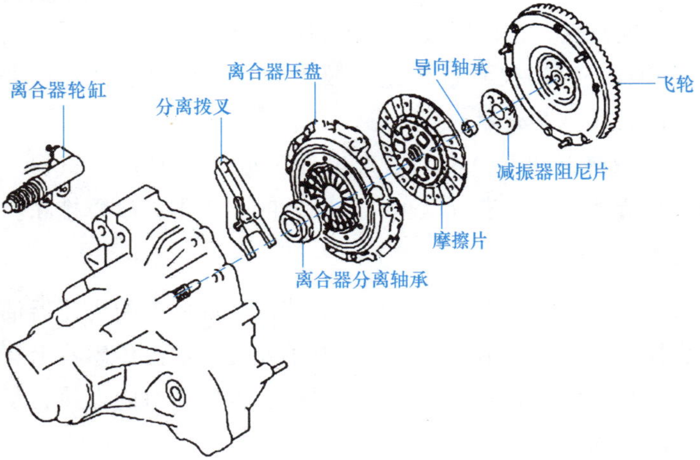

图 3-1　离合器结构示意图

学习提示

离合器是汽车传动系统的组成部分，装在发动机与变速器之间。当汽车起步或变速器换档时，它使发动机与传动系统暂时分离，以中断动力传递，随后又使之逐渐接合上，以便传递动力。

二、离合器的工作原理

（1）接合状态如图 3-2 所示。

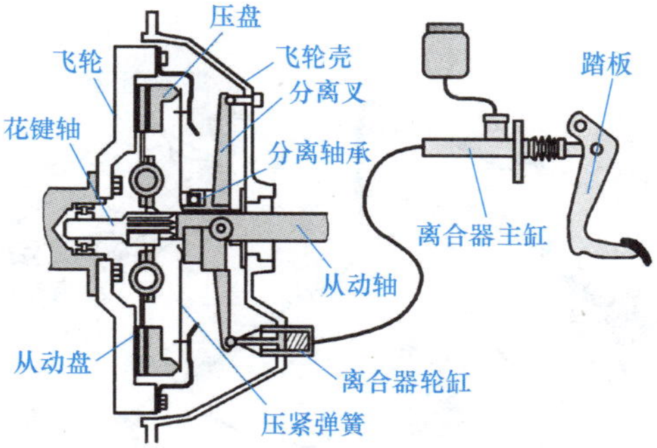

图 3-2 接合状态示意图

学习提示

当离合器在接合状态时，操纵机构各部件在回位弹簧的作用下回到各自位置，分离杠杆内端与分离轴承之间保持有一定的间隙，压紧弹簧将飞轮、从动盘和压盘三者压紧在一起，发动机的转矩经过飞轮及压盘通过从动盘两摩擦面的摩擦作用传给从动盘，再由从动轴输入变速器。

（2）分离状态如图 3-3 所示。

学习提示

分离离合器时，驾驶人踩下离合器踏板，分离套筒和分离轴承在分离叉的推动下，先消除分离轴承与分离杠杆内端之间的间隙，然后推动分离杠杆内端前移，使分离杠杆外端带动压盘克服压紧弹簧作用力后移，摩擦作用消失，离合器的主、从动部分分离，中断动力传递。

（3）接合过程如图 3-4 所示。

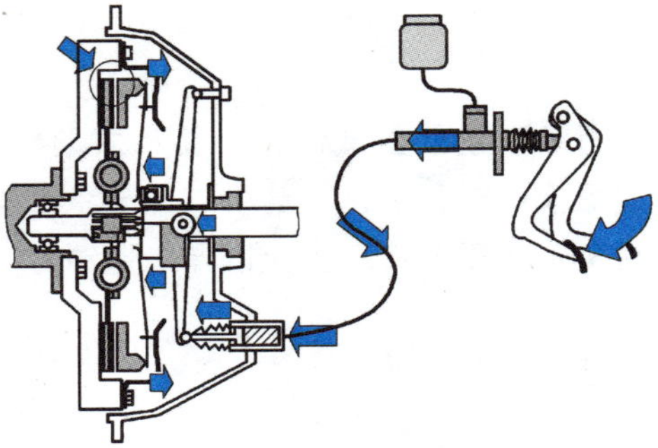

图 3-3　分离状态

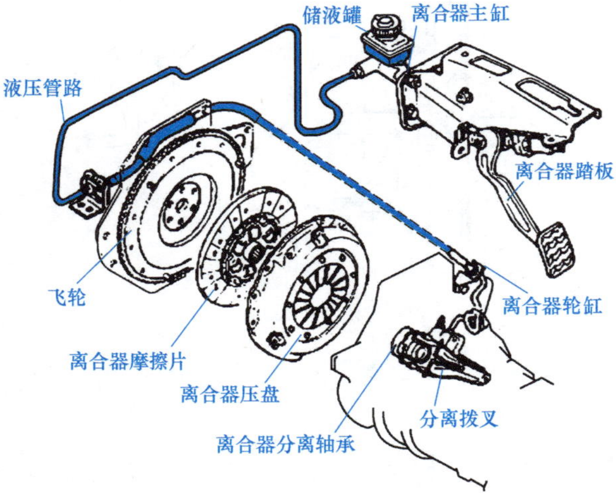

图 3-4　接合过程

学习提示

接合离合器时，驾驶人缓慢抬起离合器踏板，在压紧弹簧的作用下，压盘向前移动并逐渐压紧从动盘，使接触面间的压力逐渐增加，摩擦力矩也逐渐增加；当飞轮、压盘和从动盘之间接合还不紧密时，所能传递的摩擦力矩较小，离合器的主、从动部分有转速差，离合器处于打滑状态；随着离合器踏板的逐渐抬起，飞轮、压盘和从动盘之间的压紧程度逐渐增加，主、从动部分的转速也渐趋相等，直到离合器完全接合而停止打滑，接合过程结束。

第二节　离合器故障检修与排除

一、离合器故障检修

<table>
<tr><td rowspan="5">1.离合器主缸大修</td><td>(1)从离合器主缸上取出卡簧</td><td>(2)在离合器管路孔口通入压缩空气,利用压力将活塞拆下</td></tr>
<tr><td>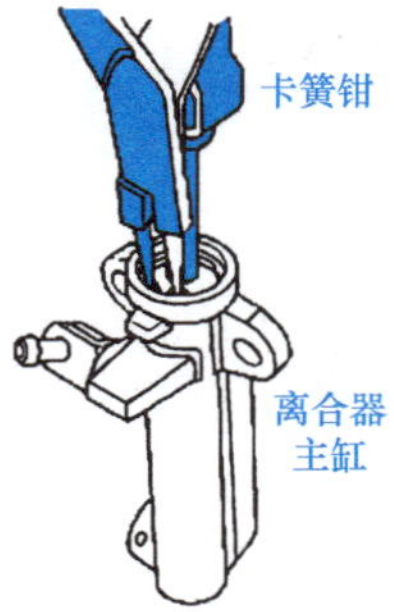
</td><td>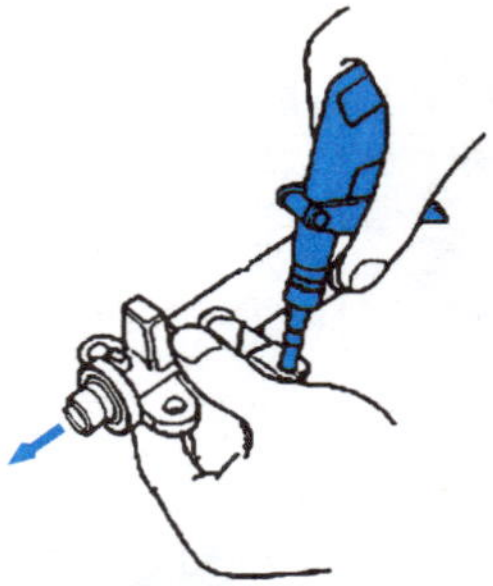</td></tr>
<tr><td colspan="2">(3)安装时将活塞沿箭头方向慢慢推进离合器主缸内,然后将卡簧安装到位</td></tr>
<tr><td colspan="2">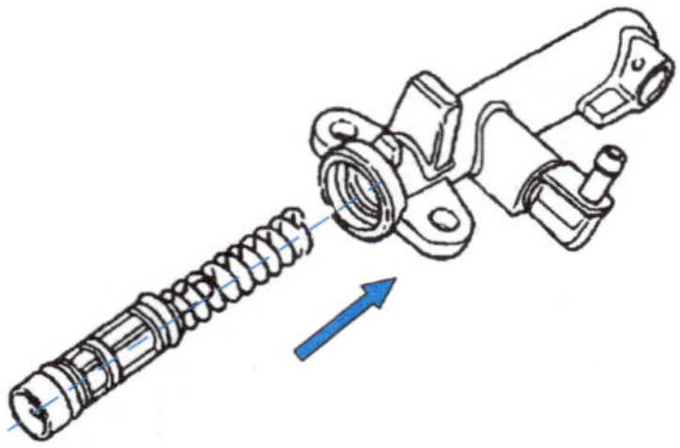</td></tr>
<tr><td colspan="2"></td></tr>
<tr><td rowspan="2">2.离合器拆解</td><td>(1)安装离合器校准工具</td><td>(2)拆下离合器压盘和离合器摩擦片</td></tr>
<tr><td>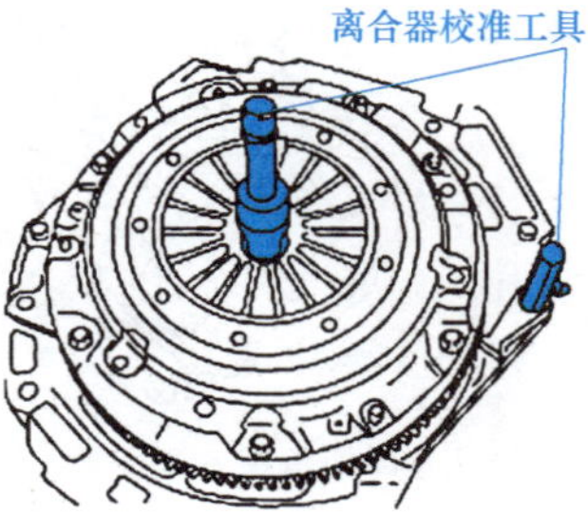
</td><td>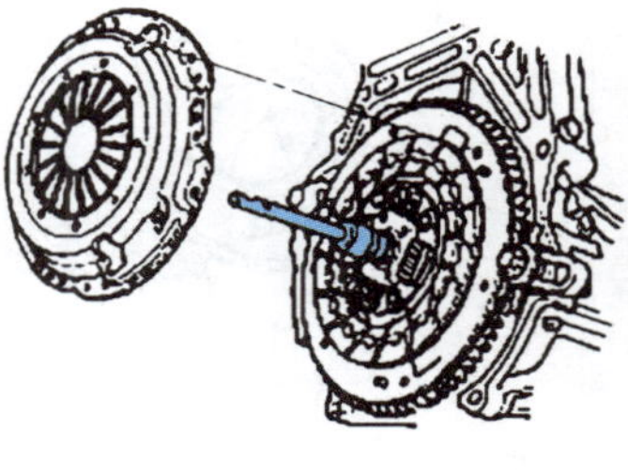</td></tr>
</table>

<table>
<tr><td rowspan="4">3. 离合器检查</td><td>(1)用钢直尺和塞尺测量压盘的平整度</td><td>(2)用游标卡尺测量摩擦片厚度</td></tr>
<tr><td>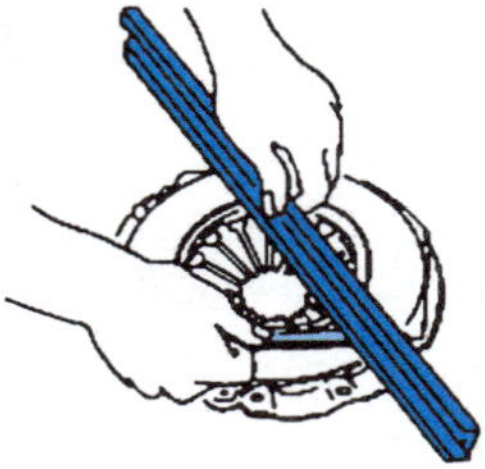
压盘平整度最大误差为0.3mm，如果超出维修限度，则更换压盘</td><td>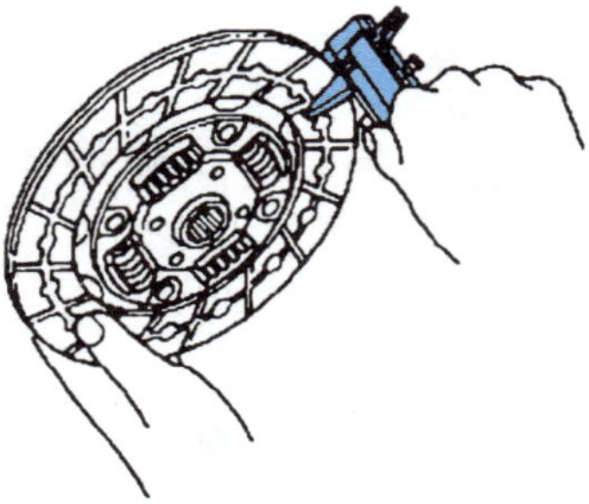
如果摩擦片小于规定值，则更换离合器盘</td></tr>
<tr><td>(3)测量铆钉头两侧的衬片厚度</td><td>(4)用千分表测量离合器盘圆跳动</td></tr>
<tr><td>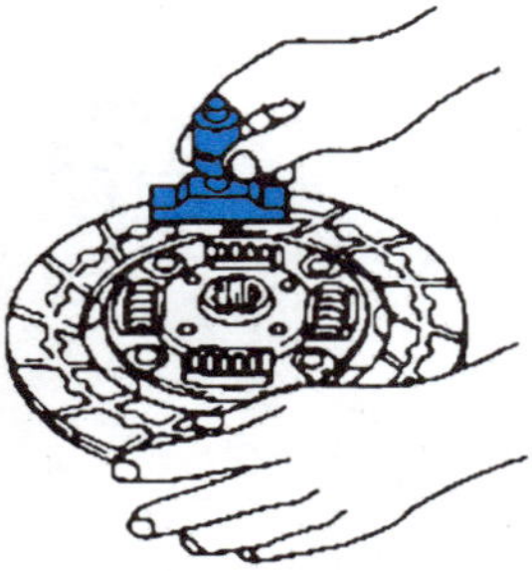
最小离合器片铆钉头厚度不大于0.3mm，否则应更换摩擦片</td><td>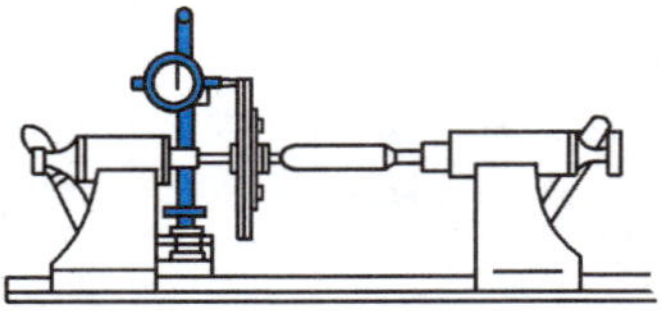
最大离合器跳动量为0.7mm，如果超过规定的最大值，应更换离合器摩擦片</td></tr>
<tr><td rowspan="2">4. 离合器分离轴承的检查</td><td>(1)用手旋转分离轴承检查间隙</td><td>(2)左、右移动分离叉，确保分离轴承能够平稳滑动</td></tr>
<tr><td>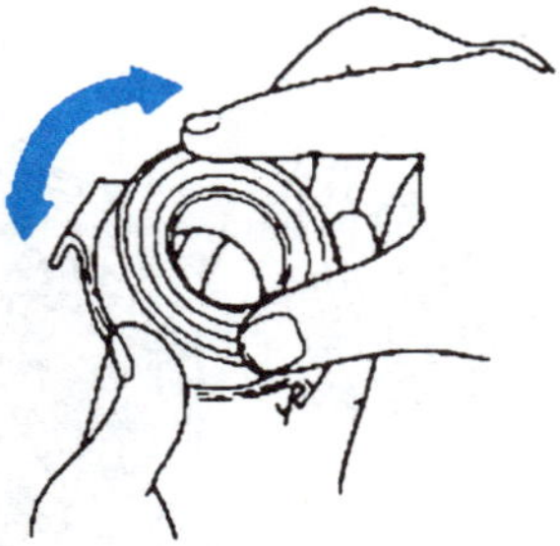
如果间隙过大，则更换分离轴承</td><td>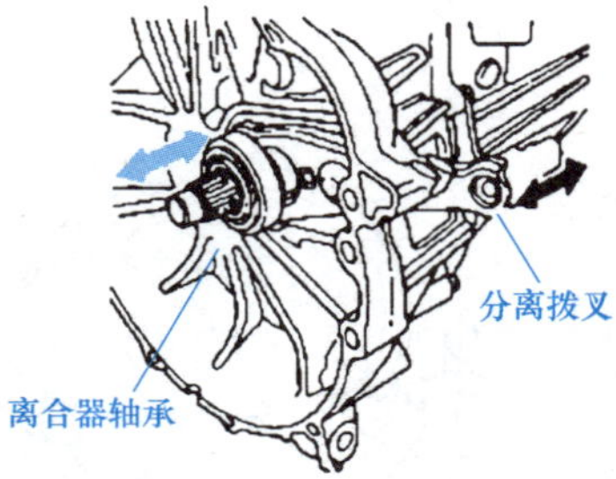

如果分离轴承滑动不平稳，则重新安装或检修</td></tr>
</table>

<table>
<tr><td rowspan="4">5.
离
合
器
的
调
整</td><td colspan="2">(1)调整踏板高度</td></tr>
<tr><td colspan="2">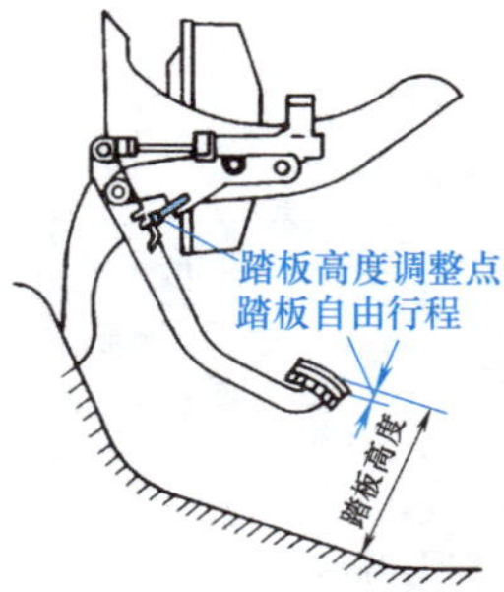

将有刻度的直尺支在驾驶室地板上,首先测出踏板在完全放松时的高度,再用手轻轻推压踏板,当感觉阻力增大时停止推压,测出此时的踏板高度。前后两次测出的踏板高度差就是离合器踏板自由行程值。
通过转动踏板限位螺栓来调整高度,如果不符合规定应进行调整</td></tr>
<tr><td>(2)调整方法一</td><td>(3)调整方法二</td></tr>
<tr><td>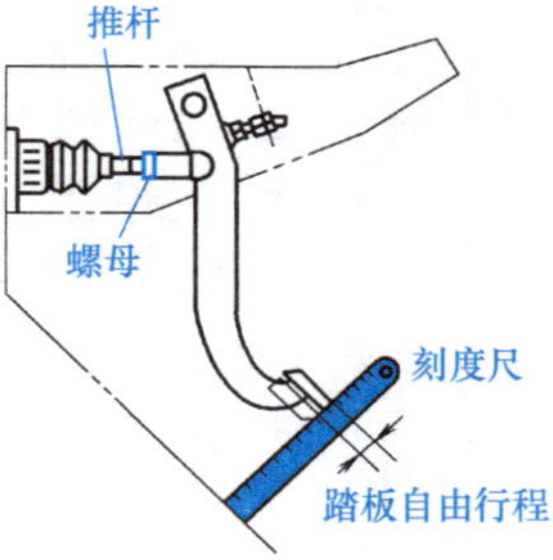

通过转动推杆与离合器主缸活塞的间隙来调整</td><td>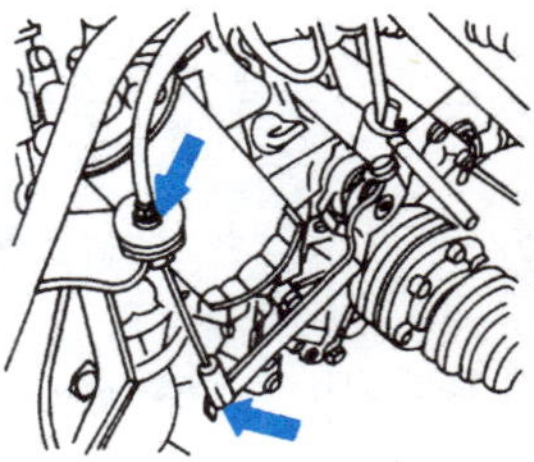
通过转动离合器轮缸的推杆来调节离合器分离轴承与膜片弹簧的间隙</td></tr>
<tr><td rowspan="2">6.
离
合
器
的
基
本
维
护</td><td>(1)离合器液检查</td><td>(2)离合器液的排气与更换</td></tr>
<tr><td>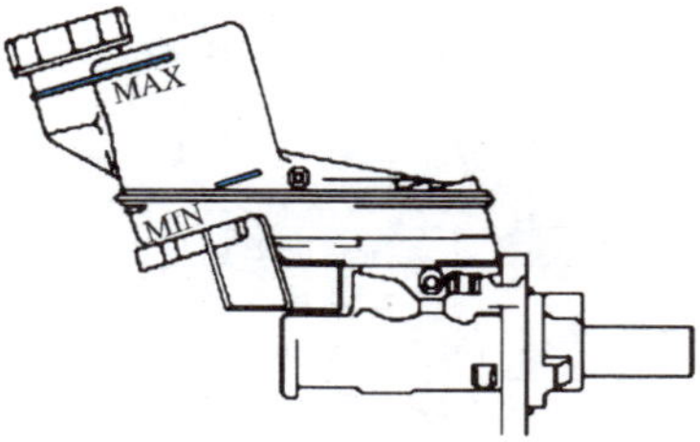

检查离合器液液位应在最小(MIN)和最大(MAX)标记之间,否则应进行补充或释放</td><td>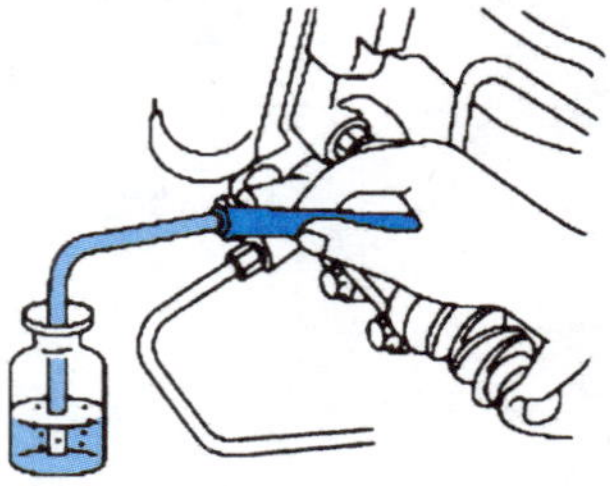
①从离合器轮缸上拆下放气螺母,然后将一根软管连接到放气焊钉上,并将管的另一端放在一个容器中
②由一个人踩离合器踏板几次,然后向下踩住踏板,再由另一个人用呆扳手松开放气螺钉进行放气,直至液体没有气泡为止。完成时,立即拧紧放气螺钉
③重复操作几次,直到不出气为止</td></tr>
</table>

二、离合器常见故障排除

1. 离合器快速诊断（表3-1）

表3-1 离合器快速诊断表

故障现象	故障原因	排除方法
离合器接合时发出“咔嗒”声	(1)离合器分离轴承损坏或缺油	①更换离合器分离轴承
	(2)离合器盘减振器磨损或损坏	②更换离合器压盘，必要时更换离合器总成
	(3)离合器盘花键磨损	③检查离合器盘毂与输入轴花键之间间隙，如果离合器花键磨损或间隙过大则更换离合器总成
	(4)摩擦片铆钉外露或破损	④更换摩擦片
	(5)离合器安装不当	⑤重新拆卸并安装
离合器内部有噪声	(1)离合器分离轴承损坏或缺油	①更换离合器分离轴承
	(2)离合器轮缸损坏或磨损	②更换离合器轮缸
离合器踏板力变小	(1)液压系统中有空气	①排出离合器液压系统中的空气
	(2)离合器储液罐液位低	②检查离合器轮缸、软管连接处和离合器执行器中是否有泄漏，如有异常则修理或更换
	(3)离合器支座螺栓松动或损坏	③更换损坏或松动的支座螺栓并紧固
	(4)液压油变质	④重新更换液压油
	(5)分离轴承磨损或损坏	⑤更换分离轴承
	(6)离合器安装错误	⑥拆下离合器并重新安装
	(7)离合器踏板回位弹簧损坏	⑦更换离合器踏板回位弹簧
离合器发抖	(1)离合器压盘表面损坏	①更换离合器压盘，必要时更换离合器总成
	(2)变速器输入轴花键磨损或损坏	②检修变速器
	(3)离合器摩擦片磨损或不平	③更换摩擦片
	(4)发动机支架或变速器固定螺栓松动	④按规定力矩拧紧螺栓
离合器分离不彻底或挂档困难	(1)离合器踏板卡在最大行程位置	①检查或清除踏板下的障碍物，如地板垫，必要时更换离合器踏板
	(2)离合器踏板支座松动	②紧固离合器踏板支座托架
	(3)踏板连杆磨损严重	③更换踏板连杆
	(4)离合器主缸卡滞	④检修或更换离合器主缸
	(5)离合器轮缸卡死或卡滞	⑤更换离合器轮缸
	(6)离合器内的压盘或摩擦片表面有油脂	⑥排除漏油部位并清洁干净油脂，必要时更换离合器总成
	(7)分离轴承损坏	⑦更换分离轴承
	(8)离合器压盘变形	⑧校正或更换
	(9)离合器踏板自由行程过大	⑨调整离合器踏板自由行程
	(10)新更换的离合器片过厚或装反	⑩重新检查，如有必要将其更换

（续）

故障现象	故 障 原 因	排 除 方 法
离合器打滑	（1）离合器踏板自由行程太小，使离合器处于半接合半分离状态，压盘压紧力减小	①检查踏板自由行程，如无自由行程，则调整踏板自由行程至正常值；如自由行程正常，则检查离合器与飞轮的紧固螺栓是否松动
	（2）离合器压盘弹簧（或膜片弹簧）弹力降低过多或弹簧折断，离合器压盘压紧力降低	②检查离合器压紧弹簧是否变软以及弹簧是否有断裂现象
	（3）离合器摩擦片磨损变薄，压盘弹簧压缩量减小，弹簧弹力降低，导致离合器压盘压紧力降低	③检查摩擦片和压盘是否磨薄，铆钉是否外露，接触表面是否烧蚀、硬化，并查看表面有无油污

2. 离合器诊断流程

（1） 分离不彻底的诊断

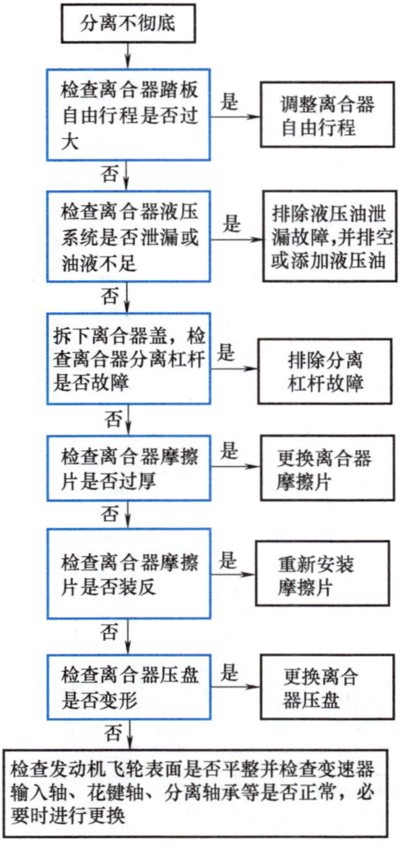

（2）起步时发抖的诊断

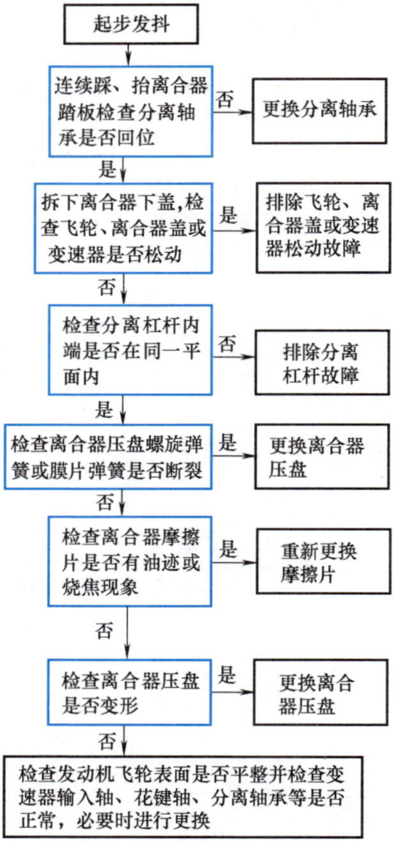

（3）离合器打滑的诊断

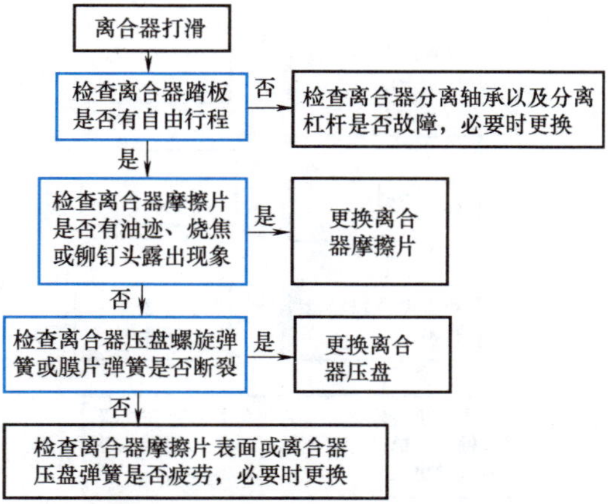

（4）离合器异响的诊断

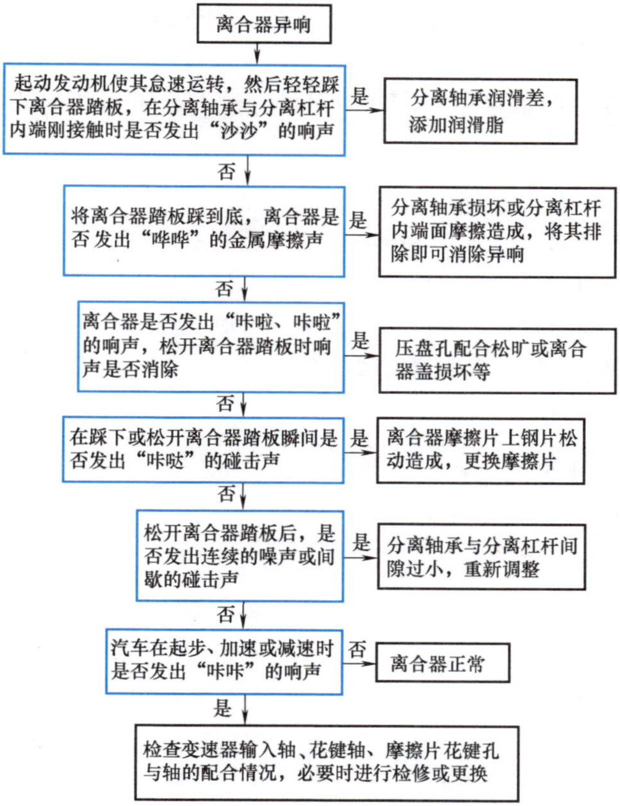

三、离合器维修实例

1. 上海通用赛欧轿车分离轴承异响故障

故障现象

一辆2011年款上海通用赛欧1.4L轿车，配置了手动档变速器，车主反映该车离合器分离轴承异响。

故障诊断与排除

（1）首先进行检查，确实听到“叽叽”的响声，并且在抬离合器踏板的一瞬间，噪声很大，感觉很明显，如同分离轴承异响。

（2）将分离轴承拆下，结果发现无损坏，离合器片及压盘总成也正常，其他相关部件均未发现异常。装合后，异响依旧。

（3）再次听诊时，发现响声来自发动机前端，而且是在发动机转速发生变化时发生的，与踩抬离合器踏板没有关系。后又继续检查了发动机带轮及空调压缩机带轮等均正常，最终检查到曲轴带轮有异常现象。

（4）拆下曲轴带轮，发现阻尼橡胶脱裂，更换新的曲轴带轮后，故障异响消失。

维修小结

离合器分离轴承异响故障的特征为踩下离合器踏板时响，放松离合器踏板后不响，且响声部位在离合器壳内，以上故障现象都不符合离合器分离轴承响的特点，所以判断有误，应加以注意。

2. 奥迪 A4 轿车离合器打滑故障

故障现象

一辆 2004 年款奥迪 A4 轿车，该车行驶中达不到额定车速，并且在高速公路上的最高车速也只有 100km/h。

故障诊断与排除

（1）出现此故障的原因主要有：①发动机动力不足；②离合器打滑。

（2）对发动机的工作状况进行检查，未见异常。检查离合器踏板自由行程也符合要求。

（3）拆下离合器后，发现从动盘磨损严重，很多铆钉已外露，压盘、飞轮工作面还出现了沟槽，检查膜片弹簧，发现有发蓝现象。

（4）更换离合器膜片弹簧和从动盘，同时光磨压盘和飞轮工作面后，故障彻底排除。

维修小结

奥迪轿车在维修中常见的离合器打滑、离合器分离不彻底或离合器异响等现象，要根据其故障症状加以分析，找出故障成因，才能真正将故障排除。了解奥迪轿车离合器是解决其故障的前提，再加以正确的故障诊断思路，离合器的故障将迎刃而解。

第四章

悬架与传动系统

第一节　悬架系统的维护和故障诊断

一、悬架系统的维护

1. 检查前束	(1)使车辆先上下跳振多次，然后保持车身稳定。此操作的目的是检查减振器工作情况	(2)松开驻车制动器，将变速杆切换至空档位置，当心车辆自行滑动
	(3)在前轮最后部的点上标注支撑面中心标记并测量标记之间的距离(尺寸1)	(4)缓慢向前开车使前轮旋转180°，测量车轮前部的支撑面中心标记之间的距离(尺寸2)
	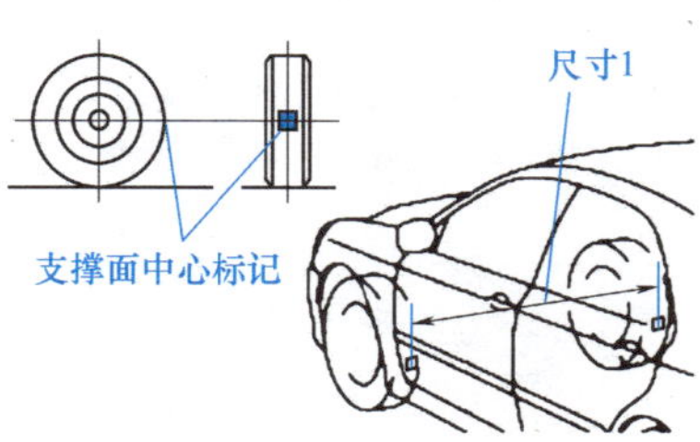	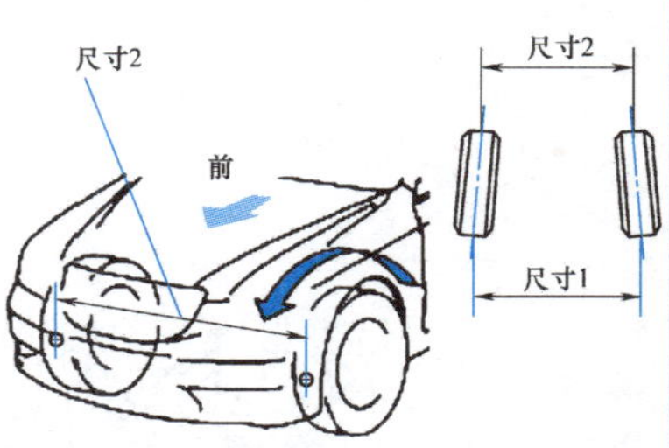
	(5)计算前束值(尺寸2－尺寸1)	(6)将测量值与标准值(一般为±2mm)进行比较，然后进行调整
2. 调整前束	(1)锁紧转向盘，并且处于对中位置。如果转向盘左右移动，则应重新对中锁紧	(2)拧松横拉杆端部自锁螺母，使用扳手固定外球头平面部分的同时，旋松自锁螺母，转动两个横拉杆，直至前束符合规定值为止

2.调整前束	(3)拧紧横拉杆端部自锁螺母。拧紧自锁螺母时用另一把扳手固定在调整后的位置	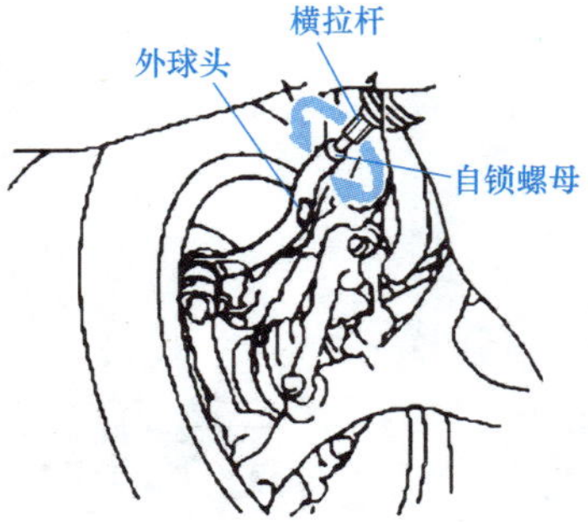 尽量将前束调整到规定的范围中间
3.检查外倾角、后倾角和转向轴线倾角	(1)将前轮置于定位仪的中央，并拆下中央饰件	(2)在车桥轮毂或驱动轴的中央安装测量仪以及附件
	(3)检查外倾角、后倾角和转向轴线倾角是否在规定值内 如果后倾角和转向轴线倾角不在规定范围之内，对外倾角进行正确调整后，重新检查悬架零件是否损坏或磨损	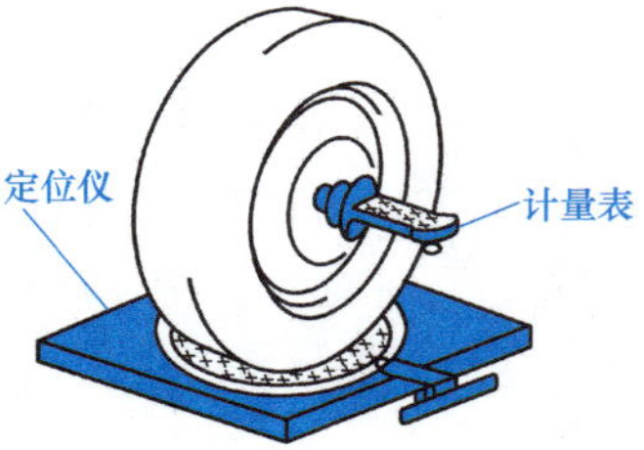 ①在车辆无负荷情况下进行检查 ②外倾角和后倾角不同的车型，其标准值有所差异
4.调整外倾角	(1)拆下前减振器下侧的 2 个螺母，同时暂时安装 2 个螺母	(2)在需要的调整方向上充分推拉前桥轮毂，然后按照规定的力矩拧紧螺母
	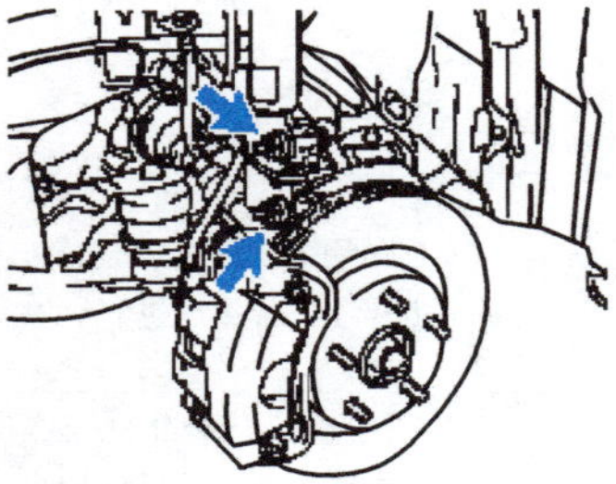	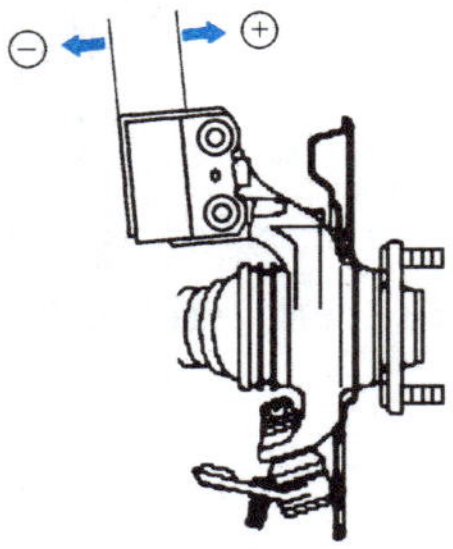 在拧紧的过程中要防止螺栓旋转

<table>
<tr><td rowspan="3">5.
车轮轴承轴向游隙检查</td><td>(1)拆下车轮</td><td>(2)安装适当的平垫圈1和车轮螺母，并以规定力矩紧固螺母，以使制动盘(鼓)牢靠在轮毂，安装千分表使其顶住轮毂凸缘</td></tr>
<tr><td></td><td rowspan="2">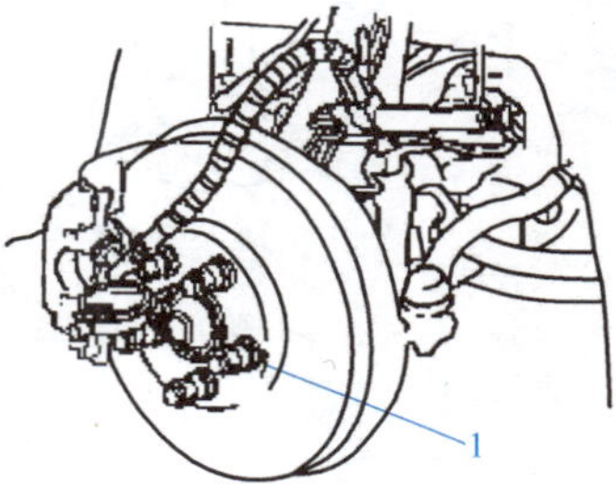
通过向内、向外移动制动盘(鼓)，测量轴承的轴向游隙，一般为0~0.05mm</td></tr>
<tr><td>(3)如果轴承轴向游隙大于标准值，则更换车轮轴承或轮毂轴承装置</td></tr>
<tr><td rowspan="3">6.
转向节球头的检查</td><td colspan="2">(1)将安全支架支撑在合适的位置以举升车辆
检查所有的螺栓、螺母以及悬架组件上的衬套，确保无任何松动、老化和损坏</td></tr>
<tr><td>(2)用手握紧轮胎1的底部，上下移动检查是否有不正常的噪声和抖动。如果球头出现异常，则更换转向节球头</td><td>(3)检查球头防护套1是否出现老化、损坏、裂纹，以及套内是否有润滑脂泄漏</td></tr>
<tr><td>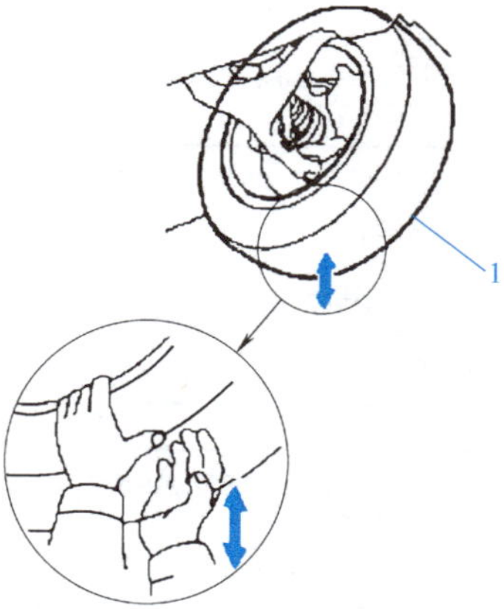
在上下移动的过程中要用力均匀，并且仔细听是否有噪声</td><td>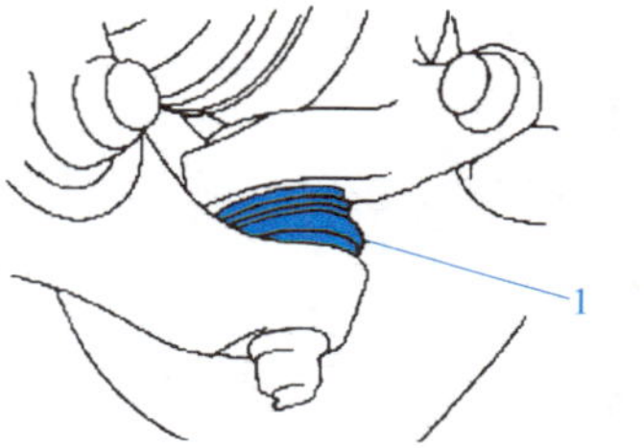
如果球头防护套出现润滑脂泄漏，则更换整个下球头。如果球头防护套没有滑脂泄漏，而是出现老化和开裂，更换新的球头防护套</td></tr>
</table>

7. 减振器的检查	(1)用手按压减振器，检查在整个工作行程内压缩和展开减振器推杆是否顺畅	(2)检查防尘套
	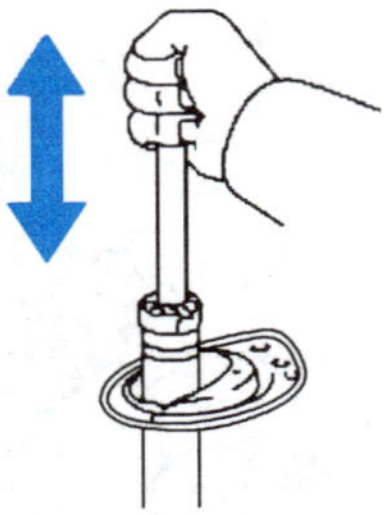 若伸展不顺畅，则表明漏气，应更换减振器	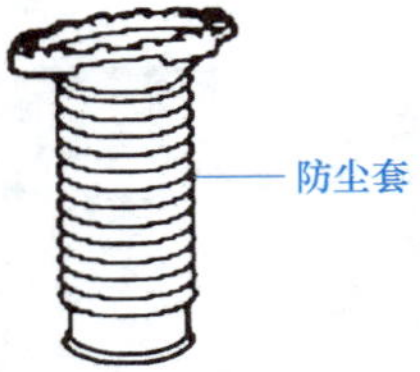 若防尘套损坏，应更换

二、悬架系统的故障诊断

1. 减振器失效诊断步骤

首先驾驶车辆进行路试，检查是否有异常响声，然后停车触摸减振器外壳，判断温度是否比其他部分温度高 —是→ 检修或更换减振器

↓否

驾驶车辆缓慢行驶，然后紧急制动，观察车身是否猛烈振动 —否→ 检修或更换减振器

↓是

检查弹簧减振垫以及螺旋弹簧等附件，若其他检查正常，则将减振器总成拆下，对其分解进行检查，如有异常则更换总成

2. 悬架异响诊断

首先检查减振器螺旋弹簧是否损坏与变形 —是→ 更换减振器螺旋弹簧

↓否

检查减振器悬架轴承是否磨损或损坏；检查橡胶挡块是否损坏与老化 —是→ 更换减振器悬架轴承或橡胶挡块

↓否

检查上摆臂、下摆臂、横拉杆以及球头等悬架部件是否损坏或变形，必要时进行更换

第二节　电子控制悬架系统

一、电子控制悬架系统的组成与原理

学习提示

现代高档轿车中一般不再采用普通的减振器，而是采用电控半主动悬架或电控主动悬架。

<table>
<tr><td colspan="2">(1)系统组成</td><td>(2)系统原理</td></tr>
<tr><td colspan="2">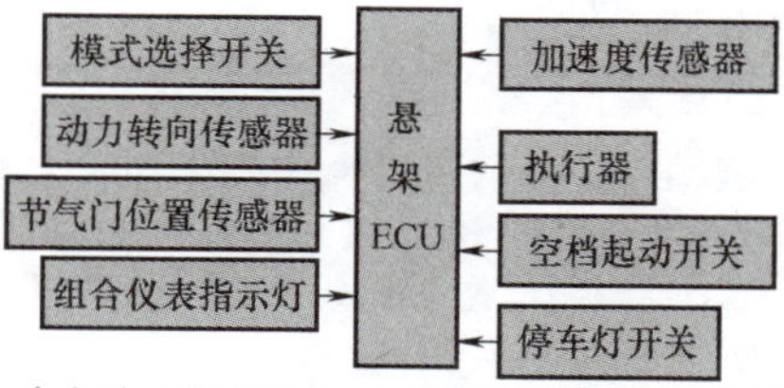

半主动悬架主要由模式选择开关、悬架 ECU、可调节阻尼力的减振器、转换阻尼力的执行器、车速传感器、转向盘转角传感器、节气门位置传感器、制动灯开关、空档起动开关等部件组成</td>
<td>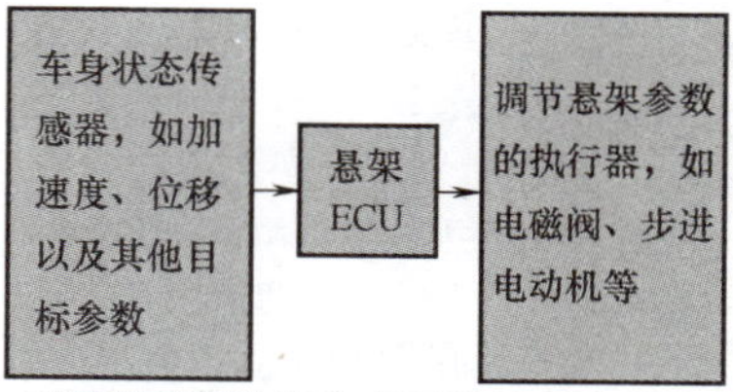

利用传感器检测汽车行驶过程中的状态和车身的状态，然后传送给悬架 ECU，最后通过驱动电路控制执行器运作</td></tr>
<tr><td rowspan="2">(3)部件</td><td>①模式选择开关</td><td>②减振器</td></tr>
<tr><td>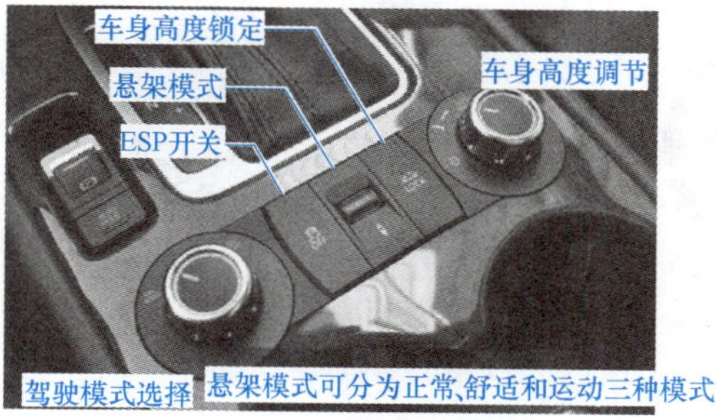

驾驶人根据汽车的行驶状况和路面情况，通过悬架模式按钮来决定减振器的阻尼大小</td>
<td>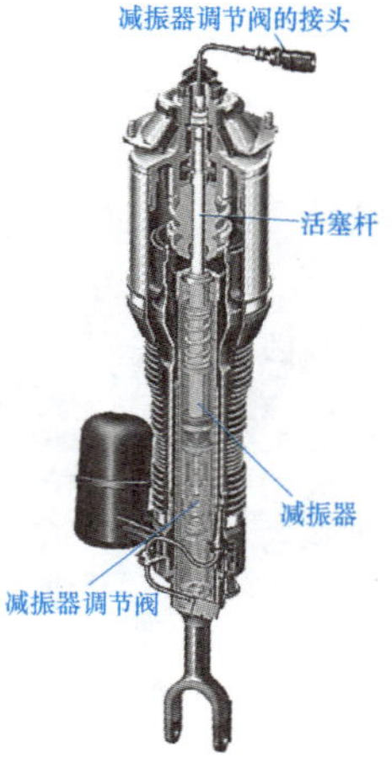

减振器的作用是尽可能快地降低车体与车轮的振动</td></tr>
</table>

(3) 部件

③执行器

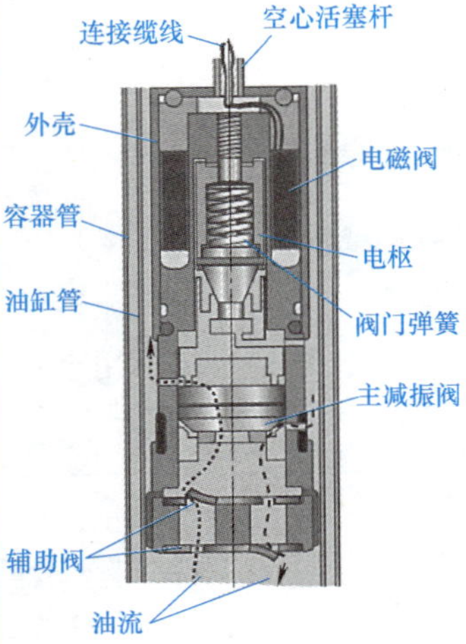

悬架 ECU 控制单元输出控制电流给电磁阀，通过改变电磁阀的电流大小来控制活塞阀的油流大小，实现瞬间的减振力调节

④供气单元

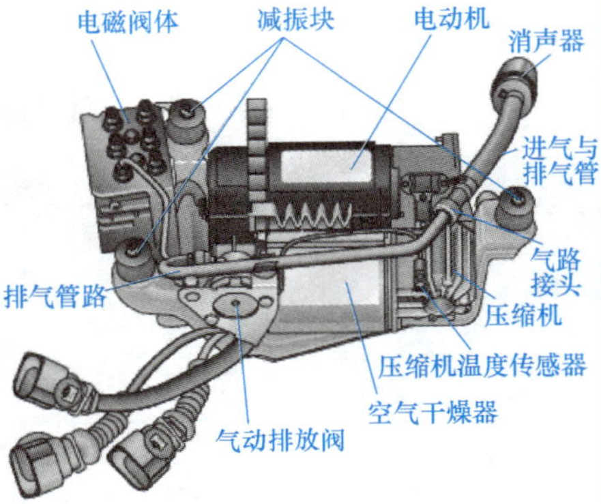

该系统主要由带有电动机的压缩机单元、空气干燥器、排放回路/阀、空气滤清器的消声器、压缩机温度传感器、气动排放阀以及电磁阀体等组成

⑤储压器

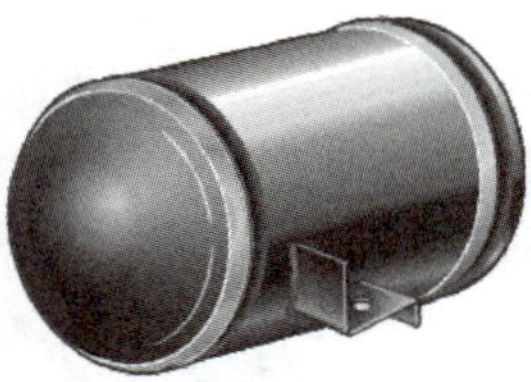

当车速低于 35km/h 时，空气主要由储压器提供；当车速高于 35km/h 时，空气主要由压缩机供给

⑥车身高度传感器

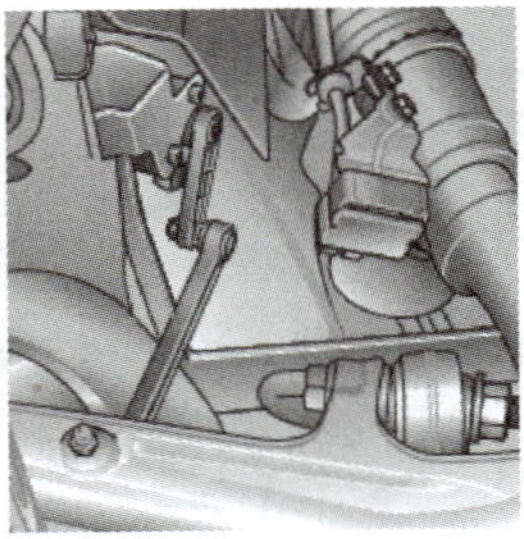

车身高度传感器主要检测汽车行驶时车身高度的变化情况，并转换成电信号输入悬架系统的电子控制单元(ECU)中

(3)部件	⑦车身加速度传感器	⑧车轮加速度传感器
	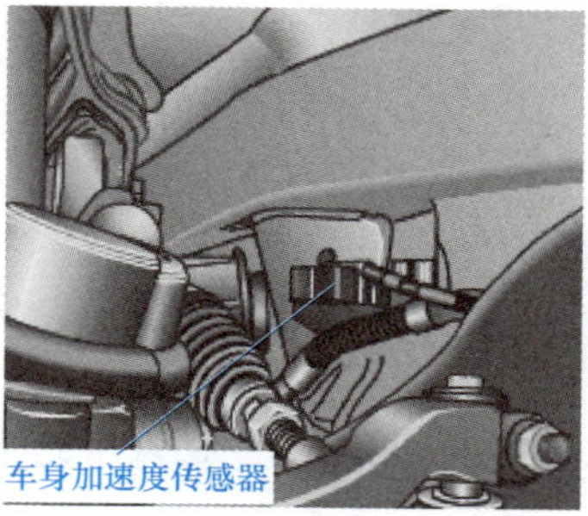 车身加速度传感器测量车身的垂直加速度	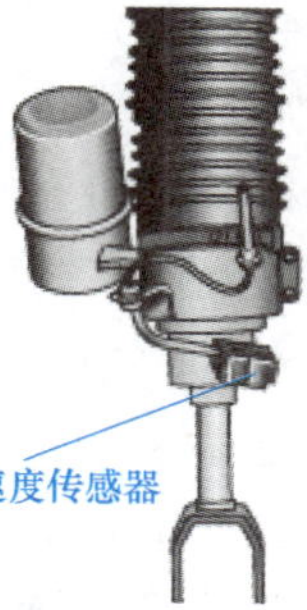 车轮加速度传感器主要测量车轮的加速度,用来计算支柱相对车身的运动方向
	⑨悬架 ECU	
	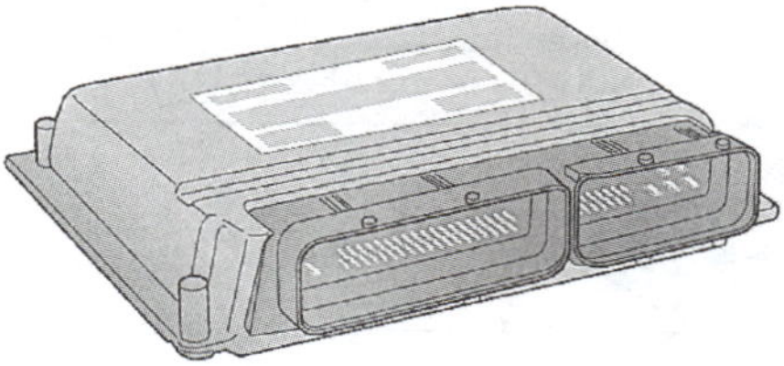	悬架 ECU 的主要作用是控制空气悬架和减振器,监控整个系统,并且通过 CAN 总线进行通信,具有自诊断功能

二、电子控制悬架系统的检修

1. 故障诊断程序

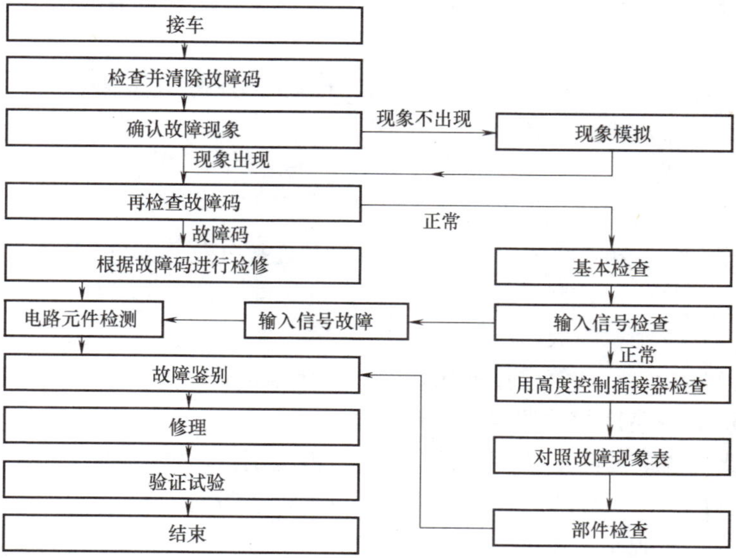

2. 车身高度调整功能的检查

如图4-1所示，通过操作高度控制开关来检查汽车车身高度的变化，步骤如下：

（1）检查轮胎充气压力是否正确。

（2）检查汽车高度。

（3）起动发动机，将高度控制开关从“NORM”位置转换到“HIGH”位置。

（4）在汽车处于“HIGH”高度时，起动发动机并将高度控制开关从“HIGH”位置切换至“NORM”位置。

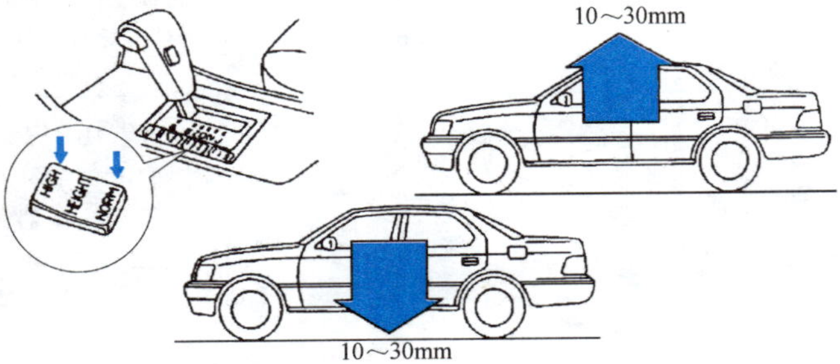

图4-1 车身高度调整示意图

3. 减压阀检查

迫使压缩机工作以检查减压阀的动作，方法如下：

（1）将点火开关转到ON位置，连接高度控制插接器的端子3和6，使压缩机工作。

（2）压缩机工作一段时间后，检查减压阀应有空气逸出。

（3）将点火开关转至OFF位置。

（4）清除故障码。

4. 漏气检查

检查空气悬架系统的软管、硬管及其连接处是否漏气。

（1）将高度控制开关切换至“HIGH”位置，升高车身。

（2）发动机熄灭。

（3）在软、硬管连接处涂抹肥皂水检查是否有漏气。

5. 车身高度初始调整

此项调整是使车身初始高度处于标准范围内。调整时，高度控制开关必须在“NORM”位置，汽车要停在平坦的路面上。

（1）检查车身高度。

（2）测量高度传感器控制杆的长度。

（3）调节车身高度。

第三节　传动系统故障检修

一、传动系统解体和组装

半轴的结构如图 4-2 所示。

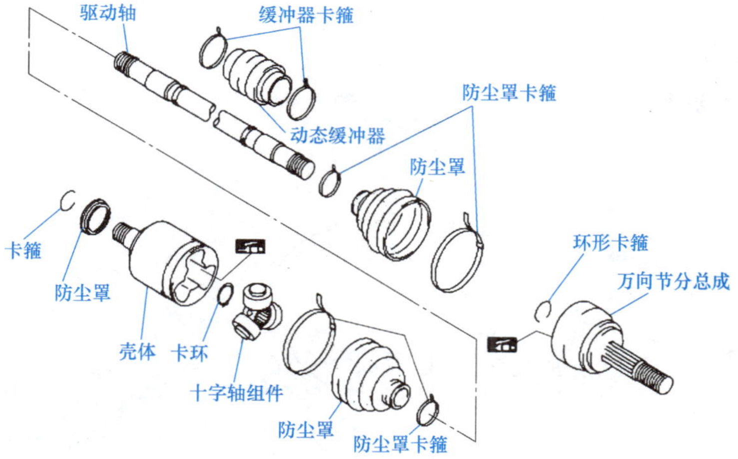

图 4-2　半轴结构示意图

二、传动轴故障检修

	(1)就车检查	(2)分解检查
1. 传动轴的检查	 检查传动轴上的防护套是否有裂缝、损坏、渗漏润滑脂等现象，如果发现防护套或防护套卡环有任何损坏，则应更换防护套和防护套卡环	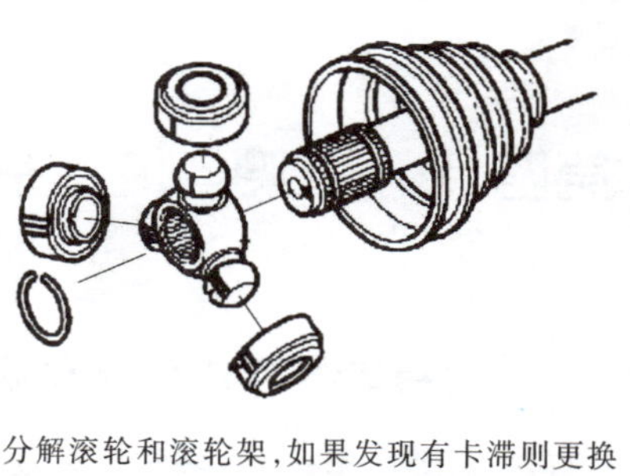 分解滚轮和滚轮架，如果发现有卡滞则更换

2. 传动轴的分解	(1)从接头内侧拆下定位环	(2)拆下防护套卡环
	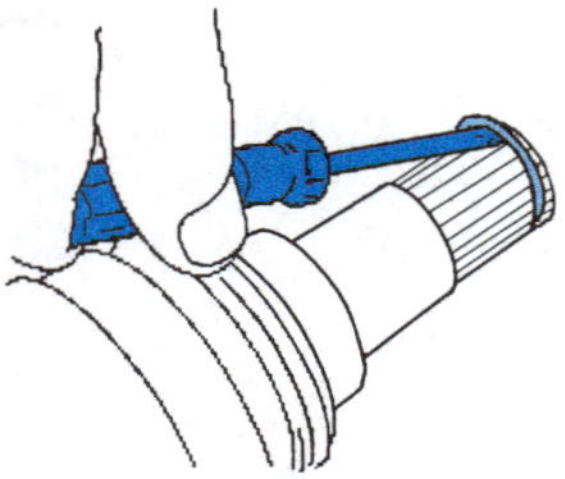 当心不要损坏齿圈	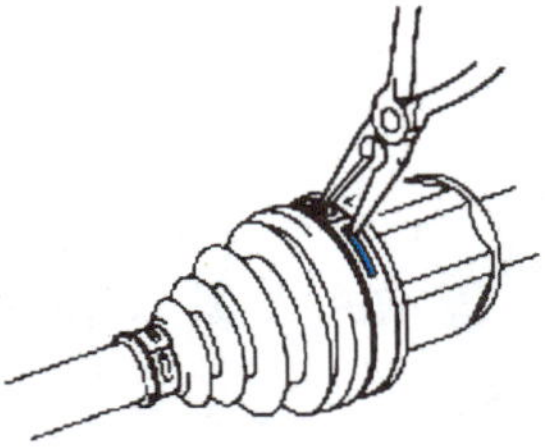
	(3)拆下内球笼总成	(4)用卡环钳拆下轴卡环，分解球笼
	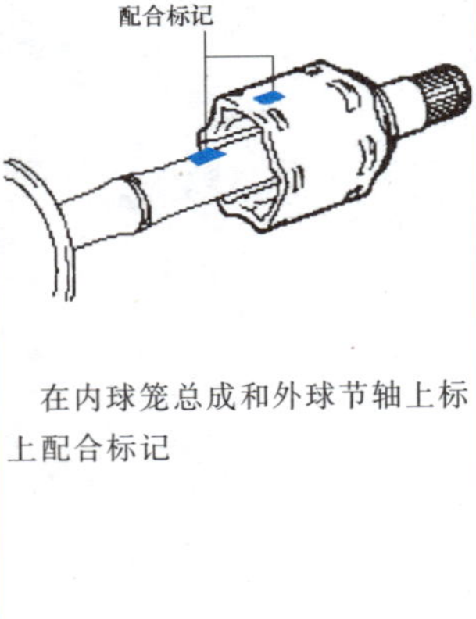 在内球笼总成和外球节轴上标上配合标记	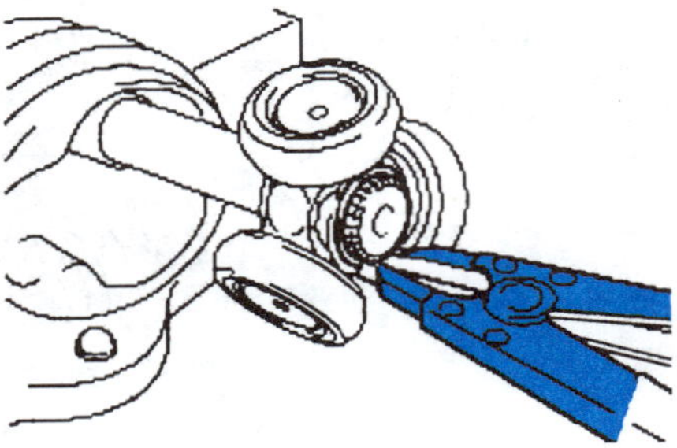 在滚轮架和传动轴上作标记，确定滚轮架在传动轴上的位置

第四节　悬架与传动系统故障排除与维修实例

一、悬架与传动系统常见故障排除

悬架与传动系统快速诊断见表4-1。

表 4-1　悬架与传动系统快速诊断表

故障现象	故障原因	故障排除方法
悬架异响	(1)悬架连接松动而导致运行中异响 (2)防尘垫及减摩垫润滑不良,造成干摩擦而产生异响 (3)防尘罩与螺旋弹簧垫贴合部位损坏 (4)控制臂与副车架连接胶套松旷、损坏或控制臂与转向节连接球铰松旷 (5)悬架支座橡胶老化失效 (6)推力轴承损坏 (7)弹簧及缓冲块工作失效	①及时拧紧悬架联接螺栓 ②添加润滑脂 ③更换防尘罩 ④更换损坏的球头 ⑤用手均匀地上下推拉减振器活塞杆时,应有较沉重的阻力,而且伸与压的阻力稍大为宜。若检查中发现有异常或声响时,则应修复或更换减振器
车辆跑偏	(1)左右轮胎的气压相差过大 (2)左右轮胎花纹磨损程度相差过大 (3)前轮定位失准,左右定位参数相差过大 (4)控制臂、车身碰撞变形或副车架错位 (5)传动轴万向节刮伤 (6)车轮轴承刮伤或磨损	①调整四个轮胎的压力一致 ②更换轮胎 ③对车辆进行四轮定位,并按照规定调整 ④校正车架 ⑤更换传动轴 ⑥更换车轮轴承
前轮侧滑	(1)车轮前束值不符合要求 (2)车轮外倾角不符合规定要求 (3)前轮轴承松旷;转向横拉杆内、外球头松旷;轮胎气压或左右花纹不一致等	①对车辆进行四轮定位,并按照规定调整 ②更换前轮轴承 ③更换转向横拉杆内、外球头 ④调整四个轮胎的压力一致
车辆行驶方向摆头	(1)车轮不平衡 (2)轮胎和胎面变形 (3)转向拉杆球头或控制臂球头松旷 (4)前轮定位参数不正确等	①进行车轮动平衡测试 ②更换损坏的轮胎 ③更换转向横拉杆内、外球头 ④对车辆进行四轮定位,并按照规定调整
行驶时车辆转向“发飘”	(1)前轮轮胎不平衡 (2)传动轴总成有零件松动 (3)传动轴总成不平衡 (4)减振器失效或减振弹簧刚度不一致 (5)转向系机件磨损松弛等	①进行车轮动平衡测试 ②更换传动轴损坏的零部件 ③更换传动轴总成 ④更换减振器总成 ⑤检修转向机、转向横拉杆或球头,必要时更换
转向沉重	(1)前轮定位不正确 (2)下摆臂球节转动阻力过大 (3)轮胎压力低 (4)转向助力失效	①修理 ②更换 ③调整 ④维修和更换

（续）

故障现象	故 障 原 因	故障排除方法
转向盘自动回位不良	前轮定位不正确	修理
乘车舒适感不良	(1)前轮定位不正确 (2)减振器故障 (3)稳定杆损坏或磨损 (4)螺旋弹簧损坏或磨损 (5)下摆臂衬套磨损	①进行四轮定位 ②维修或更换 ③更换或校正稳定杆 ④更换螺旋弹簧 ⑤更换下摆臂总成
轮胎不正常磨损	(1)前轮定位不正确 (2)轮胎压力不符合标准 (3)减振器故障	①进行四轮定位 ②调整轮胎压力 ③更换减振器
转向盘不稳定	(1)前轮定位不正确 (2)下摆臂球节转动阻力不良 (3)下摆臂衬套松动或磨损	①进行四轮定位 ②维修或更换 ③重新安装或更换
车辆下陷	(1)螺旋弹簧损坏或磨损 (2)减振器故障	①更换螺旋弹簧 ②更换减振器
车辆行驶时振动	(1)传动轴磨损、损伤或弯曲 (2)传动轴毂花键损伤 (3)车轮轴承磨损或擦伤	①更换传动轴 ②更换或维修 ③更换车轮轴承
车辆行驶时噪声过大	(1)传动轴磨损、损伤或弯曲 (2)传动轴产生噪声或毂花键磨损 (3)车轮轴承刮伤或磨损 (4)轮毂螺母松动	①更换传动轴 ②更换或校正 ③更换车轮轴承 ④调整或更换

二、悬架与传动系统维修实例

1. 上海通用科鲁兹轿车传动轴故障

故障现象

一辆2012年款上海通用科鲁兹1.6L轿车，该车行驶1.8万km后加速性能不良，高速行驶到120km/h左右时，车辆车身发抖。

故障诊断与排除

（1）首先检查发动机点火系统，发现火花塞间隙过大，更换火花塞。

（2）测量燃油压力时发现燃油压力偏低，更换燃油滤清器以及燃油泵后恢复正常。

（3）驾驶车辆进行试车，发现车辆的动力加速性能明显改善，但高速发抖的状况仍然存在；于是检查底盘系统，发现悬架、悬架胶套皆正常，在检查传动系统时，发现左、右半轴的内、外球笼防尘套均有破损，用手晃动传动轴发现有轻微松旷。

（4）更换左、右传动轴后，进行试车，故障彻底排除。

2. 马自达6轿车传动轴导致车辆严重发抖故障

故障现象

一辆2011年款马自达6轿车，该车行驶2.5万km后车主反映该车行驶时抖动严重，特别是低速行驶时更严重。

故障诊断与排除

（1）首先进行了试车，发现在以20～30km/h的车速行驶时，能明显感觉出车辆抖动严重，但是速度高了以后该现象就减弱。

（2）检查各轮胎的平衡块，没有发现丢失的现象，且上四轮定位仪检查，四轮定位参数均正常。

（3）将发动机上所有的悬置支架上的紧固螺栓全部松开，然后以30km/h的车速行驶10min，故障依旧。

（4）将车辆举升，转动两前轮，发现变速器侧的车轮在转动的时候跟着变速器一跳一跳，感觉像传动轴弯曲一样。但是检查传动轴时并没有发现弯曲的地方，将该侧传动轴拆下和备件对比，发现该传动轴比较长，将备件装到故障车上试车，故障排除。

3. 雪佛兰科帕奇轿车左转向时车辆有异响故障

故障现象

一辆2011年款雪佛兰科帕奇2.4L轿车，该车行驶8800km后，车主反映向左转向时有异响。

故障诊断与排除

（1）驾驶车辆进行试车，发现向左转向并且加速时有“嘣”的响声，同时感觉到振动。

（2）根据故障情况进行分析，异响原因可能有：①转向柱万向节损坏或松旷；②转向机及横拉杆球头损坏或松旷；③前悬架损坏，如下支臂胶套或球头节松旷。

（3）将车辆举升后检查稳定杆胶套及球头、下摆臂、转向横拉杆球头均无松旷现象，紧固转向机固定螺栓后试车，故障依旧。

（4）如图 4-3 所示，紧固转向柱万向节的连接螺栓后试车，异响消失。

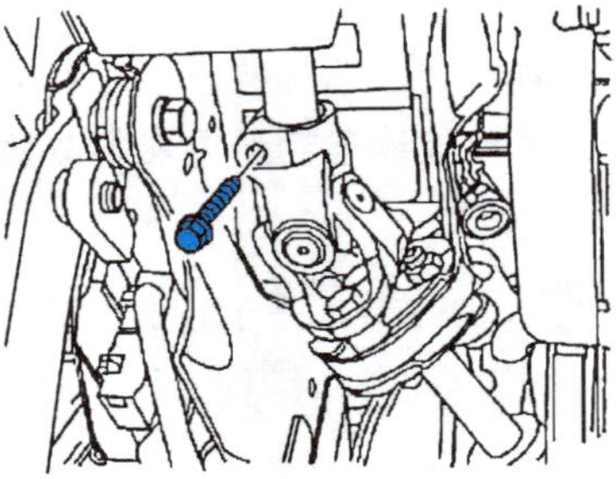

图 4-3　万向节紧固螺栓

4. 丰田雷克萨斯 GX400 轿车悬架升高按键上的 LED 灯不停闪烁故障

故障现象

一辆 2012 年款丰田雷克萨斯 GX400 轿车，行驶了 3.2 万 km 后，车主反映该车仪表板灯光系统报警，中央控制面板的悬架升高按键上的 LED 灯不停闪烁。

故障诊断与排除

（1）连接故障诊断仪对空气悬架系统进行检测，发现故障含义为加注中央蓄压器的时间异常的故障码。

（2）利用故障诊断仪的驱动功能为中央蓄压器充气，发现控制单元的指令可以发出但充气泵不工作，说明线路或元件故障。

（3）检查压缩机的电源线，结果无电压。对照电路图进行线路检查，发现提供电源的 40A 熔丝已经熔断。但检查压缩机及线路无短路现象，于是更换熔断的熔丝试车，故障依旧。

（4）初步判断为压缩机损坏，在更换新的压缩机后悬架系统升降功能恢复，升降开关上的 LED 灯在车辆悬架达到预定高度后熄灭，故障排除。

第五章

制动系统

第一节　制动系统概述

一、制动系统的构成

1. 常规制动系统	(1)制动系统部件位置 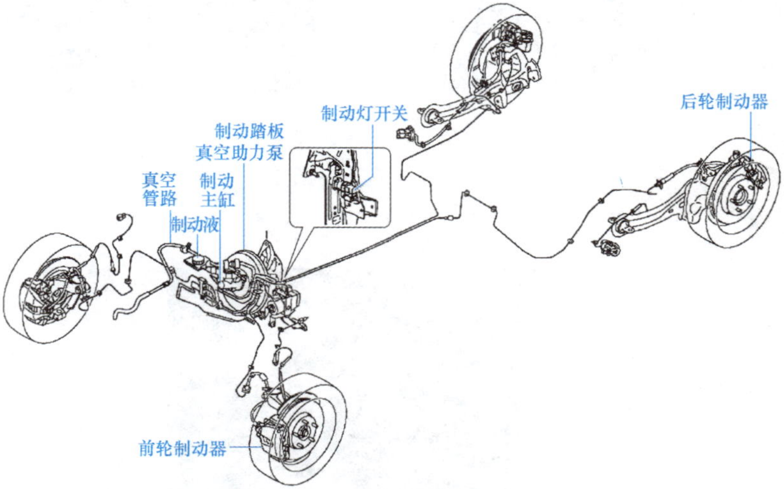 制动系统一般由制动液储液罐、制动主缸、真空助力泵、前后轮制动器、制动软管和真空管路等部件组成

<table>
<tr><td rowspan="6">1. 常规制动系统</td><td>(2)制动主缸和真空助力泵</td><td>(3)前制动器</td></tr>
<tr><td></td><td>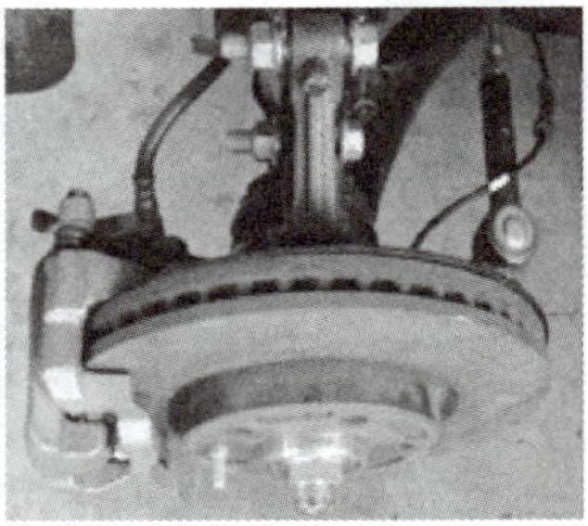</td></tr>
<tr><td>(4)后盘式制动器和毂式驻车制动器</td><td>(5)驻车制动器</td></tr>
<tr><td></td><td>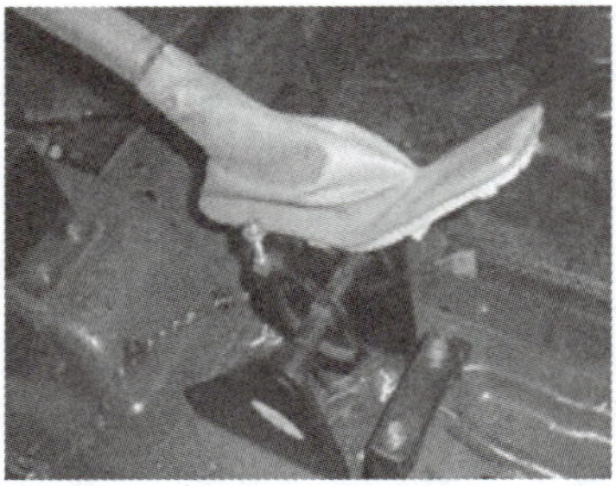</td></tr>
<tr><td colspan="2">(6)毂式驻车制动器</td></tr>
<tr><td colspan="2">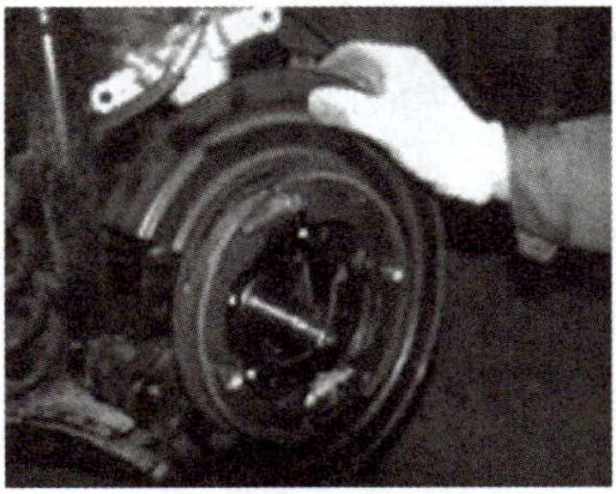</td></tr>
</table>

2. ABS部件位置

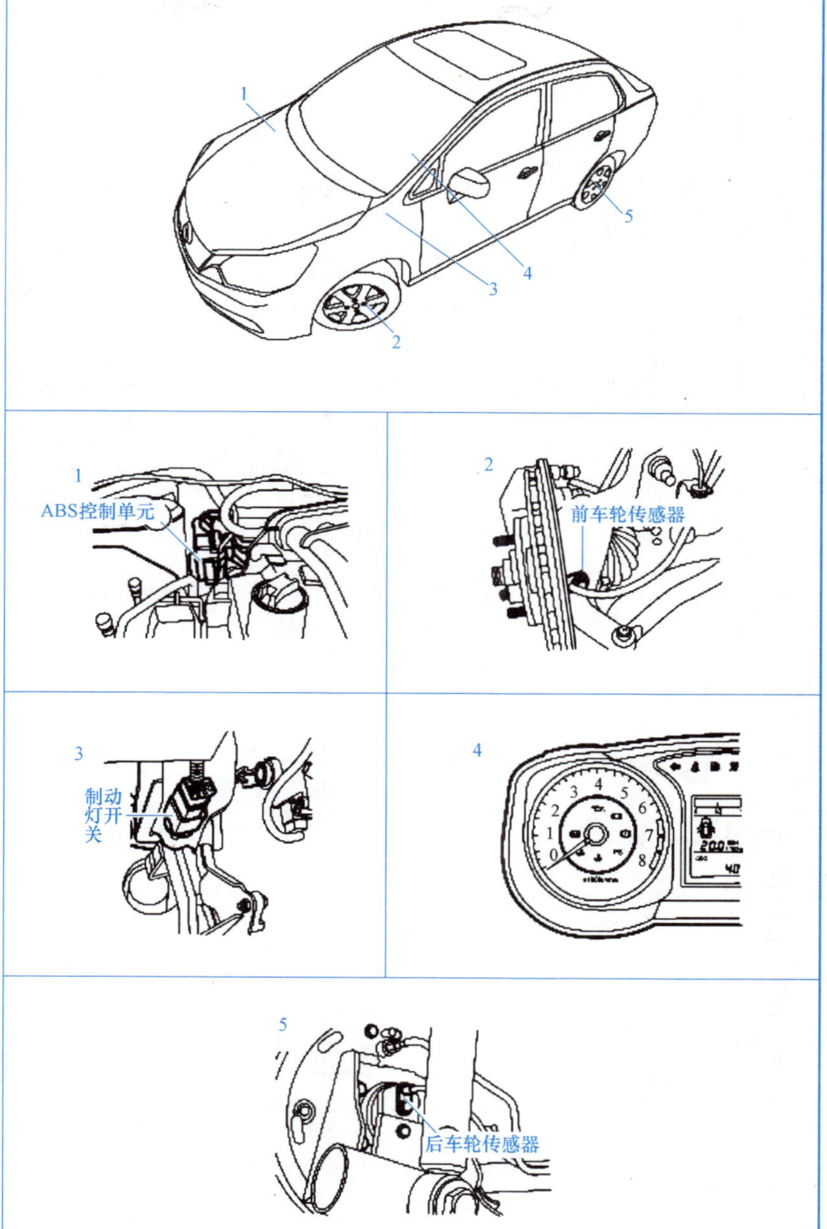

1—发动机室　2—转向节　3—制动踏板　4—ABS警告灯、制动警告灯(在组合仪表中)　5—轮毂总成

二、制动系统的结构与工作原理

<table>
<tr><th></th><th>系统部件</th><th>工作原理</th><th>结　　构</th></tr>
<tr><td rowspan="3">1.常规制动系统</td><td>(1)制动片</td><td>将来自液压制动钳的机械输出力作用在制动盘的摩擦面上</td><td rowspan="2">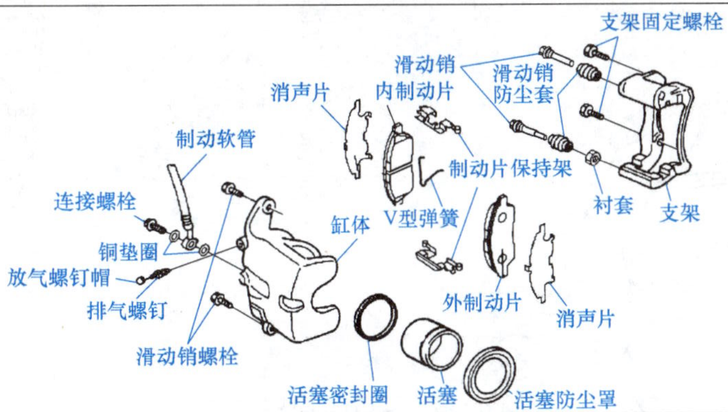
</td></tr>
<tr><td>(2)制动钳</td><td>来自液压制动钳活塞的机械输出力作用在内侧制动片上，而在活塞向外压内侧制动片的同时，制动钳壳体向内拉外侧制动片，从而将制动力均匀施加在制动盘两侧的摩擦面</td></tr>
<tr><td>(3)制动盘</td><td>利用制动摩擦片作用在制动盘摩擦面上的机械输出力，降低轮胎和车轮总成的转速</td><td>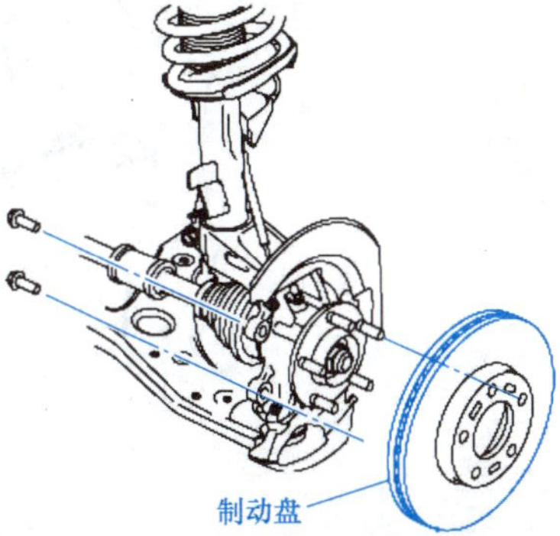
</td></tr>
</table>

	系统部件	工作原理	结　　构
1. 常规制动系统	（4）液压制动主缸储液罐	用于储存液压制动系统的制动液	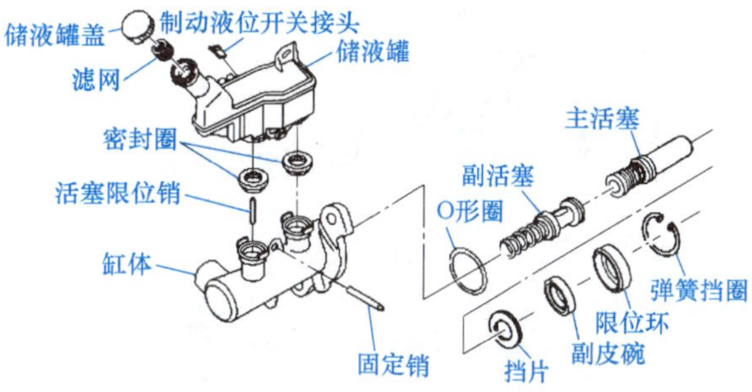
	（5）制动主缸	将制动踏板力转换为液压输出压力，并且将来自主缸的液压输出压力分配到2个液压回路，分别为对角的车轮制动回路供油	
	（6）真空助力泵	在施加制动系统作用力时，膜片后部的真空被切断，在大气压力作用下空气将进入该部位。大气压力从后面推膜片时，真空向前拉膜片，使驾驶人需要施加的力减少；当输入力消失时，真空再次取代真空制动助力器中的大气压力，以使助力器返回静止状态	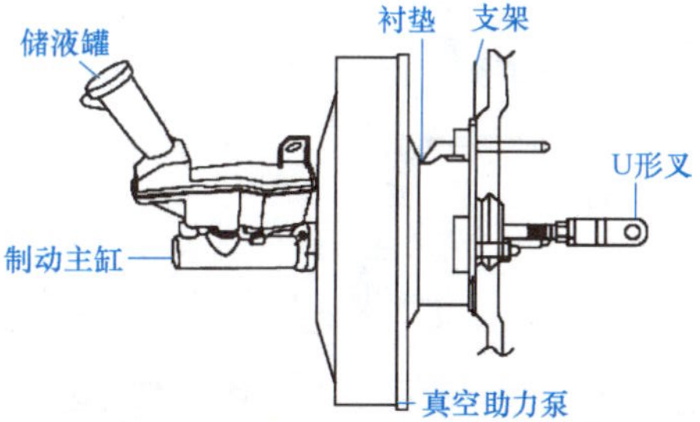

2. ABS原理

（1）产生压力

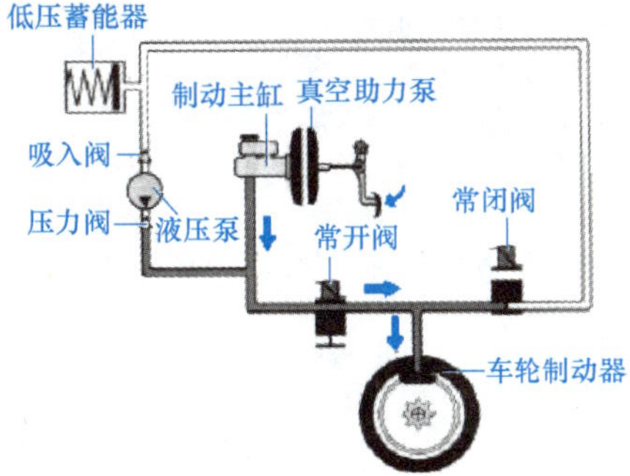

制动时，电子制动单元打开常开阀并使常闭阀关闭，增加制动器中压力，从而降低车轮转速

（2）压力保持

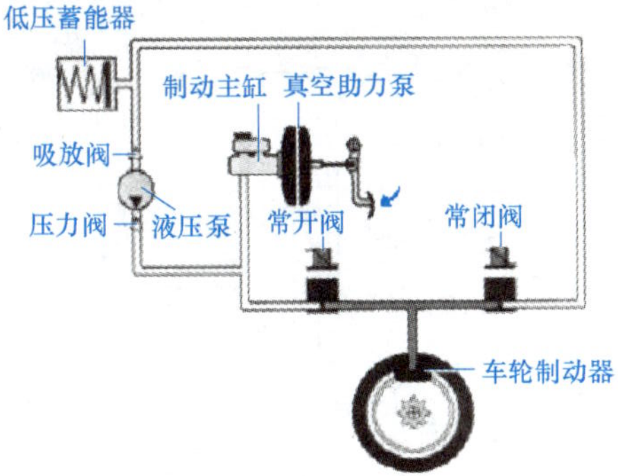

当车轮打滑时，电子制动单元关闭常开阀并使常闭阀保持关闭，保持制动器中压力稳定，从而使液压既不增加，也不减小

（3）压力减小

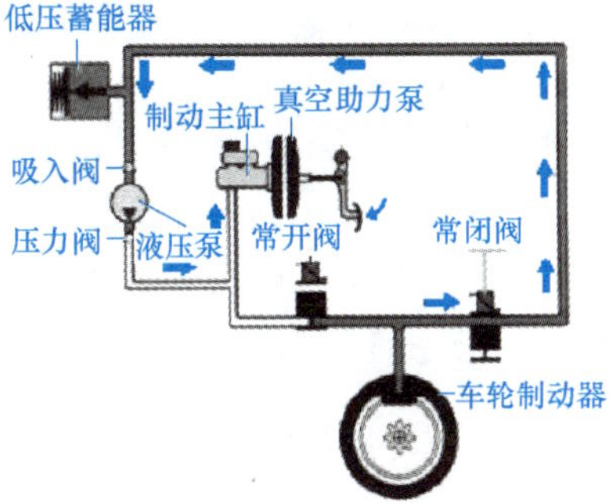

当车轮打滑时，电子制动控制单元关闭常闭阀，而常开阀打开，多余的油液存储在储能器中，直到泵将油液返回至主缸或储液罐

（4）压力增加

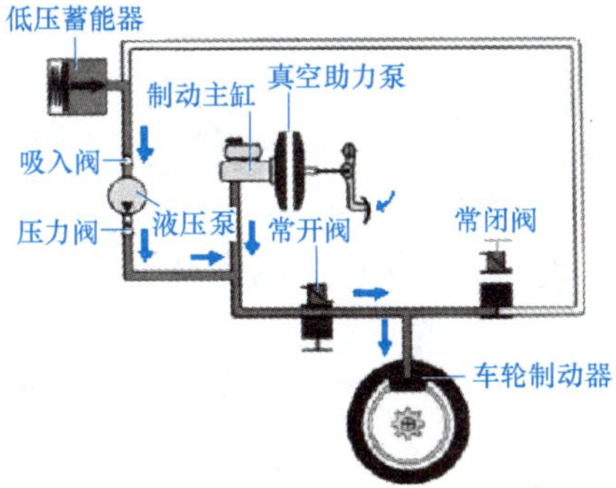

车轮打滑修正后，电子制动控制单元将常开阀打开，而常闭阀关闭，增加每个车轮的压力，以降低车轮转速

1. ASR（防滑控制系统）

以丰田轿车为例说明 ASR 系统，如图 5-1 所示。

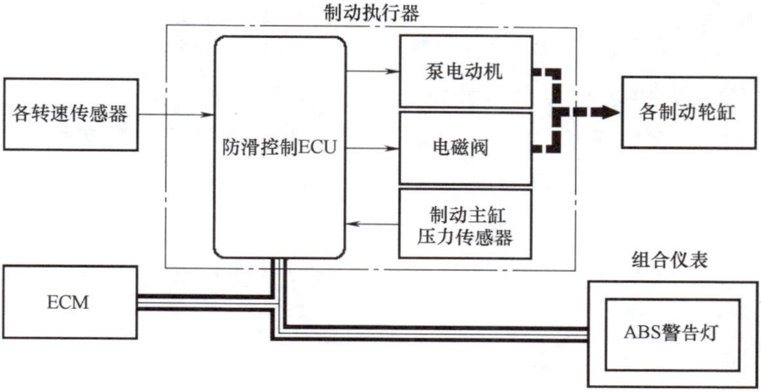

图 5-1　ASR 系统示意图

学习提示

防滑控制 ECU 从各个转速传感器接收转速信号，从主缸压力传感器接收液压信号，从而确定是否需要制动助力。如果需要制动助力则防滑控制 ECU 会向泵电动机和电磁线圈发出控制信号。然后，泵和电磁阀控制施加到各个制动轮缸的压力。ABS 警告灯亮起，来指示 ASR 系统出现故障。

2. TRC 控制系统

以丰田轿车为例说明 TRC 控制系统，如图 5-2 所示。

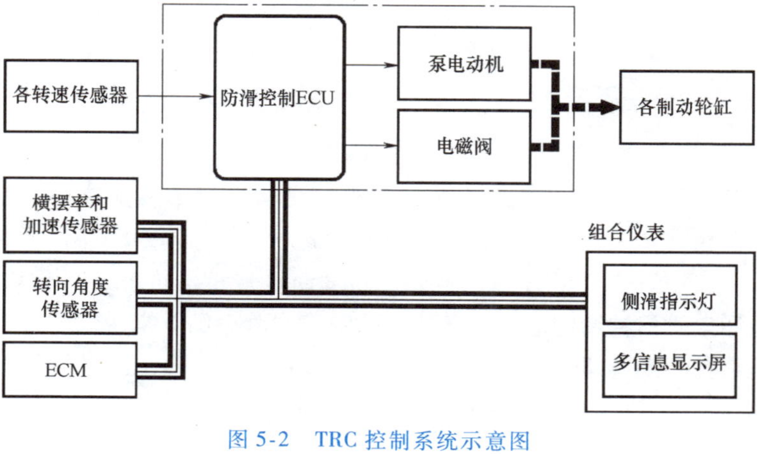

图 5-2　TRC 控制系统示意图

学习提示

防滑控制 ECU 通过接收来自各转速传感器和经 CAN 通信系统的 ECM 的信号，来检测车轮的旋转状况。防滑控制 ECU 通过经 CAN 通信的 ECM 来控制发动机转矩，并通过泵和电磁阀控制制动器液压。在系统工作时，侧滑指示灯闪烁。如果 TRC 控制系统存在故障，侧滑指示灯将亮起，并且 DTC 会显示在多信息显示屏上。

3. VSC 车辆稳定性控制

以丰田轿车为例说明 VSC 系统，如图 5-3 所示。

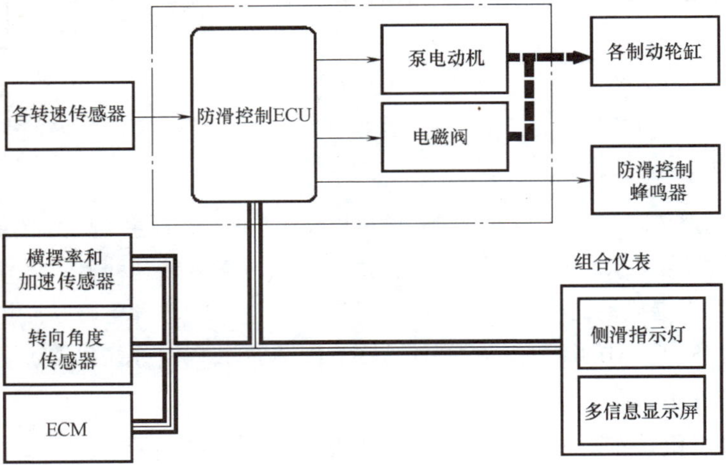

图 5-3　VSC 控制示意图

学习提示

防滑控制 ECU 根据从车轮转速传感器、横摆率和加速传感器以及转向角度传感器接收的信号确定车轮运行状态。防滑控制 ECU 通过 CAN 通信向 ECM 发送信号以控制发动机转矩。防滑控制 ECU 使用泵和电磁阀控制制动器液压。在系统工作时，侧滑指示灯闪烁，并且防滑控制蜂鸣器鸣响。如果 VSC 系统中发生故障，侧滑指示灯将亮起。而且 DTC 会出现在多信息显示屏上。

第二节　制动系统故障检修

一、常规制动系统的检修

1. 前制动器

<table>
<tr><td rowspan="4">拆解</td><td>(1)使用套筒和力矩扳手拆下前轮胎紧固螺栓,然后取下轮胎</td><td>(2)拆下制动轮缸与制动钳连接的两颗螺栓,然后将其平稳地放在挡尘板和转向节上</td></tr>
<tr><td></td><td></td></tr>
<tr><td>(3)拆下制动片</td><td>(4)拆下转向节与制动钳连接的两颗螺栓</td></tr>
<tr><td>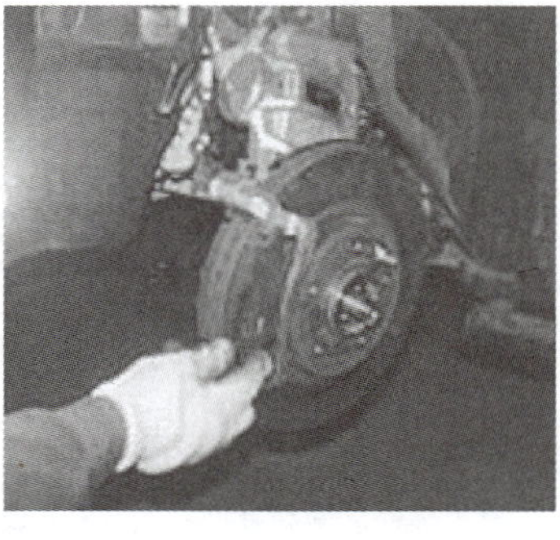</td><td>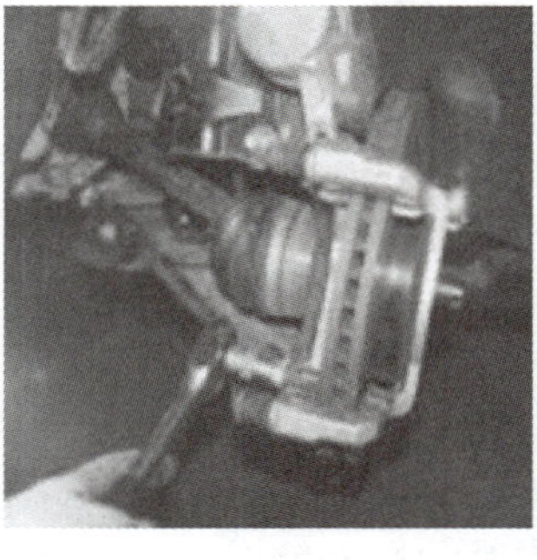</td></tr>
</table>

拆解	(5)拆下制动钳	(6)拆下制动油管与制动轮缸连接螺母后，取下制动轮缸
	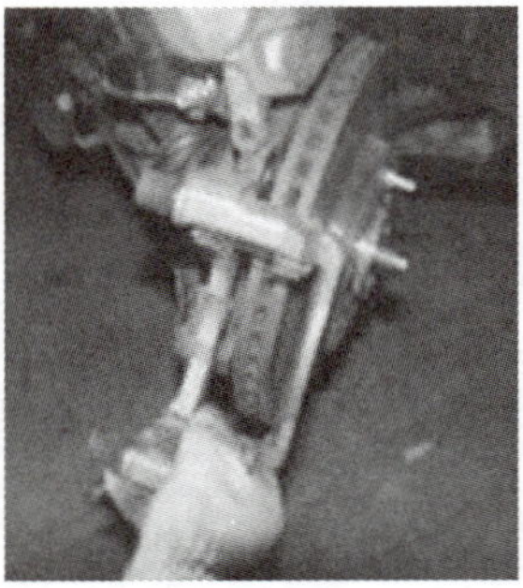	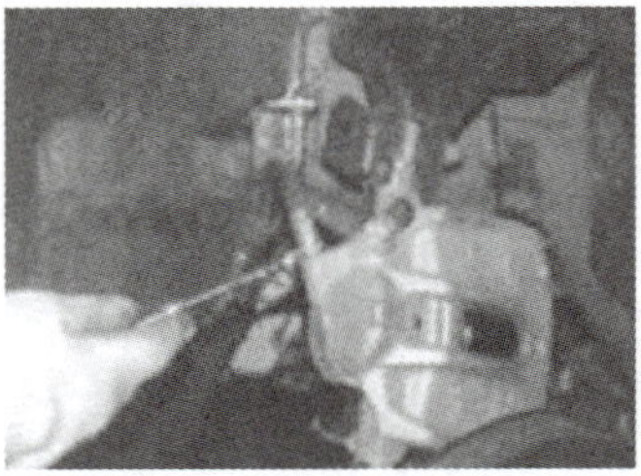 拆卸油管时使用干净的容器回收制动液
	(7)检查防尘密封圈	(8)使用螺钉旋具拆下防尘密封圈
	 拆下防尘密封圈并检查防尘密封圈的受损情况，如有必要，进行更换	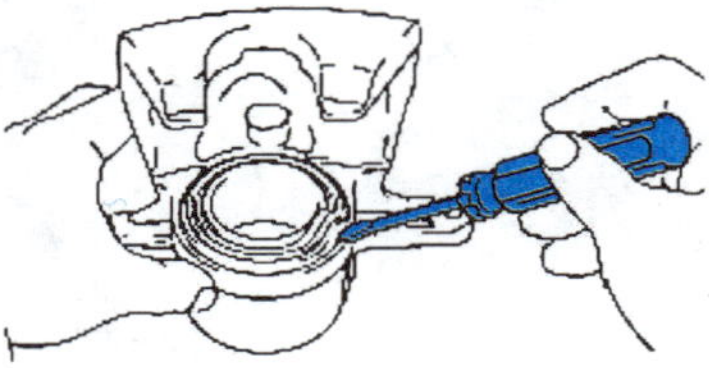 小心不要损坏制动器活塞和泵
	(9)使用压缩空气从制动器轮缸总成上拆下活塞	(10)用螺钉旋具从制动器轮缸上拆下活塞油封
	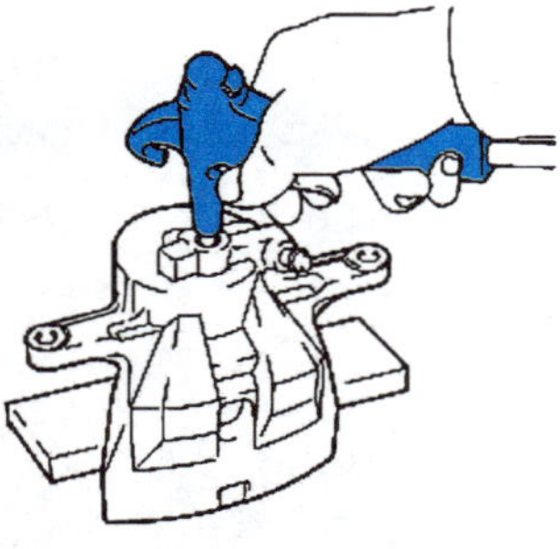 ①将木板放置在制动器活塞和制动器轮缸之间②使用压缩空气时不要将手指放在制动器活塞的前面	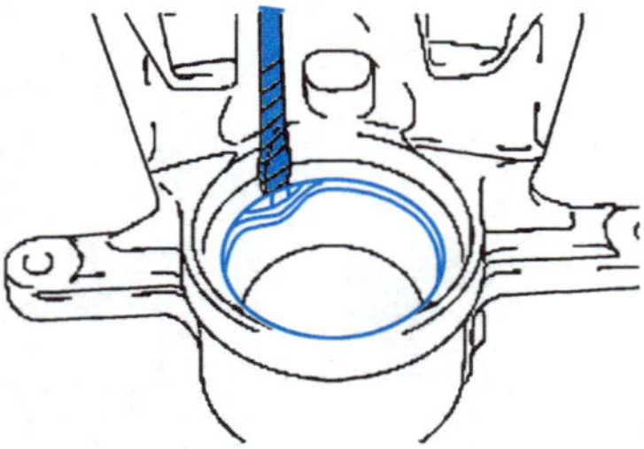 在使用螺钉旋具前，用胶带缠住刀头，不要损坏内缸壁和缸槽

<table>
<tr><td rowspan="3">拆
解</td><td>(11)拆下制动钳两个滑动销</td><td>(12)拆下前盘式制动器</td></tr>
<tr><td>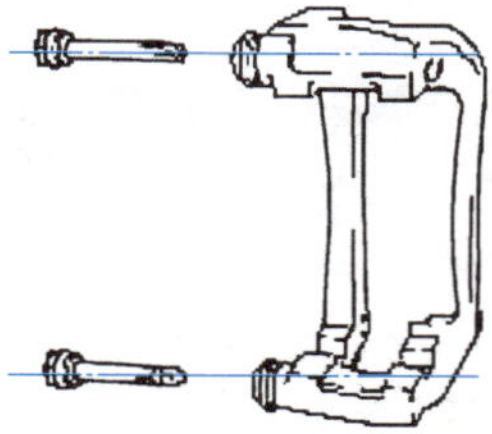</td><td>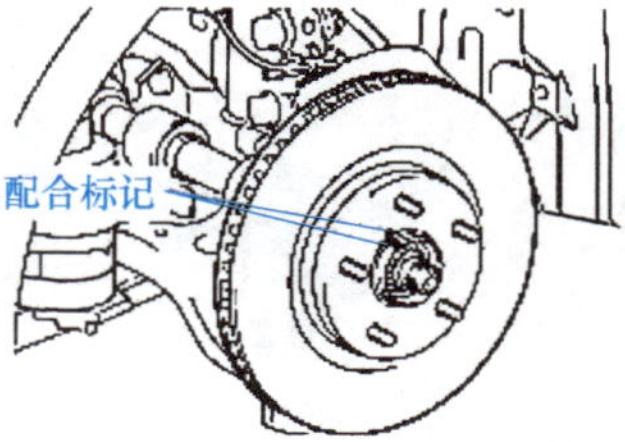
</td></tr>
<tr><td>检查滑动销、防尘套衬套,如有损坏必须更换</td><td>在制动盘和车桥轮毂上标上配合标记</td></tr>
<tr><td rowspan="3">检
查</td><td>(1)检查制动片厚度</td><td>(2)检查制动盘厚度以及磨损情况</td></tr>
<tr><td>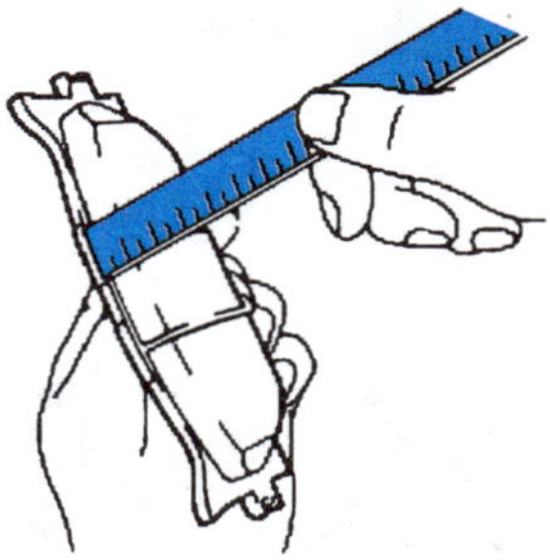</td><td>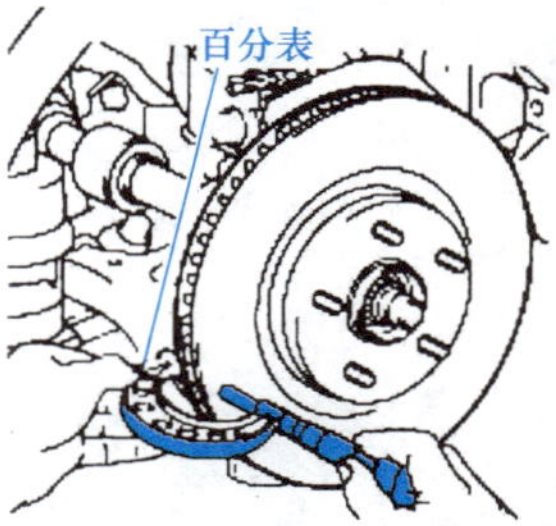
</td></tr>
<tr><td>检查制动片的厚度,一般不应小于 2mm,否则应更换</td><td>①如果前制动盘厚度小于最小值,则应更换前制动盘
②如果前制动盘凹凸不平应更换或进行抛光处理</td></tr>
<tr><td rowspan="4">安
装</td><td>(1)将制动缸膏薄薄地涂在缸体、柱塞和密封套上,在制动缸后部环形槽中安装密封圈,将防尘密封圈安装在前环形槽中,并将其整个压入</td><td>(2)用一个加长件将制动器活塞固定住,并轻轻地压到防尘密封圈上</td></tr>
<tr><td>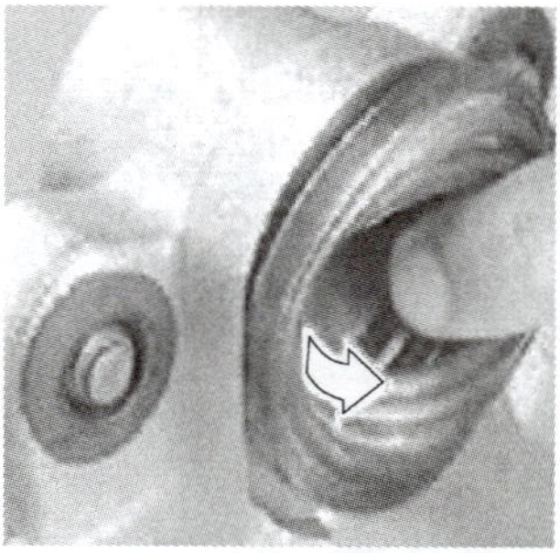</td><td></td></tr>
<tr><td>不允许接触制动缸膏或制动液,并且确保防尘密封圈安装位置正确</td><td>用压缩空气吹防尘圈,将涨圈套在活塞上</td></tr>
<tr><td colspan="2">(3)其他部件的安装按照与拆卸相反的顺序进行</td></tr>
</table>

2. 后制动器拆解

(1)拆下后轮

(2)拆下后轮轮毂轴承螺母

(3)拆下后轮制动轮缸与制动钳连接的两个螺栓,然后将其平稳地放在转向节上

(4)用扳手拆下制动钳与转向节连接的两个紧固螺栓

(5)将制动钳和制动片取下

(6)拆下后轮制动盘紧固螺钉

(7)拆下后制动盘	(8)拆下后轮毂

(9)使用一字螺钉旋具撬出挡尘板上的驻车制动器拉索支架的固定卡	(10)拆下后驻车制动器拉索
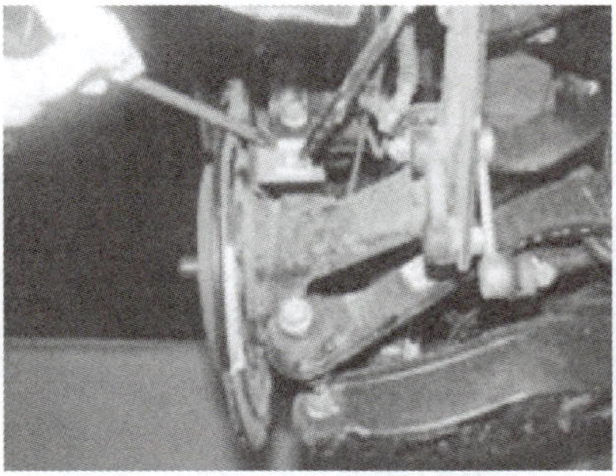	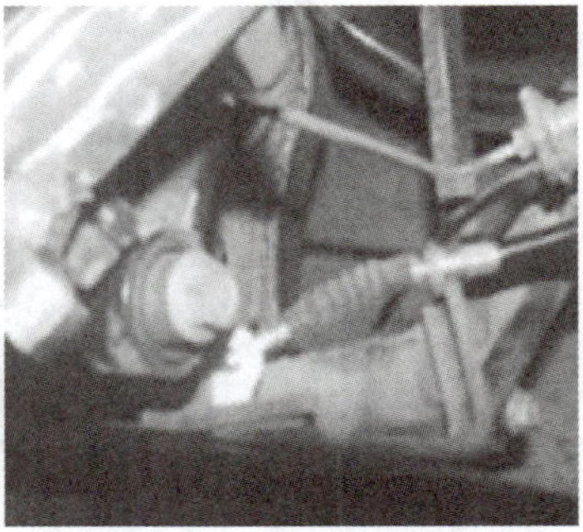
(11)拆下后挡尘板与后转向节连接的紧固螺栓	(12)将后挡尘板和制动蹄一起拆下
	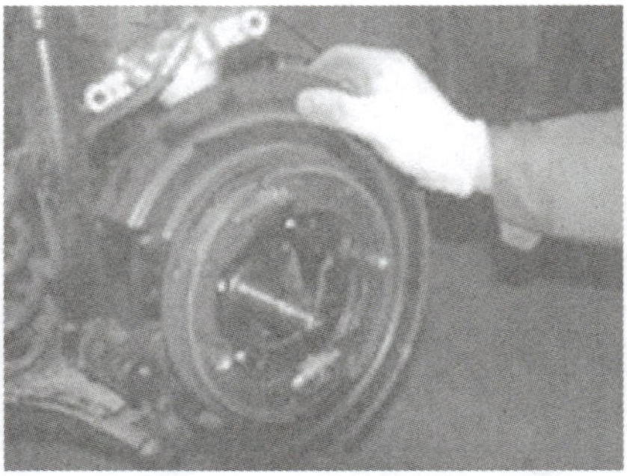

<table>
<tr><td>（13）用尖嘴钳拆下后驻车制动器上的两个固定弹簧</td><td>（14）取下制动器上的驻车制动器拉索固定装置、两个弹簧以及调整轮</td></tr>
<tr><td>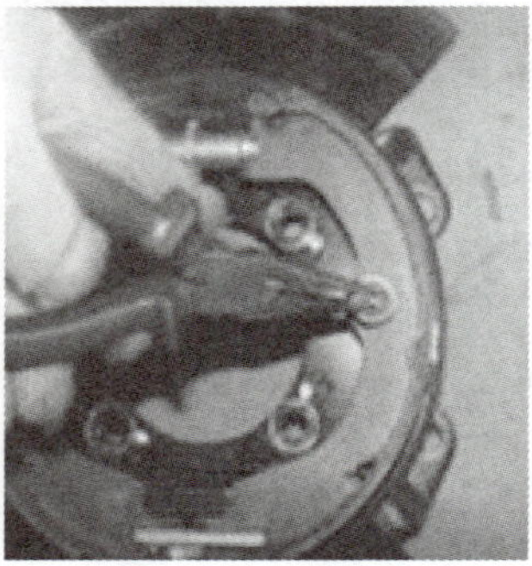</td><td>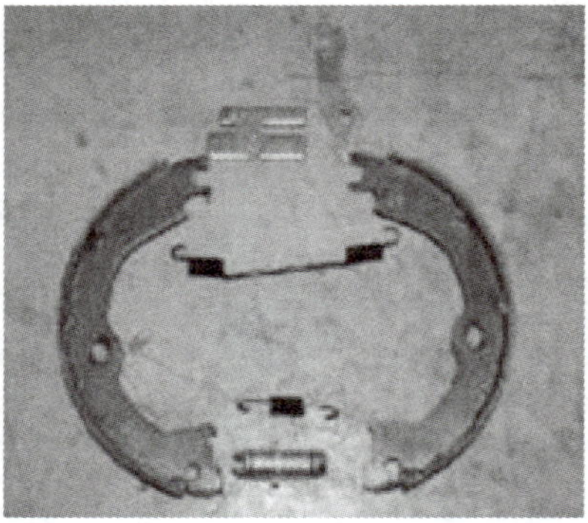</td></tr>
<tr><td colspan="2">后制动器的检修方法与前制动器的检修方法相同</td></tr>
</table>

3. 驻车制动器

<table>
<tr><td rowspan="4">拆
解</td><td>（1）拆下副仪表板</td><td>（2）拆下驻车制动器拉索调整螺母</td></tr>
<tr><td>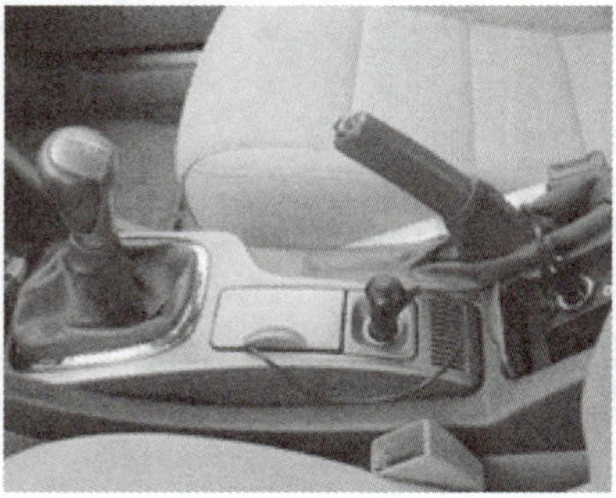</td><td>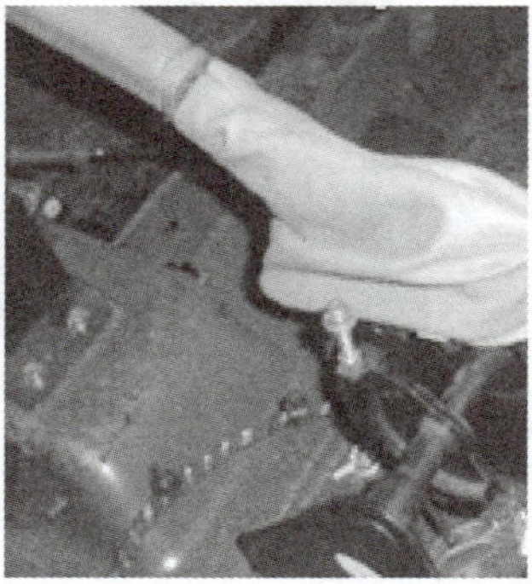</td></tr>
<tr><td>（3）取下拉索</td><td>（4）使用一字螺钉旋具撬下驻车制动器拉索与挡尘板之间连接的固定卡，并取出驻车制动器拉索头</td></tr>
<tr><td>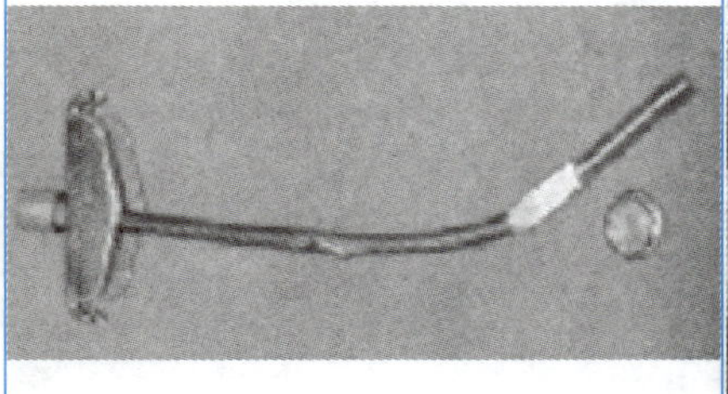</td><td>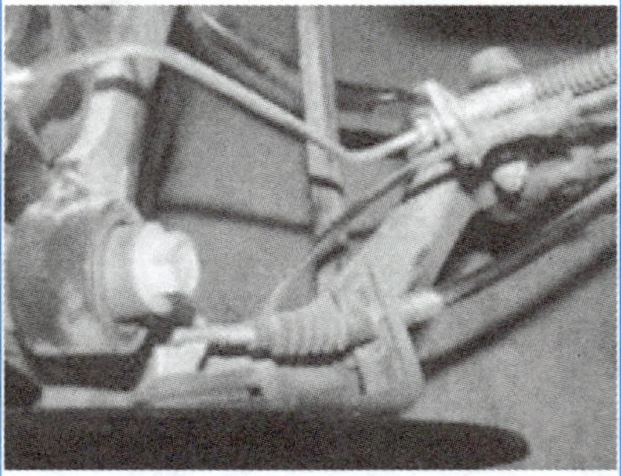</td></tr>
</table>

4. 制动主缸

<table>
<tr><td rowspan="2">驻车制动器调整</td><td>(1)从制动器位置调整</td><td>(2)从驻车制动器手柄位置调整</td></tr>
<tr><td>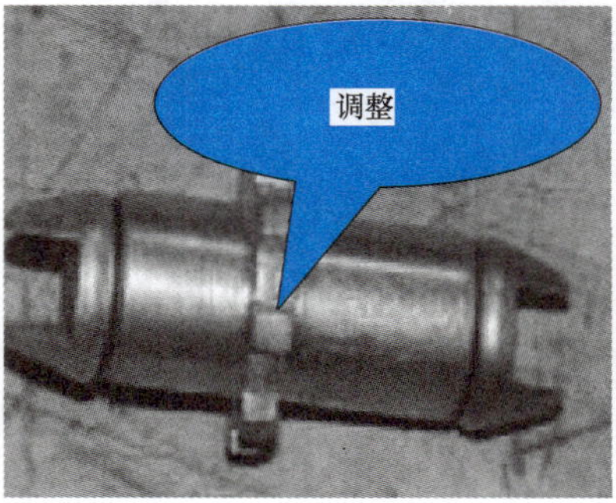

在安装完制动鼓后，从制动器调整轮处调整，使制动蹄紧贴制动鼓，然后将调整轮往上调整 5 个齿</td><td>

①调节驻车制动器时应先把驻车制动器手柄调节完毕
②把驻车制动器手柄放在最低位置
③调节螺母使后制动盘能自由转动
④拉起驻车制器动手柄 3 齿，使制动盘为抱死状态即可</td></tr>
<tr><td rowspan="2">制动主缸的拆解</td><td>(1)拆下簧环</td><td>(2)拆下储液罐和止动销</td></tr>
<tr><td>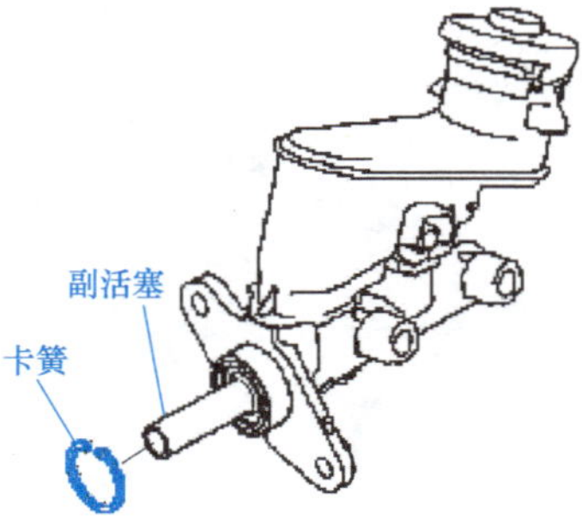

推入副活塞时，即可将簧环拆下</td><td>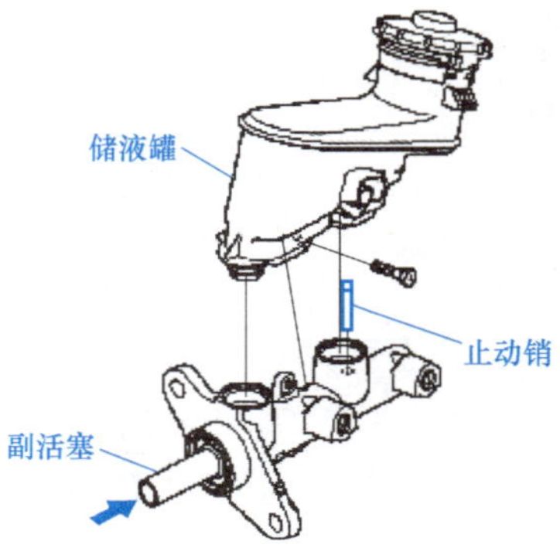

拆下储液罐，然后推入副活塞，即可拆下止动销</td></tr>
</table>

制动主缸的拆解

(3)分解活塞

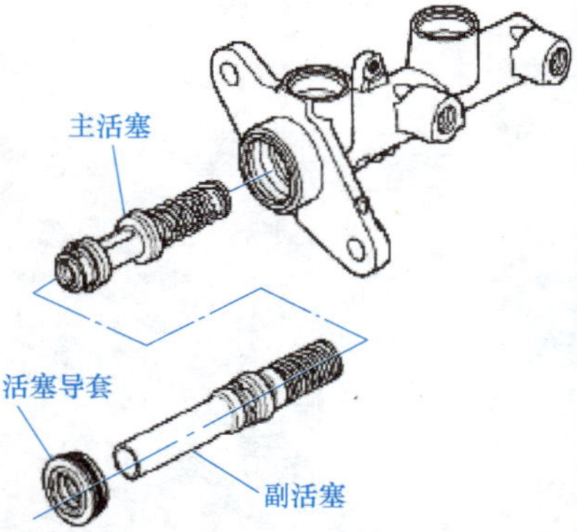

拆下活塞导套、副活塞与主活塞

(4)分解储液罐

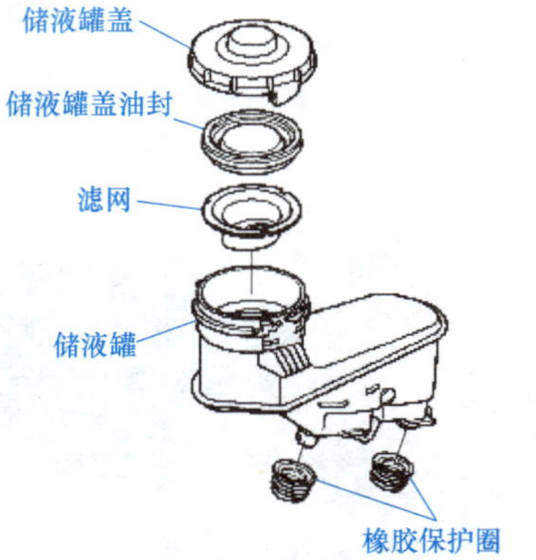

从储液罐上拆下滤网与橡胶保护圈。安装储液罐与制动主缸时，应更换橡胶护圈

制动主缸的安装

(1)安装主活塞皮碗

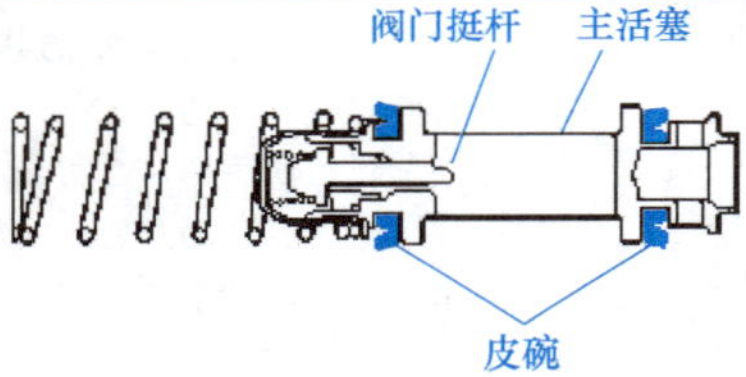

在新皮碗上涂抹清洁的制动液，安装到主活塞上，然后将阀门挺杆从狭槽轻微推进活塞，确保移动平滑

(2)安装副活塞皮碗

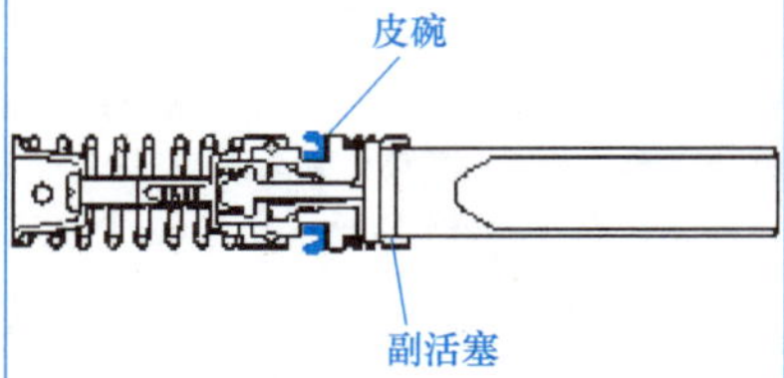

在新皮碗上涂抹清洁的制动液，然后在活塞表面上涂抹硅润滑脂

(3)涂抹橡胶润滑脂

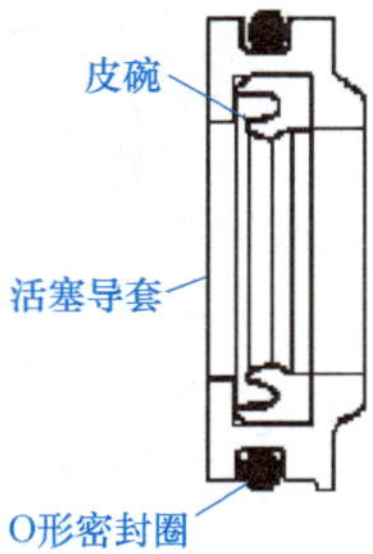

在新活塞导套、O形密封圈和副活塞皮碗上涂抹橡胶润滑脂

(4)安装活塞

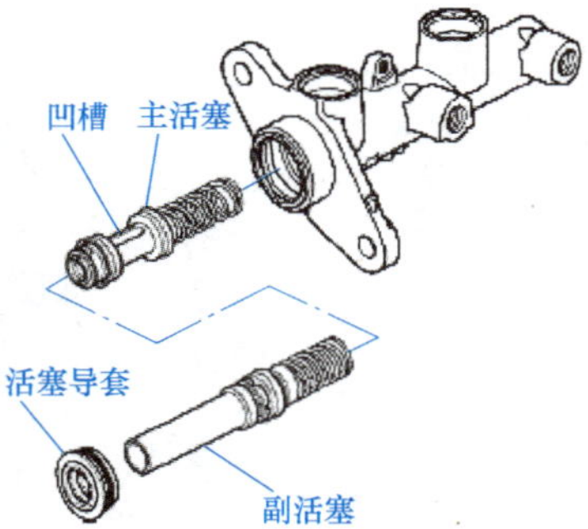

①将主活塞、副活塞和活塞导套安装在制动主缸内，并注意活塞导套方向

②确保凹槽与制动主缸内的止动销对准

③其他部件的安装按照与拆卸相反的顺序进行

5. 排气操作

(1)向储液罐加注制动液

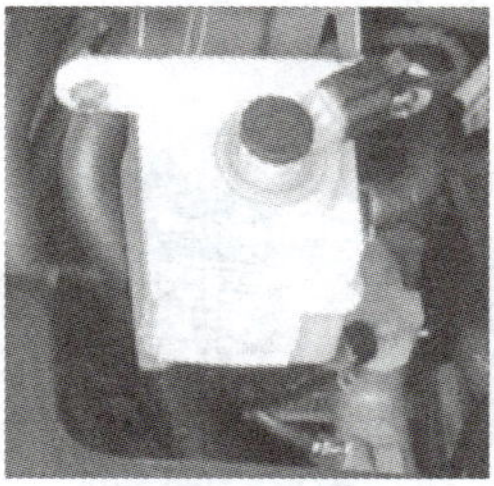

在制动器排气时,加注制动液,将液位保持在储液罐 MIN(最小)和 MAX(最大)液位线之间

(2)制动主缸的排气

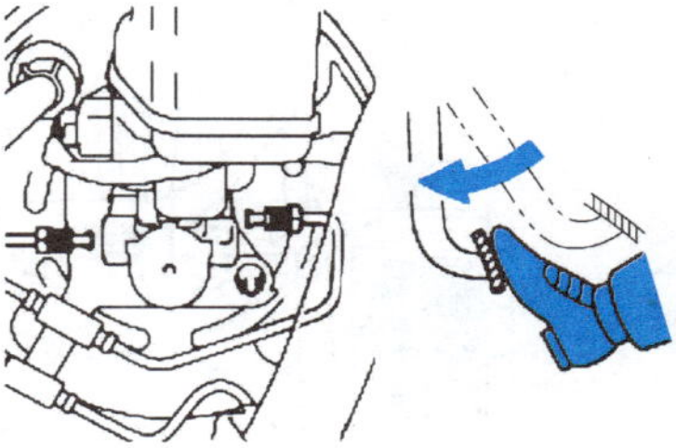

断开制动主缸上的 2 个制动管路,慢慢踩下制动踏板并踩住不动

(3)用手指堵住两个出油口,并松开制动踏板

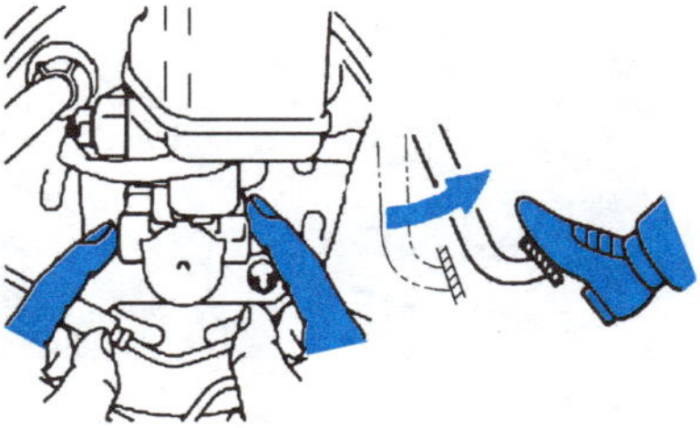

重复排空 5 ~ 6 次,然后安装好制动管路,并且注意将制动液收拾干净

(4)将软管连接到放气塞上,并多次踩下制动踏板,然后在踩下制动踏板的状态下松开放气塞

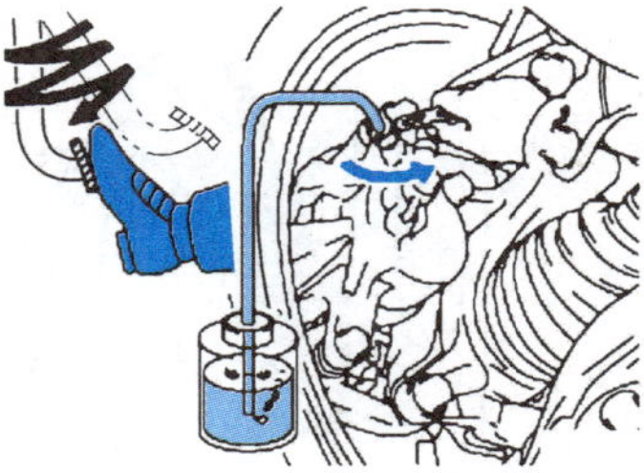

依次对右后轮、左后轮、右前轮、左前轮进行放气

(5)当制动液不再流出时,拧紧放气塞,然后松开制动踏板

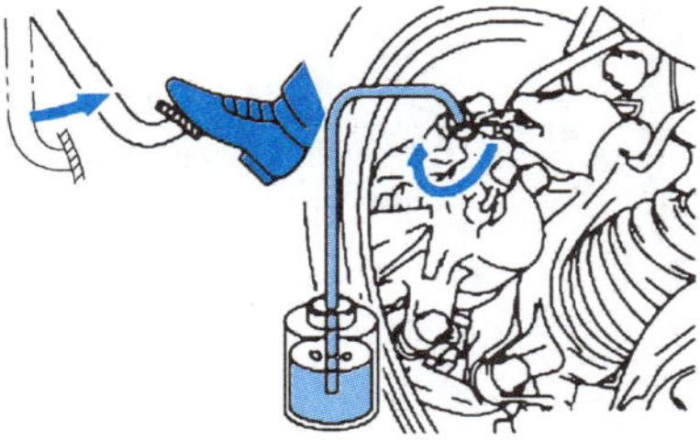

重复 5 ~ 6 次直到将制动液中的空气全部排出,然后完全拧紧放气塞

二、ABS 的检修

ABS 拆解

(1)拆下 ABS 控制单元插头

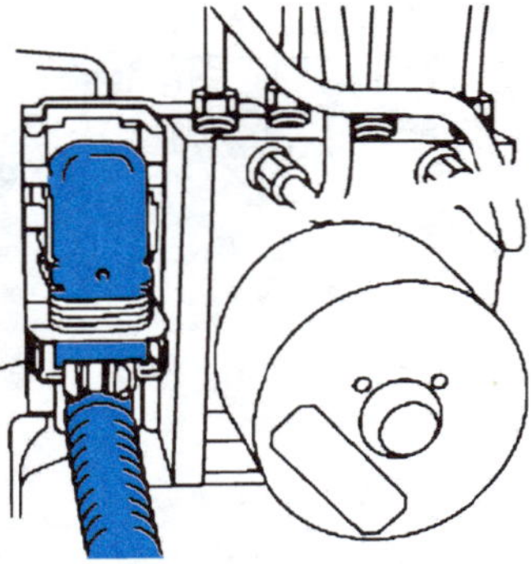

小心不要使制动液进入 ECU 连接器

(2)从 ABS 控制单元上断开 6 条制动管路

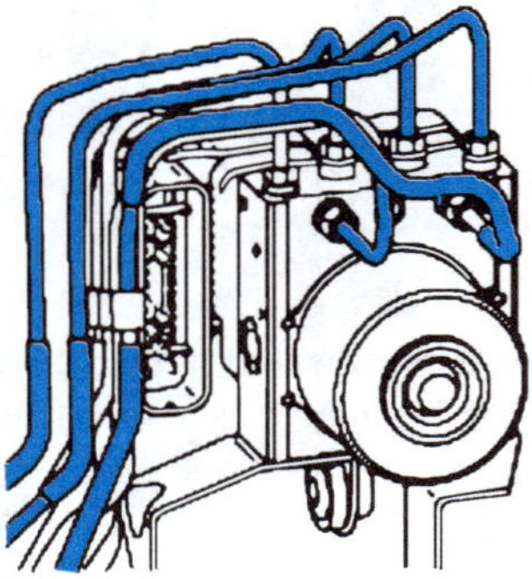

使用标签设置每个对准标记，然后在连接管路上贴上保护带，避免异物进入管路

车速传感器检测

(1)外观检查

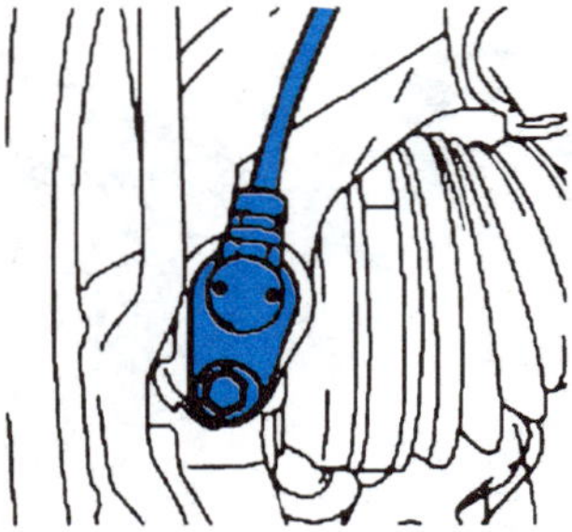

检查前转速传感器。如果表面破裂、存在凹痕或缺口应更换传感器

(2)电阻检测

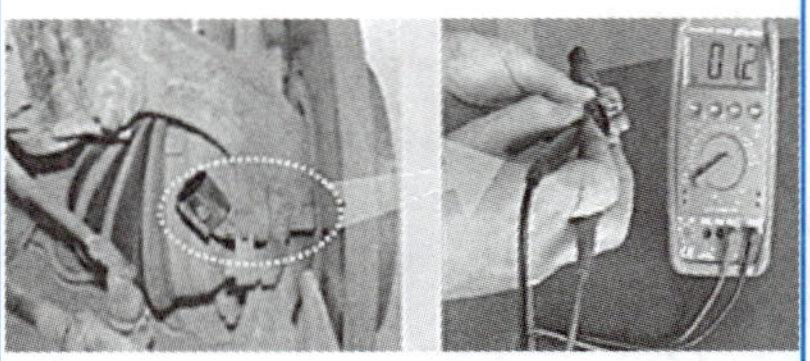

拆下车轮转速传感器的连接插头，用万用表的 R×100 档，检查传感器的电阻应为 1.1～2.3kΩ，否则更换传感器

(3)转子齿圈的检查

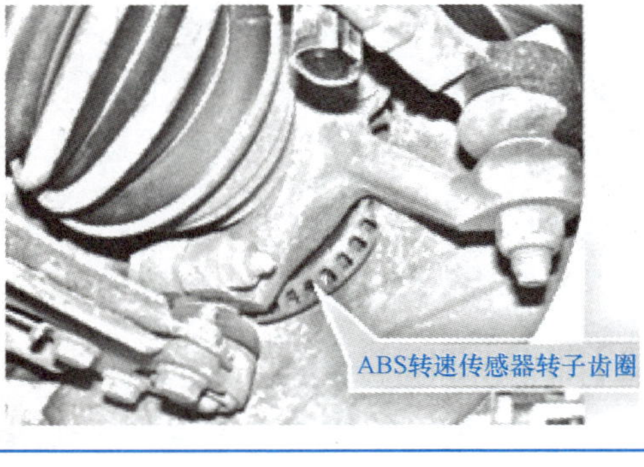

检查转子齿圈应无裂纹，并且无缺齿和断齿，齿圈的齿与齿之间没有铁屑，传感器头部端面与齿圈凸起端面应保留约 1mm 的间隙

检查制动灯开关	测试制动灯开关
	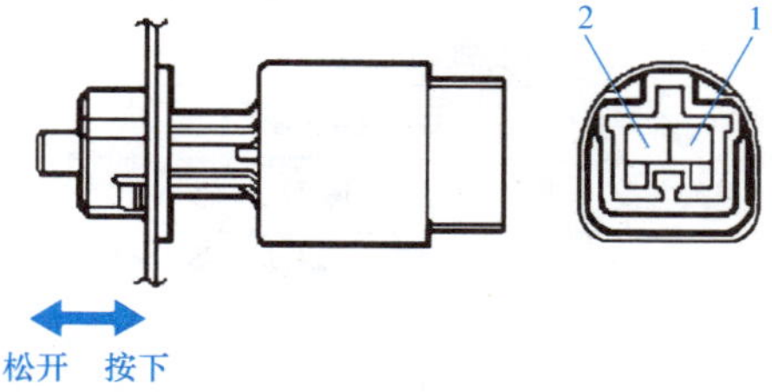 使用万用表检查制动灯开关，当踩下制动踏板时端子1与2导通，松开制动踏板时不导通，如果与规定不同应更换制动灯开关

第三节 制动系统故障排除与维修实例

一、制动系统常见故障排除

1. 制动系统的快速诊断（表5-1）

表5-1 制动系统快速诊断

故障现象	故障原因	故障诊断与排除
制动踏板过低	(1)液压系统泄漏	①检查制动钳、制动轮缸、制动主缸、ABS液压调节器的软管和接头是否泄漏，如有泄漏，进行修理或更换
	(2)制动系统内有空气	②排放制动系统空气
	(3)制动液质量不符合规定	③更换制动液
	(4)制动主缸活塞密封圈损坏，制动主缸缸壁破损等	④修理或更换制动主缸
制动有阻力	(1)制动钳粘在滑动面或轴销上	①更换滑动销或润滑滑动面
	(2)制动主缸、制动钳或制动轮缸活塞卡滞	②修理制动主缸、制动钳或制动轮缸，必要时更换
	(3)真空助力泵内部故障	③更换真空助力泵
	(4)驻车制动器拉索咬死	④更换拉索
	(5)制动踏板轴销润滑不良	⑤润滑轴销，必要时更换轴销或轴套

（续）

故障现象	故 障 原 因	故障诊断与排除
踏板行程过大	(1)后制动片与鼓的间隙过大	①更换后制动片，必要时更换制动蹄
	(2)后制动片磨损严重	②更换后制动片
	(3)后制动盘或鼓磨损严重	③更换后制动盘或鼓
	(4)制动管路有空气	④排空制动管路的空气，必要时排除泄漏
踏板行程减小	(1)制动钳或制动轮缸卡住或粘住	①修理或更换制动钳或制动轮缸
	(2)制动主缸回油孔堵塞或活塞卡滞在缸壁	②修理或更换制动主缸
	(3)ABS调节器内部粘连	③检修ABS调节器，必要时更换
制动踏板发软	(1)制动管路有空气	①排空制动管路的空气，必要时排除泄漏
	(2)制动盘或制动蹄有裂纹	②更换制动盘或制动蹄
	(3)制动管路或软管有泄漏	③更换泄漏的管路
	(4)制动轮缸密封圈损坏	④更换制动轮缸密封圈
制动时有噪声	(1)前、后制动片或蹄质量过差	①更换前、后制动片或蹄
	(2)制动盘或制动鼓破损，有沟槽	②进行抛光处理，必要时更换
	(3)制动蹄弯曲变形	③更换制动蹄
	(4)制动片或蹄破损	④更换制动片或蹄
	(5)制动轮缸工作异常	⑤更换制动轮缸
	(6)前、后制动器有铁屑或安装不正确	⑥清除异物或重新安装
制动时振动激烈	(1)制动盘或制动片凹凸不平	①抛光制动盘或制动片，必要时更换
	(2)制动钳或滑销松动	②紧固固定螺栓
	(3)制动鼓或蹄变形	③更换制动鼓或蹄
	(4)制动盘或制动鼓质量过差，含有硬质材料	④更换制动盘或制动鼓
制动时踏板冲击严重	(1)制动片或蹄有润滑脂或制动液	①清除润滑脂或制动液，并排除泄漏的部位
	(2)驻车制动器拉索调节不当	②调节制动器拉索
	(3)制动钳固定螺栓松动	③紧固螺栓
	(4)真空助力泵故障	④更换真空助力泵
	(5)制动轮缸损坏	⑤更换制动轮缸

（续）

故障现象	故 障 原 因	故障诊断与排除
制动踏板变硬	(1)真空助力泵真空软管松动或泄漏	①紧固真空软管，必要时更换
	(2)制动片或蹄质量过差	②更换制动片或蹄
	(3)制动盘变形	③更换制动盘
	(4)制动钳、制动轮缸或制动主缸活塞卡住	④修理或更换制动钳、制动轮缸或制动主缸
	(5)制动真空助力泵单向阀故障	⑤更换单向阀
	(6)制动真空助力泵内部故障	⑥检修真空助力泵，必要时更换
	(7)制动主缸回油孔堵塞	⑦修理或更换制动主缸
	(8)制动液质量过差，橡胶密封圈膨胀过大与缸壁粘连	⑧更换制动轮缸密封件，并更换DOT3 制动液
	(9)发动机真空度过低	⑨调节或修理发动机
制动时车辆跑偏	(1)轮胎压力不正确	①按照标准调节至规定压力
	(2)悬架连接螺栓松动	②紧固悬架螺栓
	(3)制动钳卡死	③修复或更换制动钳
	(4)制动钳上的滑动销卡死	④添加润滑剂或更换滑动销
	(5)车轮轴承调节不当，破损或毁坏	⑤调节或更换轴承
	(6)制动蹄弯曲、变形或蹄上的衬片松动	⑥更换制动蹄
ABS 制动抱死	(1)ABS 调节器电源电路故障	①排除 ABS 调节器电源电路故障
	(2)蓄电池电压过低	②更换蓄电池或修复充电系统故障
	(3)ABS 指示灯或线路故障	③更换组合仪表或排除 ABS 指示灯故障
	(4)ABS 轮速传感器、ABS 感应齿圈以及 ABS 电磁阀故障	④修复或更换 ABS 轮速传感器、ABS 感应齿圈以及 ABS 调节器
	(5)ABS 控制单元故障	⑤更换或修复

2. 制动系统故障诊断程序

(1) 制动失效诊断程序

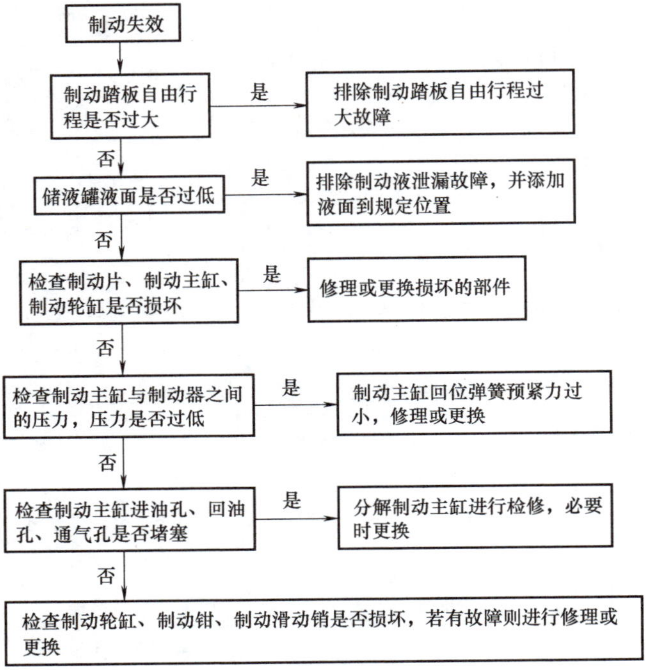
制动失效
制动踏板自由行程是否过大
是
排除制动踏板自由行程过大故障
否
储液罐液面是否过低
是
排除制动液泄漏故障，并添加液面到规定位置
否
检查制动片、制动主缸、制动轮缸是否损坏
是
修理或更换损坏的部件
否
检查制动主缸与制动器之间的压力，压力是否过低
是
制动主缸回位弹簧预紧力过小，修理或更换
否
检查制动主缸进油孔、回油孔、通气孔是否堵塞
是
分解制动主缸进行检修，必要时更换
否
检查制动轮缸、制动钳、制动滑动销是否损坏，若有故障则进行修理或更换

（2）制动跑偏诊断程序

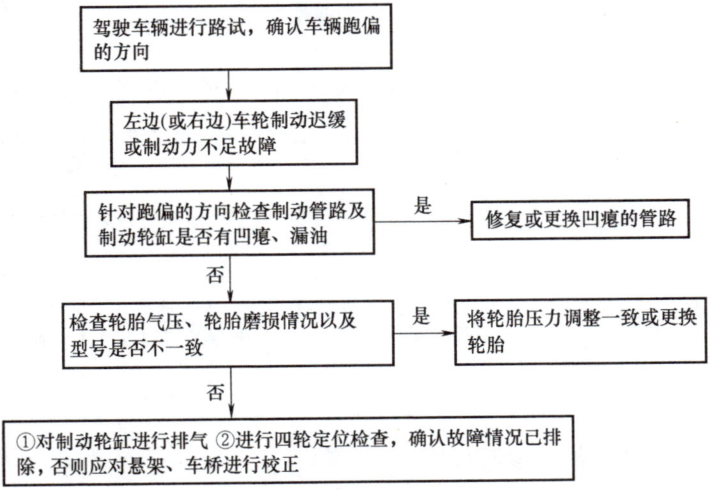
驾驶车辆进行路试，确认车辆跑偏的方向
左边(或右边)车轮制动迟缓或制动力不足故障
针对跑偏的方向检查制动管路及制动轮缸是否有凹瘪、漏油
是
修复或更换凹瘪的管路
否
检查轮胎气压、轮胎磨损情况以及型号是否不一致
是
将轮胎压力调整一致或更换轮胎
否
①对制动轮缸进行排气 ②进行四轮定位检查，确认故障情况已排除，否则应对悬架、车桥进行校正

二、制动系统维修实例

1. 本田飞度轿车 ABS 故障灯常亮故障

故障现象

一辆 2008 年款本田飞度 1.5L 轿车，配置 L15A7 发动机，该车行驶 2.5 万 km，ABS 故障灯时常会点亮。

故障诊断与排除

（1）首先询问车主了解到该车夜间行车时 ABS 故障灯点亮，检查发现 ABS 控制器的熔丝烧坏，更换新的熔丝后一切正常。

（2）检查发电机的发电量均正常，但过一个星期后车主反映 ABS 故障灯又点亮。

（3）用诊断仪检查 ABS 时发现诊断仪无法进入 ABS 调节器控制单元，没有电源显示，进一步检查，熔丝又烧掉了，于是更换新的熔丝。

（4）试着晃动车辆检查熔丝，在晃动车辆时无意中转动了转向盘，熔丝再次烧掉，因此断定转方向时磨到了其中的线束，于是沿着转向柱往下找，发现一条线束离转向柱转向万向节很近并且已磨破导致接地。

（5）将线束重新包扎并用包扎带进行固定后试车，故障彻底排除。

维修小结

由于转向万向节属于运动部件，和线束接触时间过长往往会造成线束磨损而接地，这些故障的特点就是间隙性故障。

2. 东风本田 CR-V 轿车制动灯开关故障

故障现象

一辆 2010 年款东风本田 CR-V2.4L 轿车，配置了 K24Z1 发动机，该车行驶 1.2 万 km后在颠簸路面行驶或爬坡时偶尔出现无法加速的情况，松开加速踏板重新踩下后发动机又工作正常，但在平路和高速行驶时均正常。

故障诊断与排除

（1）首先使用故障诊断仪检测故障码和数据流，一切正常。

（2）仔细检查各连接线路，并没有出现接地或漏插的异常情况。

（3）重新连接 HDS 诊断仪并在路试过程中观察加速踏板传感器和电子节气门数据，发现在出现故障时电子节气门开度信号从 96% 突然降为8%，同时观察其他传感器数据时发现制动开关常闭信号间歇性断开，初步判断是由于车辆振动时制动信号偶尔断开，ECM/PCM主观控制电子节气门关闭而出现的故障。

（4）更换制动灯开关后故障排除。

维修小结

在电喷系统中，加速踏板信号、制动信号、空调压力开关信号、动力转向信号等都用来控制和调节电子节气门的开度，从而使发动机输出的转矩满足当前的需求。

3. 长安马自达3轿车前轮毂轴承异响故障

故障现象

一辆2010年款长安马自达3轿车，配置了Z6发动机，该车行驶3.8万km，在高速公路上行驶时向右跑偏。

故障诊断与排除

（1）首先检查前轮气压一致，两前轮胎磨损情况相同。

（2）用卷尺测量前、后轴距，两者相差小于3mm（属正常范围值）。举升车辆检查底盘并无碰撞痕迹，转向机构未弯曲变形，控制臂、球头间隙良好。

（3）用手转动车轮，感觉右边较紧，手摸右边轮毂轴承感到烫手，温度明显比左边高，而两边制动盘温度基本一致，因此判断为右前轮毂轴承卡滞过紧导致。

（4）更换右前轮毂轴承后故障排除。

4. 马自达6轿车制动时转向盘抖动故障

故障现象

一辆2011年款马自达6轿车，配置了LF发动机，该车行驶5443km后，车主反映制动时转向盘抖动。

故障诊断与排除

（1）首先进行路试，发现当车速超过60km/h后，踩制动踏板时转向盘抖动严重，整个转向柱都在抖，并且有振动的异响。

（2）检查发现两前制动盘凹凸不平，导致前制动盘制动时表面不平，产生强烈抖动。

（3）将两制动盘拆下，在车床上将铁锈车光，重新安装后故障排除。

5. 北京现代途胜 SUV“自制动”故障

故障现象

一辆 2008 年款北京现代途胜 2.0L SUV，配置了 G4GC 发动机，行驶里程 2 万 km。车主反映该车在正常行驶中有时会出现“自制动”现象，严重时下坡路况甚至无法空档滑行。

故障诊断与排除

（1）首先使用故障诊断仪进行检测，各系统无故障码存储，发动机控制系统也正常，初步判断故障在制动系统。

（2）对制动系统进行基本检查，制动钳、制动主缸以及制动轮缸动作灵活，无制动释放迟滞现象，于是更换制动液并按要求排气，进行路试时故障现象依旧。

（3）用举升机将车辆举起，换档使车轮转动，使用故障诊断仪观察 ABS 数据流。反复试车直到故障出现时，诊断仪显示的车速数据突然变为 0，4 个轮速信号也变为 0，偏摆率信号正常，此时发动机声音突然变化，车轮停止转动。由此推断是输入 ABS 控制单元的车速信号不良引起的故障。

（4）如图 5-4 所示，根据电路图对输入 ABS 控制单元的车速信号线路进行检查，发现当摇动右前侧 A 柱下的插头时车速数据中断，断定车速传感器线路接触不良引起了故障。

（5）拔下插头发现插头接触弹片被压平失去弹性，重新处理并插好插头后试车，故障彻底排除。

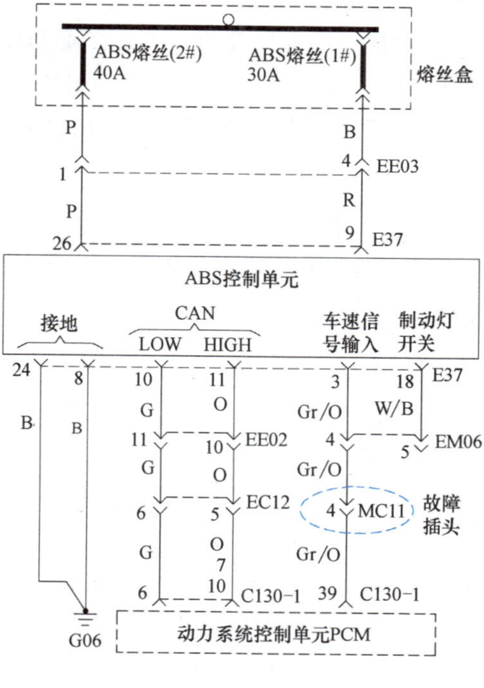

图 5-4　ABS 控制单元

维修小结

由于 ABS 控制单元的输入车速信号不正常，控制单元判断车辆处于打滑状态，引起控制单元启动 TCS 工作。TCS 工作时，根据滑移率控制车轮制动力，控制降低车轮速度，以便轮胎形成更大附着力，从而增加牵引转矩，形成一定的制动力。

6. 雪佛兰新赛欧轿车制动力不足故障

故障现象

一辆 2011 年款雪佛兰新赛欧 1.4L 轿车，配置了 LCU 发动机，行驶里程 2.6 万 km，车主反映该车制动时需要将制动踏板踩到很低的位置才会有制动力。

故障诊断与排除

（1）首先驾驶车辆进行路试，快速踩下制动踏板时，车辆可以停住，但是制动踏板位置较低，说明制动系统存在空气。

（2）对制动系统进行排气操作，但是未见气泡，检查制动踏板自由行程都符合要求。

（3）根据以往维修经验，初步怀疑制动主缸出现工作不良的现象，于是更换制动主缸后路试，故障彻底排除。

7. 大众迈腾轿车 ABS 控制单元自身放电电流过大故障

故障现象

一辆 2008 年款大众迈腾 2.0TSI 轿车，配置了 CBL 发动机，行驶里程 3.2 万 km，车主反映该车停放 3 天后因蓄电池亏电而不能起动。

故障诊断与排除

（1）用万用表测试蓄电池电压只有 8V，通过外接电源起动后，测量发电机发电量为 13.9V，充电正常，确认车辆系统存在自放电现象。

（2）将发动机舱盖打开，将舱盖锁锁住，关闭所有用电设备，遥控锁住车门，测试静态放电电流为 400mA（标准值为 30mA 左右），远远大于正常值，说明用电器确实存在放电。

（3）将加装的 DVD 拆除后电流为 250mA，仍然大于正常值。于是采取拔熔丝的方式进行漏电测试，当拔到 SD17 熔丝时，发现电流表瞬间降到 16mA，继而降到 1mA。

（4）根据电路图了解到 SD17 为 ABS 和 EPB 的常电源供电熔丝，

初步怀疑为这两个控制系统故障。根据电流回路特性，将两控制系统的接地线“13”和“688”分别断开，当将右前纵梁膨胀罐处的接地线“13”断开时，放电电流趋于正常值，由此确定为ABS控制单元故障。

（5）检查ABS控制单元插头各端口，未发现有其他故障现象，断定ABS控制单元内部故障导致放电。更换相同型号的ABS控制单元，故障排除。

8. 奔驰轿车制动器摩擦片报警系统损坏故障

故障现象

一辆2011年款进口奔驰1.8L轿车，行驶里程为3.94万km，车主反映该车制动器摩擦片报警指示灯闪亮。

故障诊断与排除

（1）首先检查摩擦片为5mm（极限为2.0～2.2mm），说明摩擦片正常，初步判断为报警系统本身故障。

（2）关闭点火开关，拔下左右轮传感器插头，指示灯闪亮停止，说明传感器线路正常，传感器存在故障。

（3）关闭点火开关，然后插入一侧传感器插头（不插另一侧），此时打开点火开关后，报警指示灯闪亮，于是判断为该插入侧的传感器损坏。

（4）更换传感器后故障彻底排除。

第六章

助力转向系统

第一节　助力转向系统概述

助力转向系统主要有液压助力转向系统和电动助力转向系统两种。

一、液压助力转向系统

液压助力转向系统主要构件包括储液罐、助力转向控制单元、液压助力泵、液压助力齿轮齿条机构（转向机）、助力转向传感器等，如图6-1所示。

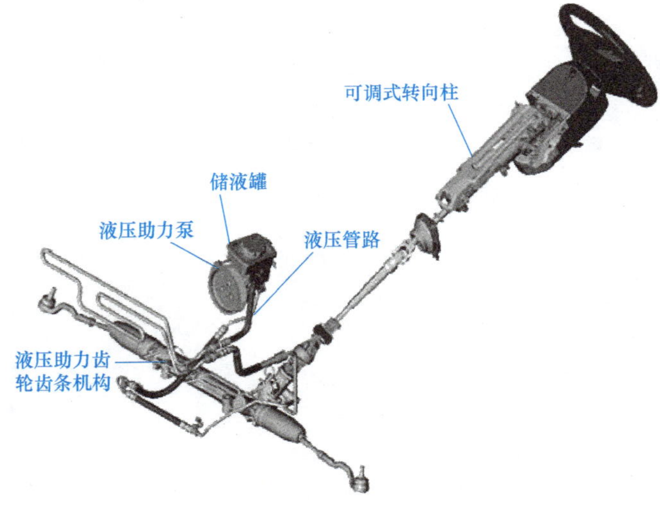

图6-1　液压助力转向系统结构示意图

二、电动助力转向系统

1. 组成

电动助力转向系统一般是由转矩（转向）传感器、EPS控制单元、电动机、转向机以及蓄电池电源等部件构成，如图6-2所示。

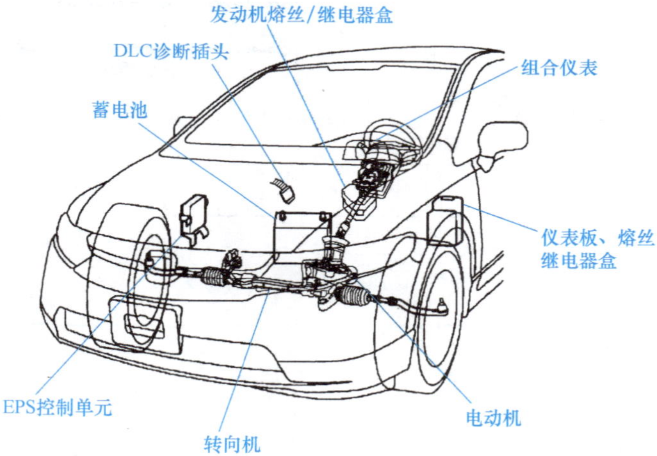

图6-2　电动助力转向系统结构示意图

> **学习提示**
>
> 电动助力转向系统（EPS）通过转矩（转向）传感器会“感觉”到转向盘的力矩和拟转动的方向，这些信号通过数据总线发给电子控制单元。电控单元根据传动力矩、拟转的方向等数据信号，向电动机控制器发出动作指令，电动机根据具体的需要输出相应大小的转动力矩，从而产生助力转向。

2. 工作特性

EPS（电动助力转向系统）与ABS/ASR/TRC一起作用，实现不稳定性补偿。此系统包括EPS控制单元ECU、转矩传感器、ABS/ASR/TRC控制单元ECU、轮速传感器、转向角传感器、偏航率-横向加速传感器以及指示灯等，共同构成动态适应性EPS，如图6-3所示。

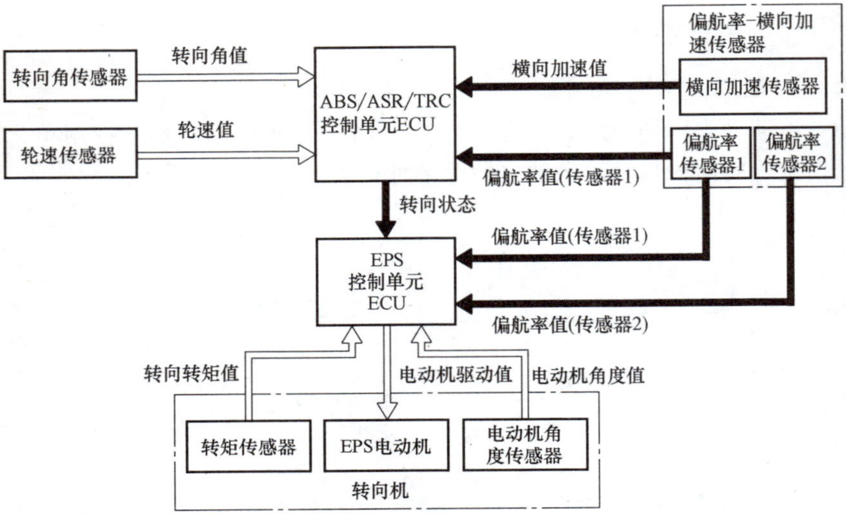

图 6-3　EPS 工作原理示意图

<table>
<tr><td rowspan="4">动态适应性EPS特性</td><td colspan="2">(1)转向不足</td></tr>
<tr><td>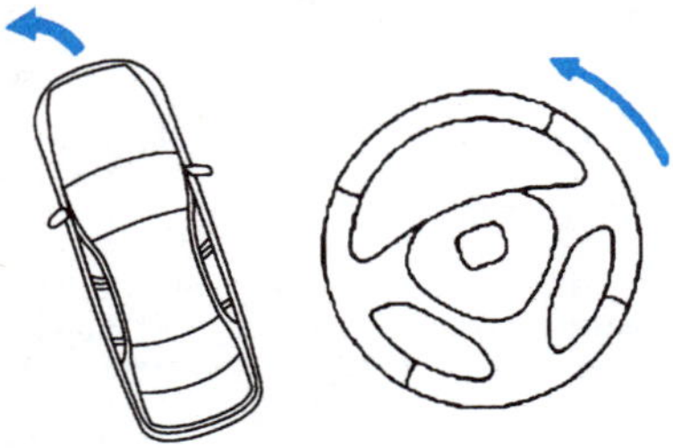</td><td>当转向角过小时，帮助转向盘转向</td></tr>
<tr><td colspan="2">(2)过度转向</td></tr>
<tr><td>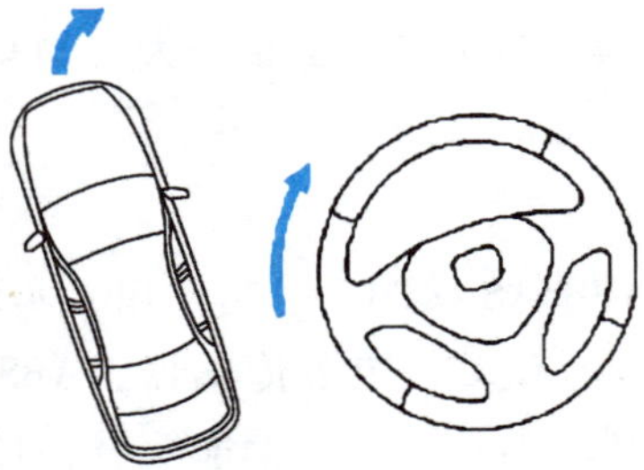</td><td>当转向角过大时，帮助转向盘减小转向角</td></tr>
</table>

动态适应性EPS特性	(3)ABS控制
	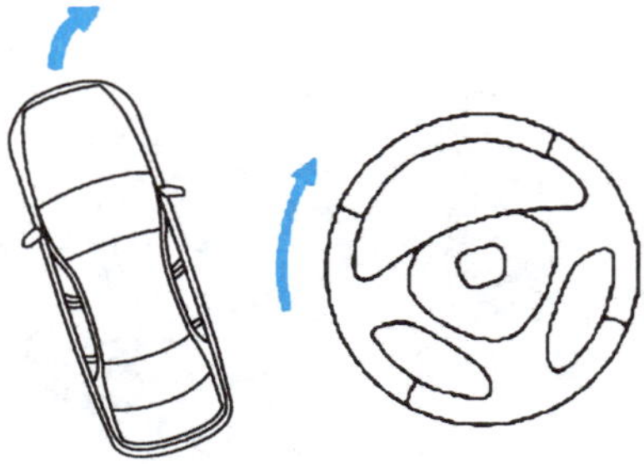 在制动系统中，当车辆稳定性降低时，对制动器提供助力

第二节　转向器拆卸和安装

一、转向器拆卸

(1)拆下滑动转向滑叉螺栓	(2)使用标记笔给转向滑叉和转向机连杆总成做上配合标记
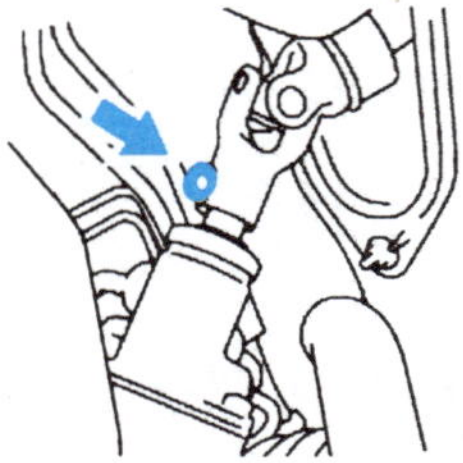 暂时不要将转向滑叉从转向机连杆总成上分离	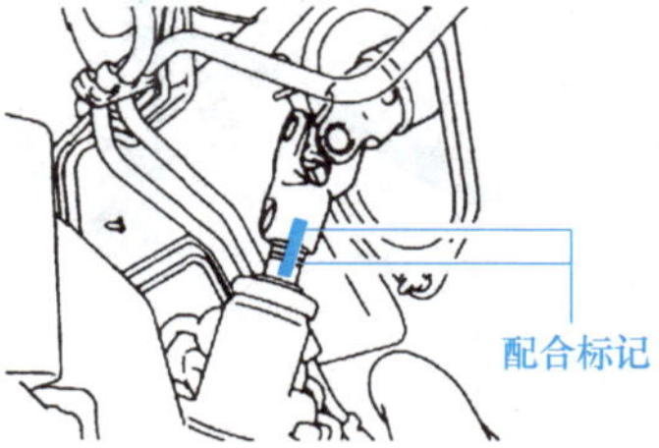 给转向滑叉和转向机连杆总成做好标记，以便安装
(3)拆下横拉杆球头	(4)将压力供给管从转向器连杆总成上断开
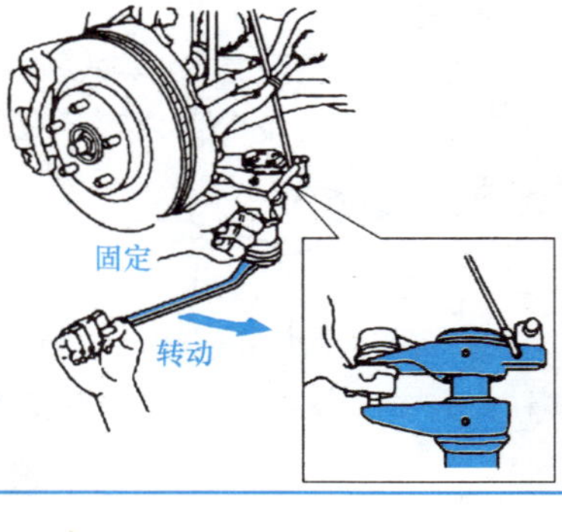	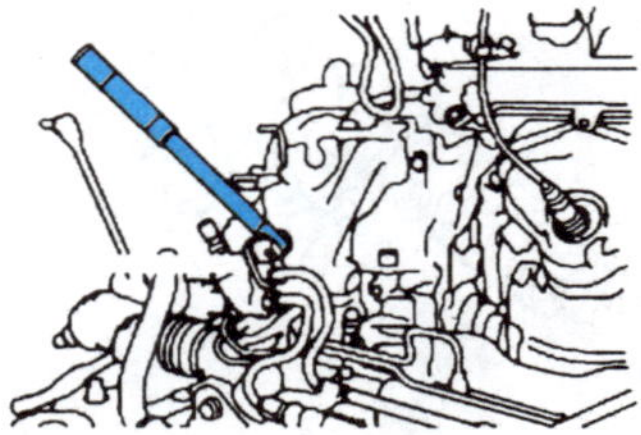 管路拆卸后使用塞子将连接口塞住

（5）拆卸油压管路夹箍螺栓

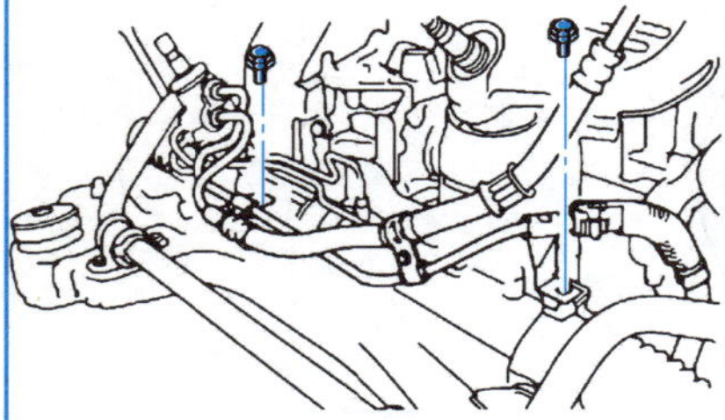

（6）拆下转向器连杆总成

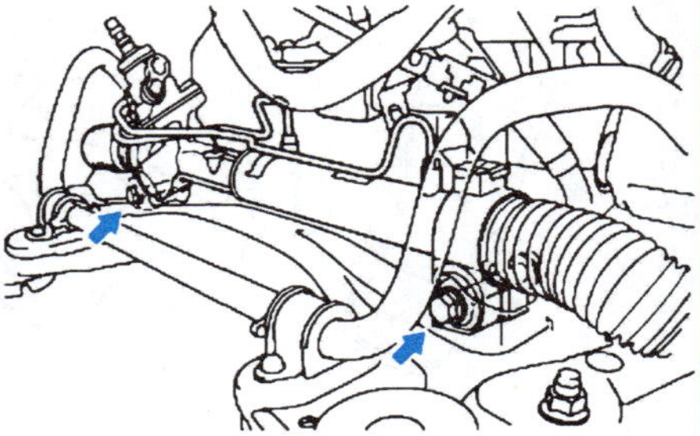

（7）拆下转向器转向压力管（如箭头所示）

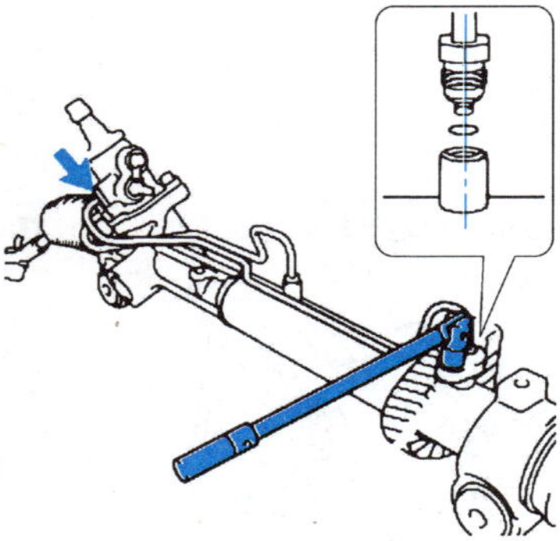

（8）拆卸横拉杆外球头

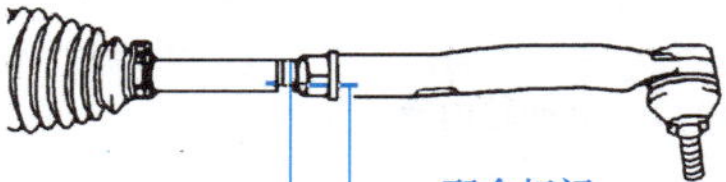

拆卸外球头之前做好装配标记

（9）拆卸转向齿条防护套

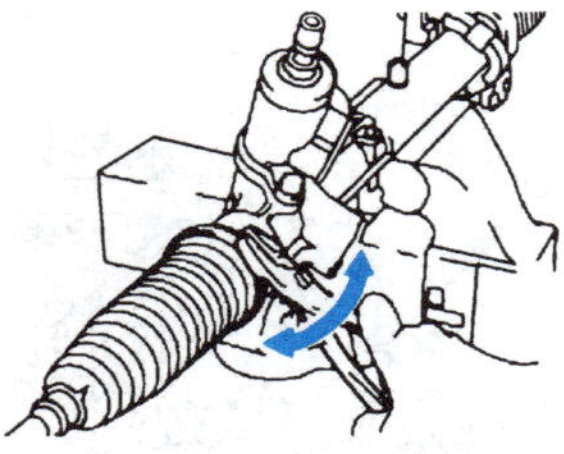

（10）拆下转向内球头

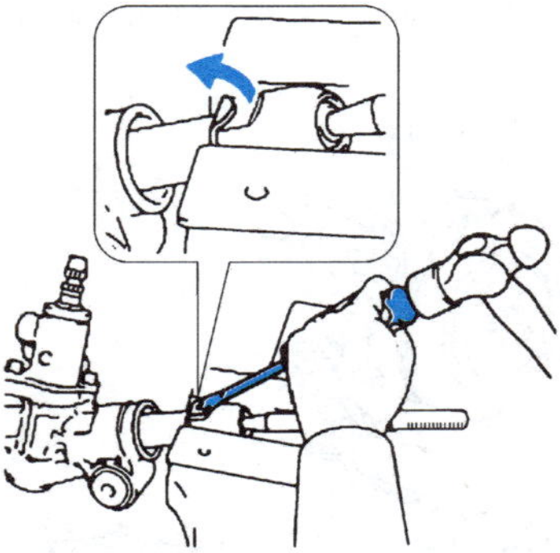

用螺钉旋具和锤子撬出内舌止动垫圈时，严禁碰到转向齿条

(11)拆卸齿条导向零部件

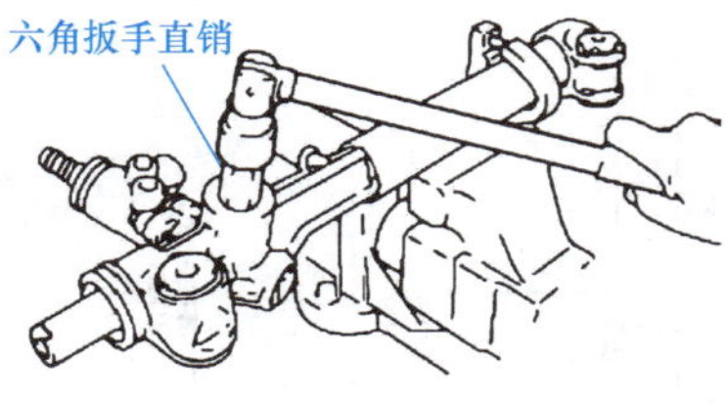

(12)使用套筒扳手拆卸齿条壳体盖

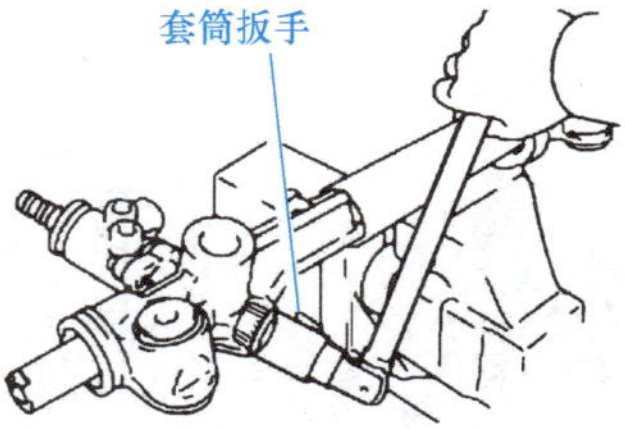

(13)拆下转向控制阀总成紧固螺栓,并使用压力器压出动力转向控制阀总成

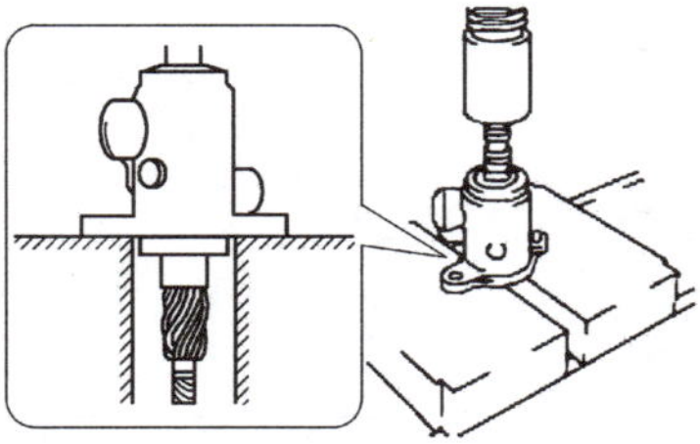

压出转向控制阀总成时,必须防止碰撞到齿圈

(14)使用螺钉旋具将 4 个转向控制阀隔片从转向控制阀体上拆下

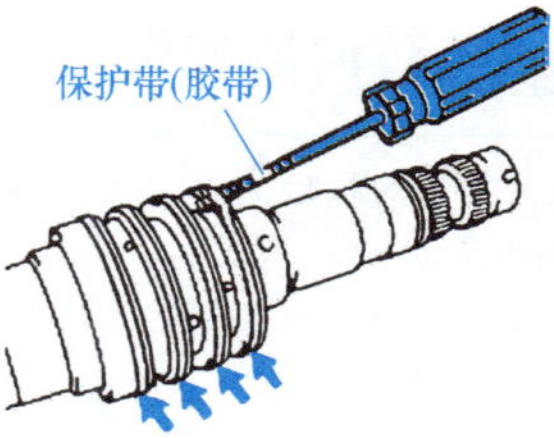

为了不损坏控制阀上的隔片槽,在使用螺钉旋具前,用胶带缠住刀头

(15)使用压力器将转向控制阀油封和轴承从控制阀外壳总成中压出

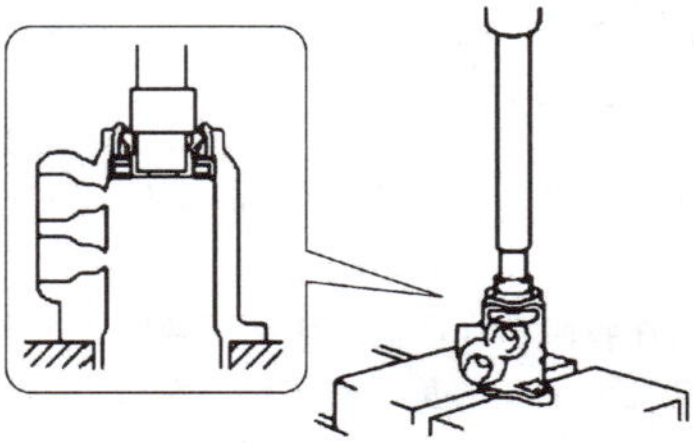

(16)使用尖嘴钳将气缸端限位挡圈孔卡环从转向齿条外壳上拆下,同时将挡圈拆下

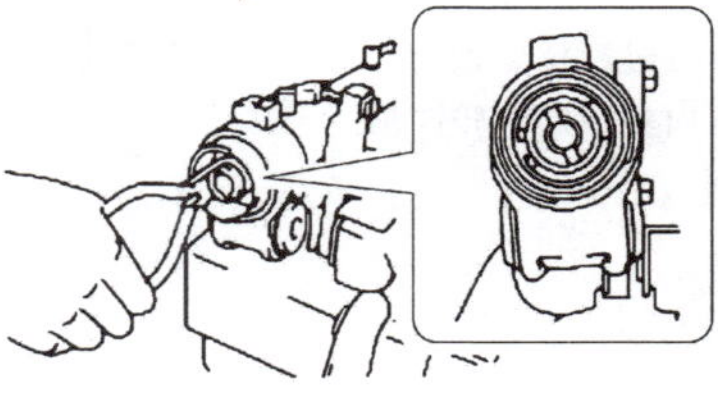

(17)使用压力器以及扳手将齿条衬套油封从转向齿条衬套上拆下

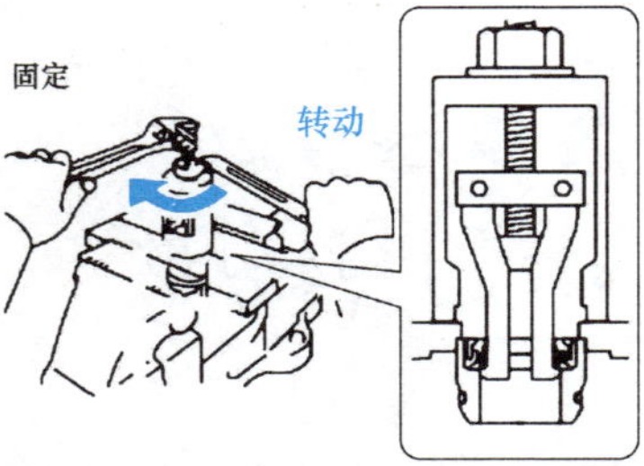

拆卸过程中不要使助力转向齿条衬套掉下

(18)使用专用工具和压力器将助力转向泵管道油封拆下

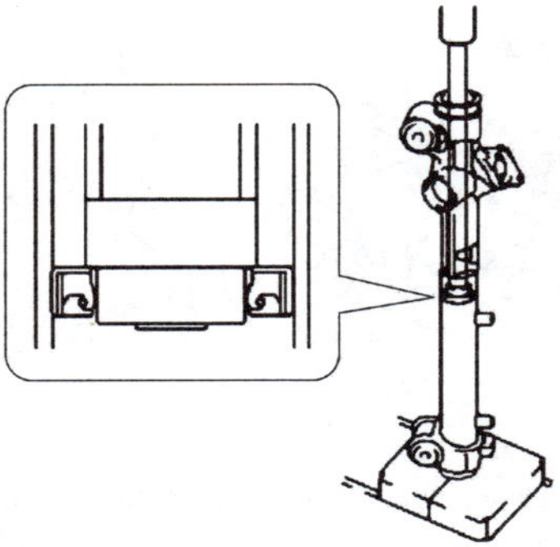

拆卸时不能损坏助力转向齿条缸内表面

二、转向器安装

(1)在油封上涂抹助力转向油，并将其安装到转向齿条上

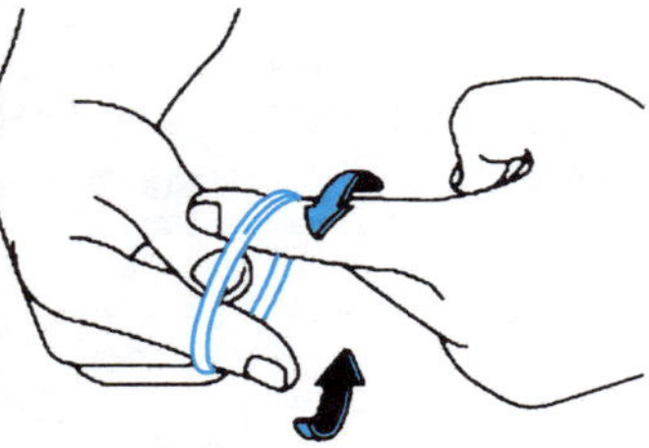

不得过度拉伸油封，并且应按照箭头指示的方向涂抹助力转向油

(2)安装转向泵管道油封

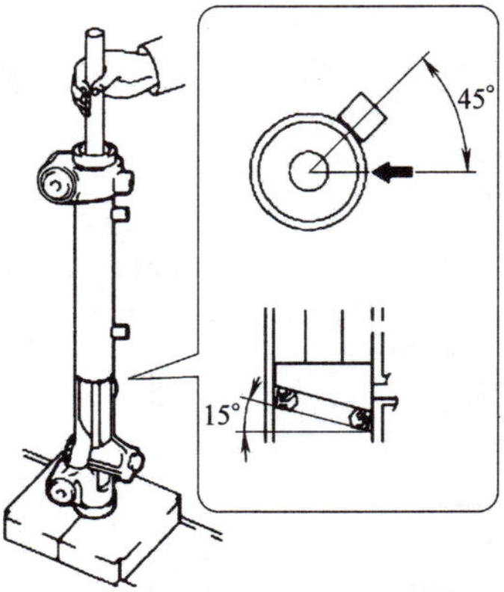

①在新的助力转向泵管道油封上涂抹助力转向油

②确保转向泵管道油封朝向正确的安装方向

③以大于 15° 的角度安装转向泵管道油封

(3)其他的安装步骤按照与拆卸相反的顺序进行

第三节　助力转向泵维修

一、助力转向泵结构

助力转向泵结构分解如图 6-4 所示。

图中➡表示在安装过程中需要涂抹助力转向油。

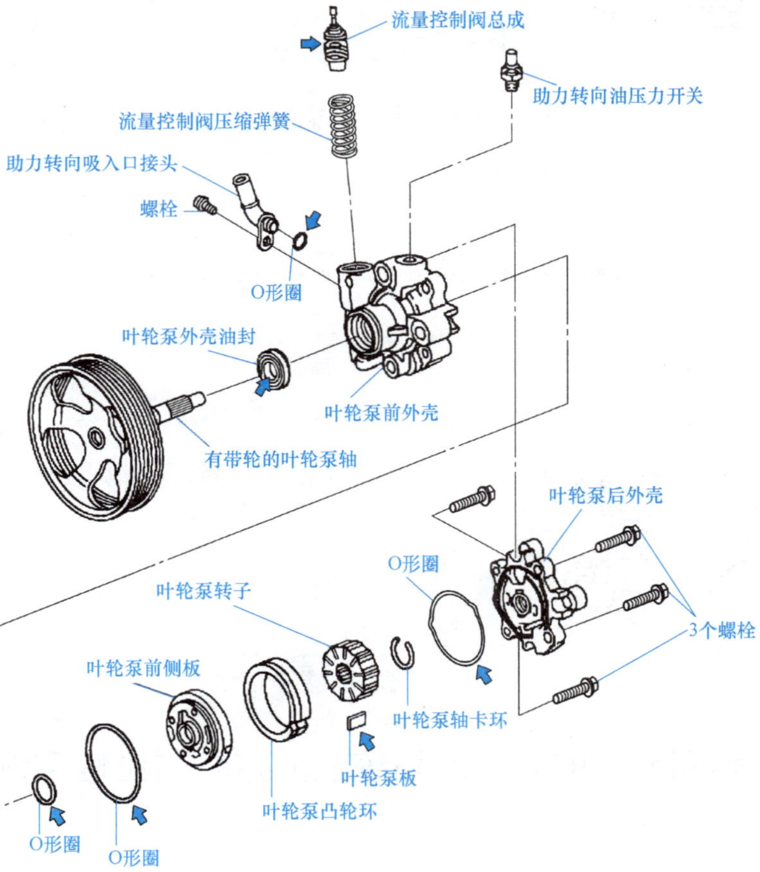

图 6-4　助力转向泵分解图

二、助力转向泵检修

(1)检查叶轮泵转子和叶轮泵板间隙	(2)使用塞尺测量叶轮泵转子槽侧面和叶轮泵板之间的间隙，如果间隙超出标准值，则更换叶轮泵总成
①使用游标卡尺测量带轮的叶轮泵轴外径1，同时测量叶轮泵前外壳衬套的内径2 ②衬套内径2－轴外径1为配合间隙值，如果测量间隙超出最大值，则需更换叶轮泵总成 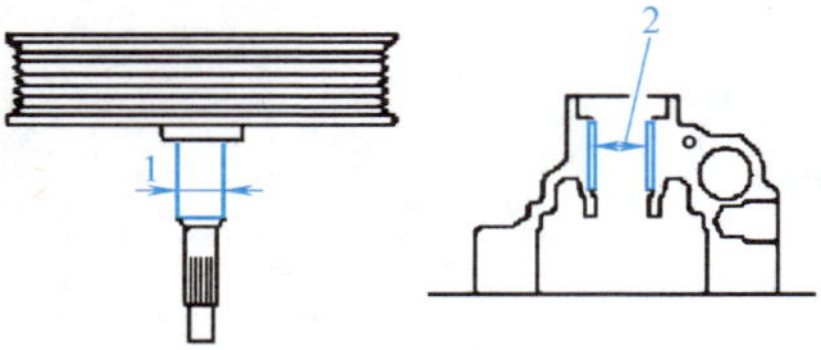 一般的配合间隙为0.07mm，具体查阅维修车型数据表	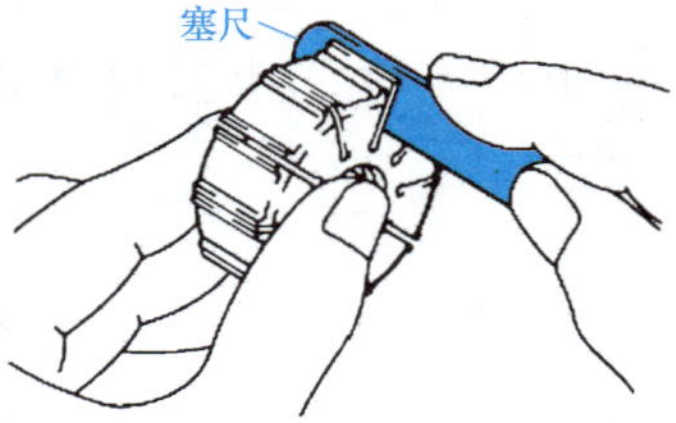 如果无助力或助力过小，应更换叶轮泵转子或叶轮泵总成
(3)检查流量控制阀体，如果控制阀不能平滑地进入孔中，则更换控制阀体或更换叶轮泵总成	
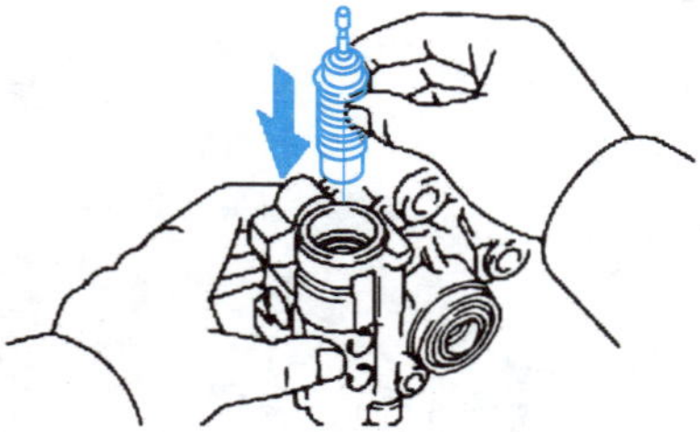	按照箭头所示的方向，阀体应能顺利滑入阀孔，否则说明有卡滞

第四节　助力转向系统故障排除与维修实例

一、液压助力转向系统故障排除

1. 液压助力转向系统故障检修流程

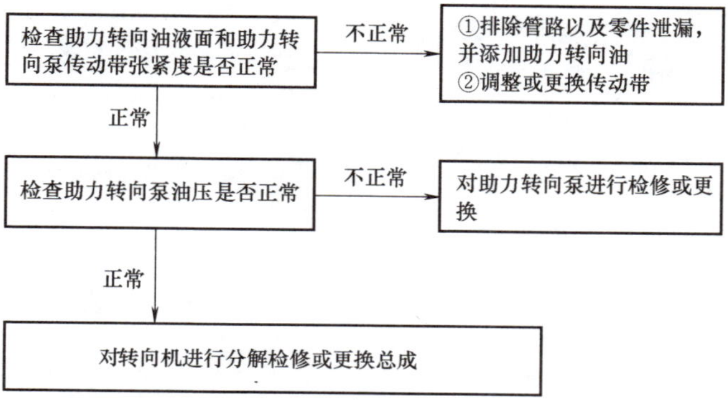

2. 检查转向油压力

(1)连接好压力检测仪	(2)起动发动机,使其怠速运转
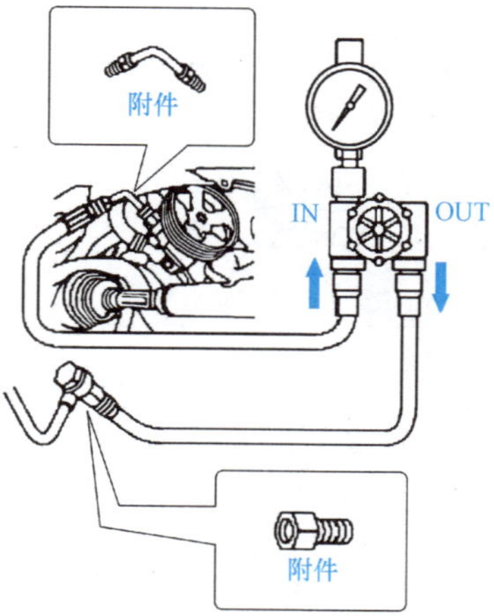 油压表阀门关闭时间不得超过5s,否则会损坏转向泵	(3)将转向盘从一个锁止位置转动到另一个锁止位置,反复多次来提高油液温度 (4)发动机怠速运转,关闭油压表阀门并观察表上的读数,最低油压在8000kPa左右为正常 (5)发动机怠速运转,完全打开压力表阀,将转向盘向左、右两个方向转到底。如果压力保持在规定值内(8000kPa左右),则转向泵正常

3. 液压助力转向系统常见故障快速诊断（表6-1）

表6-1　液压助力转向系统快速诊断表

故障现象	主要原因	排除方法
1. 行驶跑偏及左右转向轻重不同	(1)流量控制阀的压缩弹簧失效,使滑阀偏离中位,导致流量控制阀工作不良	①查看流量控制阀的压缩弹簧是否失效,滑阀开启是否灵活,必要时拆检修复
	(2)滑阀主阀体台肩间隙调整不当	②更换滑阀主阀体

（续）

故障现象	主 要 原 因	排 除 方 法
2. 车辆急转弯时方向沉重	(1)油泵驱动带打滑，流量控制阀压缩弹簧过软	①检查驱动带有无打滑
	(2)安全阀、流量控制阀泄漏严重	②更换安全阀或流量控制阀
	(3)储液罐漏油，液压系统中混入空气	③排除液压系统中的空气
	(4)油管堵塞、油泵磨损、油压过低及供油不足等所致	④检查转向油压力，根据压力变化做出故障判断，然后进行修复
3. 操纵转向盘时出现异响	(1)储液罐中的液面过低	①检查储液罐中的液面高度
	(2)转向泵工作时油路进入空气或系统中空气未排净	②检查转向泵驱动带是否过松，油液中有无气泡等
	(3)滤清器滤网或油道堵塞	③更换滤清器滤网或清洁油道
	(4)油管接头松动或油管裂损，以及转向泵磨损超限，转向时转向泵中出现异响	④检测转向泵并排净液压油中的空气，按照技术规范予以修复或更换新件
4. 转向间隙过大	(1)叉形塞松动	①拧紧
	(2)转向齿轮固定螺栓松动	②拧紧
	(3)横拉杆末端松弛或磨损	③重新拧紧或更换
5. 辅助动力不足	(1)V 带滑动	①重新调整
	(2)V 带损坏	②更换
	(3)转向泵油位过低	③添加
	(4)转向泵油管内有空气进入	④排气
	(5)软管扭曲或损坏	⑤修正路径或更换
	(6)转向泵压力不足	⑥维修或更换转向泵
	(7)流量控制阀粘住	⑦更换
	(8)转向泵内部过度泄漏	⑧更换损坏的部件
	(9)齿轮箱内齿条和小齿轮过度漏油	⑨更换损坏的部件
	(10)齿轮箱或阀体密封件扭曲或损坏	⑩更换
6. 齿条和小齿轮之间产生“咯咯”的噪声	(1)软管与车身干扰	①重新配置
	(2)拆卸转向机托架	②拧紧转向机托架
	(3)横拉杆末端或球节松动	③拧紧
	(4)横拉杆或球节磨损	④更换横拉杆

（续）

故障现象	主要原因	排除方法
7. 转向盘不能自动返回	(1)轮胎的过度转向阻力	①更换
	(2)叉形塞过紧	②调整
	(3)横拉杆或球节不能平稳转动	③更换
	(4)拆下转向机安装支架	④拧紧
	(5)转向轴万向节和/或车身孔眼磨损	⑤修整或更换
	(6)扭曲齿条	⑥更换
	(7)小齿轮轴承损坏	⑦更换
	(8)软管扭曲或损坏	⑧重新安装或更换
	(9)油压控制阀损坏	⑨更换
	(10)油泵输入轴轴承损伤	⑩更换

二、电动助力转向系统故障排除

1. 电动助力转向系统故障检修流程

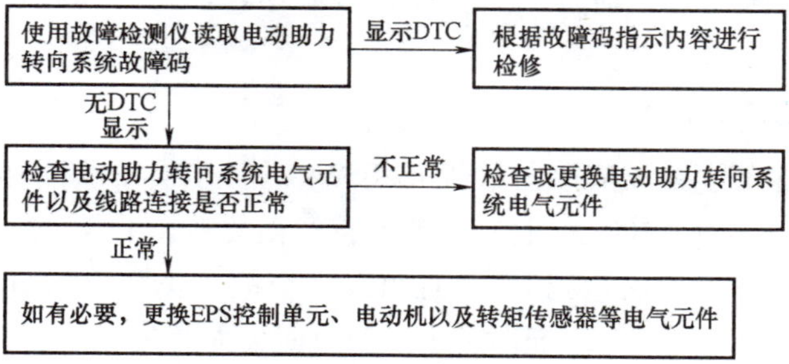

2. 电动助力转向系统常见故障快速诊断（表6-2）

表6-2　电动助力转向系统快速诊断表

故障现象	故障原因	排除方法
1. 操纵转向盘右转或左转时助力有差异	(1)转向机和横拉杆机构故障	①检修或更换转向机、横拉杆等部件
	(2)电动机故障	②检修或更换电动机
	(3)转矩传感器故障	③更换转矩传感器
	(4)转角传感器故障	④更换转角传感器
	(5)EPS控制模块故障	⑤更换EPS控制模块

（续）

故障现象	故 障 原 因	排 除 方 法
2. 电动转向装置(EPS)报警信号灯不熄灭或不亮故障	(1)EPS 线束故障	①检查或更换线束
	(2)EPS 连接器故障	②排除 EPS 连接器故障
	(3)转矩传感器、电动机或 EPS 控制单元故障	③检查或更换转矩传感器、电动机或 EPS 控制单元
	(4)CAN 通信线路故障	④排除 CAN 通信线路故障
	(5)组合仪表内的 EPS 警告灯电路故障	⑤检修或更换组合仪表

三、助力转向系统维修实例

1. 一汽大众迈腾 1.8TSI 轿车操纵转向盘时方向沉重故障

故障现象

一辆 2007 年款一汽大众迈腾 1.8TSI 轿车，该车行驶里程为 5.3 万 km。据车主反映，车辆停放一夜，第二天起动后仪表板上的发动机故障灯和其他报警灯都正常，而且发动机能正常起动，但是操纵转向盘时方向沉重。

故障诊断与排除

(1) 首先连接故障诊断仪 VAS5052A 进行检测，故障诊断仪显示“与转向控制单元 J500 无通信”。于是读取网关列表中各系统故障信息，发现助力转向“无法达到”，并且出现多个故障类型，如图 6-5 所示，表明助力转向系统控制单元与其他控制单元失去通信。

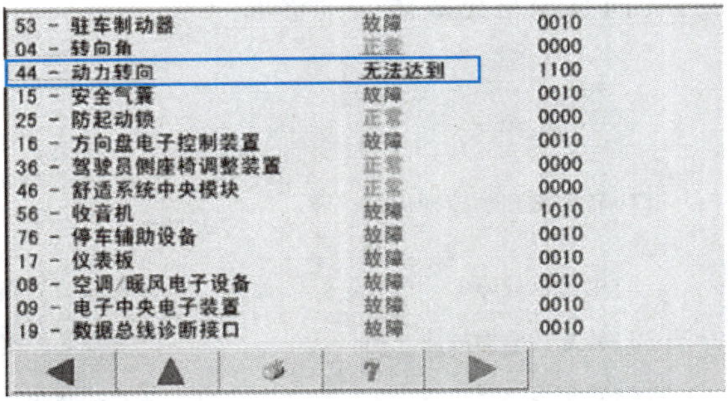

图 6-5 故障数据图

（2）根据维修经验进行分析，该车一夜之间出现转向控制单元失效，一般为线路出现断路或短路的情况比较常见，于是针对助力转向系统线路进行全面检查，最终发现车身左前侧空气滤清器壳体正下方有线路被老鼠咬断，重新将断开的线路连接包扎，进行试车，故障排除。

维修小结

电动助力转向系统为 CAN 总线控制，如果某个控制单元出现问题，则会导致其他控制单元与之失去联系，在维修过程中必须加以注意。

2. 上海大众波罗轿车转向时出现异响故障

故障现象

一辆 2011 年款上海大众波罗 1.4L 三厢轿车，配置了 CLP 发动机，行驶里程为 7000km，车主反映该车在驾驶途中出现转向异响。

故障诊断与排除

（1）首先拆下左右两横拉杆球头，然后用手抬平横拉杆，同时另一技术人员转动转向盘，结果仍有响声，表明响声不是来自横拉杆球头。

（2）初步怀疑是转向机油封问题，但拆下旁边的转角传感器，再转动转向机与转向柱接头时响声突然消失，于是断定是该传感器引发的响声。

（3）仔细检查传感器，发现其表面很粗糙，于是使用细砂纸对传感器表面进行打磨，安装后故障彻底排除。

第七章

空调系统

第一节　空调系统概述

一、空调系统的基本组成与原理

1. 空调系统的基本组成	空调系统主要由制冷系统、取暖系统、送风系统以及温度控制系统组成 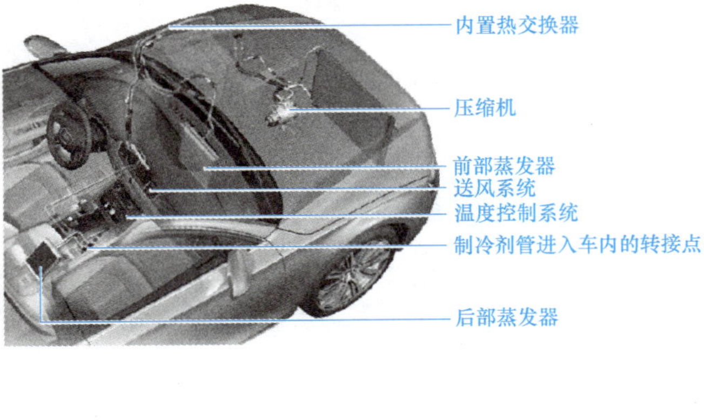

<table>
<tr><td>2.
制冷系统工作原理</td><td>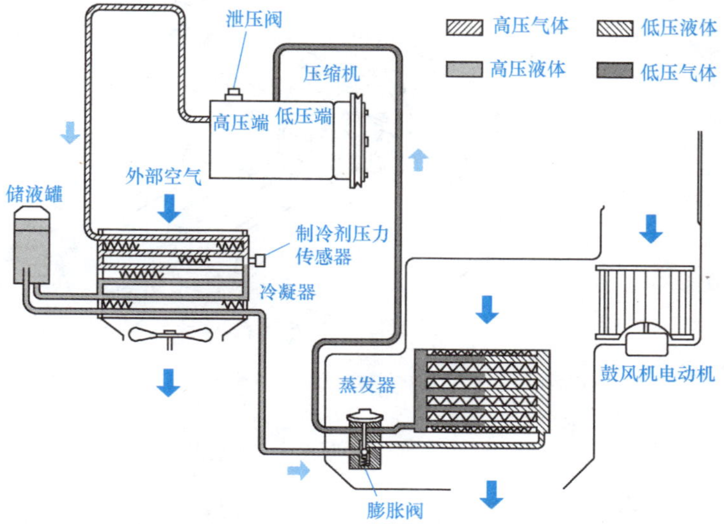

空调系统通过将车内空气的热量吸入到蒸发器中，从而带走车厢中的热量。蒸发器通过在蒸发器内循环的制冷剂来冷却空气。制冷剂在蒸发器中扩充，使蒸发器变得非常冷并从车内空气中吸入热量。当热量吸入到蒸发器时，鼓风机风扇使空气穿过蒸发器，然后再将冷却的空气吹入乘客厢内</td></tr>
<tr><td>3.
暖风系统</td><td>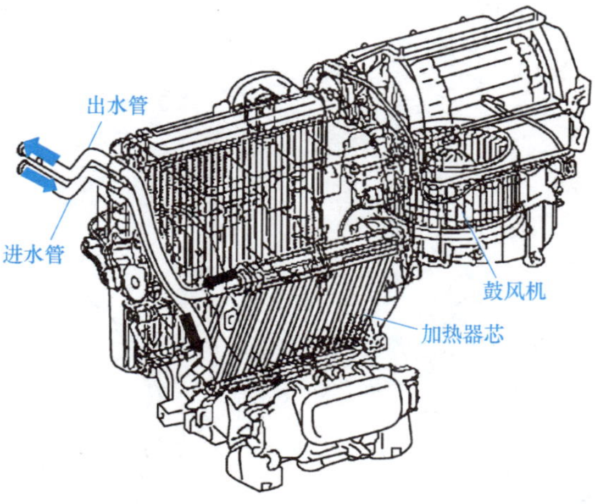

暖风系统依靠发动机冷却液通过暖水阀进入加热器中，暖水阀受驾驶人（手动空调）或空调控制单元的指令（自动空调）控制。当暖水阀开启时，较热的发动机冷却液流经加热器，使加热器升温。鼓风机带动空气流过加热器，加热器出来的空气是热空气</td></tr>
</table>

4. 送风系统

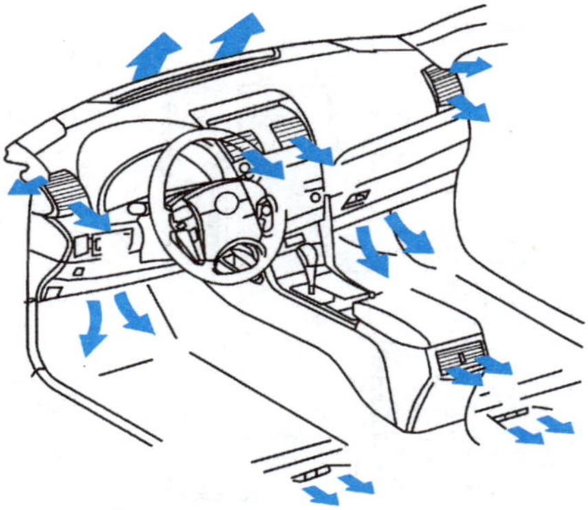

经过蒸发器、加热器处理后的空气，按驾驶人或空调控制指定的送风模式，将空气送至相应的风口

通风/循环

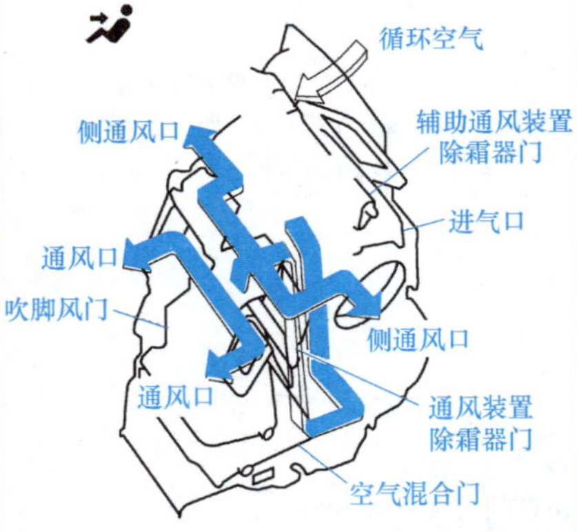

双向通风

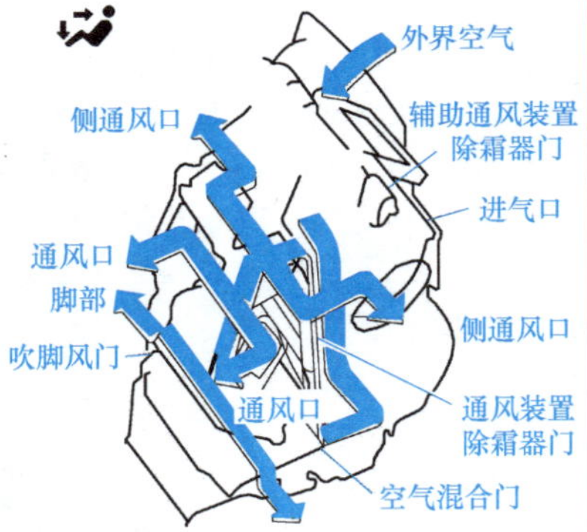

脚部

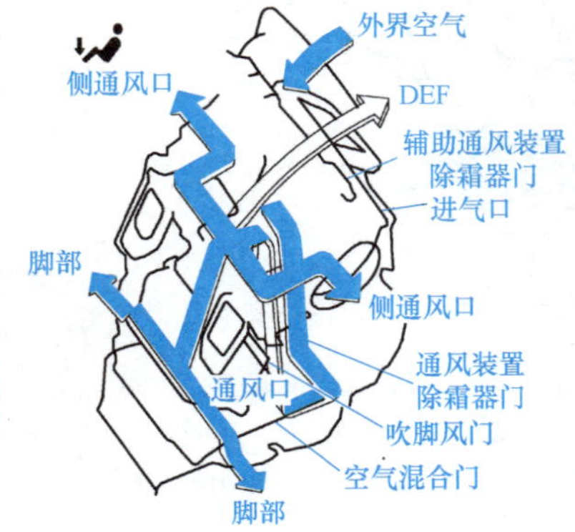

除霜器和脚部通风

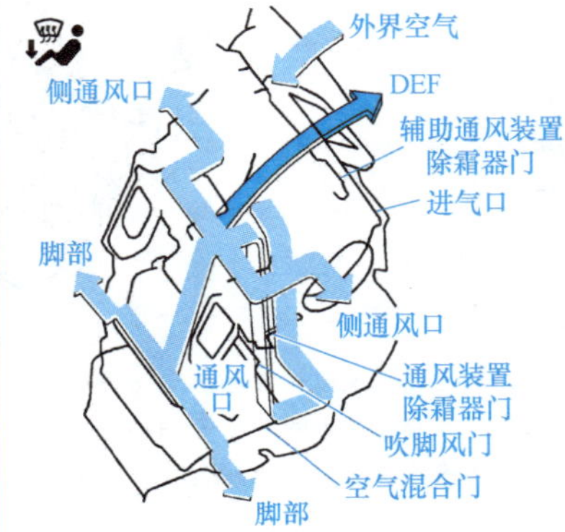

<table>
<tr><td rowspan="2">4.
送
风
系
统</td><td colspan="2">除霜器通风</td></tr>
<tr><td colspan="2">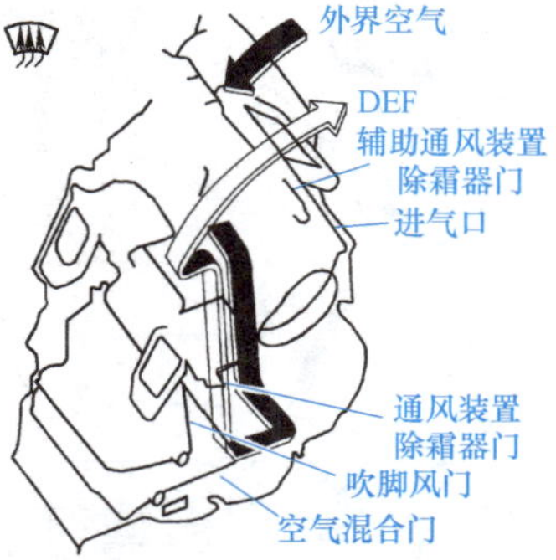
</td></tr>
<tr><td>5.
温
度
控
制</td><td colspan="2">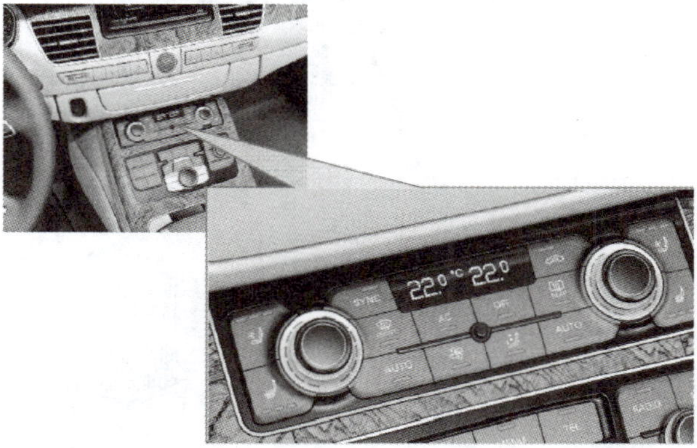

温度控制装置利用传感器检测车内温度及车外环境温度的变化，并把检测到的信号输送给空调的电控制单元（ECU），ECU 则按预先编制的程序对信号进行处理，并通过空气混合控制电动机等执行元件，不断地对鼓风机转速、出风温度、送风模式及压缩机工作情况等进行调节，从而使车内空气温度及流动状况始终保持在驾驶人设定的范围内</td></tr>
<tr><td rowspan="2">6.
空
调
元
件
及
线
束
接
头</td><td>（1）制冷剂压力传感器</td><td>（2）压缩机</td></tr>
<tr><td>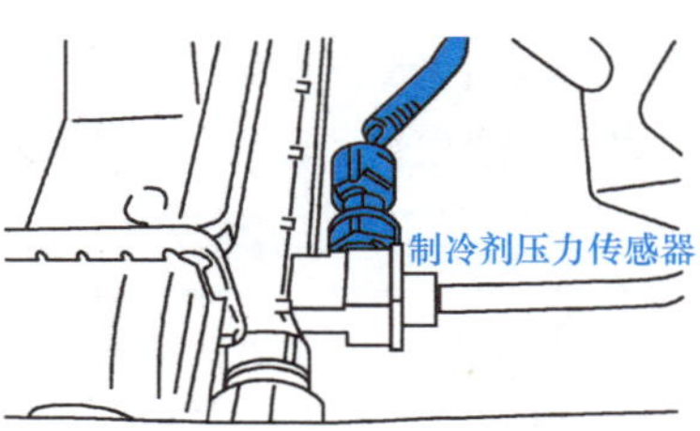
</td><td>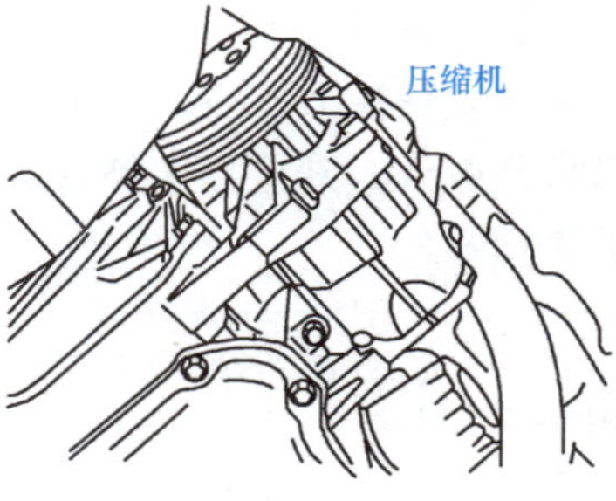
</td></tr>
</table>

6. 空调元件及线束接头

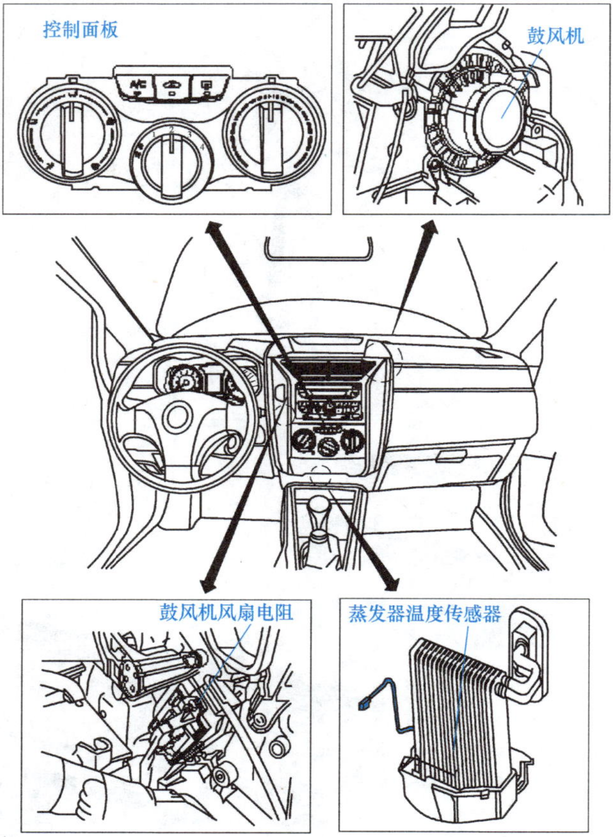

二、空调系统抽真空

学习提示

当空调（A/C）系统在大气中开放暴露时，例如在安装和修理时，必须使用 R-134a 回收/再循环/充注设备进行抽真空。如果系统已拆开数天，则应更换储液罐/干燥器，并对系统进行半小时以上的抽真空操作。

(1)将歧管压力表的两根高、低压软管分别接在高、低压侧气门阀上，将中间软管与真空泵相连接	(2)打开歧管压力表上的高、低压手动阀，起动真空泵，观察低压表的指针，应该有真空显示

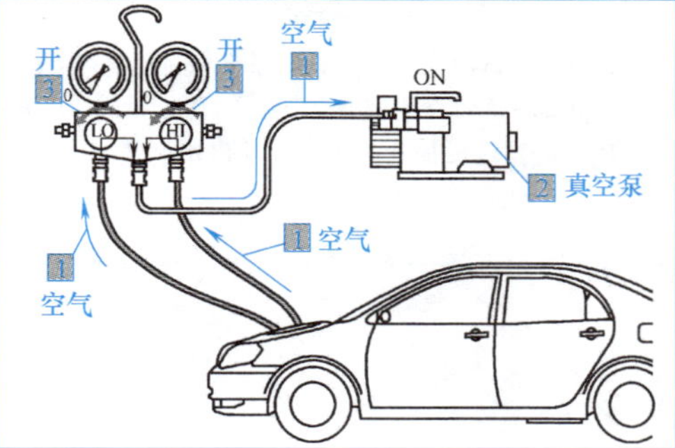

(3)连续抽5min后，低压表应达到300kPa(真空度)，高压表略低于零，如果高压表不能低于0刻度，表明系统内有堵塞，应停止，修复后，再抽真空

(4)真空泵工作15min后，低压表指针应在10～20kPa。如果达不到此数值，应关闭高、低压手动阀，观察低压表的指针，如果指针上升，说明真空有损失，则系统可能有泄漏，应将泄漏处修复后才能继续抽真空

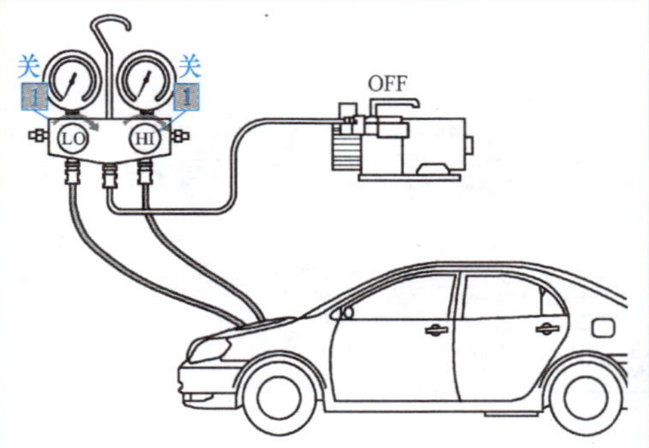

(5)当系统压力接近于真空时，关闭高、低压手动阀，保压5～10min。如低压表指针不动，则打开高、低压手动阀开启真空泵，继续抽真空，抽真空的时间不得少于30min，如时间允许，可再长些

(6)抽真空结束时，先关闭高、低压手动阀，再关闭真空阀，其目的是防止空气进入制冷系统。这样，就可以向系统中加注冷冻机油或充注制冷剂

三、添加冷冻机油

技能提升

添加冷冻机油时，要使用推荐的冷冻机油，并且添加量要合适，否则将会影响空调系统的制冷效果，导致疑难杂症的产生。

(1)首先将系统抽真空

(2)准备一个带刻度的量杯并装入稍多于所添加量的冷冻机油

(3)关闭高压手动阀及辅助阀门，将高压软管一端从歧管压力表组上卸下，并插入量杯中

(4)打开辅助阀门，油从量杯内被吸入系统

(5)当油面到达规定刻度时，立即关闭辅助阀门

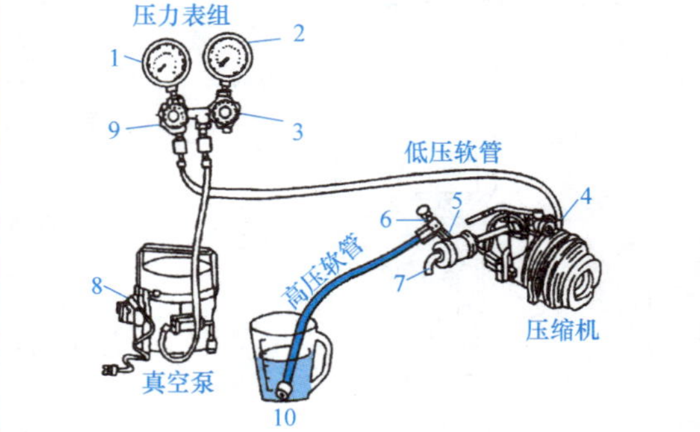

1—低压显示表 2—高压显示表 3—高压手动阀 4—低压维修阀 5—高压维修阀 6—辅助阀门 7—高压管路 8—电源开关 9—低压手动阀 10—冷冻机油

(6)将软管与歧管压力表组连接，打开高压手动阀，起动真空泵，先对高压软管抽真空，然后打开辅助阀门对系统抽真空	①更换空调(A/C)冷凝器(含干燥器干燥剂)为50mL；②蒸发器为40mL；③管路或软管为10mL；④储液器/干燥器干燥剂为10mL；⑤更换压缩机时，排出的量等于添加的量
(7)按规定量添加冷冻机油	

四、制冷剂充注

1. 歧管压力表充注方法

维修注意

① 高压端充注制冷剂时，严禁开启空调系统，也不可打开低压手动阀。

② 低压端充注时，瓶罐为直立，高压手动阀处于关闭位置。

③ 制冷剂添加的量要合适，否则将会影响制冷效果。

1. 高压端充注法	(1)将歧管压力表组与系统检修阀、制冷剂罐连接好	(2)先关闭高、低压手动阀，拆开高压端检修阀和软管的连接，然后打开高压手动阀，最后打开制冷剂瓶罐上的阀门
	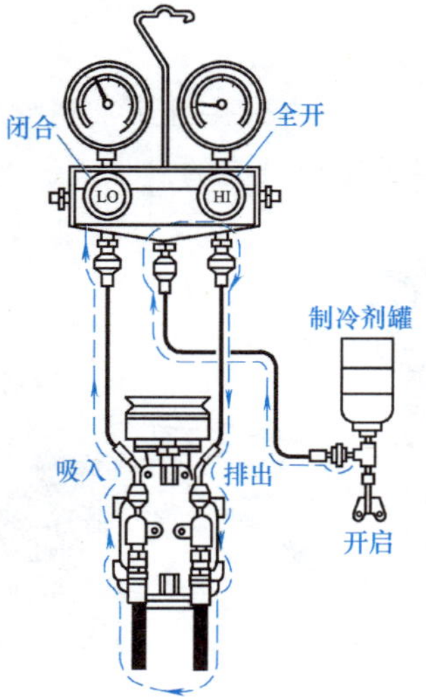	(3)当排出软管中制冷剂的气体后，迅速将软管与检修阀连接，并关闭高压手动阀
		(4)重复(3)的方法清除低压端连接软管内的空气，然后关闭好高、低压手动阀及制冷剂瓶罐上的阀门
		(5)将制冷剂罐倾斜倒置，打开制冷剂瓶罐的阀门，然后缓慢打开高压手动阀，使制冷剂注入系统内，必须按规定量进行加注，不要过量加注，否则将损坏压缩机
		(6)当添加到规定量时，迅速关闭制冷剂阀门，并关闭高压手动阀，充注结束

<table>
<tr><td rowspan="6">2.
低
压
端
充
注
法</td><td>(1)将歧管压力表组与系统检修阀、制冷剂罐连接好</td><td>(2)加注制冷剂之前,首先排除歧管压力表连接软管内的空气</td></tr>
<tr><td rowspan="5">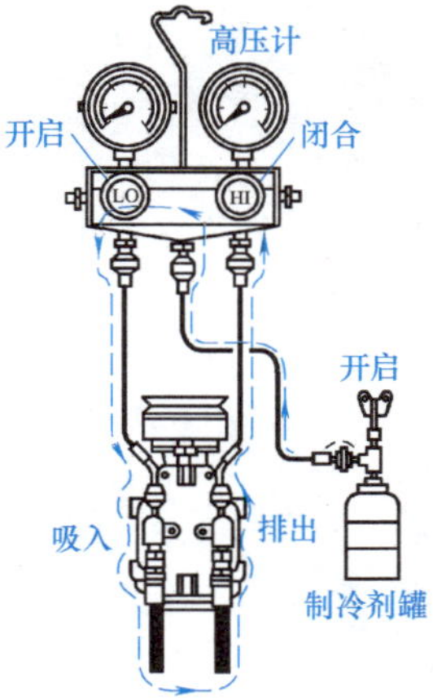
</td><td>(3)打开制冷剂瓶罐的阀门,然后缓慢打开低压手动阀,使制冷剂注入系统内,必须按规定量进行加注,不要过量加注,否则将损坏压缩机</td></tr>
<tr><td>(4)起动发动机并将其转速调整在 1250 ~ 1500r/min,接通空调(A/C)开关,将鼓风机开关和温度控制开关开至最大</td></tr>
<tr><td>(5)当制冷剂充至规定量时,先关闭低压手动阀,然后关闭制冷剂阀门</td></tr>
<tr><td>(6)关闭空调开关,停止发动机运转,迅速将高、低压软管从检修阀上拆下</td></tr>
</table>

2. 制冷剂抽真空加注机

<table>
<tr><td>(1)连接空调管路</td><td>(2)开机</td></tr>
<tr><td>

连接空调管路时要区分好高、低压连接管</td><td>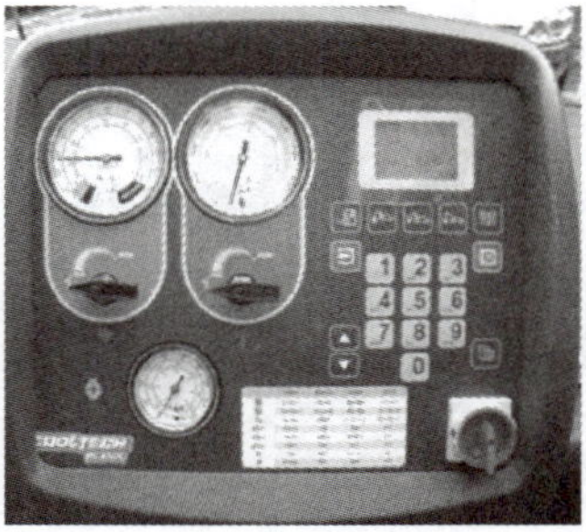
将制冷剂抽真空加注机的电源插头接在 220V 电源上,转动电源开关,并操作界面以显示主菜单</td></tr>
</table>

(3)排气

按下“排气”键，设备进行排气，2s后自动完成，然后按下“确认”键

(4)抽真空

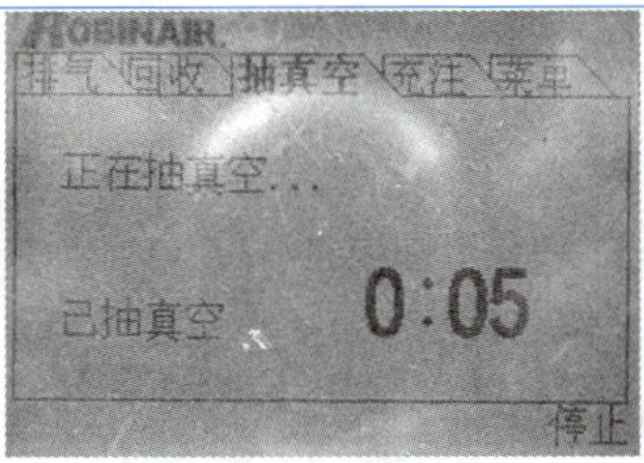

利用数字键设定抽真空时间，然后按下“确认”键开始抽真空，时间到即完成

(5)保压测试

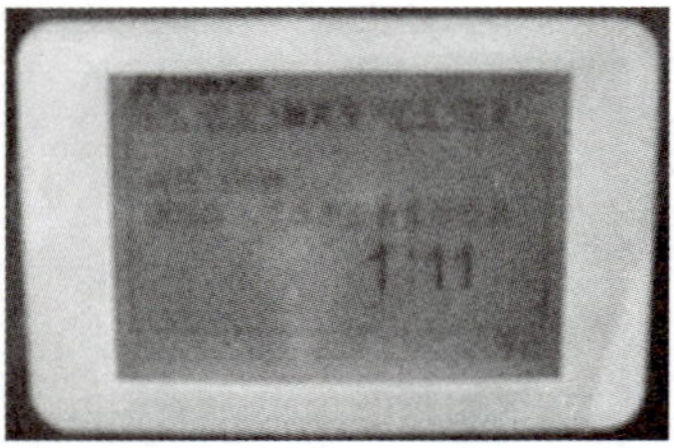

根据界面提示信息，按下“确认”键，进行保压。保压时间固定为3min

(6)补充冷冻机油

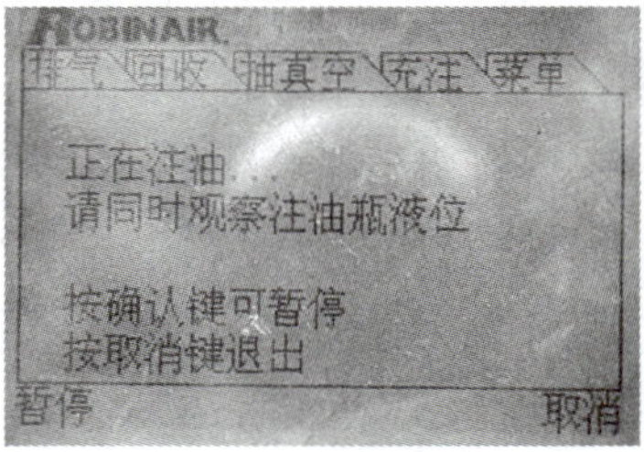

首先确认冷冻机油的储油罐有油，然后按下“确认”键，进行注油。通过观察油面变化确定已加注的油量。当达到要求的注油量时，停止注油

(7)设定制冷剂的充注量

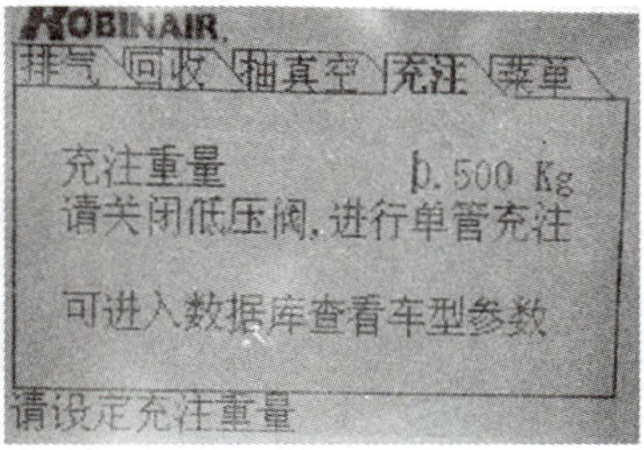

进入制冷剂充注菜单，按操作信息进行相应的设置：关闭低压阀，进行单管充注；设定充注重量，按下“确认”键

(8)开始进行充注

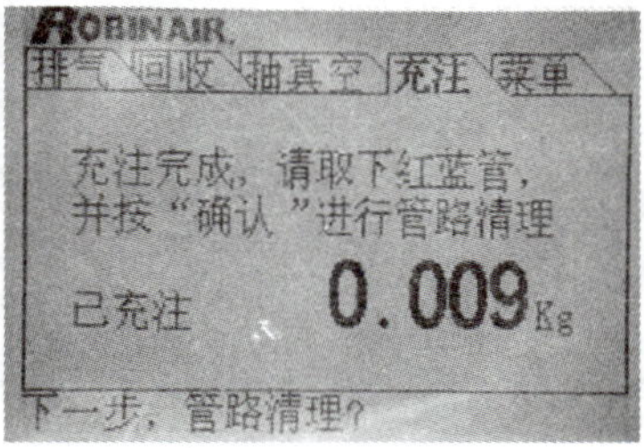

设备开始进行充注，充注完成后，关闭阀门

(9)清理管路

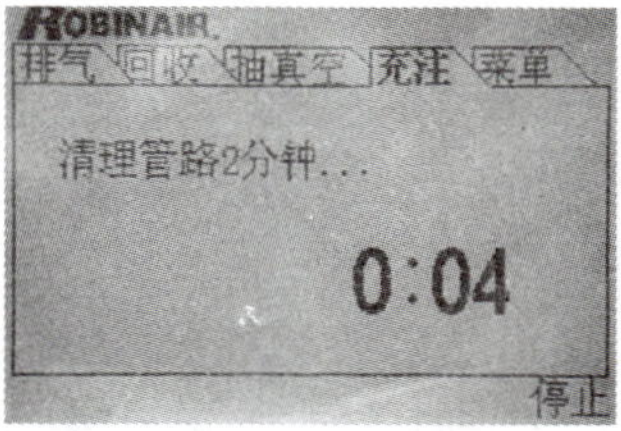

按下“确认”键，设备开始清理管路，2min后自动完成，然后按下“确认”键，返回主菜单

第二节　空调系统的检修

一、空调压缩机的检修

1. 空调压缩机的检查

1. 电磁离合器检查	(1)检查压缩机离合器压板	(2)用手转动转子带轮，检查转子带轮轴承是否存在间隙和阻力
	 如果压板损坏，则更换离合器组件	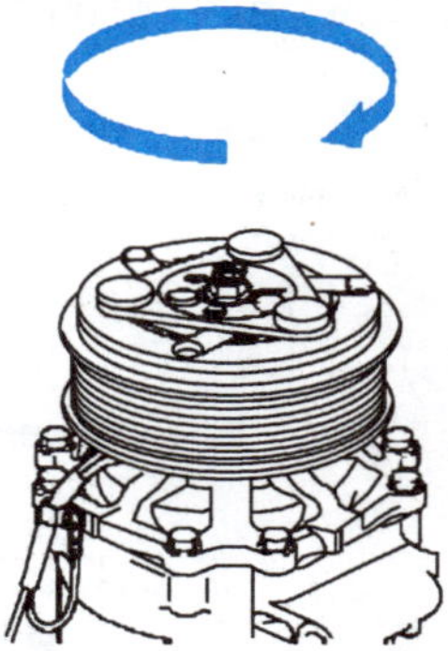 如果带轮噪声或间隙过大，则需更换离合器

1. 电磁离合器检查

(3)测量转子带轮与压板周围各点之间的间隙

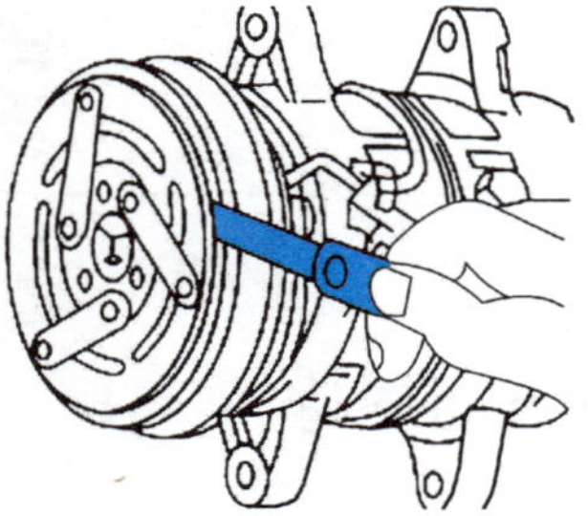

丰田、本田汽车的标准值应为0.3~0.6mm，如果间隙不在规定极限内，则拆下压板，用不同厚度的垫片调整到标准值范围内

(4)测量电磁离合器线圈电阻

用万用表电阻档测量电磁离合器线圈的电阻值，在20℃时，应符合各自的标准值。

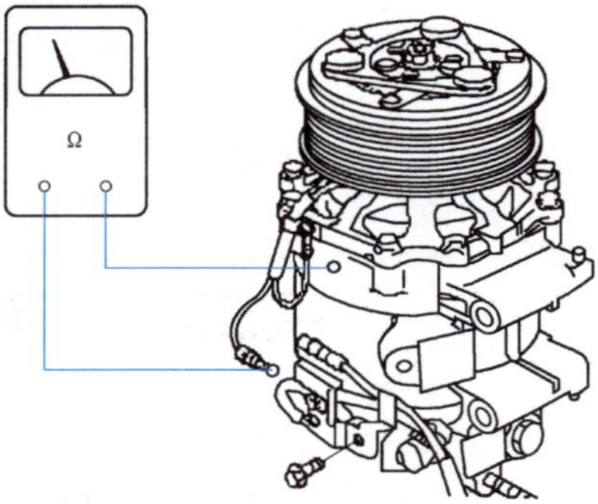

丰田、本田汽车常用的压缩机电磁离合器线圈的电阻值为3.2~3.7Ω。电阻值太小为线圈短路，电阻值极大为线圈断路。无论线圈短路或断路均应进行修理或更换

(5)电磁离合器通电测试

将蓄电池(+)极直接接到电磁离合器的接头上，将(-)极接地，测试离合器工作状态。

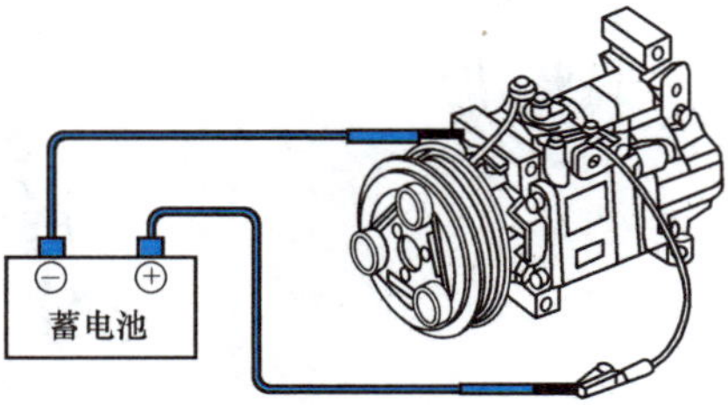

若电磁离合器有“咔嗒”声，表明离合器正常工作，否则应更换电磁离合器

2. 压缩机冷动机油的检查与更换	拆下压缩机放油螺塞，并将压缩机冷动机油排放到一个干净的带刻度的容器中
	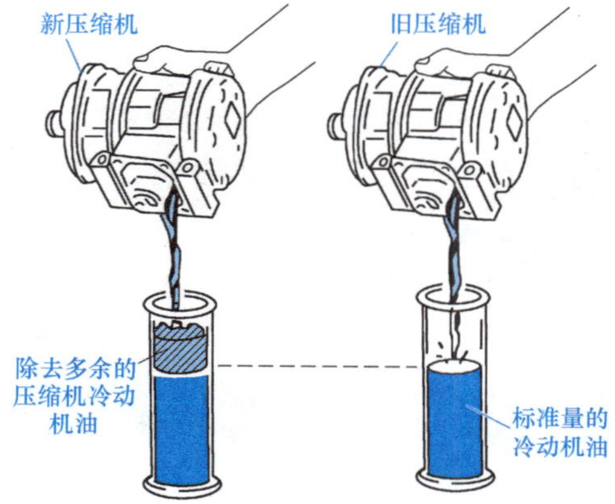 从更换的压缩机中排出计算的多余的冷动机油量，必须防止压缩机冷动机油溅出容器外导致测量不准确

2. 压缩机离合器的拆装

(1)拆下压缩机离合器中心螺母	(2)拆下压板和垫片
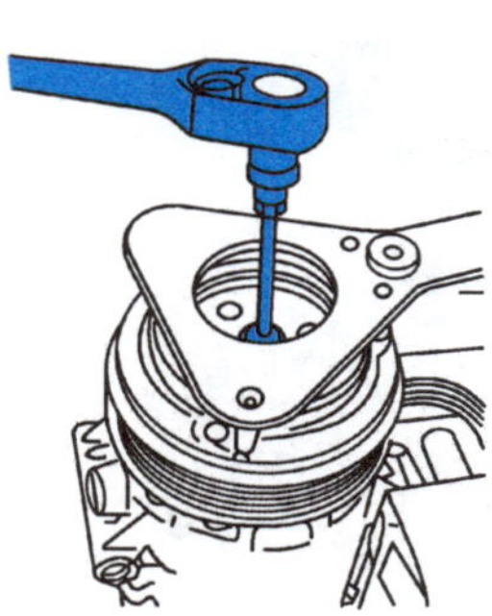	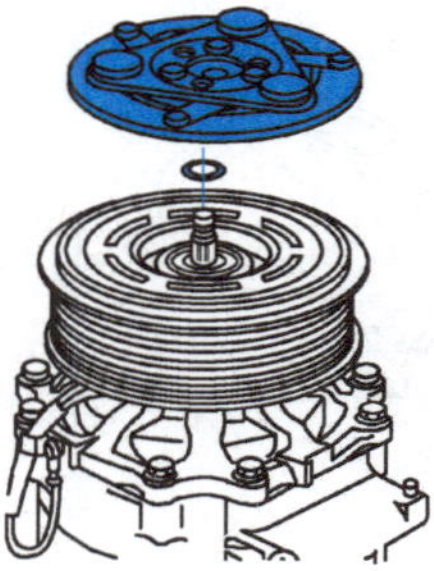 拆卸时小心不要弄丢压板间隙调整垫片

(3)拆下压缩机带轮卡环

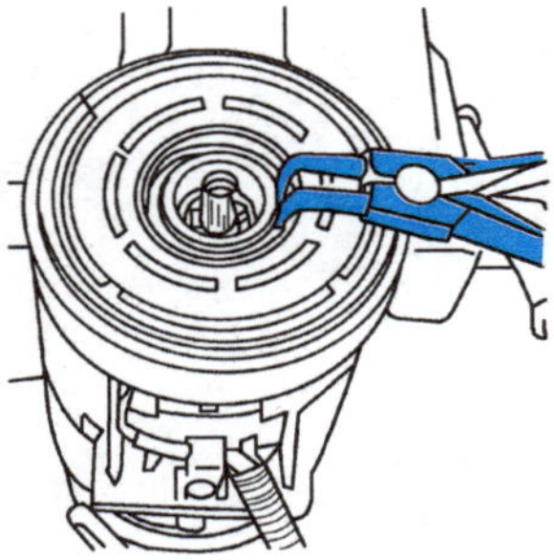

拆卸时小心卡环飞出伤人

(4)拆下压缩机带轮

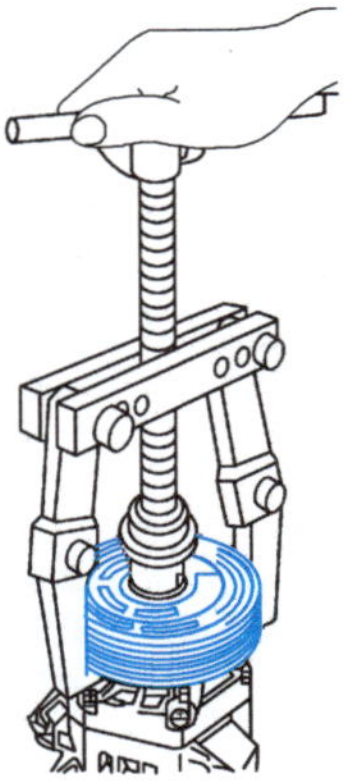

拆卸带轮时应在钩子上缠上一层胶带，防止损坏带轮

(5)使用卡簧钳拆下励磁线圈卡环

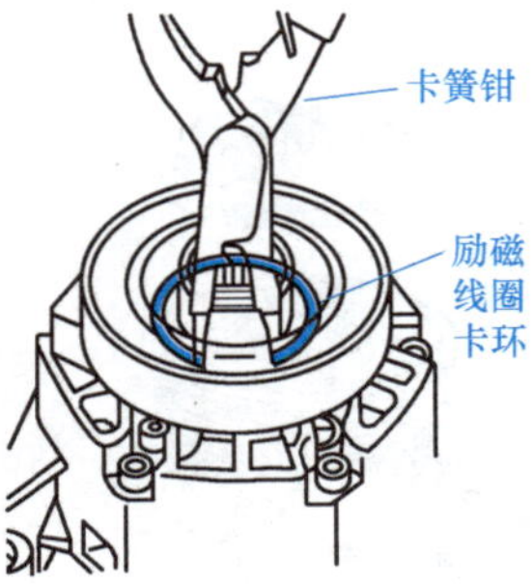

小心不要损坏励磁线圈

(6)取下励磁线圈

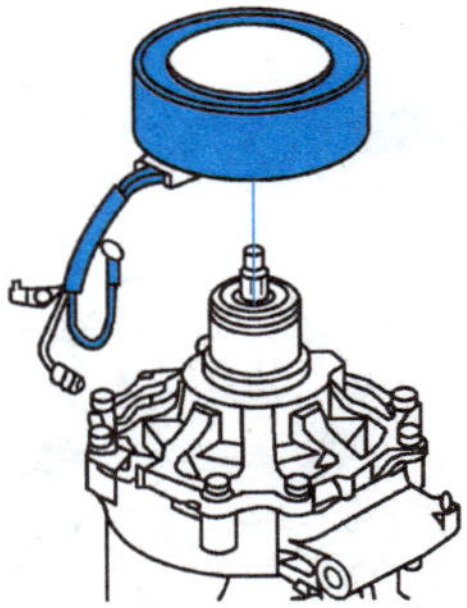

二、蒸发器温度传感器的测试

(1)拆下蒸发器温度传感器

拆卸蒸发器温度传感器时小心不要损坏蒸发器

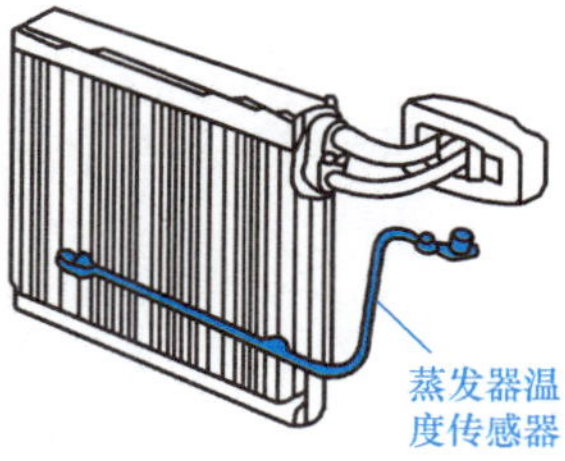

(2)测量电阻变化

将传感器浸入冰水中,测量两端子之间的电阻,并记下电阻值。

冰水混合物的温度为0℃

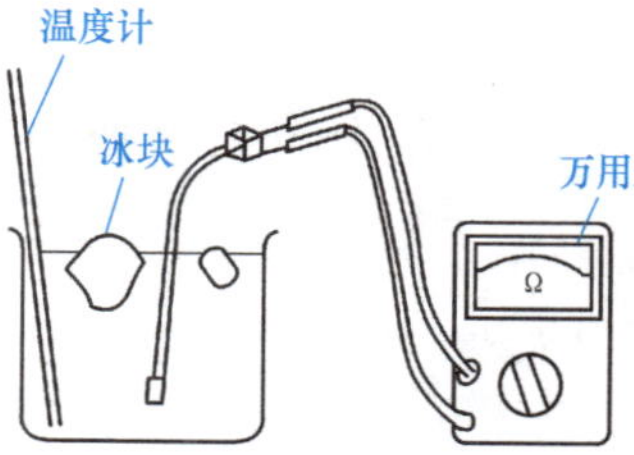

(3)电阻值变化测试

向蒸发器温度传感器泼浇热水,并检查电阻值变化情况。

以本田汽车的蒸发器传感器为例,如果电阻读数不在规定范围内,应更换蒸发器温度传感器

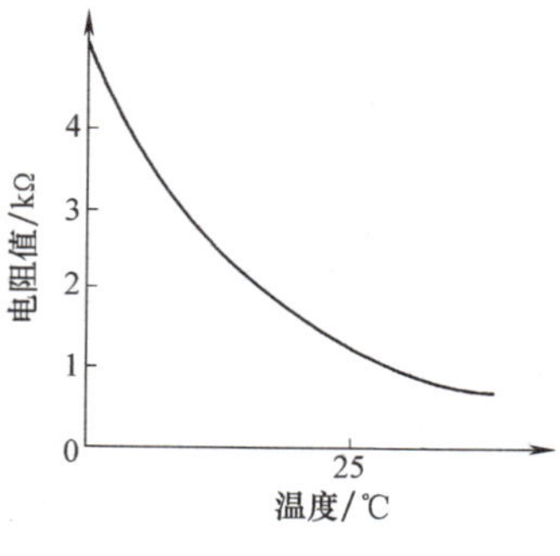

三、空调压力传感器的测试

(1)拆下空调压力传感器插头

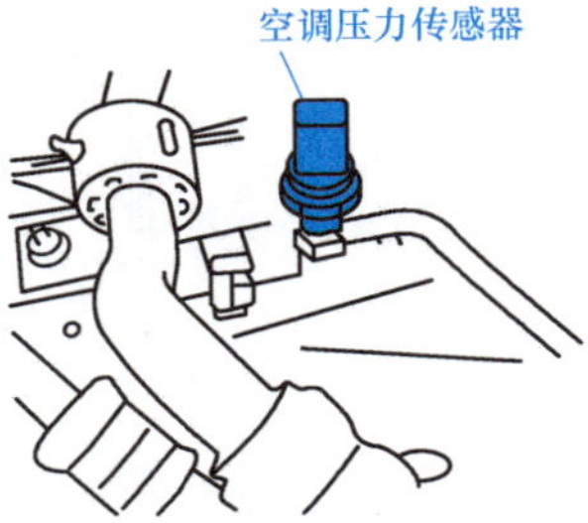

(2)工作测试

安装歧管压力表,并将 3 个 1.5V 干电池的正极引线连接到端子 3 上,负极引线连接到端子 1 上。然后将万用表的正极连接到端子 2 上,负极连接到端子 1 上,测量传感器电压。

空调(A/C)压力传感器出现故障时,往往出现压缩机间歇性制冷或空调无法起动的故障

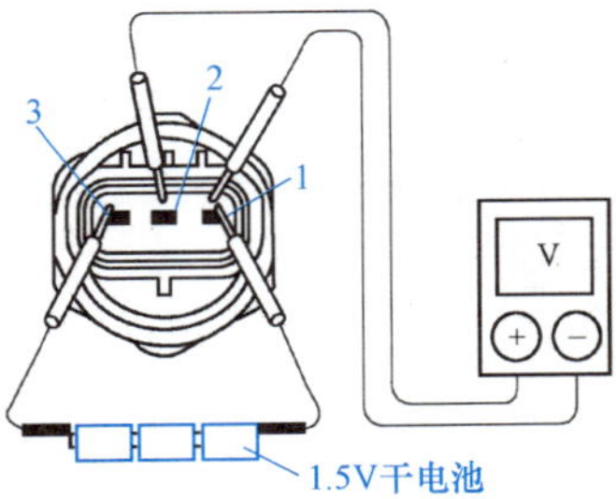

(3)电压应符合制冷剂压力的变化

以本田汽车空调(A/C)压力传感器为例,如果电压不符合规定,则更换压力传感器

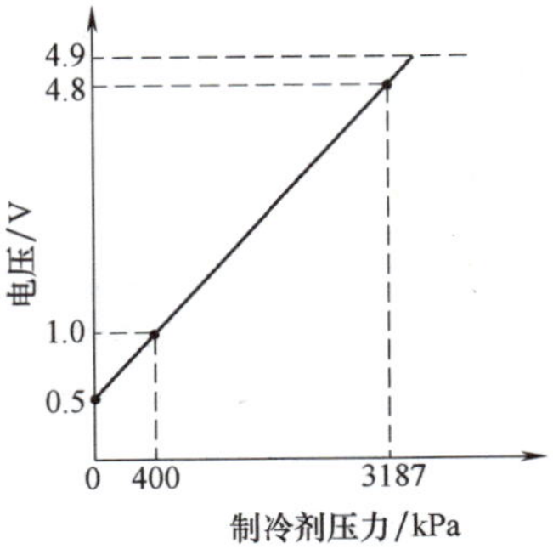

第三节　空调系统故障排除与维修实例

一、汽车空调系统的常见故障诊断

1. 空调系统故障快速检修流程

关闭点火开关,首先检查空调系统元件、压力管路以及软管上是否有油污。如果有油污,意味着制冷剂或压缩机油出现泄漏,应将其排除

↓

用水与清洁剂小心地清洁空调(A/C)冷凝器翅片上的任何物质,确保彻底干燥空调(A/C)冷凝器,然后检查空调冷凝器翅片是否出现堵塞或损坏,如果出现异常应及时处理

↓

① 检查驱动带,如果损坏将其更换
② 检查空洞滤芯,如果发生堵塞,则将其清洁或更换

↓

① 起动发动机,打开空调系统,检查空调系统是否正常运行并检查空调(A/C)在鼓风机风扇开关的各个位置(关闭位置除外)是否操作正常,如果出现异常应将其排除
② 检查空调(A/C)压缩机离合器是否啮合,确保压力板与带轮的旋转速度相同,不出现打滑现象
③ 当空调(A/C)压缩机离合器啮合时,检查冷却风扇是否工作

↓

当空调开关打开或关闭时,空调(A/C)压缩机离合器啮合时以及未啮合时,检查发动机是否保持正常怠速状态,如果出现故障应将其排除

2. 制冷剂不足检查流程

起动发动机,使其处于怠速运转状态

↓

打开发动机舱盖和所有车门

↓

打开空调(A/C)开关,并将温度控制按钮设置到最冷位置,同时将鼓风机转速开关设置为最大转速位置,观察空调温度指示器是否正常。如果不正常,使用空调自诊断系统或故障检测仪进行检查,并依据故障码进行检修

↓

① 用手触摸蒸发器出口管的温度,管应该是冷的,并观察视液镜是否有制冷剂流动
② 用手触摸压缩机进、排气管是否有明显的温差

↓

连接歧管压力管进行检查,检查高压是否为1450kPa左右,低压是否为200kPa左右。如果压力不正常,应检查系统是否泄漏。如果发现泄漏,必须修理泄漏部位。修理完成后,抽真空,并加注制冷剂

3. 空调系统不制冷检查流程

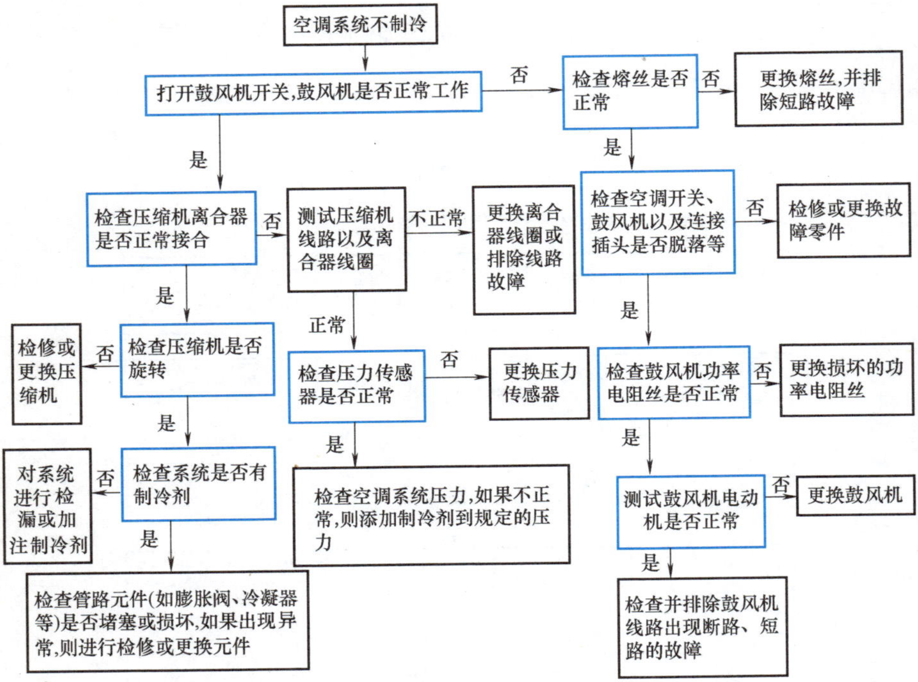

4. 空调系统制冷效果变差检查流程

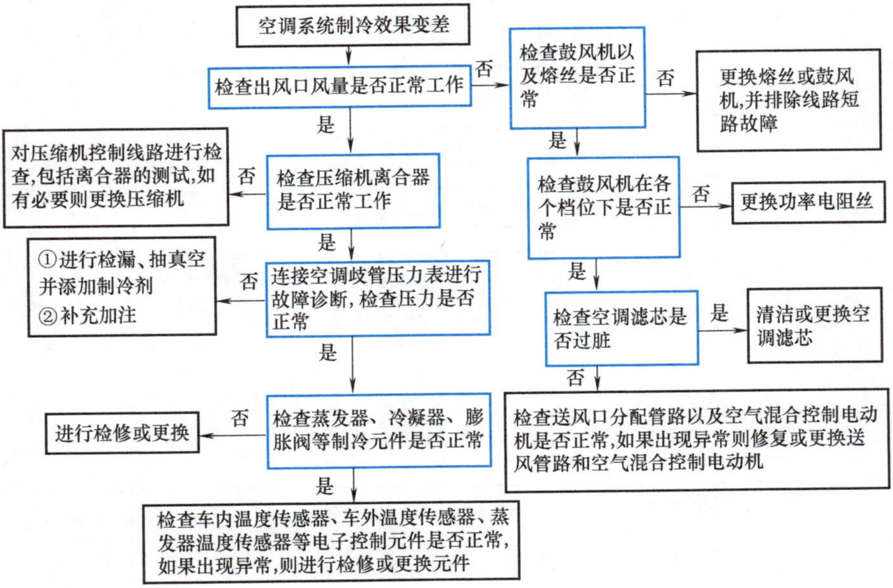

5. 空调系统异响或振动故障检修流程

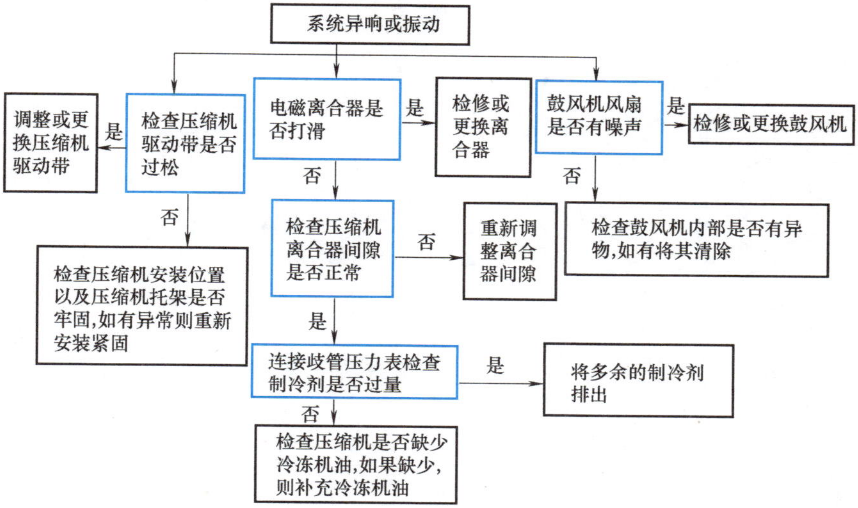

二、空调压力异常故障快速诊断

空调压力异常故障快速诊断见表7-1。

表7-1　空调压力异常故障快速诊断表

歧管压力表显示	故障现象	故障原因	排除方法
高压侧和低压侧的压力都过高	清洗冷凝器后，压力迅速降低	制冷系统的制冷剂加注过多	排出多余的制冷剂直至恢复到规定的压力
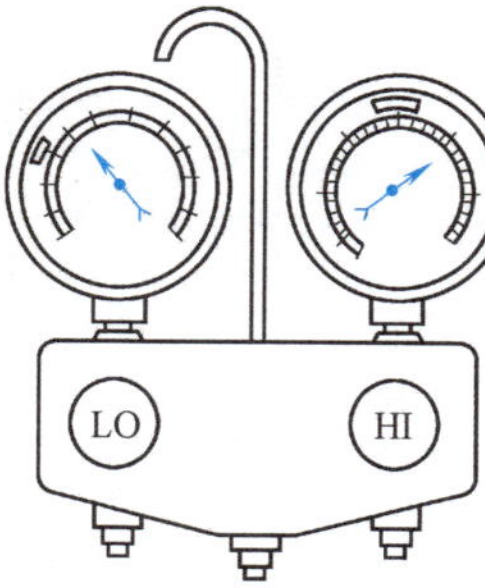	冷却风扇的空气流量不足	（1）冷凝器散热片堵塞	清洁冷凝器
		（2）冷却风扇转动异常	检查并修理冷却风扇，必要时更换
	低压管不冷或压缩机停止工作后，高压值迅速降低大约196kPa，此后又逐渐降低	（1）冷凝器散热不良	反复抽真空并重新加注制冷剂
		（2）制冷循环中有空气	
	发动机有过热的现象	发动机冷却系统故障	排除发动机冷却系统故障
	低压管路区域的温度低于蒸发器出口附近的温度或膨胀阀有结霜现象	（1）低压侧的液态制冷剂过多	更换膨胀阀
		（2）制冷剂排出量过多	
		（3）膨胀阀的开度偏小或膨胀阀调整不正确	

（续）

歧管压力表显示	故障现象	故障原因	排除方法
高压侧压力高，低压侧压力太低 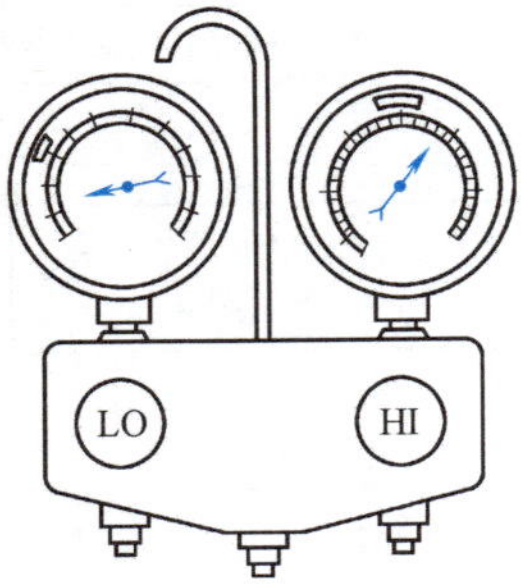	冷凝器的上侧及高压侧过热，而制冷剂储液罐正常	压缩机及冷凝器之间的高压管或零部件堵塞或损坏	检查冷冻机油是否被污染，必要时修理或更换故障零部件
高压侧的压力太低，低压侧压力太高 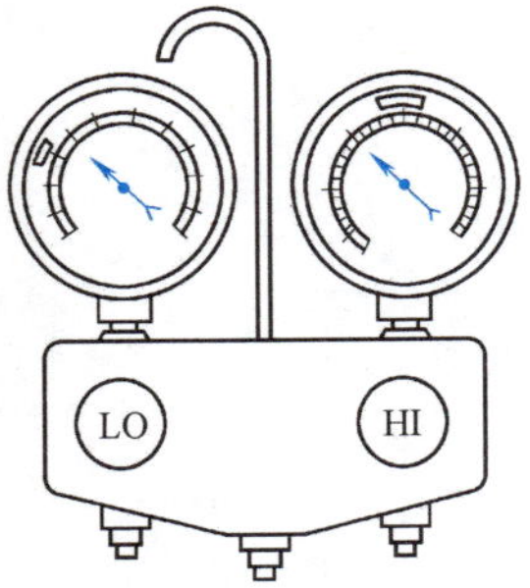	压缩机停止工作后，高压侧和低压侧压力很快相等	压缩机内部密封件损坏	更换压缩机
	高压侧和低压侧的温度没有差异	压缩机内部密封件损坏	更换压缩机
高压侧的压力太低，低压侧压力太低 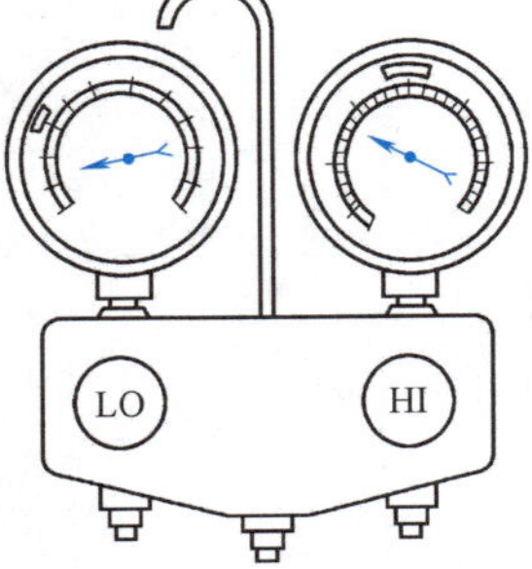	制冷剂储液罐出口与进口的温差过大，出口处温度太低或制冷剂储液罐入口处与膨胀阀处结霜	制冷剂储液罐内部有堵塞	更换制冷剂储液罐，必要时清洗制冷系统
	与靠近制冷剂储液罐的区域温度相比，膨胀阀进口处的温度极低或高压侧的某些区域存在温差	位于制冷剂储液罐与膨胀阀之间的高压管阻塞	更换高压管，必要时修理故障部件

（续）

<table>
<tr><th>歧管压力表显示</th><th>故障现象</th><th>故障原因</th><th>排除方法</th></tr>
<tr><td rowspan="4">高压侧的压力太低，低压侧压力太低
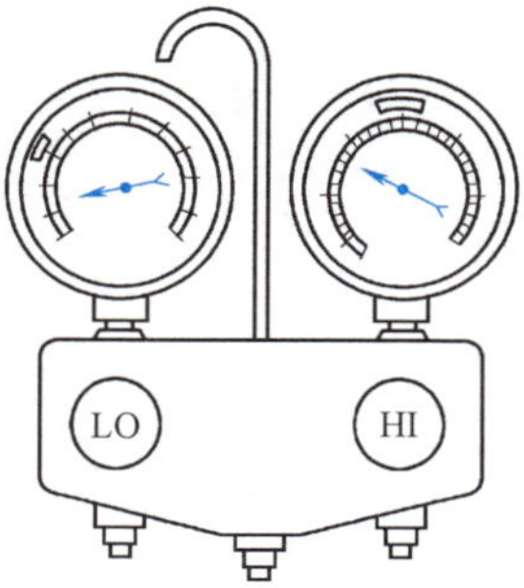</td><td>用手触摸膨胀阀及制冷剂储液罐时感觉有点发热或只是发凉</td><td>注入的制冷剂偏少或元件泄漏</td><td>检查制冷剂是否泄漏</td></tr>
<tr><td>膨胀阀本身结霜时，其进口与出口处有较大温差</td><td>膨胀阀调整不正确或膨胀阀有故障</td><td>用压缩空气清除异物，必要时更换膨胀阀</td></tr>
<tr><td>低压管路区域的温度低于蒸发器出口附近的温度</td><td>低压管阻塞或破损</td><td>检查并修理故障部件</td></tr>
<tr><td>风量不足或太少</td><td>蒸发器结冰</td><td>检查蒸发器温度传感器或修理鼓风机故障</td></tr>
<tr><td rowspan="2">低压侧有时变成负压
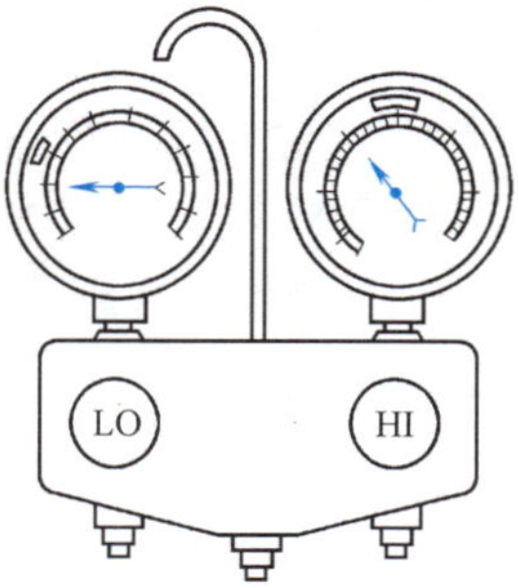</td><td>空调系统不起作用，并且不能循环冷却车厢内的空气</td><td>制冷剂不能循环排出</td><td>重新抽真空添加制冷剂</td></tr>
<tr><td>当压缩机停止工作又重新起动后，系统只连续工作一段时间</td><td>湿气在膨胀阀出口及进口处结冰</td><td>排出制冷剂中的水分或更换制冷剂，必要时更换制冷剂储液罐</td></tr>
<tr><td>低压侧始终为负压
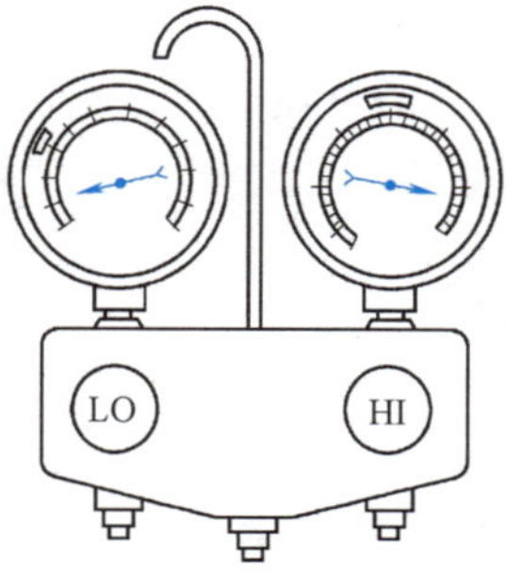</td><td>制冷剂储液罐或膨胀阀管路的前/后侧结霜</td><td>膨胀阀或制冷剂储液罐结霜</td><td>①排出制冷剂中的水分或更换制冷剂
②拆下膨胀阀并用干燥的压缩空气清除异物
③更换膨胀阀
④更换制冷剂储液罐</td></tr>
</table>

三、汽车空调系统维修实例

1. 上海通用别克 GL8 商务车空调间歇性制冷故障

故障现象

一辆 2008 年款上海通用别克 GL8 商务车，该车行驶了 7.9 万 km，行驶过程中，空调出风口的冷风出风量逐渐减小，再过一段时间后，又恢复正常。

故障诊断与排除

（1）首先起动发动机，使空调系统工作一段时间后，该车出现间歇性制冷的故障。同时观察压缩机的工作情况，发现压缩机能够一直吸合。

（2）连接好歧管压力表，测量制冷系统内的高、低压端压力，数值均为正常。于是利用车辆专用检测仪进行检测，无故障码存储，读取 ECU 内有关空调的数据流，也没有发现异常。

（3）询问车主后得知，该车前一段时间由于空调不凉，在其他修理厂添加过制冷剂，初步怀疑该车制冷剂纯度不够。

（4）将制冷系统内的制冷剂排空，然后更换压缩机压力调节阀，最后清洗干净空调管路后抽真空并加注纯正的 R134a 制冷剂到规定值。

（5）起动发动机，打开空调，制冷效果明显增强，故障排除。

维修小结

别克轿车在制冷的全过程中，压缩机始终是运转的，制冷强度的调节完全依赖于装在压缩机内部的压力调节阀来控制。当空调管路内高压端的压力过高时，压力调节阀缩短压缩机内活塞行程以减小压缩比；当高压端内压力下降到一定程度，低压端压力上升到一定程度时，压力调节阀则增大活塞行程以提高制冷强度。该车由于空调系统制冷剂不纯，造成系统内压力控制不良。维修人员在加注空调制冷剂之前，一定要确定车辆所使用的制冷剂的种类，以免造成严重后果。

2. 上海大众帕萨特 B5 轿车间歇性制冷故障

故障现象

一辆 2009 年款上海大众帕萨特 B5 轿车，该车行驶了 6.1 万 km，行驶过程中突然出现间歇性制冷故障。

故障诊断与排除

（1）根据车主反映的故障情况进行路试，初步认为可能是空调压力过高导致压缩机不工作。

（2）首先连接歧管压力表检查空调系统的管路压力，发现低压为220kPa，高压为1370kPa，压力在正常范围内，同时对冷凝器和蒸发箱进行了全面的清洗。

（3）再次进行路试，发现该车冷气突然消失，压缩机不工作。根据维修经验，压缩机一般在以下几种情况时不工作：①发动机急加速工况。②冷却液温度高于125℃。③空调系统的高压系统压力大于320kPa。可是经过检查，这些情况都不存在，因此故障可能存在于电路中。

（4）检修空调系统的熔丝，一切正常。同时使用检测仪读取发动机故障码，没有故障码输出。

（5）查看空调系统电路图，分析发现空调系统压力开关有切断空调压缩机的作用，当系统压力过低（大约小于200kPa）时，或当系统压力太高（大约大于3000kPa）时，切断系统工作，以保护压缩机。于是拔下空调压力开关插头，当A/C开关接通时，测量2号端子电压为0V，正常应为12V。于是顺着连接线路检查，发现在发动机左侧转向助力泵饰罩下有一个4针转换插头，拔下后发现接头被严重氧化造成空调线路不良。

（6）将插头清洁干净后，起动发动机，并开空调进行路试，故障彻底排除。

维修小结

在检修空调系统故障时，只有全面了解空调的工作原理，传感器、压力开关功能以及控制线路，才能又快又准地排除故障。

3. 一汽大众高尔夫A6轿车冷凝器泄漏故障

故障现象

一辆2009年款一汽大众高尔夫A6轿车，该车行驶了2.8万km，空调制冷剂出现严重泄漏的现象。

故障诊断与排除

（1）该车进入4S店后，维修人员首先连接歧管压力表，进行加压检查，发现压力下降比较快，初步判断为空调系统泄漏。

（2）经过仔细的检查，发现冷凝器出现严重的泄漏。拆下冷凝器，发现该冷凝器安装位置不正确，并且橡胶保护条没有安装到位，导致车辆在行驶过程中与其他零件发生摩擦，导致冷凝器被磨破。

（3）重新更换冷凝器并将橡胶保护条安装到位。对空调系统抽真空，并添加 10mL 冷冻机油，然后加注制冷剂，空调制冷正常，故障彻底排除。

维修小结

空调系统泄漏故障，大多数是由于空调元件的安装位置不正确和管路密封圈失效等原因引起的。

4. 丰田凯美瑞轿车空调压缩机频繁跳动故障

故障现象

一辆 2011 年款丰田凯美瑞 2.0L 轿车，该车行驶 2.2 万 km 后，车主反映该车内、外循环灯会自动转换。

故障诊断与排除

（1）首先对车辆进行初步检查，发现压缩机频繁跳动。当空调内、外循环灯交替闪烁一次时，压缩机就会跳开一次，与车主反映的情况一致。

（2）接上歧管压力表，低压为 255kPa、高压为 1666kPa 时，压缩机停止工作；当低压升至 412kPa、高压为 1372kPa 时，压缩机开始工作，说明系统压力正常，排除压力过高引起的故障。

（3）对压缩机转速传感器进行检测，测量其电阻为 218Ω，在标准范围之内。用红盒子 MT3500 测量其波形，发现输出波形正常。于是将压力传感器的黄/绿线和灰色两条线人为短接，发现压缩机不工作，空调面板 A/C 灯闪烁，说明是压力传感器引起的故障。

（4）打开空调时风扇运转，而正常情况下是在压力达到 1568Pa 时，风扇才开始运转，说明压力传感器开关故障。

（5）更换压力传感器开关后，压缩机正常运转，内、外循环灯也不再闪烁，故障彻底排除。

维修小结

在检修过程中要充分利用空调系统的自诊断系统进行分析，并且不要忽略细小部位，同时也不要轻易去改线路，否则会引起其他相关的故障。

5. 奇瑞东方之子轿车空调压缩机间歇性制冷故障

故障现象

一辆2010年款奇瑞东方之子轿车，配置了4G64发动机，该车行驶2.4万km后出现空调压缩机间歇性制冷故障。

故障诊断与排除

（1）连接诊断仪读取故障码，未发现记录，检查数据流也正常，冷却液温度传感器和蒸发器温度传感器正常。

（2）检查线路，发现连接正常，没有虚接或脱落现象。

（3）拆下压力开关，用手晃动发现有不正常的异响，检查后发现该车的空调压力开关内部触点松脱，导致车辆颠簸时出现接触不良的情况。如图7-1所示，故障是由ECU的45号脚接收的空调开启信号断断续续造成的。

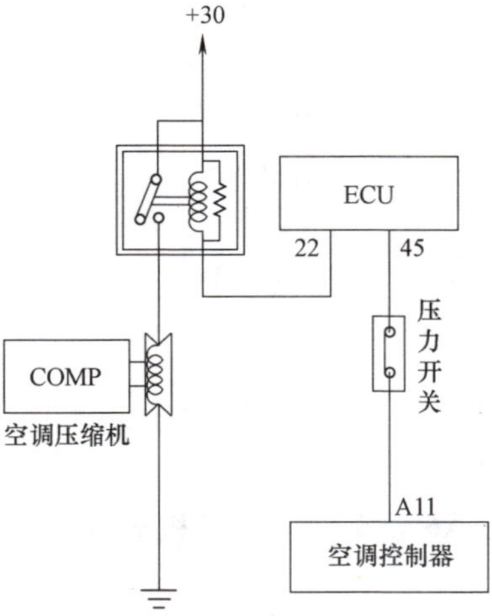

图7-1　压缩机控制示意图

（4）更换新的压力开关，在不平的路面上重新试车，故障彻底排除。

维修小结

空调系统出现频繁吸合的故障，一般主要表现为系统压力过高、冷凝器过脏、压力开关损坏、发动机输出功率不足、电路接触不良等情况，在维修过程中必须重视。

6. 一汽大众奥迪 A6L 轿车空调不制冷故障

故障现象

一辆 2011 年款一汽大众奥迪 A6L 2.0 TFSI 轿车，配置了自动空调系统，该车行驶 5.38 万 km，空调不制冷，打开空调出热风。

故障诊断与排除

（1）首先用 V. A. G5052 诊断仪进入“08-02”，查询空调自诊断系统，但没有故障码。

（2）将发动机转速提升为 2500r/min，此时打开空调，发动机转速应下降 300 ~ 400r/min，此时该车发动机转速没有变化，说明空调压缩机没有工作。

（3）用 V. A. G5052 进入“08-08-001”读数据流，一区为压缩机空调控制单元关闭压缩机的原因，显示“012”。查阅维修手册，其含义为发动机控制单元关闭了空调压缩机。

（4）用 V. A. G5052 进入“01-02”，查询发动机电控系统，显示 16486 故障码，其含义为空气流量计信号过小。

（5）用 V. A. G5052 进入“01-08-002”读数据流。四区为进气量，该车在怠速时为 0.3g/s（标准值 2 ~ 5g/s），说明空气流量计及其线路有故障。

（6）更换空气流量计后，空调恢复正常，故障排除。

维修小结

在维修奥迪 A6 自动空调时，若压缩机不工作，应用 V. A. G5052 进入“08-08-001”，读取空调压缩机关闭的原因，可迅速找出故障原因。

7. 一汽大众奥迪 A6 轿车空调鼓风机故障

故障现象

一辆 2011 年款一汽大众奥迪 A6L 2.8 FSI 轿车，配置了自动空调系统，该车行驶 6.9 万 km，空调鼓风机不转动，各空调不出风，不制冷。

故障诊断与排除

（1）在按压空调控制面板上的风量调节键时，显示屏上的风量级别显示格相应变化，但鼓风机始终不转。

（2）用 V. A. G5052 进入“08-02”显示故障码为 01273，其含义为

鼓风机控制单元 J1 26 损坏。

（3）将空调鼓风机左侧的控制单元 J126 拆下并更换，但鼓风机依然不工作。

（4）查找相关电路图时，发现鼓风机直接由 S225 号熔丝供电，鼓风机控制单元 J126 控制其接地电压，从而控制施加在鼓风机 V2 端上的电压。当拔下 S225 号熔丝时，发现熔丝已熔断。

（5）更换熔丝后，鼓风机运转正常，且不再烧熔丝，故障彻底排除。

维修小结

自动空调系统中故障的多样性，使得故障码有时不准确，甚至误导，所以在维修中要对故障码多加考虑，判断其真伪，才能迅速找到故障的根本原因。

8. 北京现代伊兰特悦动轿车空调风道故障

故障现象

一辆 2009 年款北京现代伊兰特悦动 1.8 自动档轿车，装备全自动空调系统，行驶里程为 2.4 万 km，车主反映该车开空调时，当送风模式选为面部送风时脚下也有风。

故障诊断与维修

（1）首先检查送风模式功能，发现一切正常，于是用诊断仪检查空调控制单元，无故障码。

（2）根据故障现象初步判断送风模式电动机出现故障的可能性较大，于是更换该电动机，故障仍然存在，且故障现象没有改变。

（3）维修人员反复操作模式转换按钮，当送风模式选为面部送风时，脚部也同时出风，于是连接故障诊断仪，检测空调控制单元仍然没有故障记忆。转入数据流检查，读取出风口位置传感器的数据为 33%。于是找了一辆同型号的车辆进行对比测试，发现正常车辆在选择正面送风模式时，出风口位置传感器的数据为 6.3%，这说明故障为风道翻板的位置不正确所致。

（4）拆下空调风道，检查风道转换系统，发现各翻板活动自如，无异常卡滞。再次仔细检查风道转换系统，反复活动所有翻板，观察各活动部位的工作情况，发现通风模式翻板轴存在晃动。

（5）由于翻板轴承与蒸发箱是一体的，于是更换蒸发箱总成后测试，风道系统工作正常，故障彻底排除。

9. 一汽大众奥迪 A8L 轿车全自动空调系统故障

故障现象

一辆 2011 年款一汽大众奥迪 A8L 轿车，行驶里程为 4.9 万 km，开空调行驶一段时间后，左前出风口不定时地吹出热风，其他出风口正常。

故障诊断与排除

（1）首先用 V. A. S5051 进行检测，发现空调控制单元无故障记忆。

（2）根据原理分析，系统的制冷量正常，只是单个出风口的温度不一样，说明左侧的伺服电动机 V158 有时调节失灵或左侧出风口的温度传感器 G150 有时信号错误。

（3）更换左侧的伺服电动机 V158，并用电脑进行了空调系统的基础设定，行驶一周后，故障现象依旧存在。

（4）再次连接 V. A. S5051 进行检测，该数据块的数据流在 08 数据块功能 017 组中的 1 区，发现 017 数据块中温度传感器的信号值有差别，左前温度传感器 G150 的显示值在 12℃ 不变，右前温度传感器 G151 的显示值是 21℃，中间出风口温度传感器 G191 的显示值是 23℃。分析其数据块的显示，2 区和 3 区的温度传感器的信号值显示属于正常，都接近空调开关的设定值。而只有 1 区左前出风口温度传感器的显示值是 12℃，说明左前出风口温度传感器故障。

（5）更换左侧出风口温度传感器 G150，故障排除。

维修小结

维修全自动空调系统时，要了解系统的工作原理图，特别是空调控制系统的原理，明白各个传感器的作用和执行元件的功能，才能快速而准确地判断故障原因。

10. 一汽马自达 6 轿车空调故障

故障现象

一辆 2005 年款一汽马自达 6 轿车（2.0L），行驶里程为 6 万 km，车主反映该车发动机怠速运转正常，怠速时空调系统工作正常，但车辆加速时，空调压缩机频繁重复接合、分离动作，且空调系统不制冷。

故障诊断与排除

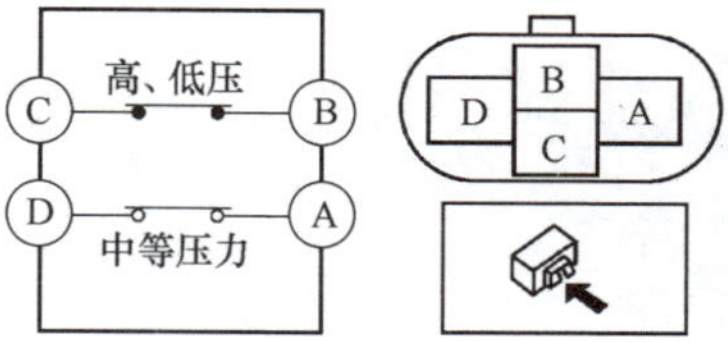

图 7-2 空调压力开关结构示意图

（1）首先起动该车发动机并怠速运转，如图 7-2 所示，用示波器测量压力开关线路的 B 端子（接 PCM）或 C 端子（接自动空调控制器）。当压缩机接通时，压力开关 B、C 端子电压为 0V；压缩机断开时，压力开关 B、C 端子电压为 12V，说明系统正常。

（2）当发动机转速上升到 3000r/min 以后，压缩机断开，此时 B 端子电压为 13. 8V，C 端子电压为 0V，说明此时高、低压开关已经断开，排除线路和自动空调控制器存在故障的可能，故障在制冷系统回路。

（3）连接歧管压力表测量空调系统高、低压管路的压力，当发动机加速到 2000r/min 时，高压为 2520kPa，低压为 120kPa，出现高压过高，低压过低的故障，表明空调系统堵塞。

（4）最后决定回收制冷剂，拆下膨胀阀，检查冷凝器、高压管和蒸发箱，结果均正常，初步判断膨胀阀堵塞。

（5）更换膨胀阀，抽真空并添加 450g 制冷剂后试车，故障排除。

第八章

安全气囊系统

第一节　安全气囊系统概述

一、安全气囊系统的作用

汽车发生碰撞后，在乘员和汽车内部结构之间打开一个充满气体的袋子，使乘员撞在气囊上，避免或减缓二次碰撞，如图 8-1 所示。

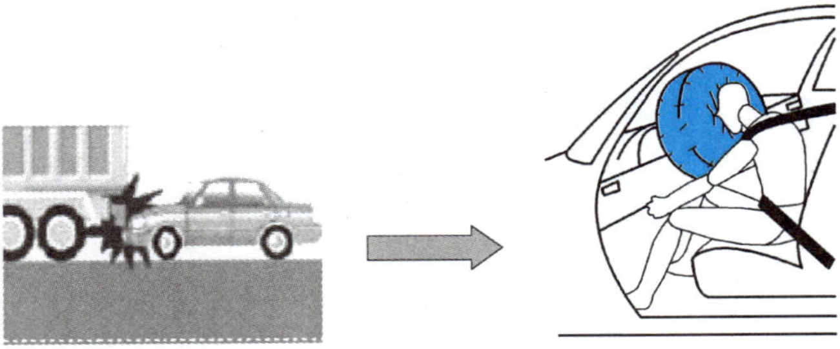

图 8-1　安全气囊系统（SRS）的作用

二、安全气囊系统的组成

安全气囊系统在车上的布置如图 8-2 所示，包括安全气囊 ECU 总成、驾驶人安全气囊总成、前排乘客安全气囊总成、螺旋电缆及相应线束。

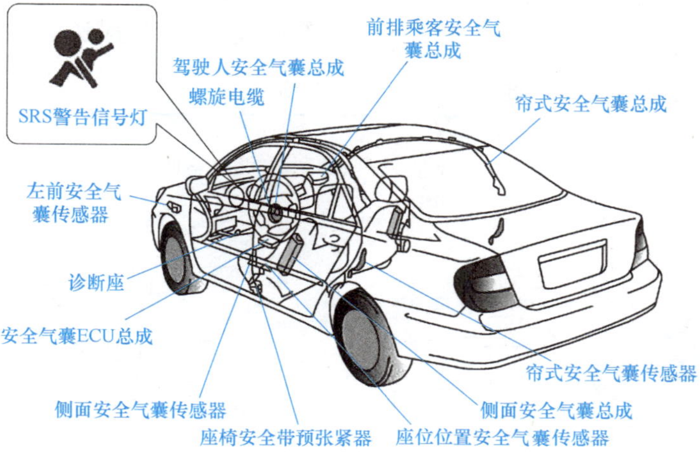

图 8-2　SRS 元件位置图

三、安全气囊系统的工作原理

当车辆发生正面碰撞事故时，碰撞传感器和安全气囊传感器将产生碰撞信号，安全气囊 ECU 将检测到碰撞信号，并对其进行分析，判断是否达到点火要求，一旦达到要求，立即发出点火脉冲，由此引燃安全气囊模块内的点火管，点火管再引燃模块内部的气体发生剂，产生大量气体，在极短的时间内将气袋充气并急剧碰撞，冲开饰盖，形成饱满的气袋，以缓冲碰撞事故对驾驶人的冲击，从而保护驾驶人免受或减少伤害，如图 8-3 所示。

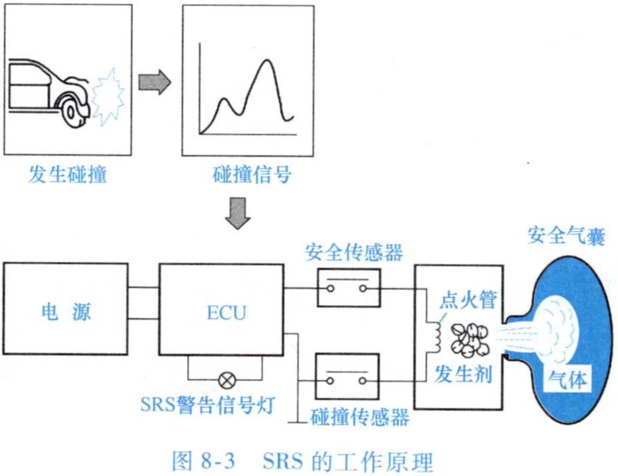

图 8-3　SRS 的工作原理

四、安全气囊系统使用、检修注意事项及报废处理

1. 安全气囊系统使用、检修注意事项

(1)为了防止气囊的意外引爆，在对气囊系统进行任何操作时，均应摘下蓄电池的负极导线，等30s以后方可进行操作	(2)不要使SRS部件受到85℃以上的高温
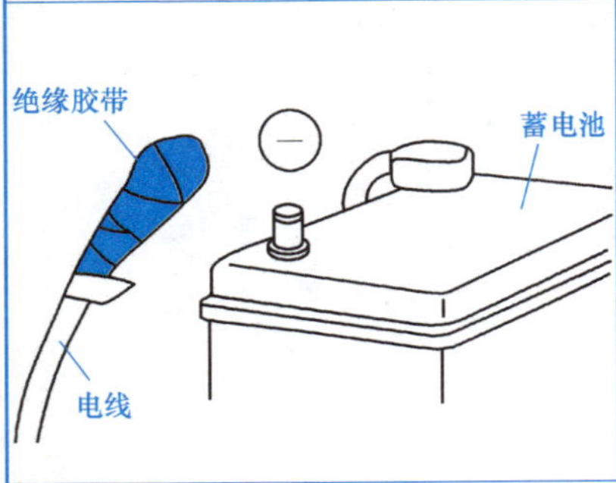	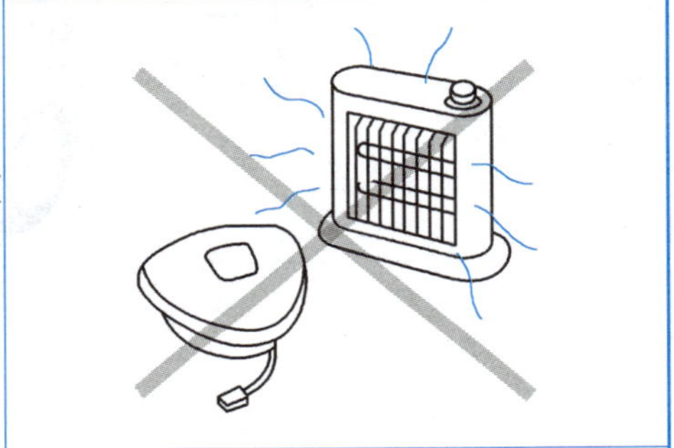
(3)应避免安全气囊元件及控制单元受到振动	(4)检测时应使用故障诊断仪或专用工具
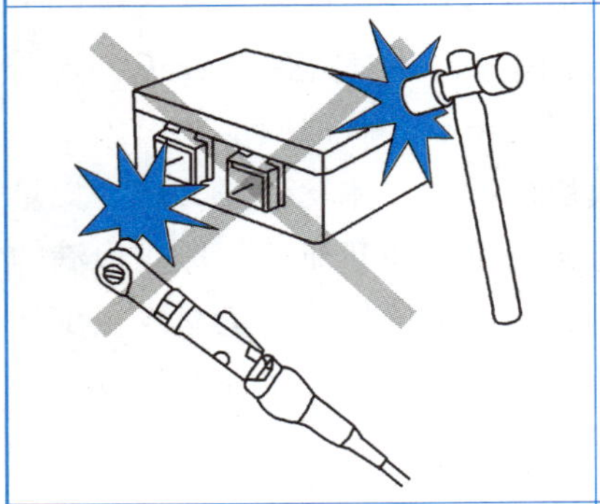	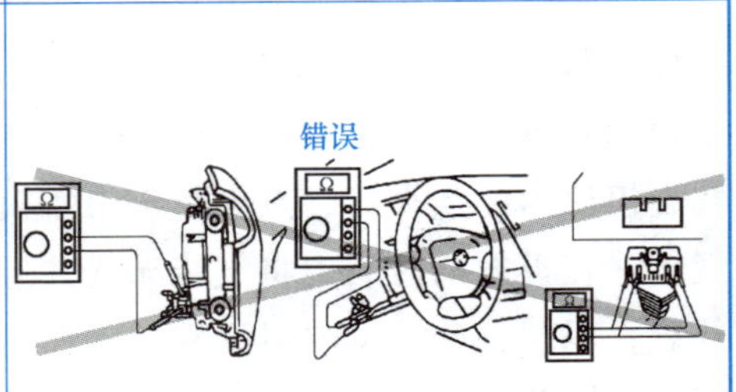 不可使用检测灯、万用表，以免造成气囊误爆
(5)不得擅自改动SRS的线路和元件	(6)在拆下转向盘衬垫或处理新的转向盘衬垫时，应将衬垫正面朝上放置
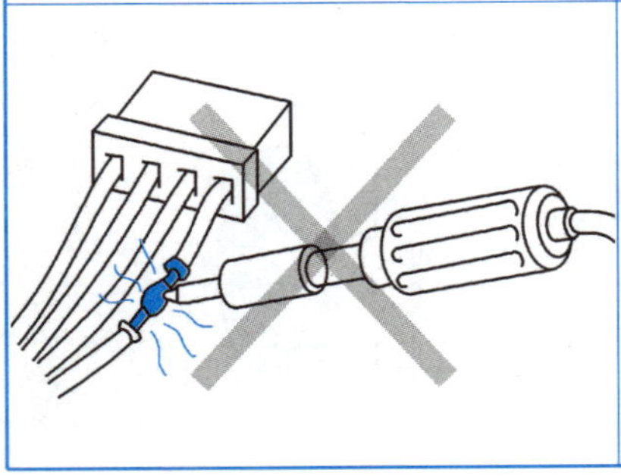	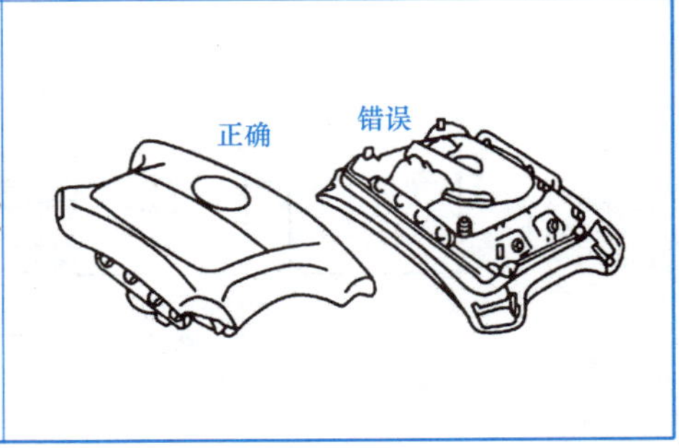

<table>
<tr><td>(7)不允许打开或修理气囊装置,只允许更换新的元件</td><td>(8)安全气囊不能沾油脂及清洁剂等</td></tr>
<tr><td>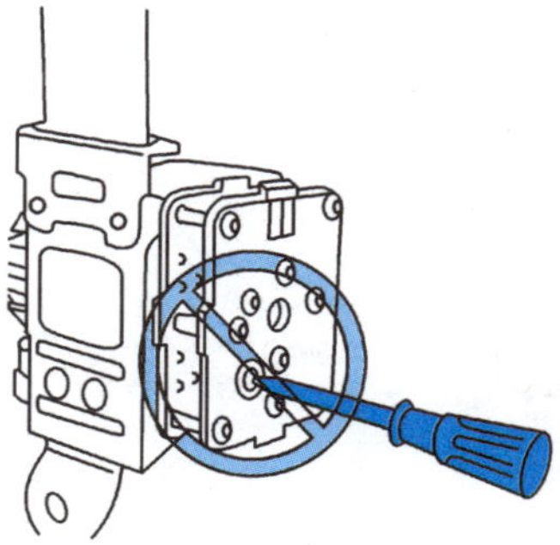</td><td>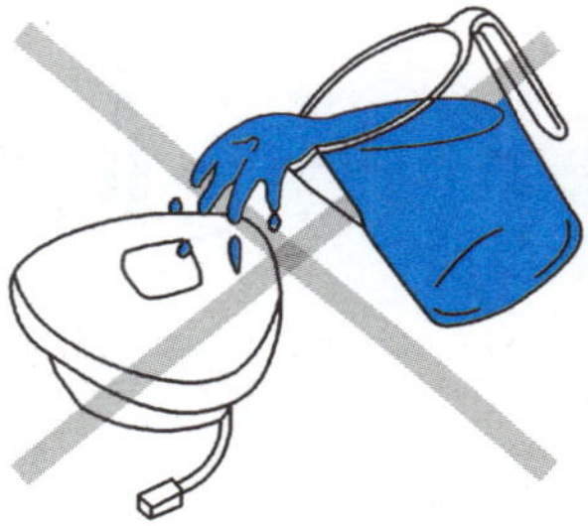</td></tr>
</table>

2. 安全气囊系统报废处理

<table>
<tr><td rowspan="7">(1)车内引爆</td><td>1)将汽车移到隔离的场所</td></tr>
<tr><td>2)从蓄电池端子上脱开-极和+极电缆,然后将蓄电池从汽车上拆下</td></tr>
<tr><td>在脱开蓄电池电缆后应至少等待60s再进行下一步的操作</td></tr>
<tr><td>3)展开安全气囊组件(驾驶人侧):拆下转向柱下罩,脱开螺旋电缆引脚插接器与车身安全气囊线束插接器之间的连接</td></tr>
<tr><td>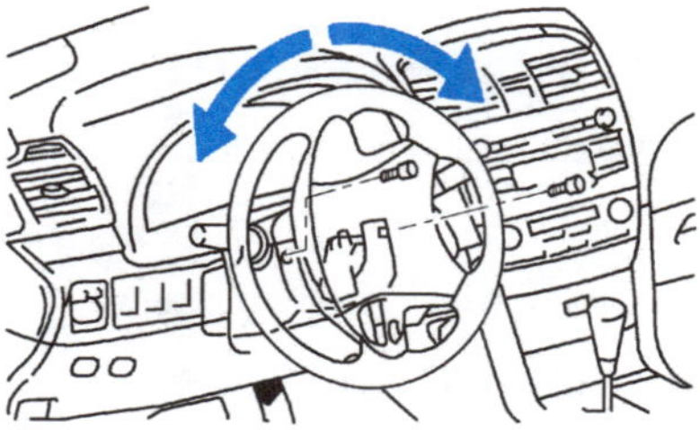
螺旋电缆插接器从车身安全气囊线束上脱开后,螺旋电缆插接器的电极将自动短路,以防止由于静电等造成安全气囊的意外展开</td></tr>
<tr><td>4)将引爆气囊的专用工具插接器连接到螺旋电缆的气囊适配器上</td></tr>
</table>

<table>
<tr><td rowspan="7">(1)
车
内
引
爆</td><td>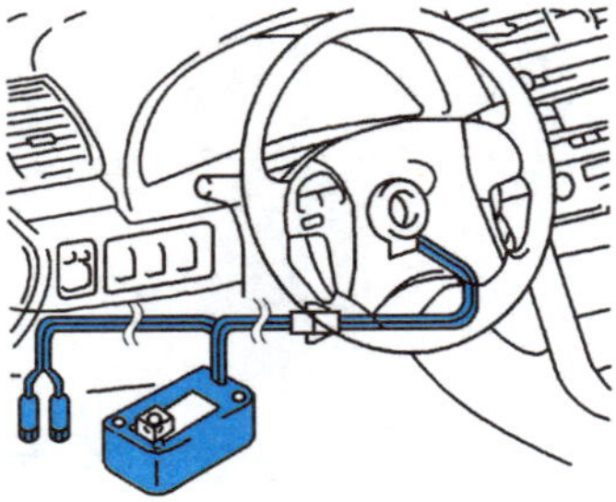</td></tr>
<tr><td>5)将安全气囊的展开装置用电源线接到汽车外面，离车辆前侧车窗至少 10m 的地方，将红、黑两个卡扣分别连接到蓄电池的 + 极和 - 极端子上</td></tr>
<tr><td>尽可能抑制展开噪声，应关闭所有的车门和车窗，并在汽车上加上车罩</td></tr>
<tr><td>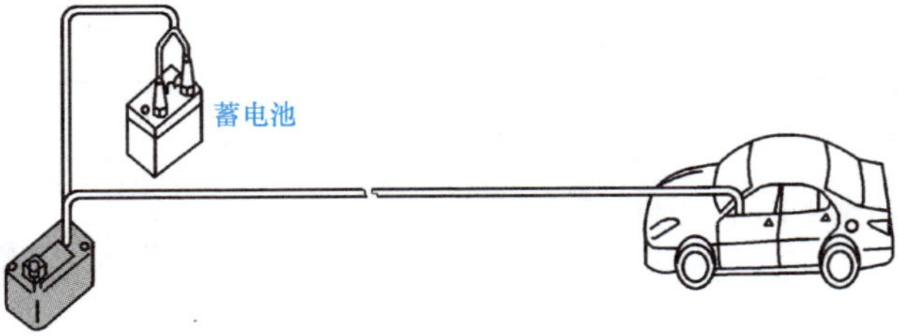
</td></tr>
<tr><td>6)按下引爆气囊专用工具启动开关，LED 亮起的同时安全囊引爆</td></tr>
<tr><td>①引爆安全气囊时，确保车辆附近没有人
②引爆安全气囊后，转向盘衬垫会变得非常热，至少 30s 内切勿触碰它
③对安全气囊已经引爆的转向盘衬垫进行操作时，应戴上手套和防护镜</td></tr>
<tr><td></td></tr>
<tr><td rowspan="6">(2)
车
外
引
爆</td><td>1)从蓄电池端子上脱开 - 极和 + 极电缆，然后将蓄电池从汽车上拆下</td></tr>
<tr><td>在脱开蓄电池电缆后应至少等待 60s 再进行下一步的操作</td></tr>
<tr><td>2)拆卸安全气囊组件</td></tr>
<tr><td>安全气囊组件应存放在平坦面上，使衬垫罩面向上。在它的顶面不得放置任何物品</td></tr>
<tr><td>3)将安全气囊组件固定在有轮辋的旧轮胎上</td></tr>
<tr><td>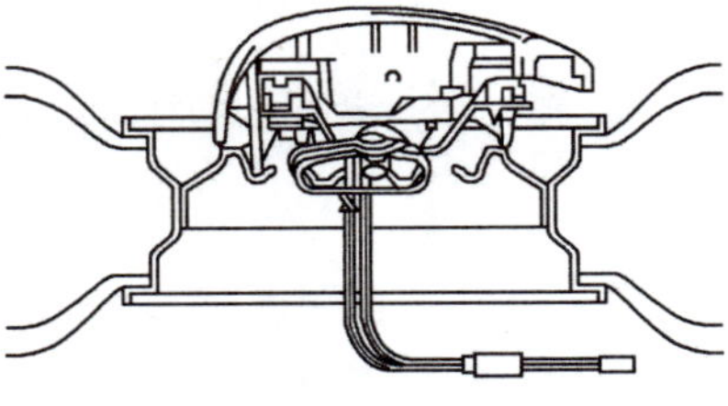</td></tr>
</table>

<table>
<tr><td rowspan="7">(2)车外引爆</td><td>4)将引爆气囊的专用工具移到离车辆的前部至少 10m 处</td></tr>
<tr><td>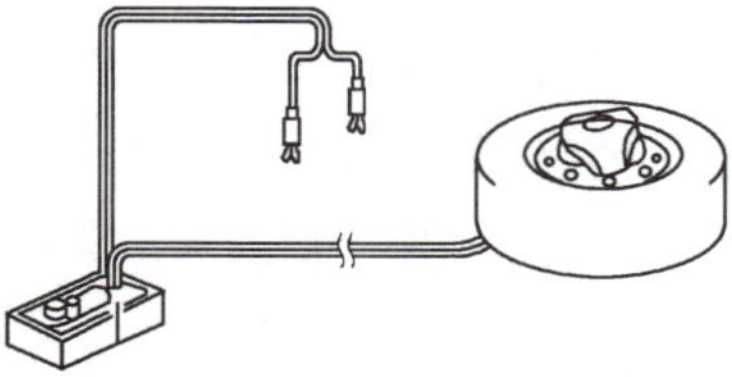</td></tr>
<tr><td>5)将安全气囊组件固定到车轮的旧轮胎上,使气囊组件上的衬垫面向上</td></tr>
<tr><td>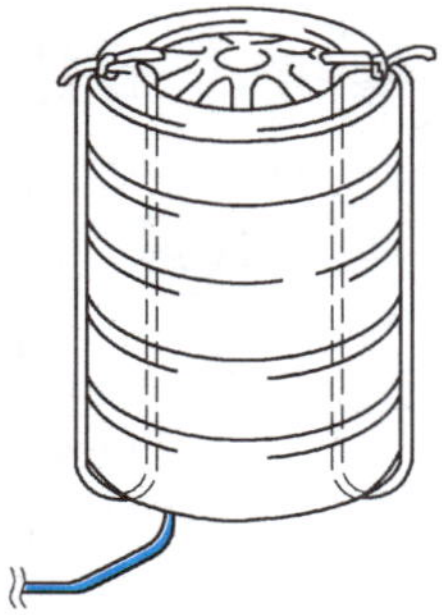</td></tr>
<tr><td>6)按下引爆气囊的专用工具启动开关, LED 亮起的同时安全气囊引爆</td></tr>
<tr><td>①引爆安全气囊时,确保车辆附近没有人
②引爆安全气囊后,转向盘衬垫会变得非常热,至少 30s 内切勿触碰它
③对安全气囊已经引爆的转向盘衬垫进行操作时,应戴上手套和防护镜</td></tr>
</table>

第二节　安全气囊系统故障诊断

一、安全气囊系统故障的诊断测试

1. 快速诊断流程

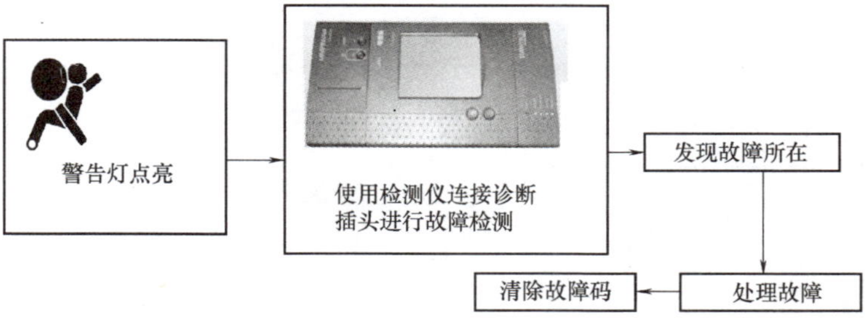

2. SRS 警告灯检查

当打开点火开关至 ACC 或 ON 档时（不起动发动机），如果仪表上的 SRS 警告灯点亮，并在 SRS 进行自检 4s（如大众车系）或 6s（如丰田、本田车系）后熄灭，则表示 SRS 正常。如果打开点火开关后 SRS 警告灯不点亮，或在 SRS 自检后不熄灭，则表明 SRS 控制单元有故障。

技能提升

在汽车行驶中，如果 SRS 报警灯点亮或闪亮，则表明 SRS 已发生故障。这时应对 SRS 进行解码诊断。如有必要，可以检查 SRS 对气囊组件的自检电压（正常为 5V）。

3. 人工解码诊断

以一定的方式触发（或启动）自诊断程序。然后，通过 SRS 警告灯“闪码”来读取故障码，并对照维修手册中的故障码进行检修，以下为几种车型的诊断：

（1）日产轿车 SRS 人工解码

1）故障码的读取

①接通点火开关，待 SRS 警告灯亮 7s 后，关闭点火开关；等待 3s 后，重复上述操作 3 次；最后接通点火开关，SRS 即处于诊断状态。

②通过 SRS 警告灯“闪码”，即闪亮时间间隔及闪烁次数读取故障码，见表 8-1。

表 8-1 SRS 人工读码操作

警告灯操作	SRS 状况
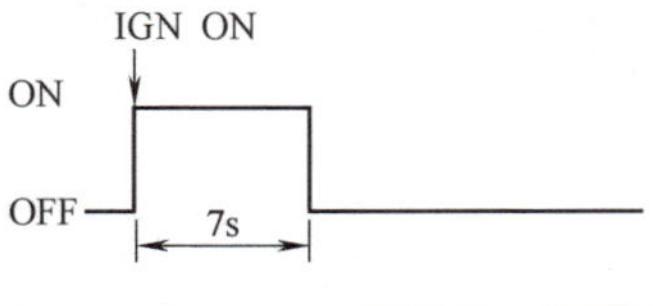	未检测到故障，系统正常
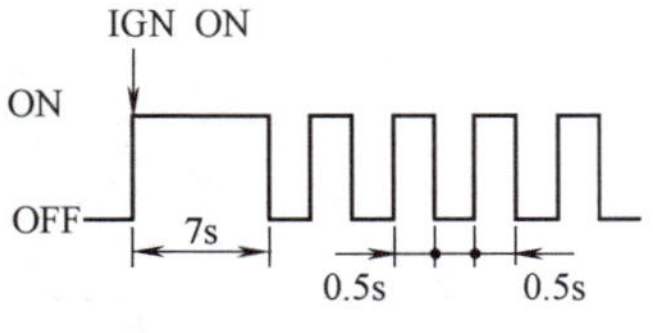	系统出现故障，按故障指示进行检修

（续）

警告灯操作	SRS 状况
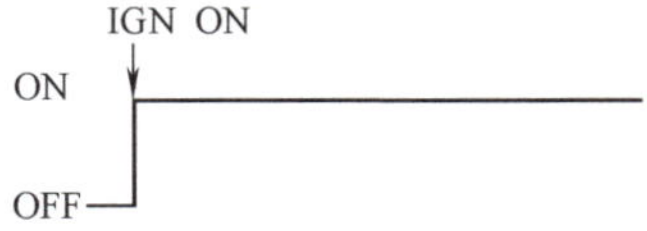	SRS 警告灯电路故障或 SRS 故障
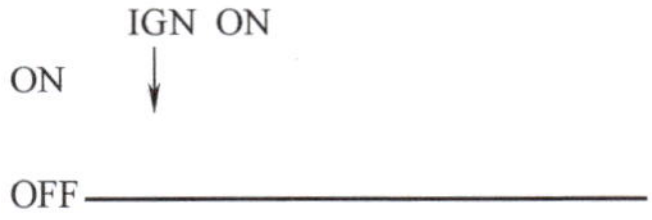	安全气囊警告灯电路故障

③查阅 SRS 故障码表解释故障码，并指导检修。例如，18 号故障码的含义是：“前排乘客安全气囊模组电路故障”。

2）故障码的清除。对故障部件进行修理并复检正常后，应及时清除故障码。关闭点火开关并保持 1s 以上，然后接通点火开关，故障码即被清除。

（2）本田轿车 SRS 人工解码

1）读取故障码

①当 SRS 警告灯点亮时，可以使用检修插接器（简称 SCS）通过 SRS 警告灯的闪烁读取故障码（即“闪码”）。先关闭点火开关，等待 10s，将 SCS 连接到 2 端子诊断插座上；接通点火开关，SRS 警告灯将点亮 6s 后熄灭，然后闪烁输出故障码；读取完故障码后，关闭点火开关，等待 10s，拔下 SCS。

②故障码包括一个主码和一个副码。系统最多可以显示 3 个不同的故障码。如果故障为持续性的，故障码将反复显示。如果故障是间歇性的，故障码将显示 1 次，然后 SRS 警告灯保持常亮。如果同时存在持续性故障和间歇性故障，只显示持续性故障的故障码。当系统正常时（无故障码），SRS 警告灯将保持常亮。

③查阅 SRS 故障码表解释故障码，并指导检修。例如，13 号故障码的含义是“驾驶人安全气囊点火器电路与其他电路短路或电路电阻减小”。

2）清除故障码

①关闭点火开关，将 SCS 连接到记忆清除信号连接器上。

②接通点火开关，SRS 警告灯将点亮 6s 然后熄灭。

③在 SRS 警告灯熄灭后的 4s 内拔下 SCS，SRS 警告灯将重新点亮。

④在 SRS 警告灯点亮后的 4s 内重新连接 SCS 到 MES 连接器上，SRS 警告灯将熄灭。

⑤在 4s 内拔下 SCS，SRS 警告灯将闪烁 2 次，表示故障码已被清除。

⑥关闭点火开关，等待 10s 以上，再进行检修操作。

4. 仪器故障读取操作

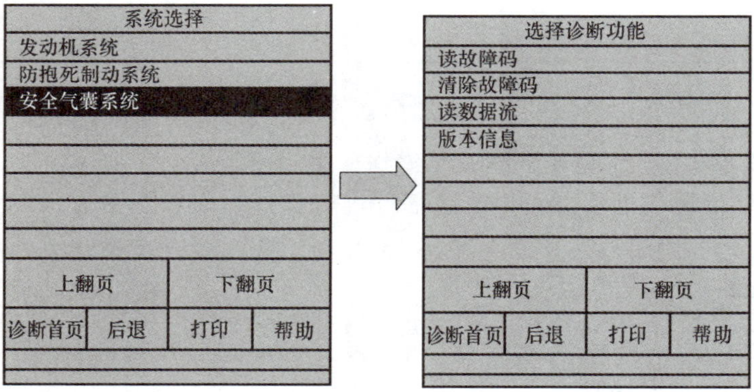

学习提示

一种方法是使用通用型 SRS 解码仪器进行诊断，如元征 X431、金德 K81 等诊断仪；另一种方法是使用专用型诊断仪如大众 V. A. G5052、通用 Tech2 等诊断仪诊断。诊断仪的操作一般分为“按键式菜单操作”和“触摸式菜单操作”。诊断仪的使用方法详见相应的使用说明书。例如，日产蓝鸟轿车 SRS 可以使用日产 CONSULT 诊断仪读取和清除 SRS 故障码，本田轿车 SRS 可以用本田 PGM 诊断仪读取和清除 SRS 故障码。

二、安全气囊系统的拆解

1. 螺旋电缆的位置

螺旋电缆的位置如图 8-4 所示。

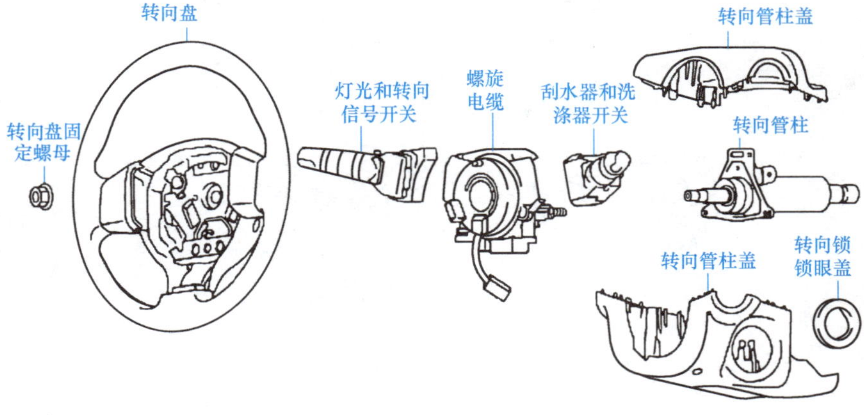

图 8-4　螺旋电缆位置示意图

2. 安全气囊系统的拆解与调整

拆解	(1)拆下驾驶人安全气囊总成上的2个安装螺栓	(2)从转向盘上分别断开喇叭和气囊总成插接器插头
	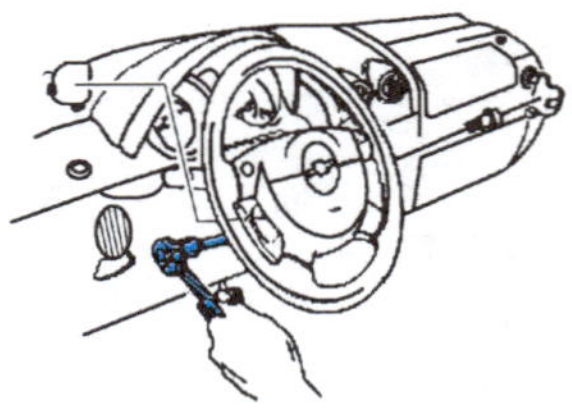	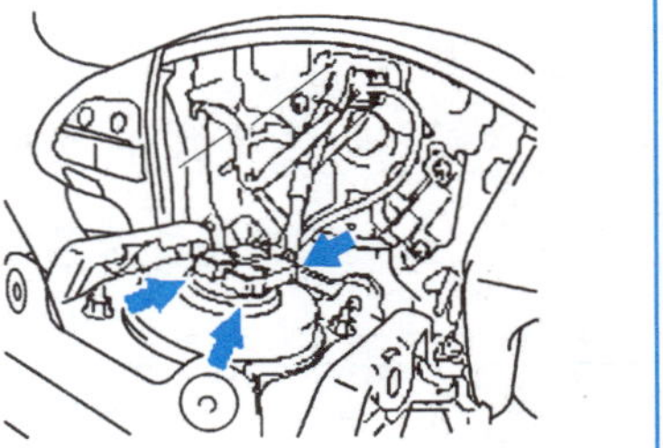 操作气囊插接器插头时,小心不要损坏气囊线束
	(3)拆下螺旋电缆插头和转向盘螺栓,并拆下转向盘	(4)脱开螺旋电缆上的定位爪并取下螺旋电缆
	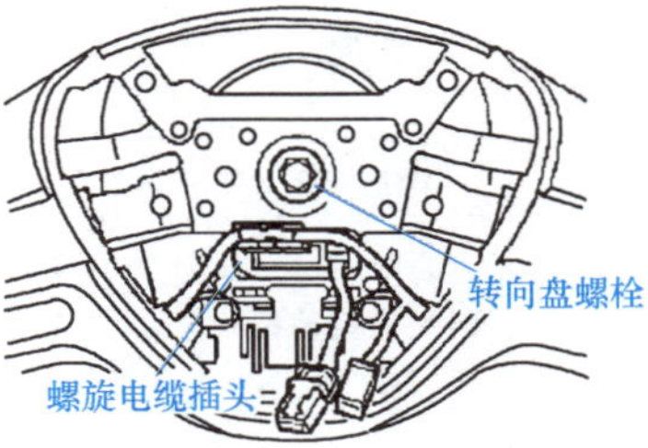 确保前车轮直线定位,然后使用转向盘拔具拆下转向盘	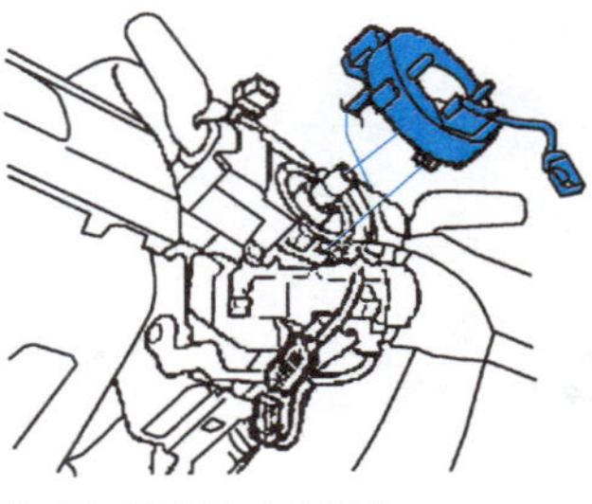 安装时必须进行对中操作

调整	(1)将转向盘设置为正前方，以顺时针方向转动螺旋电缆，直到它停止	(2)将螺旋电缆逆时针旋转（约3圈），直至螺旋电缆标签上的标记对准
	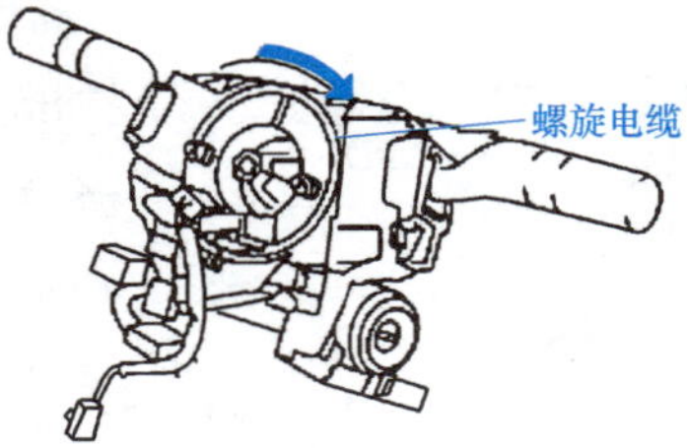 不要强行转动螺旋电缆，如果旋得太紧，电缆将会断裂	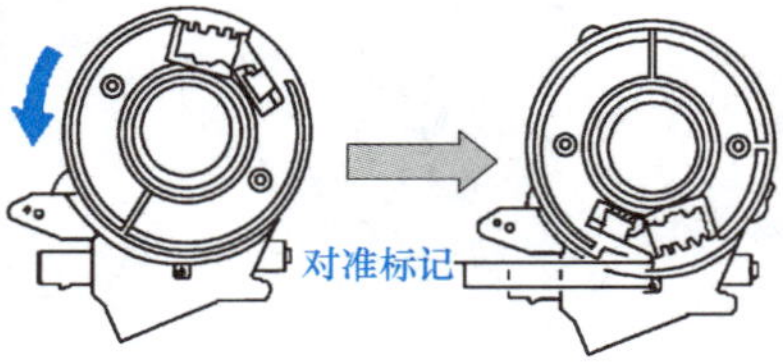 小心不要损坏螺旋电缆

第三节　安全气囊系统常见故障排除与维修实例

一、安全气囊系统常见故障排除

1. 安全气囊系统快速诊断（表8-2）

表8-2　SRS快速诊断表

故障现象	故障原因	排除方法
安全气囊系统警告灯不亮	(1)组合仪表故障	①使用诊断仪对所有的警告灯和指示灯进行模拟功能测试，若警告灯不亮，则更换组合仪表
	(2)组合仪表与安全气囊系统ECU之间的线束短路	②检查组合仪表与安全气囊系统ECU之间的线束连接，并排除短路的故障
安全气囊系统警告灯常亮	(1)蓄电池电压不足	①排除蓄电池电压过低的故障
	(2)安全气囊系统ECU故障	②使用运行良好的安全气囊系统ECU进行替换检查，如果故障现象消除，说明原来的安全气囊ECU故障，应更换
	(3)组合仪表故障	③更换组合仪表

（续）

故障现象	故障原因	排除方法
安全气囊系统警告灯常亮	(4)组合仪表与安全气囊 ECU 之间的线束存在断路或短路	④排除安全气囊线束损坏的故障
	(5)安全气囊系统元件出现故障	⑤使用故障诊断仪测试安全气囊系统元件，必要时更换新件
碰撞传感器、SRS 主线束、螺旋电缆和 SRS 的 ECU 损坏	(1)碰撞传感器失效	①拆下 SRS 组件(装有安全带预紧器的应同时拆下)，更换碰撞传感器
	(2)SRS 主线束断路或短路	②更换 SRS 主线束
	(3)螺旋电缆损坏	③更换螺旋电缆
	(4)SRS 的 ECU 损坏	④更换 SRS 的 ECU

2. 安全气囊故障诊断流程

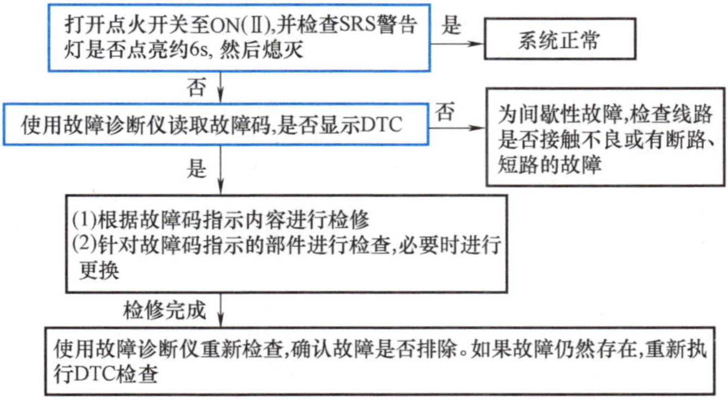

二、安全气囊系统维修实例

1. 上海通用别克 GL8 商务车安全气囊故障灯常亮故障

故障现象

一辆 2012 年款上海通用别克 GL8 商务车，行驶里程约为 3 万 km，车主反映该车存在安全气囊故障灯常亮，并且电动门无法开启的故障。

故障诊断与排除

(1) 首先起动发动机，仪表板上的安全气囊故障灯一直点亮，操作后电动门，没有任何反应。

(2) 连接故障诊断仪读取故障码，显示的故障码有：①U0151：与安全气囊控制模块失去通信；②U0204：与右后车门开关控制面板失去通信；③U0210：与后部座椅加热模块失去通信；④U0254：与遥控起动模块失去通信；⑤U0208：与座椅存储器控制模块失去通信；⑥U0209：与前部座椅加热模块失去通信；⑦U0230：与尾门控制模块失去通信；⑧B2955：安全传感器数据回路。其中故障码 U0151 出现多次。

（3）根据维修经验，初步判断为线路插接器接触不良引起的低速网络故障。

（4）找到该车电路图，然后对照电路图对线路进行测量，发现诊断插接器（DLC）的端子 1 与插接器 X201 的端子 53 间的电阻为 0.4Ω，正常，但是插接器 X201 的端子 53 与安全气囊控制模块导线插接器 X1 的端子 15、加热座椅控制模块导线插接器 X3 的端子 11、尾门控制模块导线插接器 X1 的端子 7 间的电阻均过大。

（5）继续查找电路图可知，这些控制线路共用一个星形插接器 SP5060，判断为该星形插接器故障，于是掀开地板胶皮检查该星形插接器，发现已进水腐蚀。

（6）询问客户得知，该车不久前铺过地板胶皮。经检查发现当时铺地板胶皮时把空调排水管接头断开，安装时没有连接到位，导致空调水无法正常排出，造成 SP5060 星形插接器端子腐蚀。

（7）用清洗剂处理腐蚀点，然后涂抹导电膏后试车，一切正常，故障彻底排除。

维修小结

现代轿车控制线路很多都采用 CAN 网络系统，当一个节点出现故障后将会导致其他系统的故障，在维修过程中技术人员必须掌握相应的知识。

2. 华晨宝马 530Li 轿车安全气囊故障

故障现象

一辆 2012 年款华晨宝马 530Li 轿车，行驶里程为 8000km，该车因事故受到碰撞，导致主、副气囊均引爆，车辆全车没电。

故障诊断与排除

（1）首先进行检查，发现后舱右侧的蓄电池旁的安全蓄电池接线柱已经被引爆装置断开，导致起动机负载导线失去供电，车辆无法再起动，更换蓄电池正极线（带引爆装置）。

（2）更换驾驶人侧主气囊、乘客侧副气囊、仪表板总成，然后连接诊断仪 GTl，对全车电控系统进行扫描，在安全气囊系统中有多个故障码。

（3）点击“快速删除”后，最后剩下“后部安全带拉紧装置故障”无法清除，重复多次操作也不能清除，气囊警告灯一直点亮，说明安全系统确实存在故障。

（4）拆开后排座椅发现安全带张紧装置已发生短路，安全带红色锁扣有一个按不下去，更换了两个安全带张紧装置，再进行清码，故障排除。

维修小结

安全带锁扣开关是一个双线霍尔开关，由卫星式控制模块监控。在出现故障时，一个故障码存储记录输入在相应的卫星式控制模块中。安全带锁扣开关由卫星式控制模块提供脉冲式电压。如果在卫星式控制模块上测得的电压走势正常，接着会显示该电压走势。测量电压时，适配导线不得和安全带锁扣相连。

3. 雪佛兰新赛欧轿车气囊故障灯常亮故障

故障现象

一辆 2010 年款雪佛兰新赛欧轿车，配置 1.4L LCU 发动机，行驶里程为 4.3 万 km，车主反映气囊故障灯常亮。

故障诊断与排除

（1）首先用故障诊断仪读取气囊系统的故障码，显示 B0048：碰撞输出电路对地短路。

（2）初步确认为插接器接触不良，于是断开蓄电池负极，等待 1min 后拆开中央控制台，断开气囊控制模块插接器，检查插接器和气囊控制模块针脚为正常。

（3）将插接器插回气囊模块，连接好蓄电池负极线，故障依旧。

（4）关闭点火开关，然后断开蓄电池负极线，等待 1min 后断开气囊控制模块插接器，测量插接器 5 号脚和接地之间的电阻，没有短路。

（5）如图 8-5 所示，断开转向柱右侧的中控锁控制模块插接器，测得中控锁控制模块有一路线和气囊控制模块 5 号脚相通，但该路线没有发现对地短路。

（6）最后用故障诊断仪对气囊控制模块进行配置与设定，组合仪表气囊故障灯熄灭，故障彻底排除。

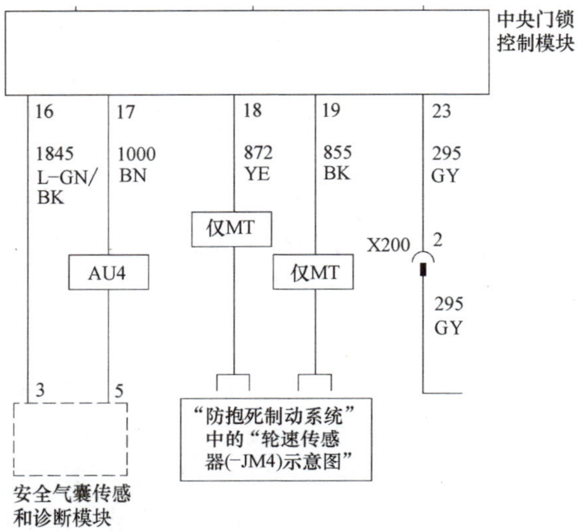

图 8-5 中央门锁控制模块电路图

4. 别克凯越轿车气囊故障灯不亮故障

故障现象： 一辆2012年款别克凯越1.6L轿车，行驶里程为2.8万km，车主反映当打开点火开关时，气囊故障灯不亮。

故障诊断与排除

（1）根据图8-6所示的凯越气囊系统电路图，首先检查了仪表板熔丝盒的F24和F21熔丝，均没有熔断。

（2）连接Tech2，测试气囊控制模块故障码，结果不能进入，而其他控制模块均能进入，根据维修经验初步判断气囊控制模块故障。

（3）断开蓄电池负极线，等待1min，拆卸地板中央控制台，断开气囊控制模块插接器，然后连接蓄电池负极线，打开点火开关，组合仪表气囊故障灯依然不点亮，说明气囊控制模块没有故障。

（4）重新断开蓄电池负极线，等待1min，断开气囊控制模块插接器，用万用表测气囊控制模块A23脚和车身之间的电阻，为0.8Ω，结果正常。

（5）用试灯连接A12脚和A23脚，试灯不能点亮，于是仔细检查发现位于转向柱旁的C207插接器没插到位，如图8-7所示。

（6）重新将插接器插好，打开点火开关，组合仪表气囊故障灯闪烁后熄灭，故障彻底排除。

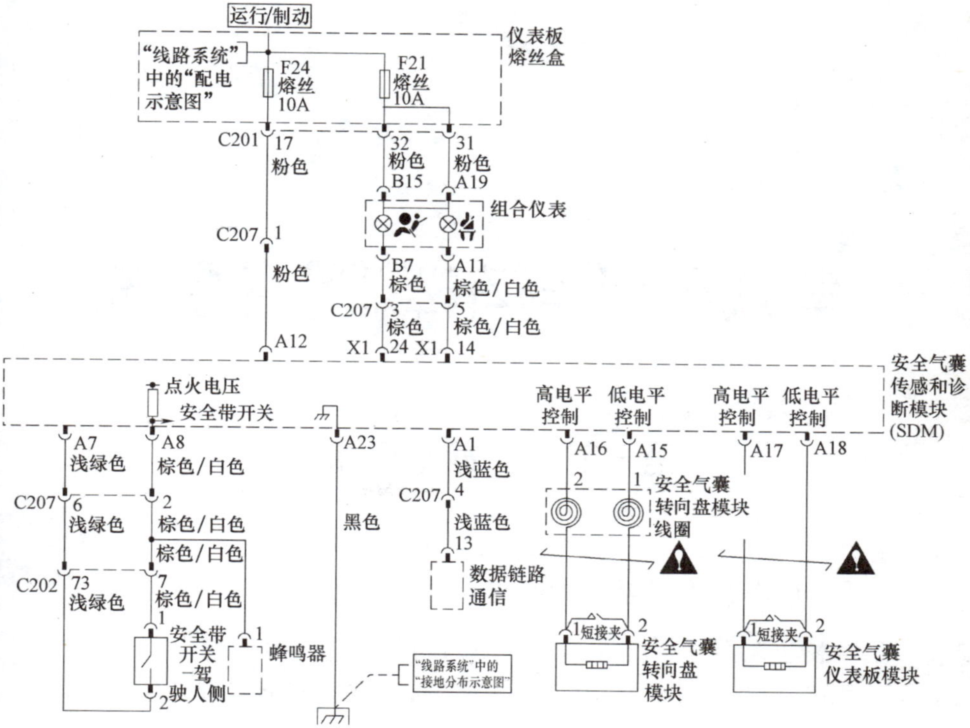

图 8-6 凯越安全气囊电路图

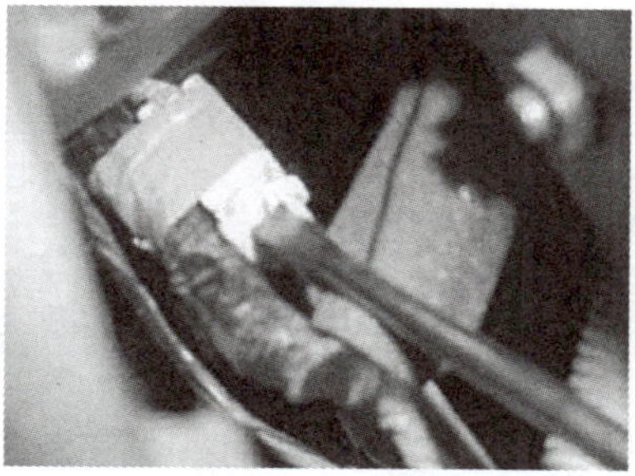

图 8-7 未插好的气囊线束插头

维修小结

C207 插接器三根线均为电源线，分别向气囊控制模块 A12 脚、气囊故障灯和驾驶人安全带未系指示灯供电。

第九章 车载电话与车载网络系统

第一节 车载电话系统

一、车载电话系统的组成

车载电话系统是专为行车安全和舒适性而设计的，主要由电话机、多功能转向盘、显示与操作元件组成，如图9-1所示。其功能主要包括：自动辨识移动电话，不需要电缆或电话托架便可与手机联机；使用者不需要触碰手机（双手保持在转向盘上）便可控制手机，用语音指令控制接听或拨打电话。

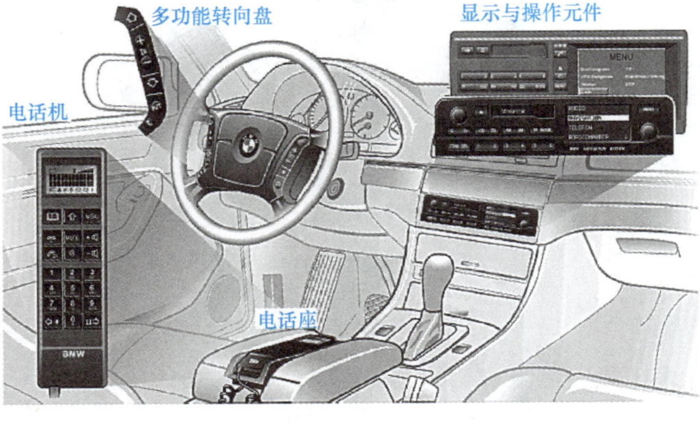

图9-1 车载电话系统结构示意图

二、车载电话系统的原理

车载电话系统的原理如图 9-2 所示。

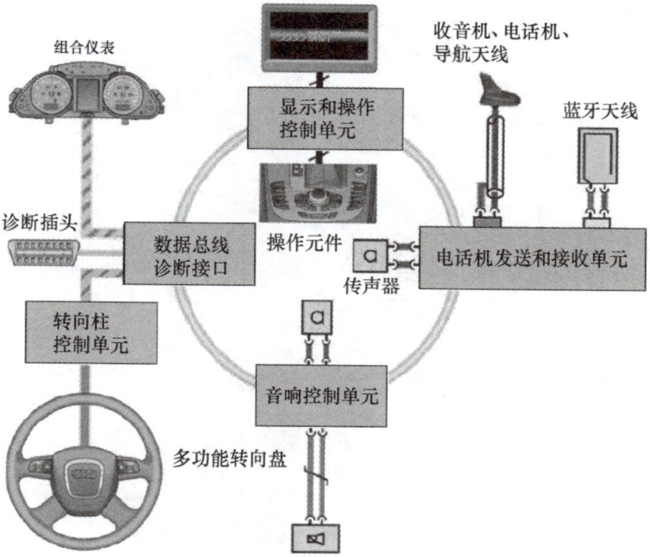

图 9-2　车载电话系统原理图

三、车载电话系统的操作与功能

1. 手持电话机匹配

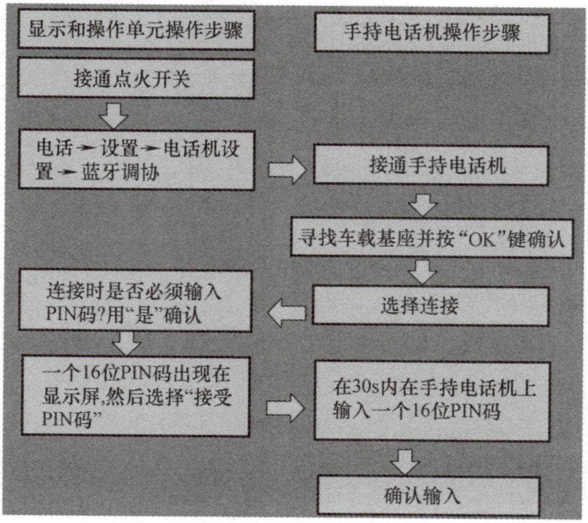

2. 移动电话针对 SIM 卡接入模式的适配

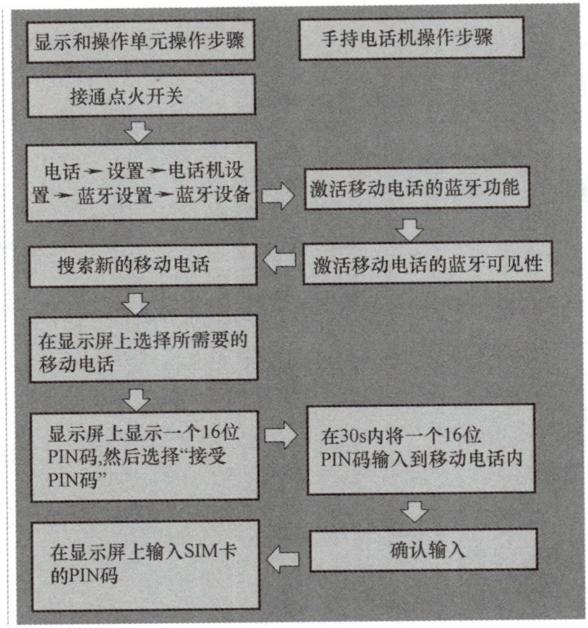

3. 免提模式的适配

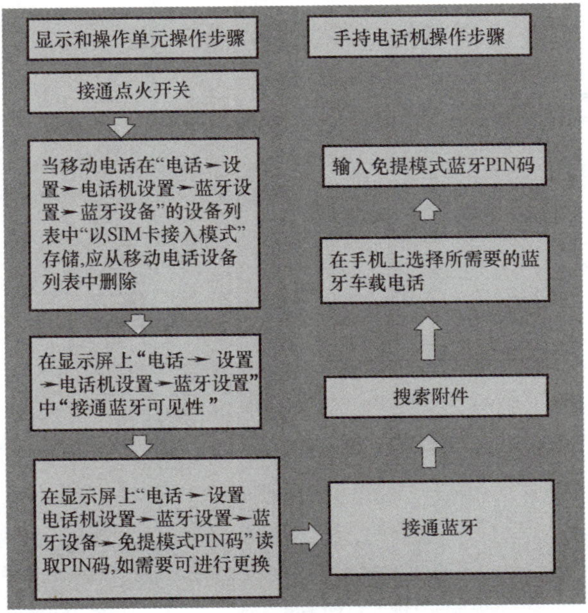

四、车载电话系统故障排除实例

1. 奔驰 S280 轿车车载电话故障

故障现象

一辆 2004 年款奔驰 S280 2.8L AT 轿车，车主反映车载电话不工作。

故障诊断与排除

（1）首先进行功能检测时，车载电话不能正常开机，开机时只是显示屏亮一下就没有显示了（此款手机为 MOTOROLA 车载式，不可取下的手柄式电话）。

（2）在仔细诊断检测后，计算机报出手柄式电话及卡座故障。拆装检查该处插件，把手柄式电话从卡座上取下插在这个插件上，开机后电话开机正常，证明电话正常。当把卡座扶手拆下后，插在插件上，把手柄式电话也插上，再开机后，电话可以正常使用了。这样基本上可以判断出卡座与这个插件之间的电话线有故障。

（3）当用万用表测量电话线的通、断时，发现只有两根线是通的，其他不通。当把后空调窗口拆下，检查时发现电话线因为扶手使用次数多，内部经过多次弯曲，造成断路。

（4）重新处理线路后故障排除。

2. 上海大众帕萨特 V6 轿车车载电话系统无法正常工作故障

故障现象

一辆 2003 年款上海大众帕萨特 V6 轿车，配备西门子车载免提电话系统，车载电话中配有西门子手机。该车车载电话系统无法正常工作。

故障诊断与排除

（1）询问驾驶人得知，将该车电话系统中配有的西门子手机从车载电话的镶入式适配器中取出，该手机可以正常打出和接听电话。如果将西门子手机镶入适配器，则无法和车载系统连为一体，手机不能通过免提方式打入和接听电话。同时，车载系统不能给西门子手机充电。又发现该车手机原有的锂电池已经在车载系统充电时被充胀变形，之后新换了一块电池。

（2）首先单独使用手机拨打电话和接听电话均可正常工作，然后按照适配的初始化操作程序对其进行初始化操作，收音机无任何反应，手机安装在适配器中也不会进入车内模式，同时不能充电。

（3）于是将新手机适配器以及配套的西门子 M55 手机装上，进行了一次初始化操作，故障依旧；同样将该车的手机和适配器安装在新车上，初始化后可以正常使用，说明手机没有问题。

（4）根据电路图，首先检查车载控制单元的熔丝 S10（位于仪表板左侧的熔丝插座），熔丝正常。

（5）拆下收音机和车载电话控制单元 J412 插头，分别测量车载电话控制单元的供电和接地线，发现连接正常，然后测量控制单元到收音机的信号和音频线路也正常。初步判断故障在车载电话控制单元和收音机上，由于收音机可以正常工作，从而确定车载电话控制单元损坏。

（6）更换一只新的车载电话控制单元 J412，并初始化后试车，车载电话工作正常。

维修小结

适配器的初始化操作方法如下：①关闭发动机，拔出点火开关；②按下适配器的插头按钮，将适配器插入车内驻车制动器后面的插座；③将适配器的卡扣卡入适配器固定底板的凹槽；④打开点火开关；⑤打开收音机，收音机显示屏显示“电话模式”的英文字符（In-Phone）；⑥将西门子手机插入手机适配器，手机的情景模式自动设置为“车内使用”，并进入待机和充电状态。

第二节　车载网络系统

一、车载网络系统概述

1. 车载网络结构

车载网络通常采用不同速率的数据总线，分别用双绞线连接不同类型的节点，如图 9-3 所示。

2. 车载网络的类型

（1）A 类网

A 类网主要用于车身控制系统，如图 9-4 所示。

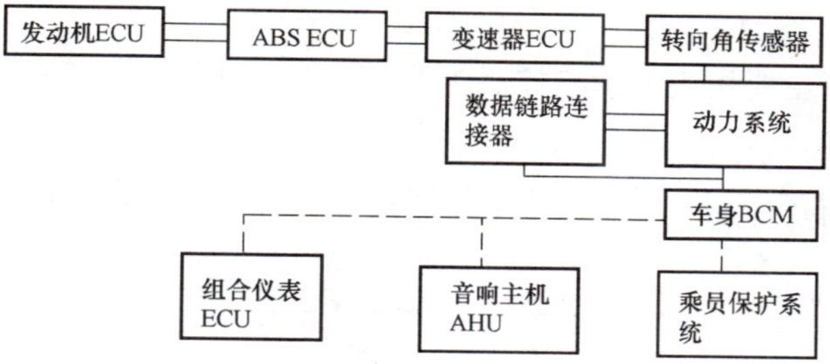

图 9-3　车载网络结构示意图

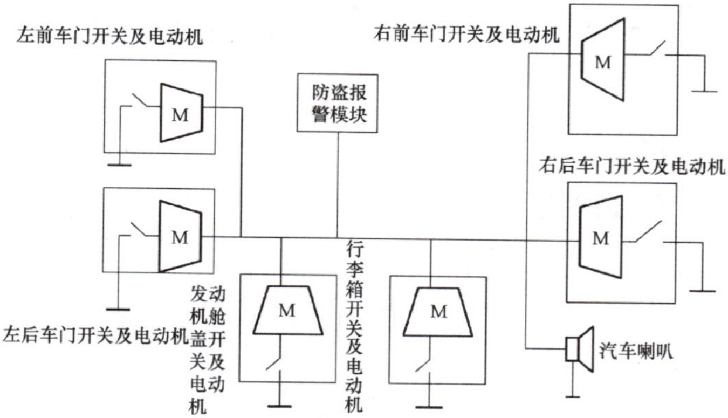

图 9-4　A 类网结构

（2）B 类网

B 类网主要用于安全信息控制，如图 9-5 所示。

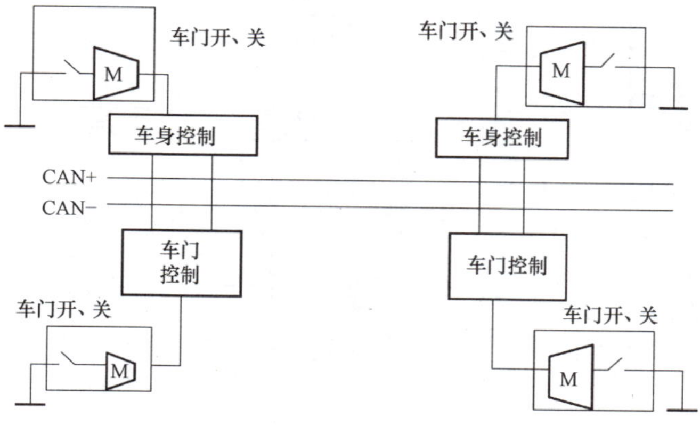

图 9-5　B 类网结构

(3) C类网

C类网主要用于发动机控制等控制系统，如图9-6所示。

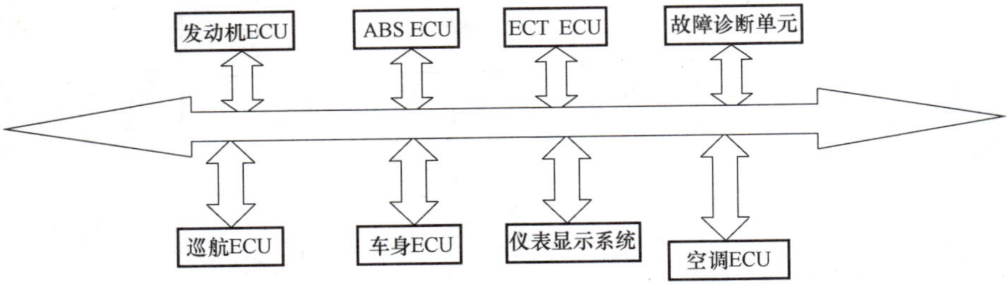

图9-6　C类网结构

二、车载网络系统检修

1. 故障诊断仪读取DTC

将故障诊断仪连接到数据诊断插头，然后进入诊断系统进行故障测试。

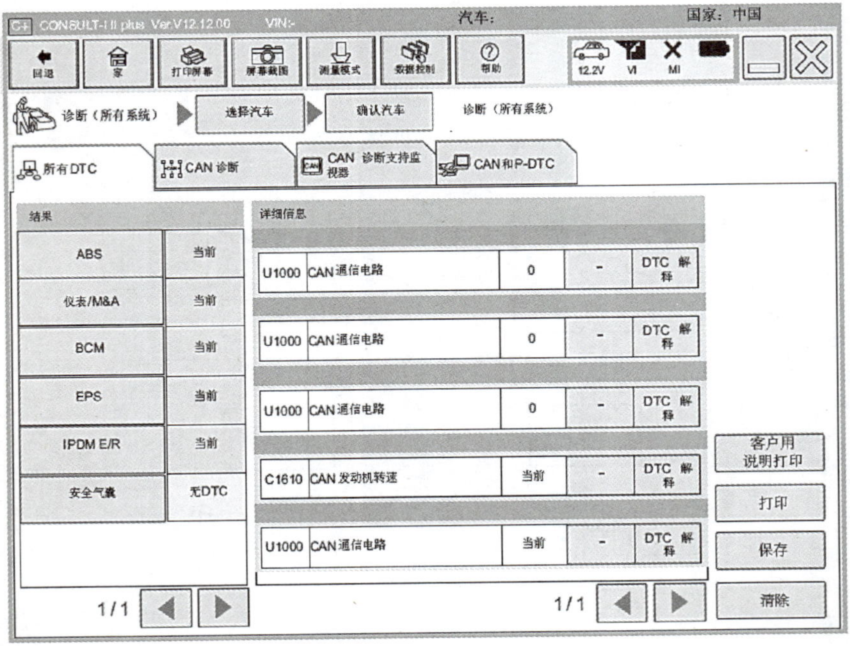

2. 读取 CAN 网络清单

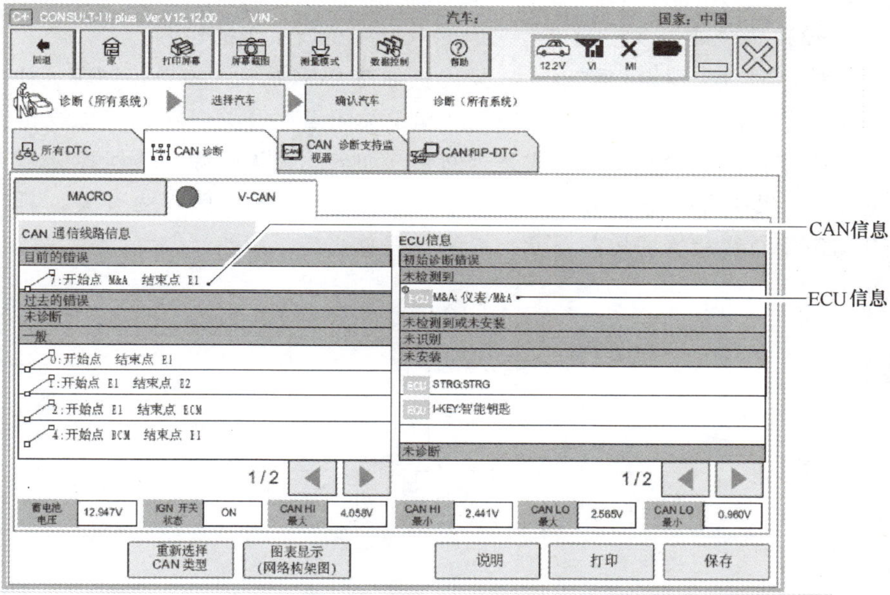

学习提示

根据故障仪显示的故障提示进行检修，如有必要则更换相应的控制单元。

3. 数据总线系统的检测

（1）两个控制单元组成的双绞线式数据总线系统的检测。

如图 9-7 所示，检测时关闭点火开关，断开两个控制单元，检查数据总线是否断路、短路或对地短路，如果数据总线无故障，更换最容易

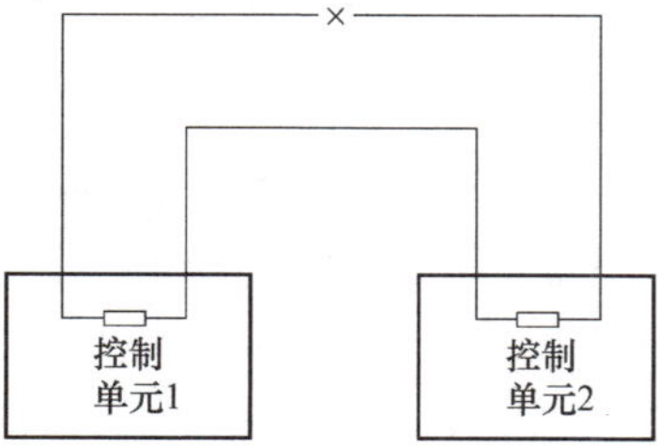

图 9-7　测试两个控制单元节点

更换的控制单元以进行替换检查。如果数据总线系统仍然不能正常工作，则更换另一个控制单元。

（2）三个或更多控制单元组成的双绞线总线系统的检测。

检测时首先读取控制单元故障码，如图 9-8 所示，如果控制单元 1 与控制单元 2 和控制单元 3 之间无通信，关闭点火开关，断开与总线相连的控制单元，检查数据总线是否断路。如果总线无故障，更换控制单元 1。如果所有控制单元均不能发送和接收信号，则关闭点火开关，断开与数据总线相连的控制单元，检测数据总线是否短路。

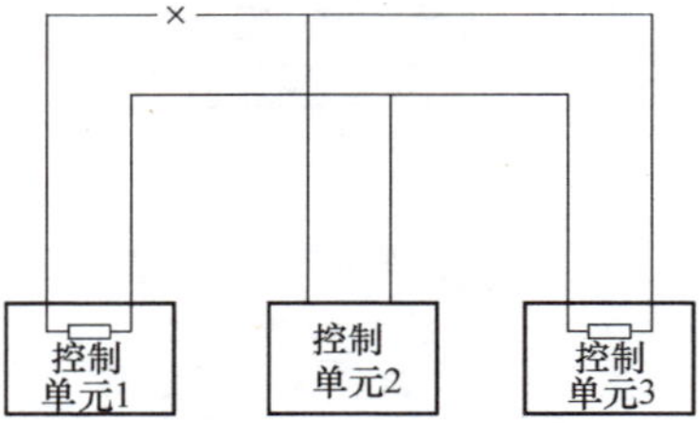

图 9-8 测试三个（或更多）控制单元节点

学习提示

如果数据总线查不出引起硬件故障的原因，应该检查是否是某个控制单元引起的故障。断开所有通过 CAN 数据总线传递数据的控制单元，关闭点火开关，接上其中一个控制单元，连接故障诊断仪进行检测。

三、车载网络系统故障排除实例

1. 上海大众帕萨特 1.8L 轿车车门的玻璃升降器故障

故障现象

一辆 2011 年款上海大众帕萨特 1.8L 轿车，车主反映该车所有车门的玻璃升降器和车门均不能工作。

故障诊断与排除

（1）根据玻璃升降器和车门锁不能工作的情况，首先初步怀疑是熔丝熔断所致，但检查后为正常状态。

（2）连接 V. A. S5052 查询舒适系统控制单元故障码，点击“46”发现不能正常进入舒适系统控制单元，于是点击“01”发动机控制单元，也无法进入，继续点击其他地址，都不能进入。

（3）根据维修经验，所有控制单元都不能进入，并且所有控制单元都是经过仪表网关连接诊断插头，于是更换仪表控制单元总成，但更换后依然不能进入各个控制单元读取故障信息。

（4）检查电路，发现位于驾驶室的舒适控制单元周围有水迹，并且插接器有锈迹，拆下舒适控制单元并打开后发现其电路板因进水而严重锈蚀。

（5）更换舒适控制单元，并清理插接器内的锈迹，然后连接诊断仪后测试，全部正常，故障彻底排除。

维修小结

由于舒适控制单元进水，电路板腐蚀导致舒适控制单元损坏，总线与其他电路短路，不能通过 CAN 总线传递信息。

2. 上海大众帕萨特 2.0L 轿车车门锁异常故障

故障现象

一辆 2008 年款上海大众帕萨特 2.0L 轿车，车主反映该车在行驶过程中 4 个车门锁失常，一会儿弹起，一会儿又落下，变化没有规律。

故障诊断与排除

（1）首先连接 V. A. S5052 查询舒适系统控制单元故障码，点击“46”显示 4 个车门控制单元有故障。

（2）从左前控制单元开始逐一进行更换，试验后故障依旧。根据维修经验，舒适控制单元会影响车门锁的正常工作，于是更换舒适控制单元后进行试车，故障仍然没有得到解决，说明以上更换的部件均正常。

（3）检查电路，发现舒适控制单元与仪表控制单元通过 CAN 总线连接，于是更换仪表控制单元总成并重新进行匹配，故障彻底排除。

维修小结

由于该车舒适控制单元与 CAN 总线连接，当网关出现故障后，向舒适控制单元发出错误指令导致上述故障的产生。

第十章 音响与导航系统

第一节 音响系统

一、音响系统的检修

1. 音响系统位置

以路虎轿车为例说明音响系统位置，如图 10-1 所示。

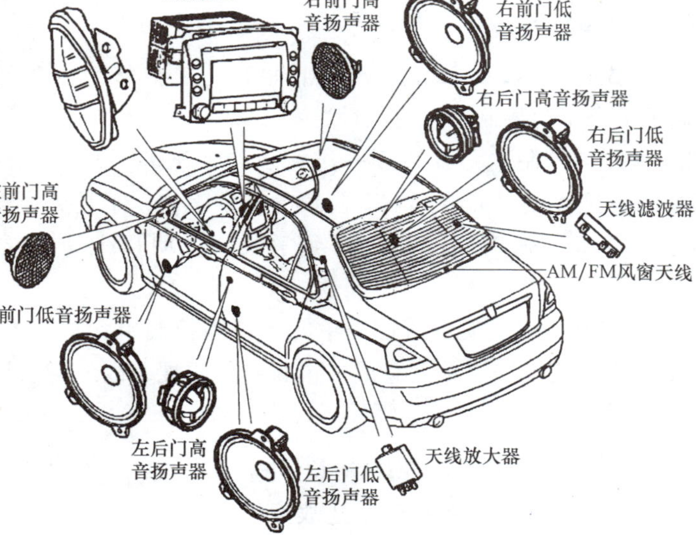

图 10-1 音响系统元件位置图

2. 音响的拆装

(1)用胶刀撬松中控面板的右缝隙	(2)用胶刀撬开中控面板的下边缝隙

(3)用胶刀撬开中控面板的左缝隙	(4)将中控面板拿开

(5)拆下音频装置上的 4 个紧固螺栓	(6)拆下音频装置插头并取出
	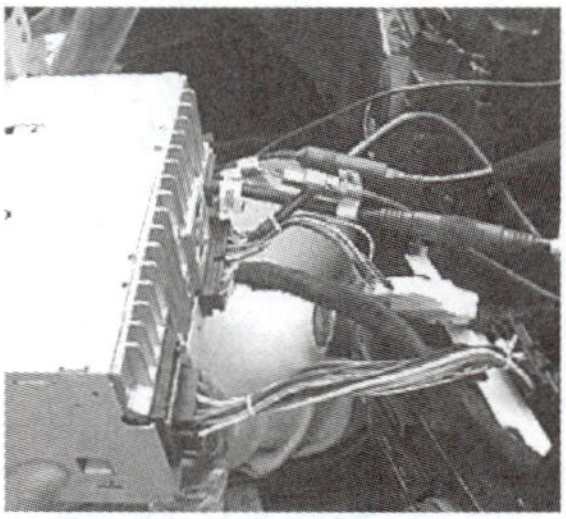
(7)拆下车门扬声器	
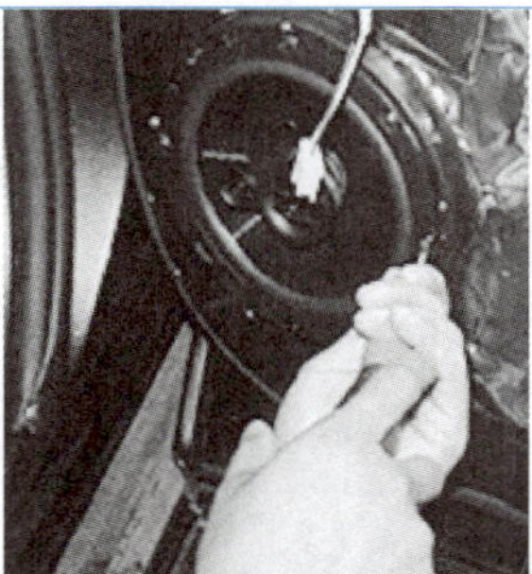	

3. 音响系统的快速诊断

（1）音响系统无声音的诊断

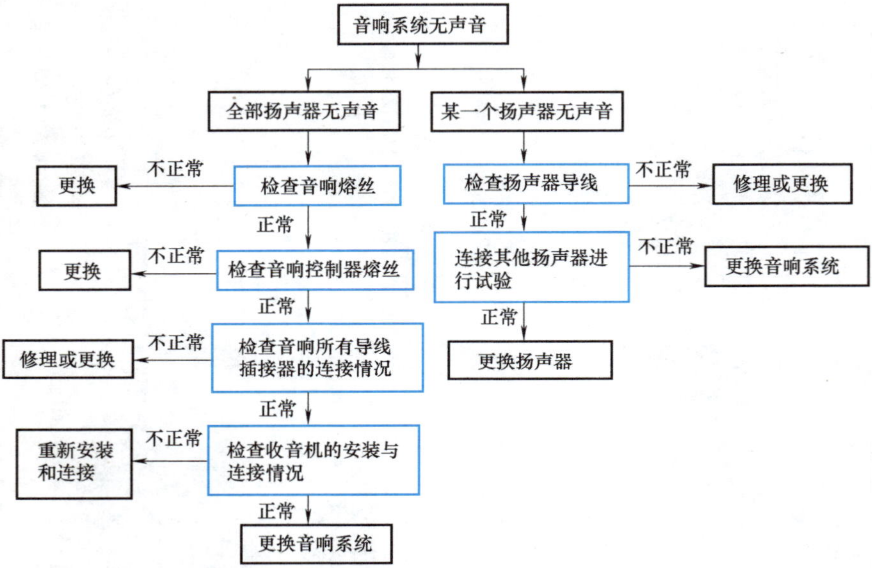

（2）收音机故障的诊断

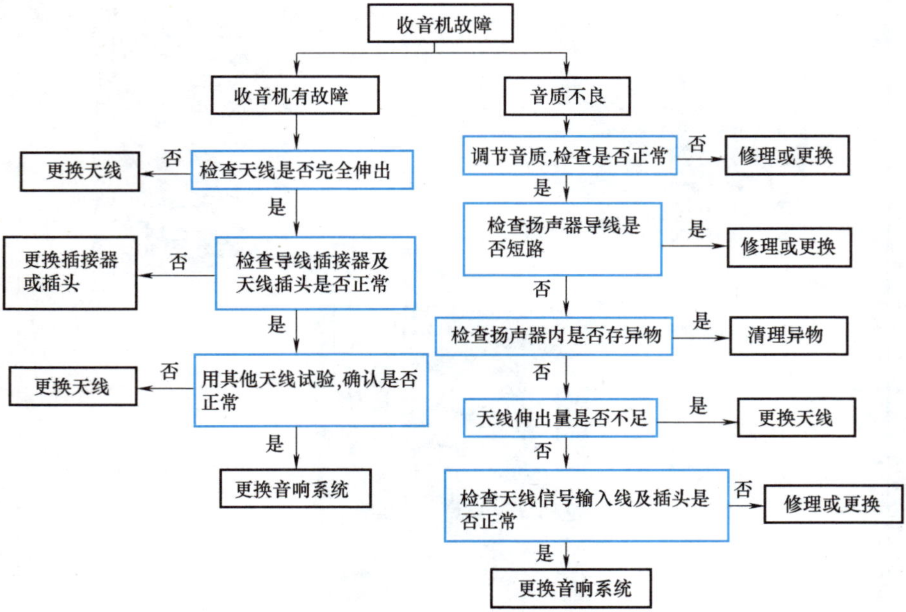

（3）收音机有杂音的诊断

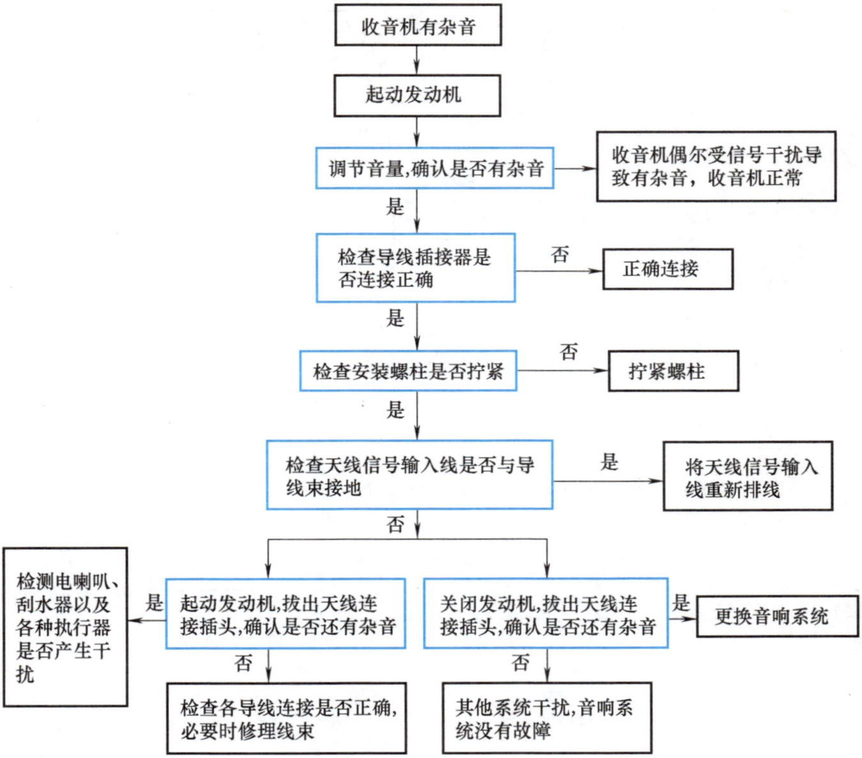

（4）CD 机发生跳音的诊断

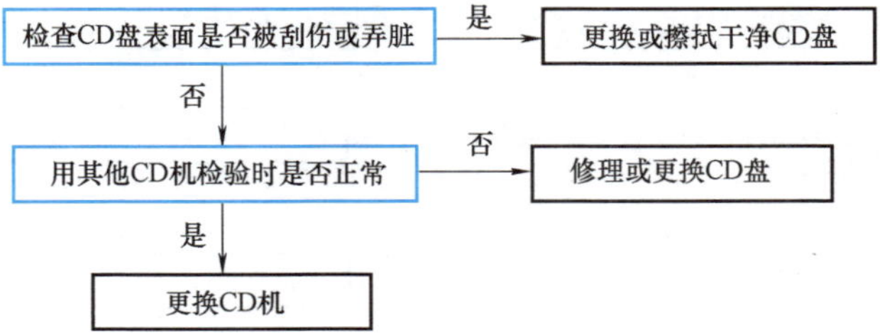

（5）音质下降的诊断

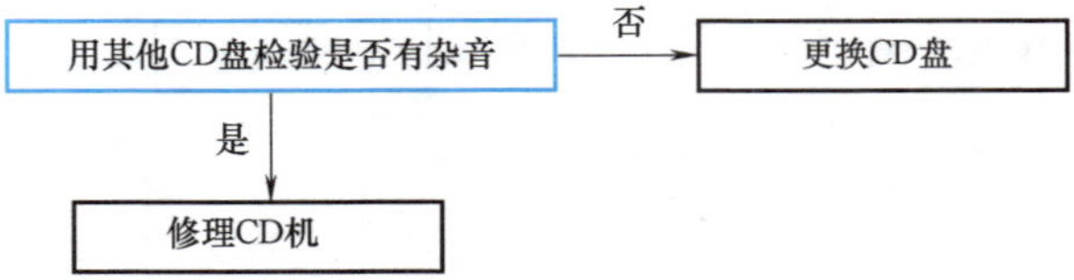

（6）CD 盘不退出的诊断

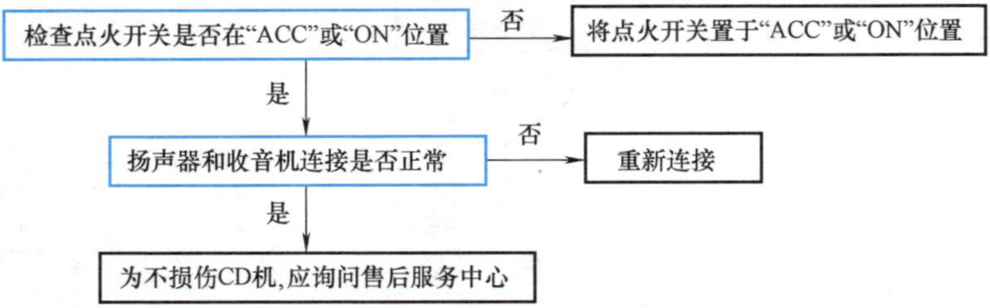

（7）信号接收不良的诊断

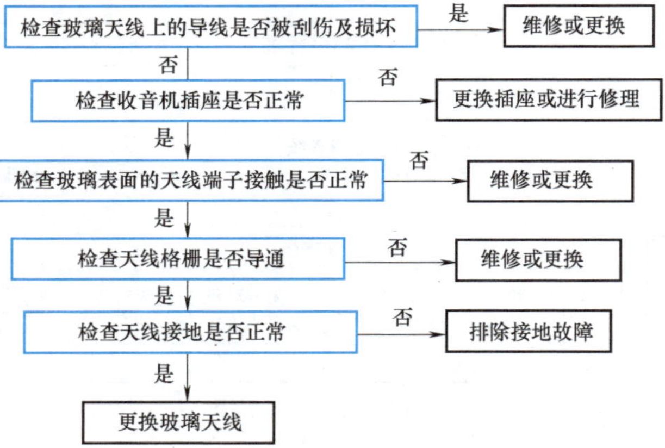

（8）电动机天线不伸长或不收缩的诊断

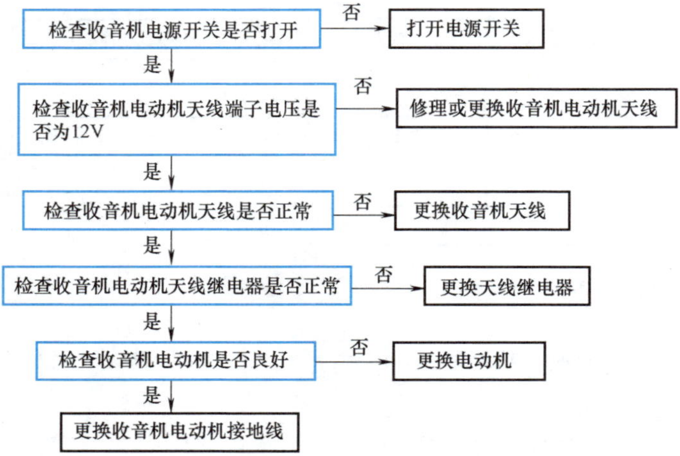

4. 音响的自诊断

学习提示

现代音响系统都具有自诊断功能，当监控到音响存在故障后，以故障码的形式存入故障存储器中。下面以大众车系为例说明音响的自诊断。

(1) 连接 VAS5052 诊断仪，然后打开点火开关。

(2) 按 1 键选择“快速数据传递”，屏幕界面为

快速数据传输	帮助
输入地址码 × ×	

(3) 收音机地址码为 56，按 5 键和 6 键，屏幕界面为

快速数据传输	Q
56-收音机	

(4) 按 Q 键确认输入，5s 后屏幕界面为

4C0035186（收音机备件号）	Radio（收音机）
D01（收音机软件版本号）	→
编码 00207（收音机编码）	WSC06812（服务站代码）

(5) 按→键，然后按 HELP 键，输出可执行功能，见表 10-1。

表 10-1 收音机自诊断功能

代码	功能
01	查询控制单元版本号
02	查询故障码
03	执行元件诊断
04	清除故障码
05	结束输出
06	控制单元编码
07	读取测量数据块

（6）按 0 和 2 键选择“查询故障码”，屏幕界面为

快速数据传输	Q
02-查询故障码	

（7）按 Q 键确认输入。屏幕界面显示故障码或显示“没有发现故障”，如果出现故障码，则根据故障码指示进行排除，见表 10-2。

表 10-2 收音机故障码表

故障码	含义	故障原因
00668	接线柱 30 电压信号太弱	(1)蓄电池无电或损坏 (2)蓄电池电压低于 9.5V (3)充电系统故障等
00849	点火开关 D 上的 S 触点断路	(1)点火开关 D 损坏 (2)点火开关线路短路或断路
00850	收音机有源放大器对地短路	(1)有源放大器损坏 (2)有源放大器线路短路或断路
00852	前部扬声器短路或断路	(1)前部扬声器损坏 (2)前部扬声器线路短路或断路
00853	后部扬声器短路或断路	(1)后部扬声器损坏 (2)后部扬声器线路短路或断路
00854	组合仪表板与收音机无法通信	(1)组合仪表板损坏 (2)收音机损坏 (3)组合仪表板与收音机之间线路断路
00855	CD 机连接无法通信	(1)CD 机损坏 (2)收音机损坏 (3)线路断路
00856	收音机天线短路或断路	(1)收音机天线短路或断路 (2)天线插头故障
01044	控制单元编码错误	收音机未进行编码匹配
65535	控制单元损坏	收音机损坏

二、音响系统故障排除实例

1. 奇瑞东方之子轿车 CD 和收音机无声音故障

故障现象

一辆 2010 年款奇瑞东方之子轿车，配置了 4G64 发动机，该车行驶

1.9 万 km 后出现 CD 和收音机有时无声音的故障。

故障诊断与排除

(1) 更换新的 CD 机后检查故障依旧。

(2) 拆下收音机插头，使用万用表检查线路的电源线和接地线均正常。

(3) 测量喇叭线束的接地情况，在左后门插头处发现线束被磨破而接地。

(4) 使用绝缘胶布处理好线束后故障排除。

2. 哈飞路宝轿车 DVD 音响显示屏亮但无内容显示故障

故障现象

一辆 2005 年款哈飞路宝轿车，已行驶 5.2 万 km，该车 DVD 音响显示屏亮，但无内容显示，所有按键失灵。

故障诊断与排除

(1) 首先放入 CD 磁盘后，发现放音和显示均正常，但退出磁盘后，故障再次出现，说明故障与机芯有关。

(2) 测量机芯的收、放音状态开关，发现开关在放音状态时接触不良，向转换开关内注入少许乙醇，再多次放入、退出磁盘，直到测量开关接触良好。通电试机，故障排除。

3. 一汽大众迈腾轿车多功能转向盘上的右选单键失灵故障

故障现象

一辆 2009 年款一汽大众迈腾 1.8TSI 轿车，行驶里程为 2.1 万 km，车主反映该车在汽车美容店加装 DVD 导航后，多功能转向盘上的右选单键失去功能，按下该键时仪表多功能显示屏无反应。

故障诊断与排除

(1) 因为故障是在加装 DVD 导航后出现的，于是怀疑故障与导航系统有关。拆除 DVD 导航，恢复车辆原来的状态，将单碟 CD 机装回去，再查看多功能转向盘的功能是否恢复，结果故障仍然存在。

(2) 使用故障诊断仪 VAS5052A 对车辆进行检查，系统内无故障码。

(3) 如图 10-2 所示，查阅多功能转向盘电路图，可以看到转向盘右侧多功能按钮 E441 通过转向盘控制单元 J453 经 LIN 线把信号传递给转向柱控制单元 J527，转向柱控制单元 J527 通过 CAN 线与仪表控制单元 J285 进行数据交换。

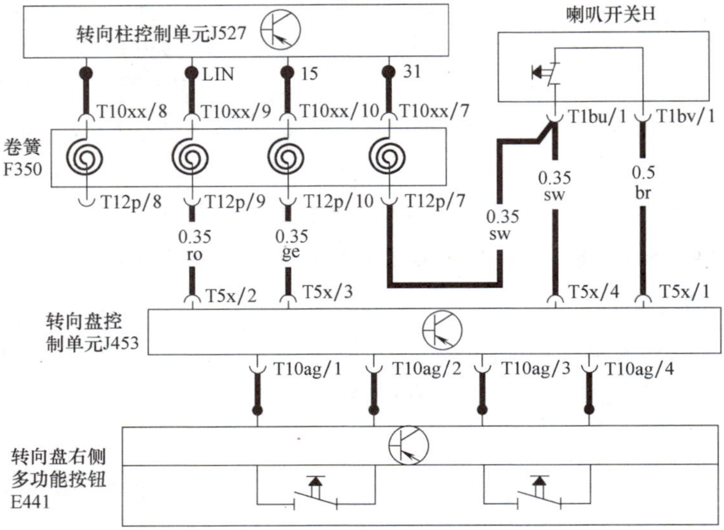

图 10-2　多功能转向盘电路图

(4) 转向盘控制单元 J453 没有单独的诊断地址码，可以通过 J527 的数据流对多功能转向盘上的按键的信息传递进行检查。通过 J527 的数据流 08 的第九组的 1 区查看显示数值，如图 10-3 所示。按下右选单键时显示数值为 10，表明转向柱控制单元 J527 已经接收到按键信号，因此排除了从 J453 到 J527 之间的元件和线路出故障的可能性。

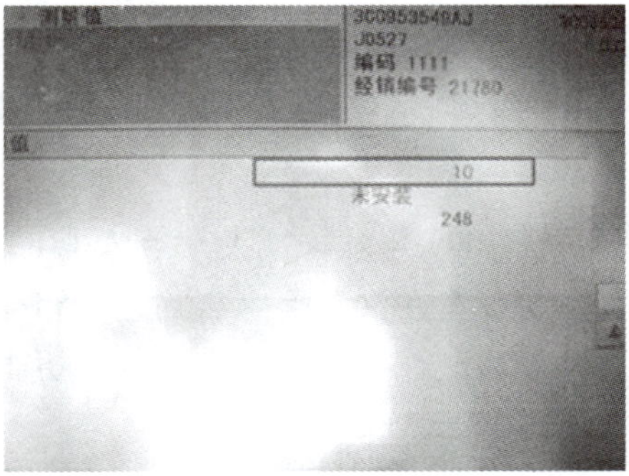

图 10-3　诊断仪器显示

(5) 接下来通过网关 J533 读取 CAN 通信数据，显示值是 1，这说明 CAN 通信正常（1 表示正常，0 表示不正常）。

(6) 接下来检查仪表，可以从网关列表中看出仪表显示正常，而且在按转向盘上的 OK 键和 Tiptronic 键时仪表显示有反应。查阅维修手册，发现 J527 还有具有编码检查功能，利用 VAS5052A 的引导功能，得到的编码是 13141，但是按此数值编码后发现喇叭长鸣。利用诊断软件 5053 提供的编码规则进行编码，得到编码 1111，维修人员发现这与原车的编码 1111 一致。

（7）对 J527 按编码 1111 进行编码后，转向盘的右侧多功能选单键恢复正常，至此故障排除。

维修小结

由于加装导航后，使用 DVD 播放过视频，导致车辆蓄电池亏电无法起动，然后更换了蓄电池。正是因为车辆的不正常断电导致编码不能被 J527 识别，造成了该车故障的出现，使用 V. A. S5052A 重新编码后即可排除故障。

第二节　导航系统

一、导航系统的检修

1. 导航系统的自诊断

导航系统都具有自诊断功能，车型不同操作方法有所差异，但故障诊断流程大致一致。下面以日产轿车为例说明导航系统的自诊断。

（1）读取故障码

1）起动发动机。

2）按下 MAP/GUIDE + MENU + CANCEL 按钮 3s，显示屏显示界面：

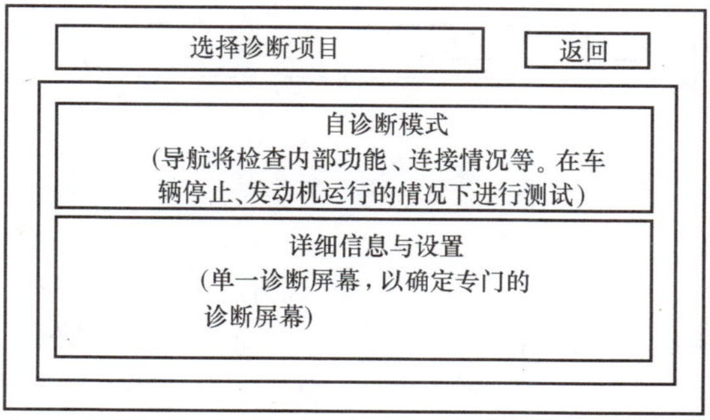

3）选择“详细信息与设置”，显示屏显示界面：

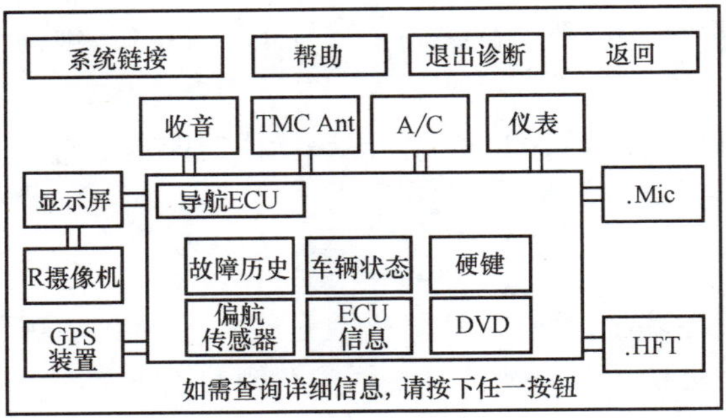

4）选择“故障历史”，显示屏显示界面：

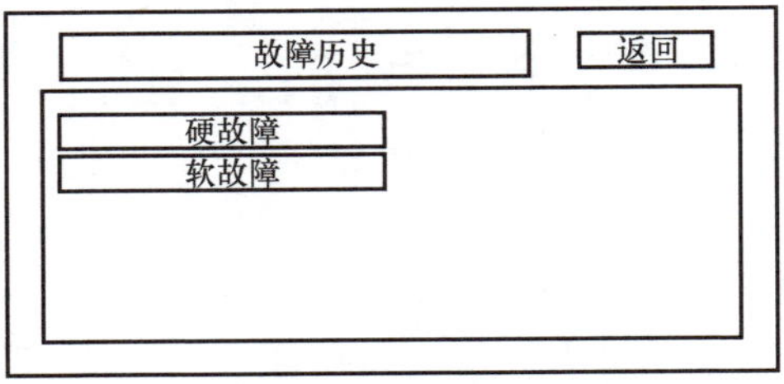

5）选择“硬故障”，显示屏显示界面：

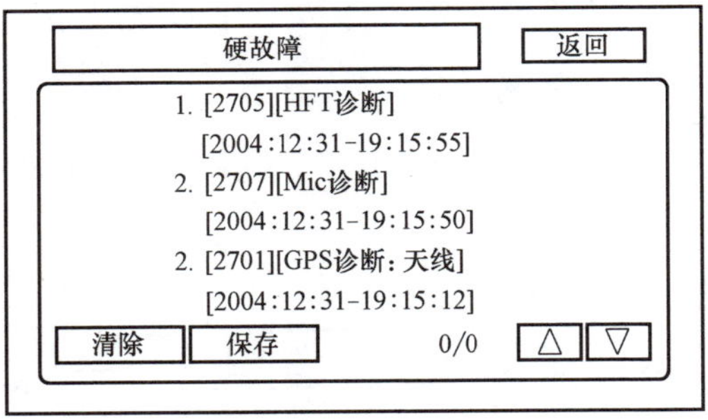

学习提示

①显示屏显示 DTC、DTC 的简要说明、发生故障的日期与时间。

②使用界面表盘选择向上（UP）或向下（DOWN）读取更多故障信息。

6）使用 DTC 故障处理表进行故障处理，见表 10-3。

表 10-3　DTC 故障处理表

故障码	含义	故障处理
1001	FROM 系统信息错误	导航装置内部数据故障
1101	媒体总线发送错误	导航装置内部媒体故障
1201	DVD 温度高	导航控制装置风扇故障
1202	DVD 温度低	导航装置温度低于下限温度
1301	GPS 天线故障	GPS 天线电路故障
1302	GPS 接收器故障 1	①GPS 天线电路故障 ②导航装置内部 GPS 接收器故障
1303	GPS 接收器故障 2	导航装置内部 GPS 接收器故障
1304	回转仪故障 2	导航装置内部 GPS 回转仪故障
1305	回转仪故障 2:ECU 温度为××℃	导航装置内部 GPS 回转仪故障
1306	车辆速度脉冲	车辆速度脉冲(VPS)电路故障
1307	DVD 读碟故障	DVD 有划痕/脏污或导航控制装置内部 DVDROM 驱动故障
1401	音频故障 1	立体声放大器机械故障
1402	音频故障 2	CD 换碟机机械故障
1403	音频故障 3	导航显示器装置机械故障
1406	音频故障 6	无线电内机械故障
1701	后摄像机故障	后视摄像机与导航显示器装置通信故障
2601	显示屏诊断:连接	导航 ECU 总线电路故障
2602	显示屏诊断:ROM	导航显示器装置内部故障
2603	显示屏诊断:RAM	导航显示器装置内部故障
2605	H/U 诊断:连接	GA-NET 总线电路故障
2608	后摄像机诊断	后视摄像机内部故障
2609	VRAM 诊断	导航装置内部 VRAM 故障
2610	DRAM 诊断	导航装置内部 DRAM 故障
2701	GPS 诊断:天线	GPS 天线故障
2702	GPS 诊断:导航 ECU 中的接收器	GPS 天线故障
2703	空调诊断	温湿控制装置与导航控制装置通信故障(断路/短路)
2705	HFT 诊断	免提电话控制装置内部故障
2706	回转仪诊断:ECU 温度为××℃	导航控制装置内部故障
2707	传声器诊断	传声器电路故障

（2）清除故障码

1）读取故障码操作，显示故障码界面：

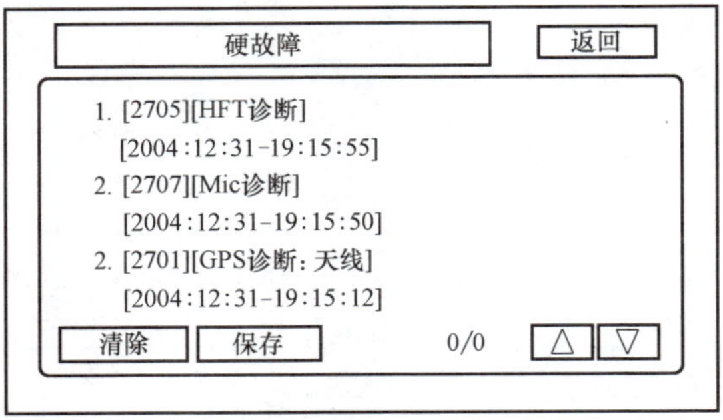

2）选择“清除”，显示界面：

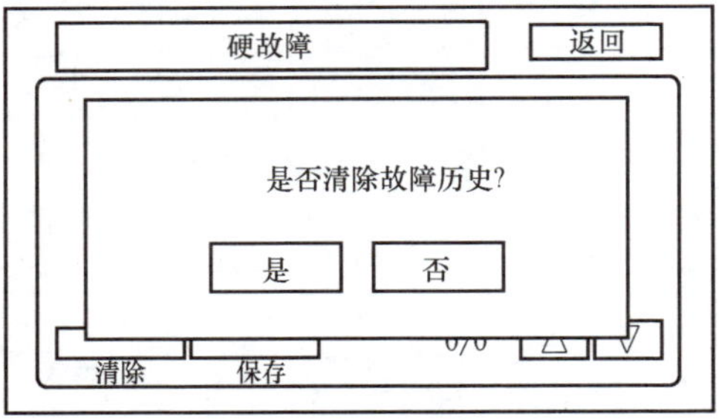

3）选择“是”（YES）之后，故障历史被清除。

二、导航系统故障排除实例

1. 奥迪 A6 轿车导航系统故障

故障现象

一辆 2010 年款奥迪 A6 2.8L 轿车，行驶里程为 1065km。用户反映该车的导航在车辆行驶中不好用，多媒体交互系统显示屏上的车辆光标停滞，导航系统上其他功能均正常。

故障诊断与排除

（1）首先连接 VAS5052A 故障诊断仪，进入系统地址码 5F，发现没有存储故障码。考虑到在汽车维修车间里存在建筑物屏蔽效应和信号干扰，会导致收不到 GPS 同步卫星信号，于是对车辆进行道路测试。在路试中发现不管该车行驶到何方位，光标都不动。

（2）根据电路图，检查电子设备控制单元 J794 及天线线路，未见异常。按下 MMI 操纵面板左下角上的导航信息按键，无论车辆行驶到哪个方位，在 MMI 显示屏上，所显示的 GPS 同步卫星颗数始终为 0，没有变化，说明车辆始终没收到卫星信号，导致车辆导航系统无法定位。

（3）信息电子设备控制单元 J794 内没有故障码，基本可以说明 J794 是没问题的，而且天线线路连接也正常，怀疑天线放大器存在故障。

（4）拆下后风窗玻璃上绝缘装饰板，在左侧找到天线放大器 R50，将其更换。再次按下，MMI 操作面板导航信息按键，MMI 显示屏上立刻显示有 4 颗卫星，车辆导航功能恢复。

维修小结

通过排除该车导航故障总结为如果不能在 MMI 显示屏地图上显示车辆位置，就等于没收到信号，应检查天线或天线放大器。汽车维修人员还要多学习汽车新系统方面的知识，了解相关车辆先进系统的原理，才能提高工作效率。

2. 丰田威驰 1.6L 轿车车辆的实际位置与地图显示位置不一致故障

故障现象

一辆 2010 年款丰田威驰 1.6L 轿车，行驶里程为 3.71 万 km，车主反映该车的实际位置与车辆上的地图显示位置不一致，导航系统无声音引导。

故障诊断与排除

（1）首先起动车辆，打开 GPS 接收电源开关，使导航系统显示出地图，然后将车辆行驶到视野良好的空旷场地上，检查是否显示“GPS”标记。经检查发现，该车的导航系统只能显示地图，不能显示“GPS”标记，说明接收信号故障。

（2）该车装备的 GPS 导航系统具备自诊断功能，于是按照规定操作，将车辆停止，并拉起驻车制动器手柄，打开点火开关到 ON 位置（ACC 位置也可），然后在多功能显示屏上按住“INFO”开关，操纵示宽灯开关，按 OFF-TAIL-OFF-TAIL-OFF-TAIL-OFF-TAIL-OFF 顺序系统进入故障诊断界面。经观察发现，系统中存在车速信号不良的故障码。

（3）将故障码清除后进行路试，结果故障再次发生。根据车速信号不良的故障码的提示，查阅相关的维修手册。

（4）按照维修手册上的要求，首先应检查车辆的车速输入信号是否正常，同时与 GPS 自诊断系统的车速信号对比，确认车速信号正常。

（5）经仔细检查发现此车装有雷达探测器，且在车窗和前风窗玻璃上贴有防爆膜。使用专用的连接线将 GPS 卫星接收天线引导到车外后进行路试，结果地图上显示的位置与车辆的实际位置一致，但导航系统仍无声音引导。

（6）检查为导航系统提供声音的车辆左前侧扬声器，经使用收音机试验，扬声器能够正常地发声，利用万用表测量扬声器的电阻为 4Ω，确定扬声器无故障。

（7）根据维修手册的要求检查了相关的线路，但依然没有发现任何异常之处。至此，维修人员判定故障应在导航系统本身。

（8）更换导航系统 ECU 后，故障排除。

3. 丰田威驰 1.3L 轿车车辆的运动方向与导航系统标注的运动方向相反故障

故障现象

一辆 2011 年款丰田威驰 1.3L 轿车，行驶里程为 2.83 万 km，车主反映该车导航系统上标注的车辆运动方向与车辆实际运动方向相反。

故障诊断与排除

（1）根据该车的故障现象，首先对导航系统进行自诊断。启动诊断系统，并读出车辆位置信号检查模式的 REV 信号，输入信号正常（点火开关 ON，变速杆 R 位的时候电压为 10～14V。

（2）拆下导航 ECU 的插接器后，利用万用表测量 REV 与 GND1 之间的电压，为10～14V，正常。

（3）根据车辆维修手册的要求，更换导航系统 ECU，故障排除。

第十一章

其他电气系统

第一节　电源系统

一、电源系统的组成

学习提示

在发动机工作时，发动机带动发电机发电，向汽车用电设备提供电源，并向蓄电池充电。在起动发动机时，则由蓄电池向起动机及点火系统等提供电源。蓄电池除了主要用作起动电源外，还有如下功用：

①在发动机怠速运转或停转（发电机电压低或不发电）时，向车载用电设备供电。

②当同时启用的车载用电设备功率超过了发电机的额定功率时，协助发电机供电。

③在蓄电池存电不足及发电机负载不多时，通过充电的方式将发电机的电能转换为化学能储存起来。

④蓄电池内部的极板构成了一个容量很大的电容器，它可以吸收电路中的瞬变电压脉冲，对汽车电路中的电子元件起到保护作用。

⑤此外蓄电池是电子控制器的恒定电源。

由蓄电池、发电机、调节器及仪表充电状态指示器、开关、继电器、熔丝和导线等连接而成的电气系统称为电源系统，下面以路虎车系为例说明电源系统的组成，如图 11-1 所示。

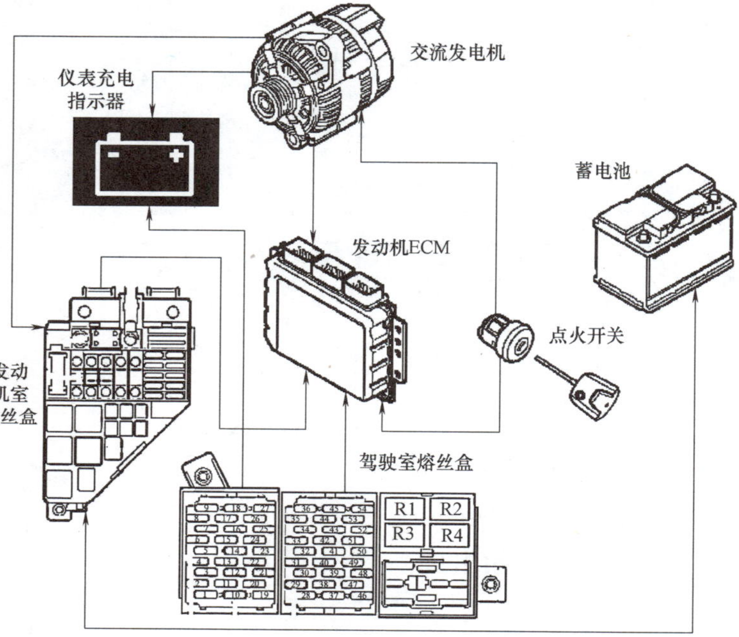

图 11-1　电源系统示意图

二、电源系统的检修

1. 发电机检修

	(1)拆下发电机 B+端子上的绝缘体	(2)拆下发电机上的紧固螺栓
拆解	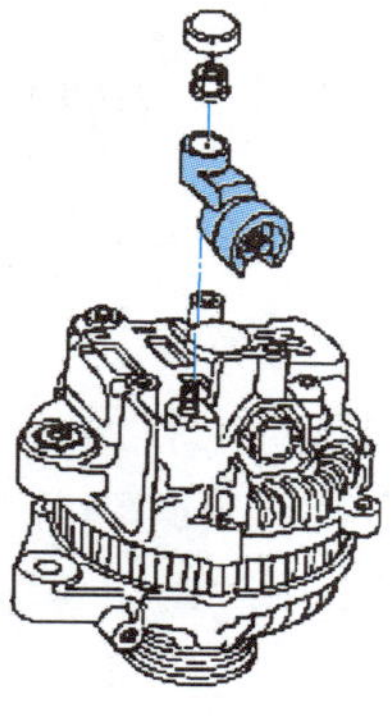	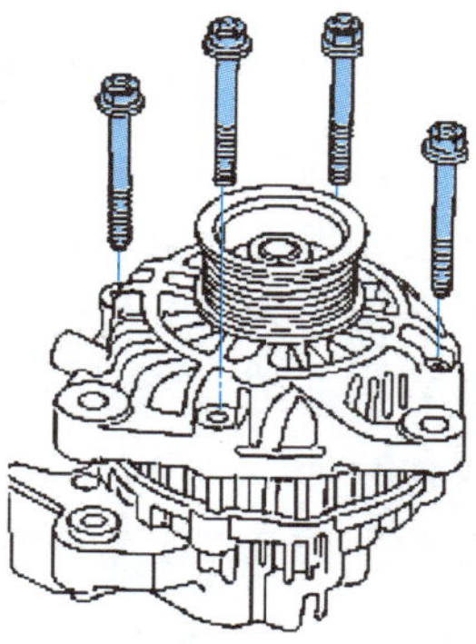

<table>
<tr><td rowspan="6">拆
解</td><td>(3)将一字螺钉旋具插入发电机壳体开口并将后壳体和前端盖撬开</td><td>(4)将转子夹紧在软面台虎钳上,然后拆下带轮锁紧螺母</td></tr>
<tr><td>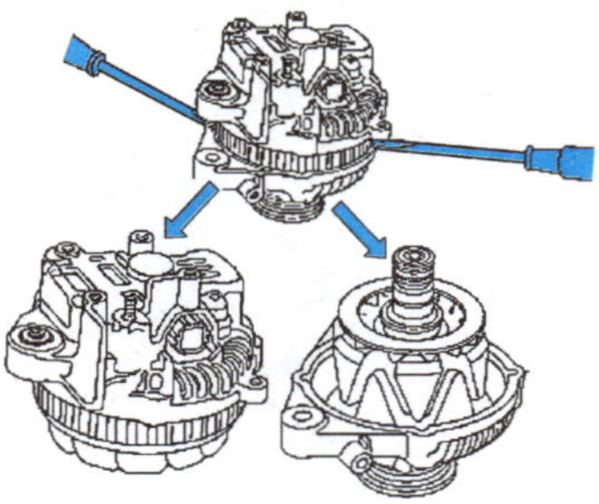</td><td>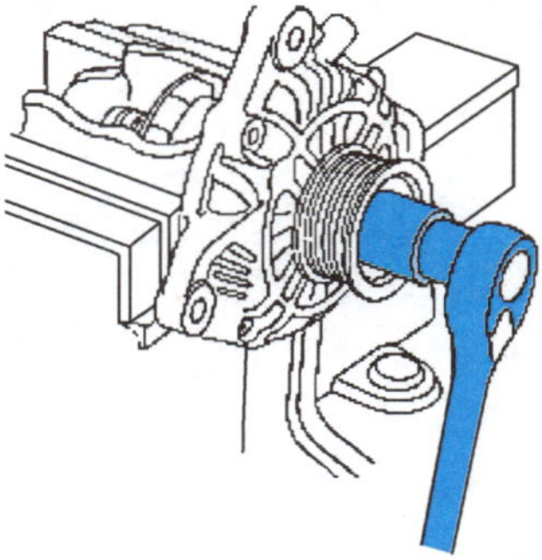</td></tr>
<tr><td>(5)用拉拔器将转子分离</td><td>(6)用拉拔器拆下后轴承</td></tr>
<tr><td>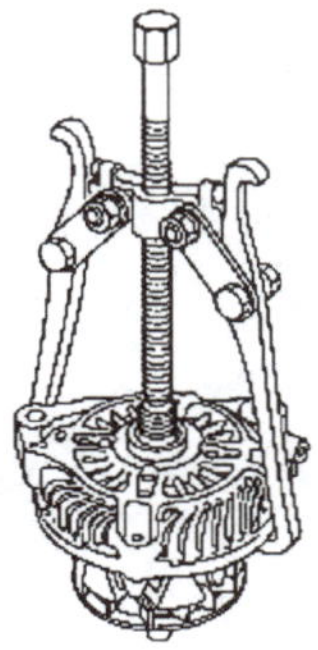</td><td>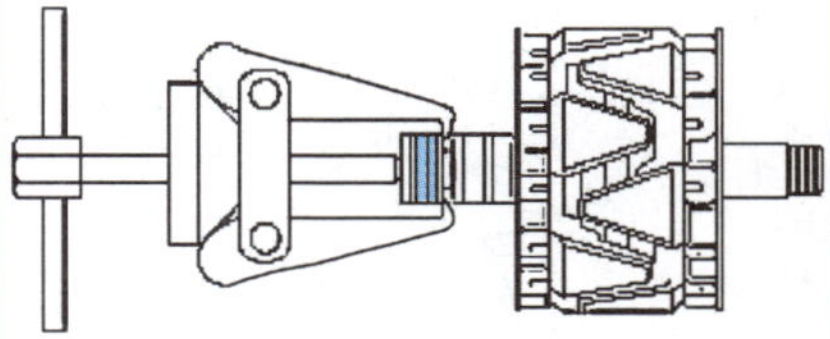</td></tr>
<tr><td>(7)拆下前轴承挡板</td><td>(8)用台虎钳支撑前端盖壳体,用冲子和锤子将前轴承敲出</td></tr>
<tr><td>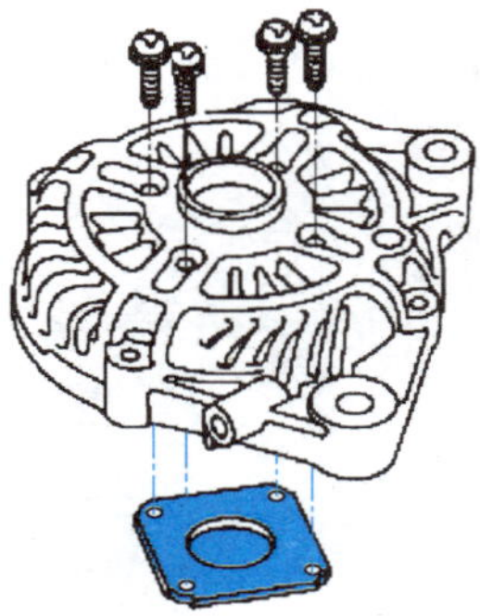</td><td>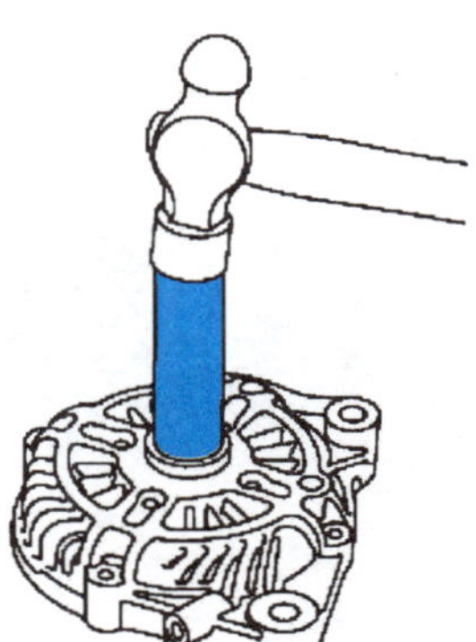</td></tr>
</table>

（续）

检查	（1）发电机电刷测试	（2）检查发电机转子轴承
	使用游标卡尺测量电刷的长度。 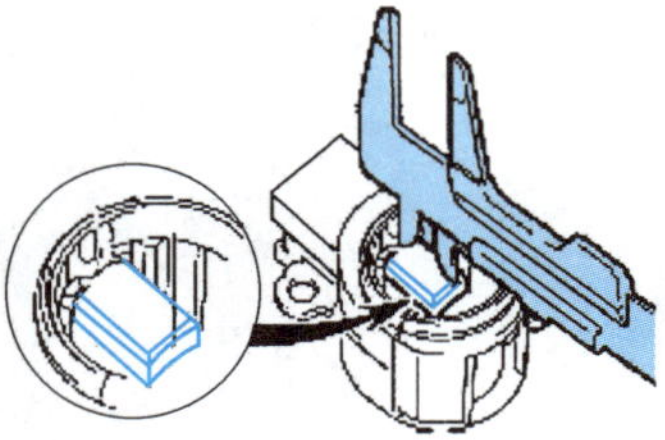 以马自达车系的发电机为例，如果电刷长度小于最小值（2mm），应更换发电机电刷座总成	用手转动轴承，检查轴承是否有异常噪声、松动和卡住。 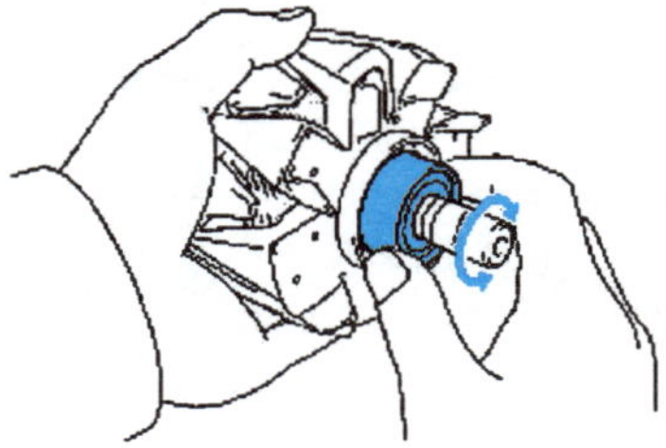 如果轴承被磨损、卡滞，应更换轴承或转子总成
	（3）测量滑环的电阻	（4）测量滑环和转子芯之间的导通性
	使用万用表欧姆档测试滑环之间的电阻值。 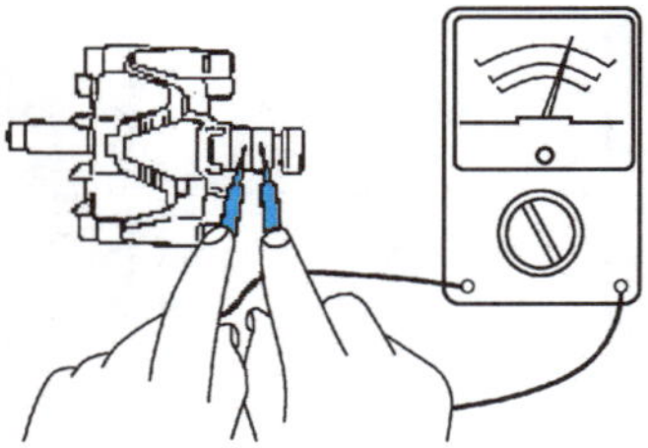 以马自达车系的发电机为例，发电机滑环之间的电阻值应为 2.5Ω 左右，如果结果不符合要求，则更换发电机转子总成	用万用表欧姆档检查滑环与转子芯之间的电阻值 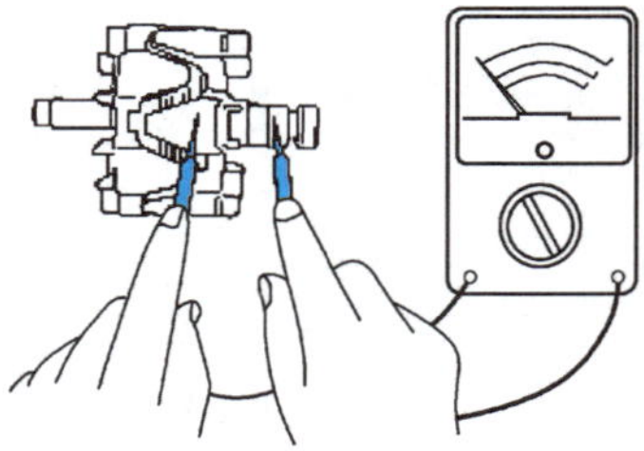 滑环与转子芯之间应没有电阻值，如果结果不符合要求，更换发电机转子
	（5）检查滑环直径	（6）检查发电机前端盖座轴承
	用游标卡尺测量滑环的直径。 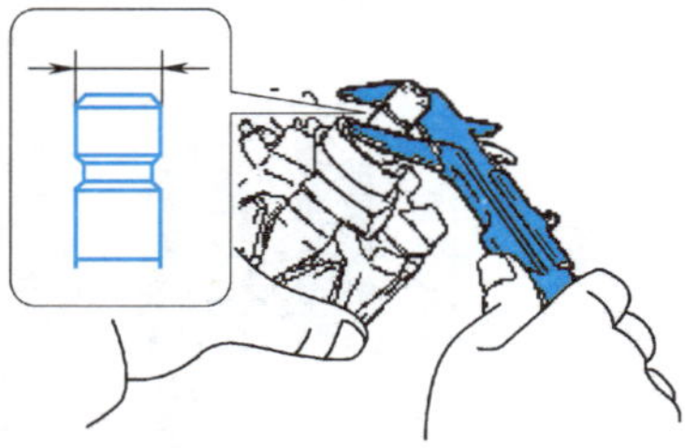 如果直径小于最小值，则更换发电机转子总成	用手转动轴承检查运转情况。 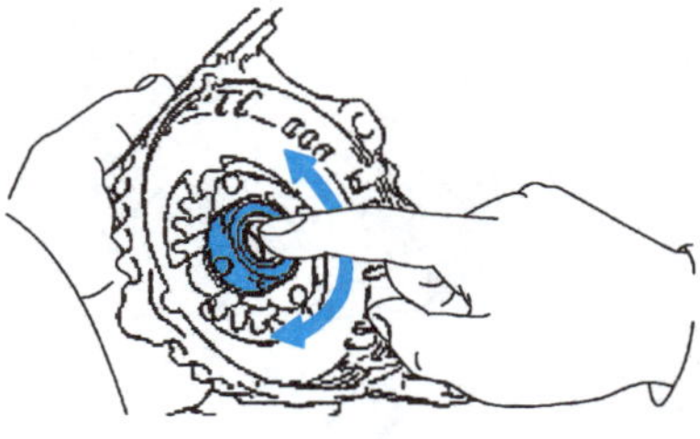 如果轴承运转不平稳，应更换轴承

<table>
<tr><td rowspan="6">检
查</td><td colspan="2">(7)发电机整流器测试</td></tr>
<tr><td>用数字万用表的负极“－”表笔端子接调节器端子“B”，万用表的正极“＋”表笔接调节器二极管引出电极，万用表应显示导通，然后将表笔换位，万用表应显示不导通。
如果万用表显示不导通，表明二极管断路，应更换整流器；如果导通，调换两表笔进行测试，应显示不导通，如导通表明二极管短路，应更换整流器</td><td>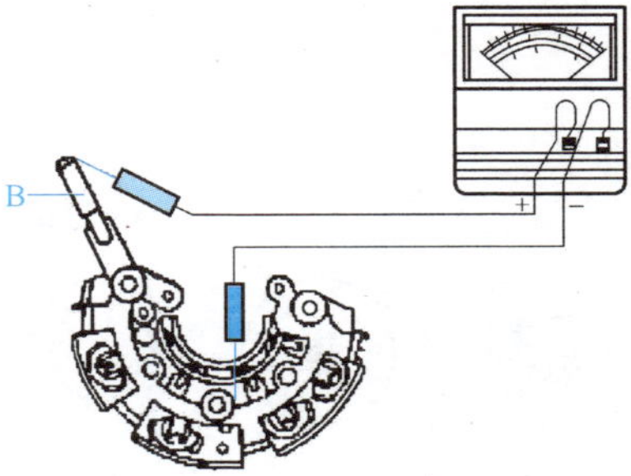</td></tr>
<tr><td colspan="2">(8)定子线圈断路测试</td></tr>
<tr><td>用万用表 R×1 档检测定子线圈引线之间的导通性。
以马自达车系的发电机为例，两两相测，阻值应小于 1Ω，若阻值为∞，说明断路，应更换或修复定子线圈</td><td>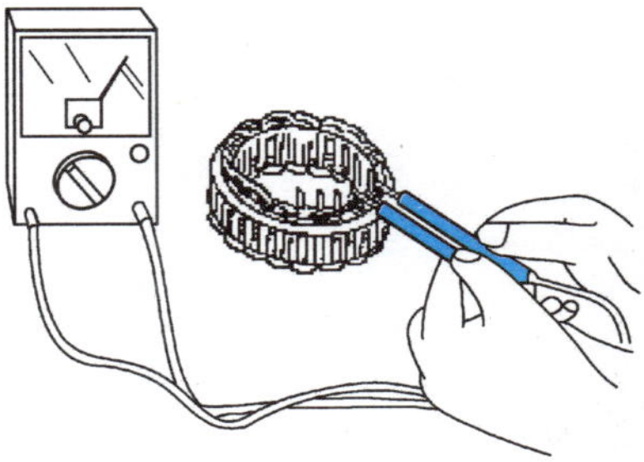</td></tr>
<tr><td colspan="2">(9)定子线圈短路测试</td></tr>
<tr><td>用万用表测试定子线圈的引线和线芯之间应不导通。
定子线圈的引线与线芯之间的电阻应为∞，否则说明有接地不良，应更换定子线圈总成</td><td>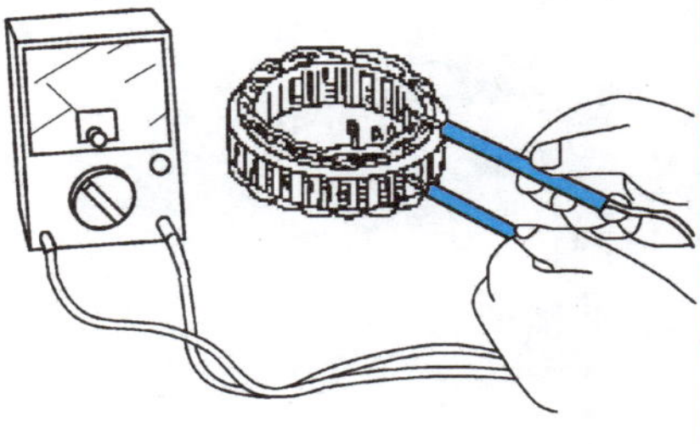</td></tr>
</table>

2. 蓄电池测试与维护

(1)检查蓄电池指示器的颜色

指示器显示绿色表示良好;显示暗色表明电量不足,应充电;清晰或淡黄表示应更换蓄电池

(2)用万用表测试蓄电池电压

用万用表测量蓄电池负极“－”与正极“＋”之间的电压。

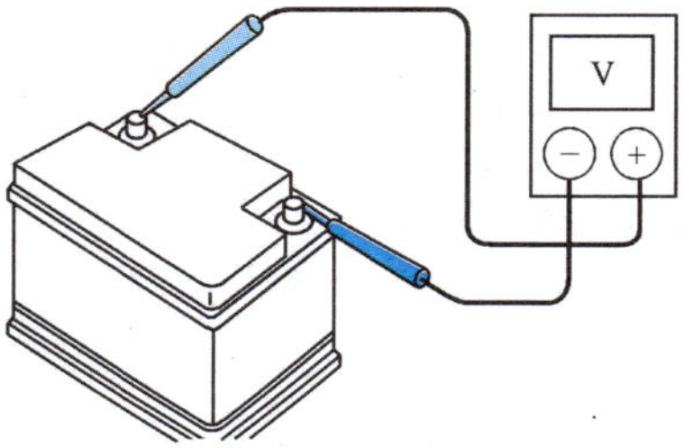

20℃时标准电压应为12V以上,如果电压低于规定值,需要更换或补充充电

(3)专用仪器测试蓄电池

将检测仪的接头与蓄电池的正、负极连接,然后测试当前的电压和电流

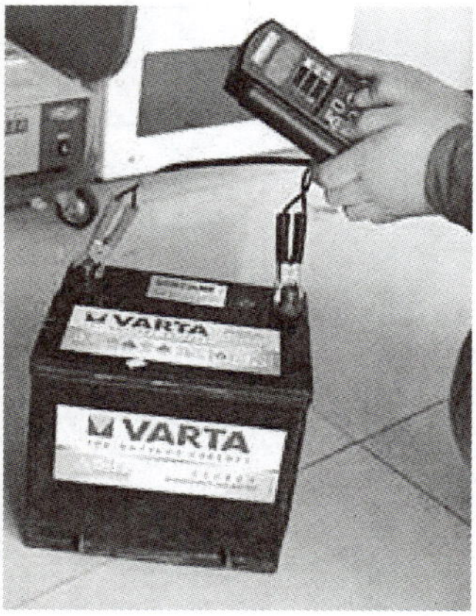

(4)拆下蓄电池端子,清洁干净接头内部和接线柱,然后将其紧固

在重新安装接头时,首先连接正极,并且各螺母和螺栓要按照规定力矩拧紧。

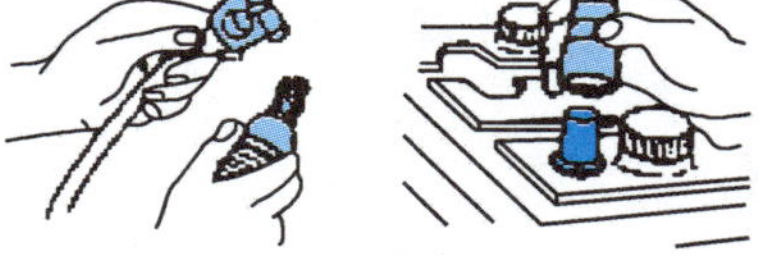

安装好后为了防止蓄电池接头氧化应涂上一层凡士林或润滑脂

三、电源系统常见故障排除与维修实例

（一）电源系统快速诊断

电源系统快速诊断见表 11-1。

表 11-1　电源系统快速诊断表

故障现象	故障原因	排除方法
蓄电池无电	(1)蓄电池过量发电	①连接充电机进行补充充电
	(2)发电机与蓄电池连接线路断路或接触不良	②重新连接或检查
	(3)电解液消耗过量	③补充添加电解液
蓄电池电量不足	(1)蓄电池储电能力下降	①更换蓄电池
	(2)充电线路松脱	②重新检查并紧固
	(3)电解液液面过低	③添加电解液
	(4)蓄电池内部极板活性物质脱落	④修复或更换蓄电池
漏电	(1)用电设备线路有短路	①排除线路短路的故障
	(2)蓄电池内部极板短路或隔板损坏	②修复或更换蓄电池
	(3)电解液杂质过多	③更换电解液
电解液消耗过快	(1)蓄电池过度充电	①更换发电机电压调节器或加注电解液
	(2)蓄电池内部极板短路或隔板损坏	②修复或更换蓄电池
	(3)蓄电池壳体出现裂纹	③修复壳体
充电不足	(1)发电机传动带过松、转子或定子线圈短路或断路、电刷弹簧压力不足、电刷接触不良或磨损严重、接线柱接触不良或松动等	①检查并更换损坏的部件
	(2)蓄电池内部故障	②更换蓄电池
	(3)传动带打滑	③更换或调整传动带张紧器

（续）

故障现象	故障原因	排除方法
完全不充电	(1)接线断开、短路或接错	①重新检查并确认
	(2)发电机二极管损坏、电刷卡住或与滑环不接触，定子、转子线圈断路、短路、接地或接线柱绝缘不良	②检查并更换损坏的部件
	(3)调节器不工作	③更换调节器
	(4)继电器线圈断路、短路或触点接触不良	④更换继电器
	(5)仪表熔断器至交流发电机断路	⑤更换熔断器或线路
发电机异响	(1)发电机安装不当，紧固螺栓过松等	①重新安装发电机或按照规定力矩拧紧螺栓
	(2)带轮变形	②更换或校正后重新安装
	(3)轴承缺少润滑油或磨损松动	③添加润滑油或更换轴承

（二）起动系统的故障诊断流程

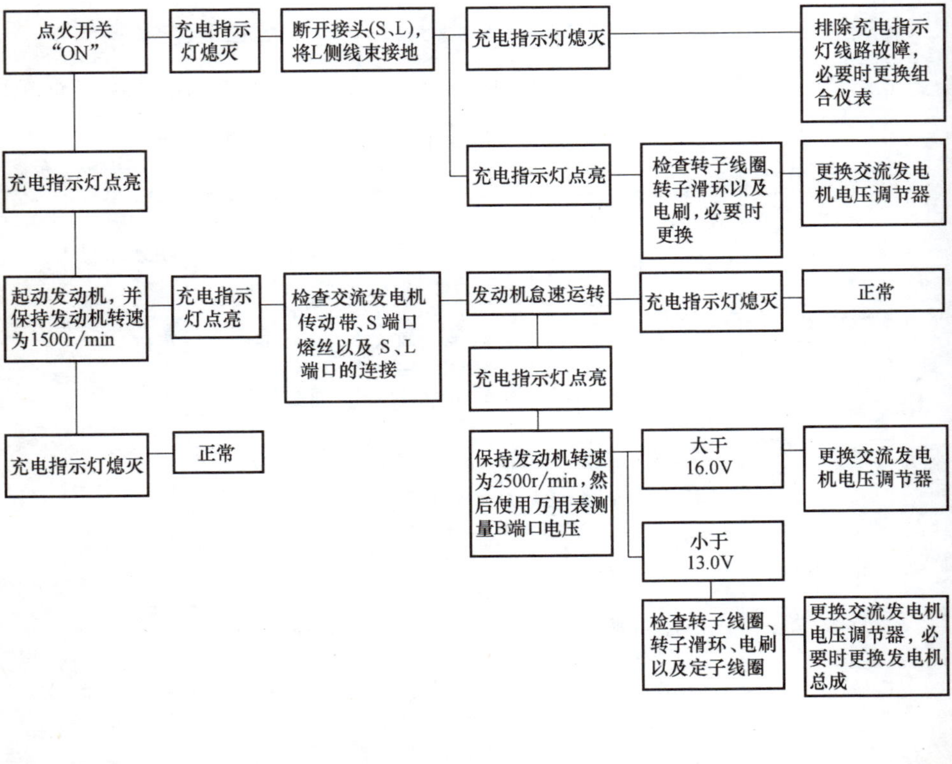

（三）维修实例

1. 奇瑞 QQ3 轿车蓄电池严重亏电故障

故障现象

一辆 2010 年款奇瑞 QQ3 轿车，配置了 SQR472 发动机，该车行驶 11 万 km 后出现蓄电池严重亏电的现象。

故障诊断与排除

（1）测量发电机电压在 12.5～13.0V，属于正常范围。

（2）打开蓄电池正极接线柱熔丝盒，发现通往发电机电源线的 40A 熔丝上有一处细小裂痕。

（3）重新更换熔丝后故障排除。

2. 雪佛兰乐风轿车蓄电池自放电故障

故障现象

一辆 2010 年款雪佛兰乐风 1.4L 轿车，行驶 5.67 万 km 后，第二天早上起动发动机，发动机无法起动。

故障诊断与排除

（1）首先试着起动发动机，感觉蓄电池电量不足，起动机有“咔咔”的声响，在借助外电源后发动机正常起动，说明发动机充电系统有故障。

（2）使用万用表测试发电机的发电电压，在 13.5～14.5V，发电机正常发电。

（3）用蓄电池测试仪检查蓄电池的健康状态为 100%，充电状态为 90%，表明蓄电池状况良好，断定为蓄电池亏电所致。

（4）使用万用表测量蓄电池的放电电流为 470mA（标准值为 30mA 左右），故障为蓄电池“自放电”。

（5）询问车主了解到该车加装了倒车雷达和低音炮后才出现的故障，于是决定逐一断开加装设备的电源，同时观察串联在蓄电池负极柱与接地负极夹之间的电流变化。当拔下熔丝盒的倒车灯熔丝（10A）时放电电流没有变化，继续从线束上将低音炮的电源线拆除，结果电流立刻降为 30mA 左右，这说明低音炮放电电流过大，导致蓄电池经常亏电。

（6）拆除加装的低音炮后恢复原车的线路，故障排除。

维修小结

由于车辆加装电气设备引起的汽车故障时有发生，在维修过程中必须引起重视，建议车主尽量不要随意改装电气线路，否则将会造成不明原因的故障。

第二节 电动门锁

一、电动门锁的组成

<table>
<tr><td>（1）组成</td><td>电动门锁主要由控制部分（包括门锁开关和门锁控制器）和执行机构（门锁电动机）组成

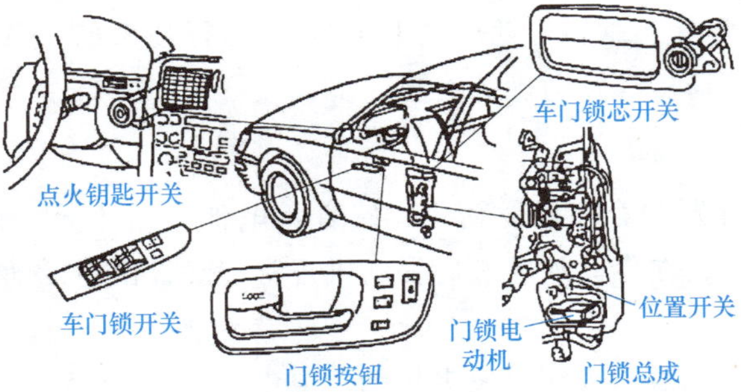
</td></tr>
<tr><td>（2）元件位置</td><td>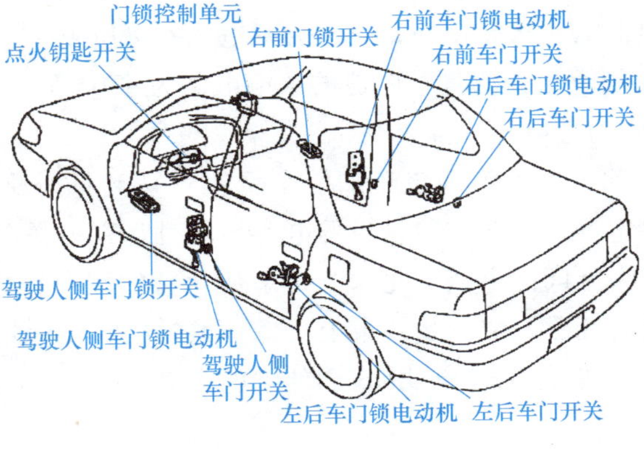
</td></tr>
</table>

二、电动门锁的检修

1. 遥控器检修

拆解	(1)拆卸机械钥匙	(2)用螺钉旋具拆下遥控器盖子
	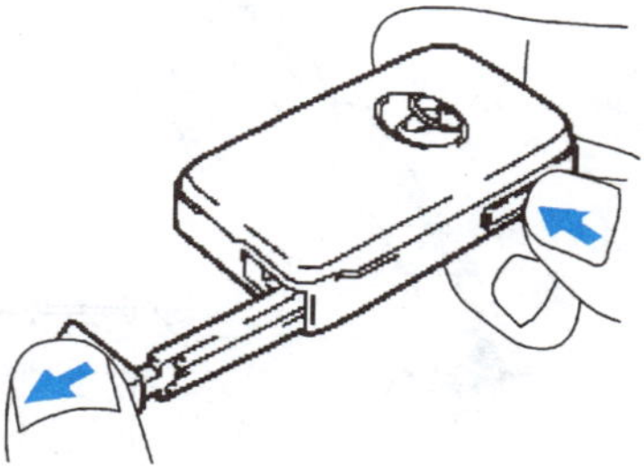	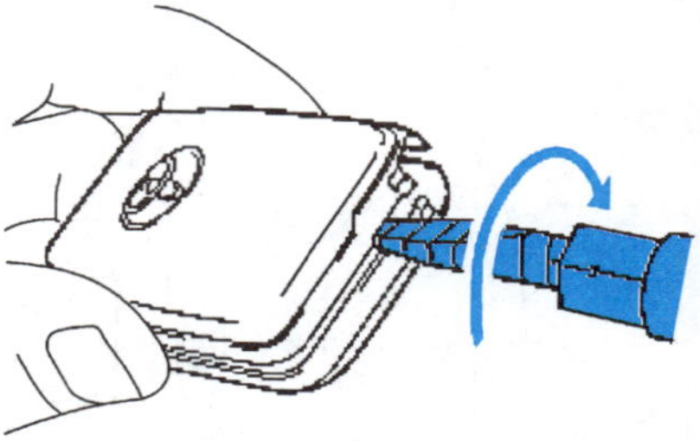 ①在使用螺钉旋具前，用胶带缠住刀头 ②撬动时小心不要损坏壳体
	(3)用螺钉旋具轻轻拆下电池	
	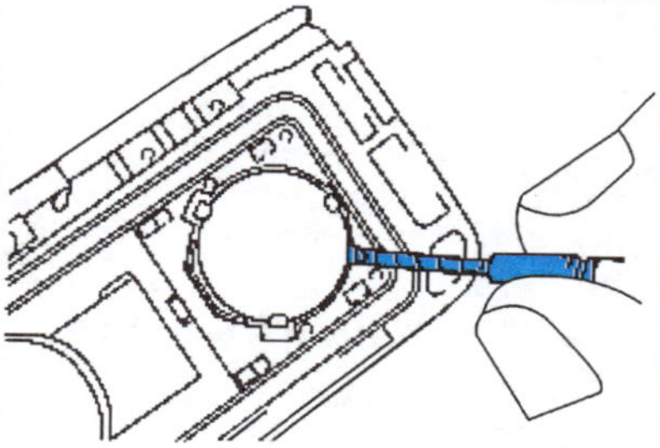	①切勿用湿手触摸电池 ②不要触摸遥控器内的任何元件，否则会导致遥控器无法正常操作
安装	(1)轻轻按下电池并将其固定到槽内	(2)按照与拆卸相反的顺序组装
	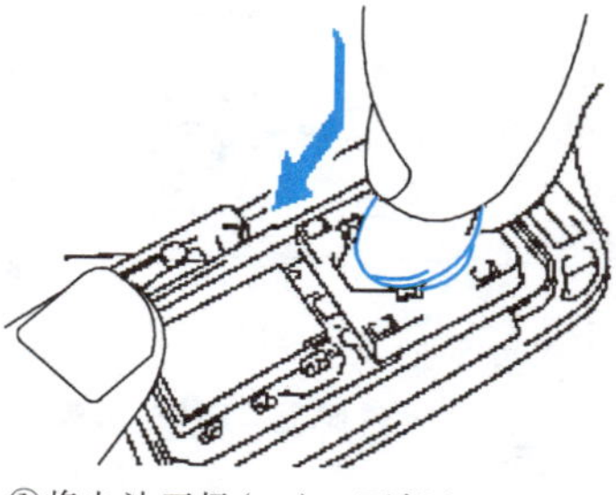 ①将电池正极(+)一面朝上 ②不要弯曲遥控器电池的端子	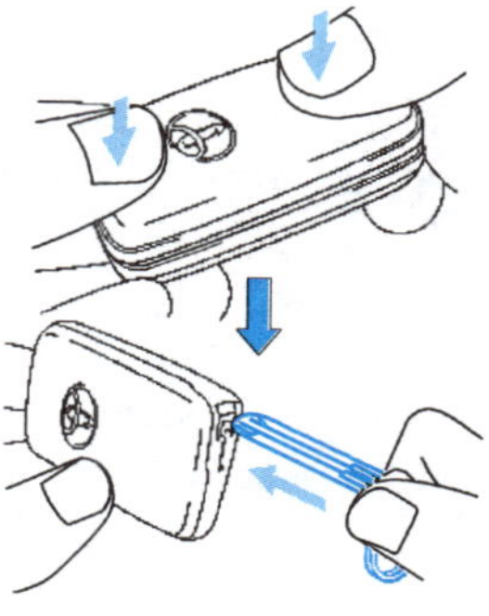

2. 遥控系统元件检查

(1)无线呼叫器

将12V蓄电池电压连接到无线呼叫器接线端，然后确认是否正常工作。

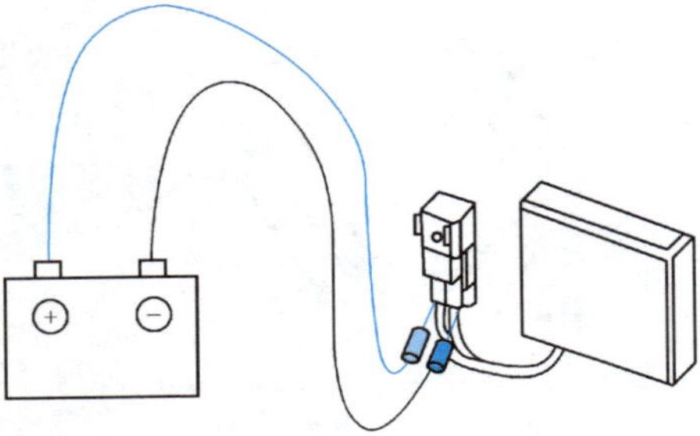

当没有声音时，则对呼叫器进行校验，如果无法校验，必须更换无线呼叫器

(2)门把手请求开关检查

使用万用表检查请求开关的两接线端接通情况。

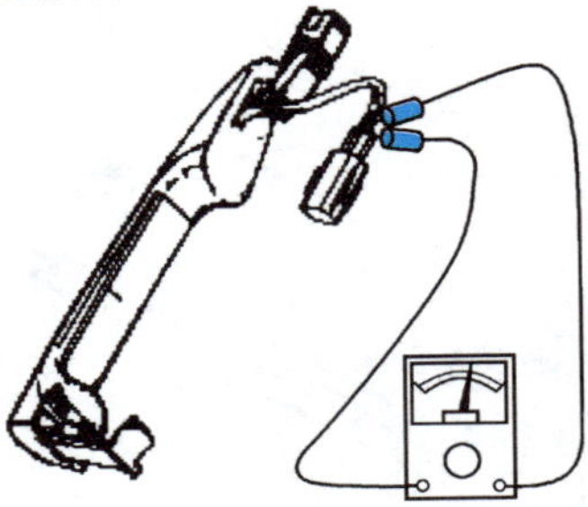

当按下开关时，两接线端导通；未按下开关时应不导通，如果与规定不符合，则更换门把手请求开关

(3)后舱门开启装置开关

使用万用表检查后舱门开启装置开关的两接线端接通情况。

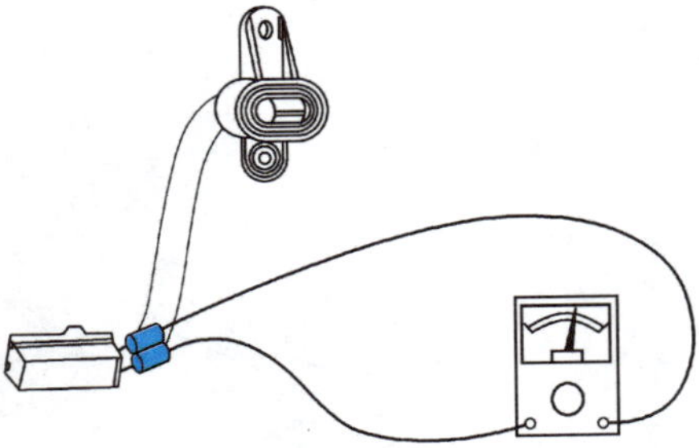

当按下后舱门开启装置开关时，两接线端导通；未按下开关时应不导通，如果与规定不符合，则更换后舱门开启装置开关

(4)发动机盖开关的测试

使用万用表检查发动机盖开关的两接线端接通情况。

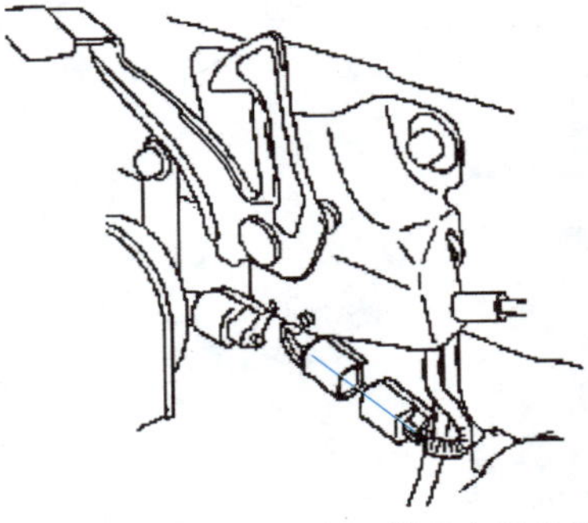

当发动机舱盖打开时，两端子之间应导通；当发动机舱盖关闭时，两端子之间应不导通，如果与规定不符合，则更换更换发动机锁闩总成

3. 门锁执行器

<table>
<tr><td rowspan="2">拆解</td><td>(1)拆下门锁遥控拉索总成</td><td>(2)使用螺钉旋具脱开定位爪,并取下</td></tr>
<tr><td>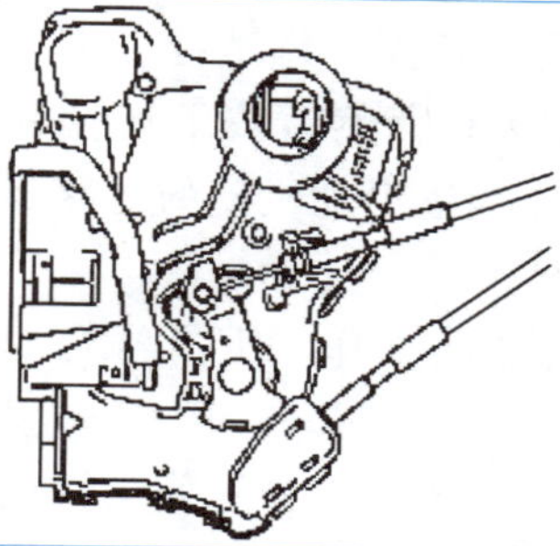</td><td>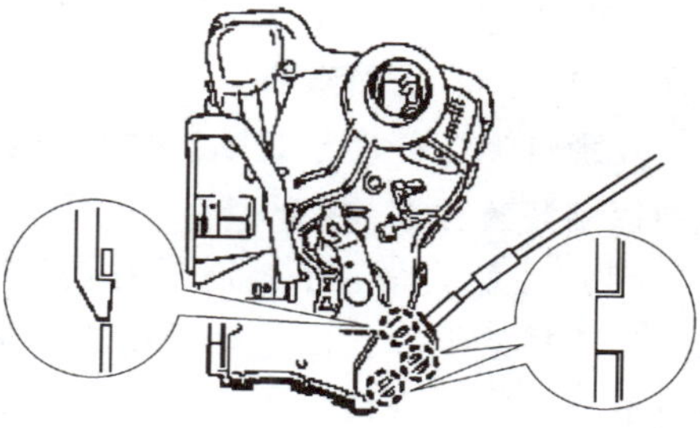</td></tr>
<tr><td rowspan="2">检查</td><td colspan="2">施加蓄电池电压检查门锁电动机的运行情况</td></tr>
<tr><td colspan="2">将蓄电池正极“+”接到门锁电动机一端,负极“-”接到门锁电动机另一端,门锁电动机应移动;反接电极,门锁电动机应按相反方向移动。
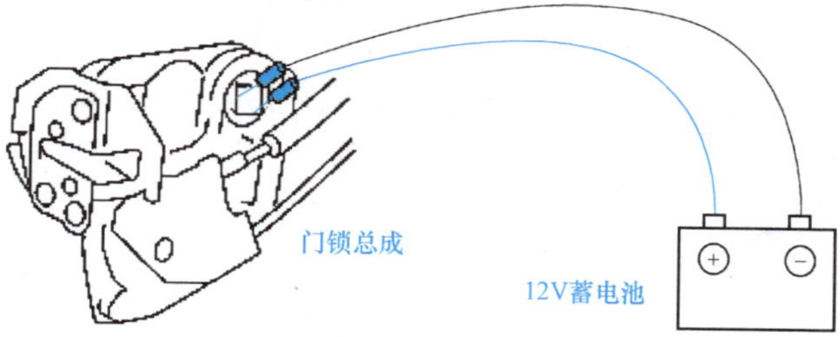

①通电时间应不超过60s
②如果门锁电动机不工作或工作卡滞,应更换</td></tr>
</table>

三、电动门锁维修实例

1. 雪佛兰赛欧轿车中控门锁突然失灵

故障现象

一辆2002年款雪佛兰赛欧轿车,配置了C16NE发动机,行驶里程11.2万km,在正常行驶停车后,中控锁突然失灵,按下发射器的闭锁按钮,驾驶人侧的中央门锁不动作,而其他三个门锁落锁后又自动打开,不能落锁。

故障诊断与排除

(1) 首先拆下左前门内饰板,断开驾驶人侧中央门锁电动机的接线端子(5针脚)。

(2) 用一短接线分别将这个5针脚接地,观察每个门锁的动作情况。经排除找出到驾驶人侧中央门锁电动机的连接线为黑/黄和黑/红两条线。因为只有驾驶人侧中央门锁电动机不动作引起其他车门锁不能落锁，所以针对驾驶人侧中央门锁重点检查。

（3）按下左前门铰链靠下处的车门接触开关，将试灯一端接线分别连接黑/红和黑/黄线针脚，另一端可靠接地，然后按下遥控开闭按钮，发现灯泡不亮。于是断定驾驶人侧中央门锁电动机前的线路及中央门锁控制装置存在故障。

（4）先从线路着手，通过对遥控发射器的操作，听声辨音在杂物箱靠近立柱的下面找出中控门锁的控制模块，断开其连线，通过操纵遥控发射器触发电源信号，然后通过试灯检查发现到驾驶人侧中央门锁电动机的两条连线（黑/红和黑/黄）没有电压，再用万用表测量从控制模块至驾驶人侧的连线全部导通，说明线路没有断路。

（5）最后将控制模块的外壳拆下来，检查发现电路板上焊接的两个继电器中的一个烧蚀失效，故障点已经找到。

（6）更换整个控制模块后进行试车，故障彻底排除。

2. 奇瑞东方之子轿车门锁插头故障

故障现象

一辆 2010 年款奇瑞东方之子轿车，配置了 4G64 发动机，该车行驶 6.4 万 km 后出现所有车门关闭后室内后顶灯不会灭，同时点火开关的钥匙照明灯也不熄灭，按遥控器时门锁能锁上，但防盗指示灯不闪、防盗喇叭不响的故障。

故障诊断与排除

（1）首先用诊断仪读取 ISU 的数据流，显示左前门开关信号处于开状态，关闭左前门后还是显示开状态。

（2）拆卸左前门锁发现左前门升降器上的润滑脂流到门锁插头上，造成信号接触不良。

（3）清理门锁插头后故障彻底排除。

第三节 电动座椅的诊断与维修

一、电动座椅的组成

以丰田轿车为例，电动座椅主要由电动机、座椅调整机构、电动座椅开关等组成，如图 11-2 所示。电动座椅开关控制相关电动机转动，通过调整机构移动座柄，调节座椅的位置。

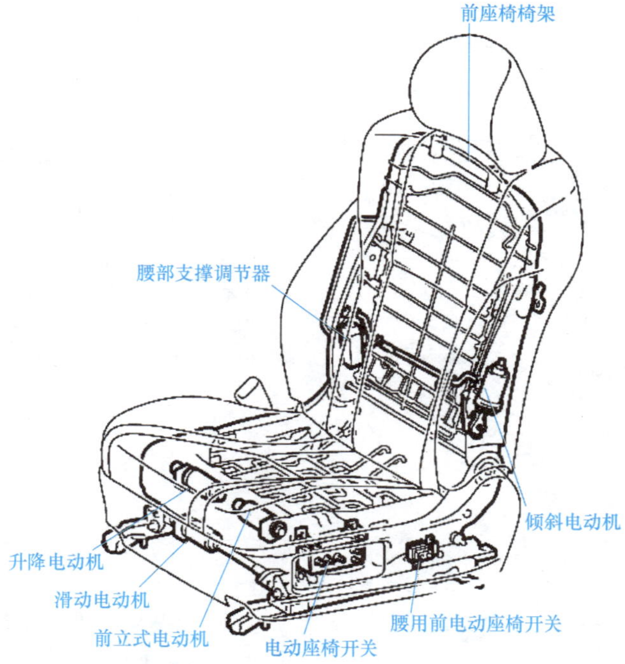

图 11-2　电动座椅内部结构

学习提示

电动座椅有两向可调、四向可调、六向可调和八向可调四种，两向可调（上—下）的有一个电动机，四向可调（上—下、前—后）的有两个电动机，六向可调（上—下 、前—后、靠背倾角）的有三个电动机，八向可调（前上—前下、后上—后下、前—后、靠背倾角）的需用四个电动机。

座椅调整机构将电动机的旋转运动转变为座椅的空间移动。高度调整机构通常是将电动机的高速旋转经蜗轮蜗杆传动减速，再经蜗轮内圆与心轴之间的螺纹传动，转换为心轴（座椅）的上下移动。前后调整机构通常由蜗轮蜗杆减速机构加齿轮齿条传动机构组成，将电动机的驱动力转换为座椅沿导轨前后移动的动力。

二、电动座椅的检修

拆解		
	(1)用螺钉旋具拆下电动座椅操作开关按钮	(2)拆下前座椅软垫防护板以及软垫
	拆卸时应小心,不要刮破真皮 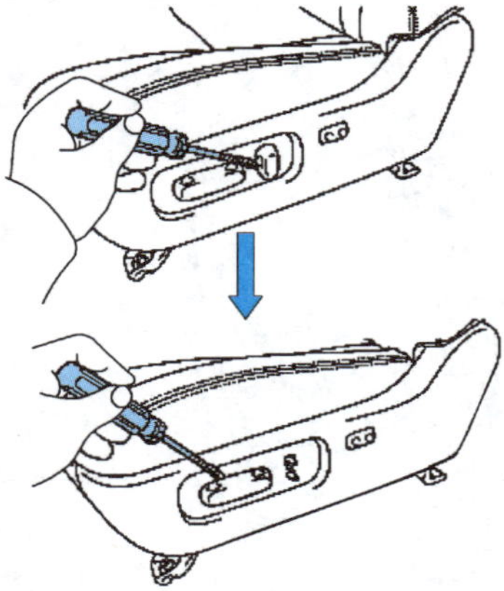	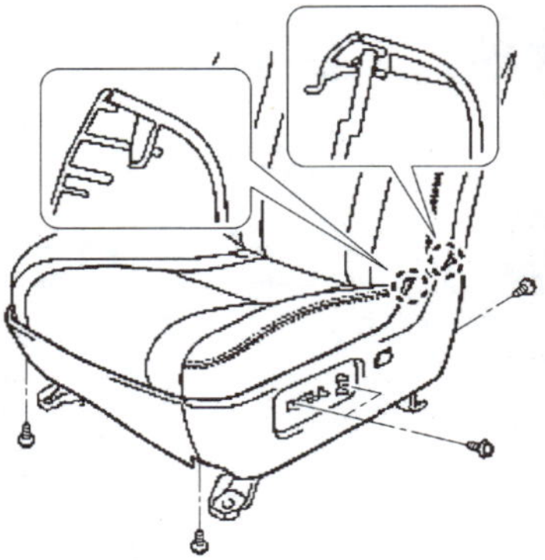
	(3)拆下电动座椅开关	(4)拆下腰部支撑调节器
	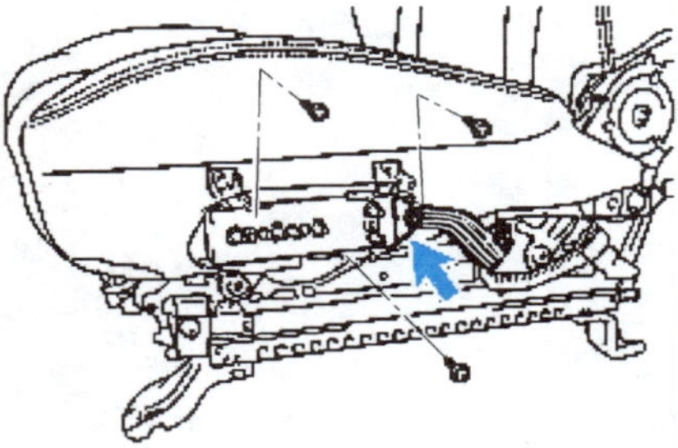	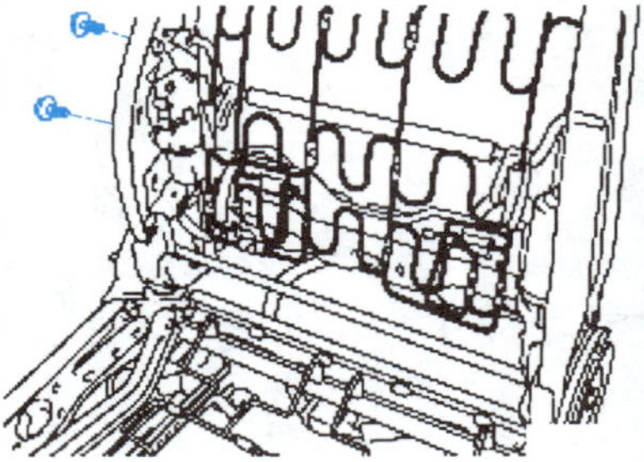
	(5)拆下倾斜调节器	(6)拆下座椅线束
	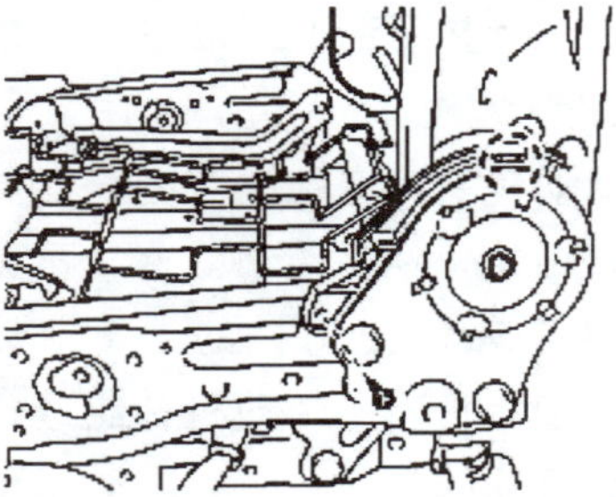	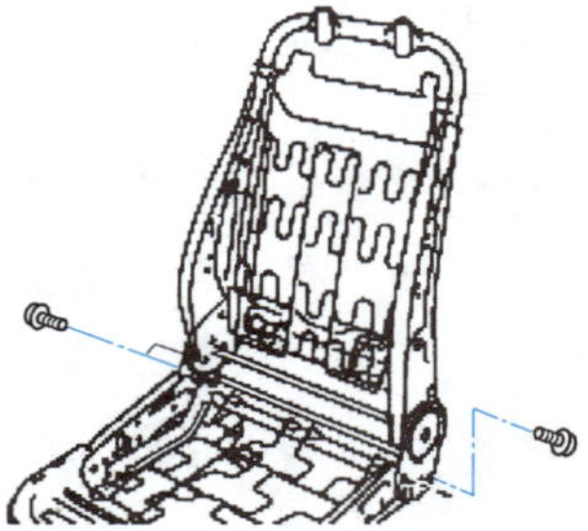

检查

(1)功能测试

操作电动座椅开关按钮，检查每个座椅功能工作情况。

电动座椅工作不符合规定，应进行检修

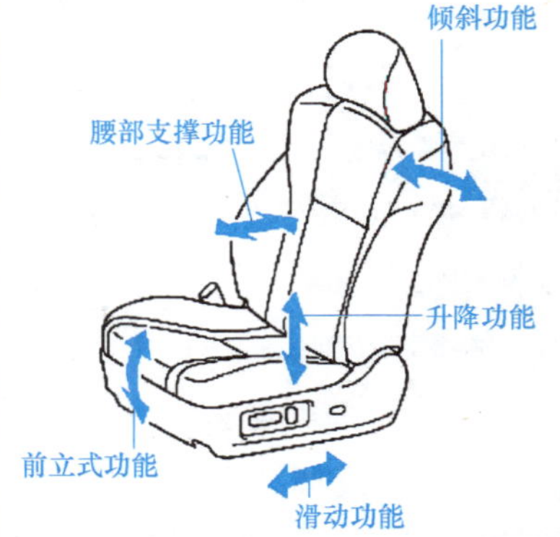

(2)电动机测试

断开电动座椅电动机插头，将蓄电池正极和负极分别连接至电动机两端子，测试电动机工作情况。

如果电动机不运转或运转不顺畅，应进行检修，必要时则更换电动机

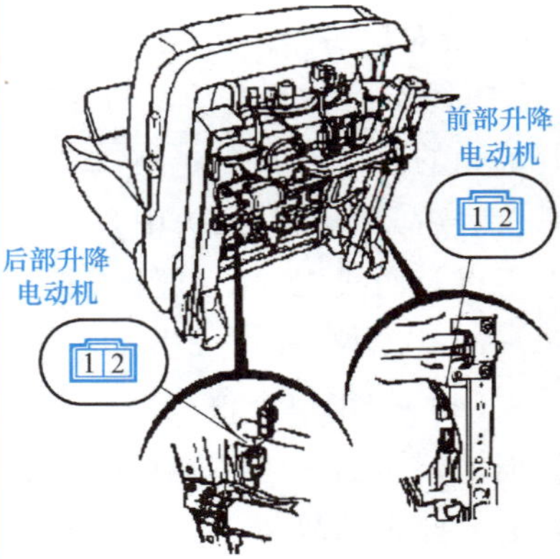

(3)座椅加热器测试

用电热风筒将座椅加热器加热到37℃左右，然后使用万用表检查两接线端之间的导通情况。

当温度低于37℃时，座椅加热器插接器两接线端应导通，否则应更换加热器

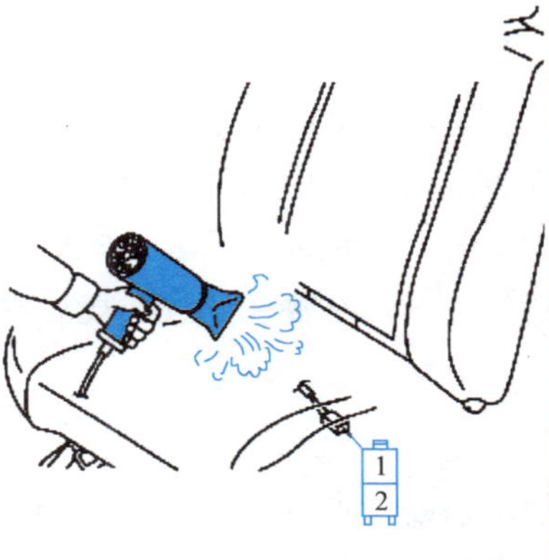

三、电动座椅维修实例

1. 一汽大众宝来 1.8L 轿车电动座椅不能调节故障

故障现象

一辆 2006 年款一汽大众宝来 1.8L 轿车，电动座椅有时不能调节，座椅记忆有时紊乱。

故障诊断与排除

（1）进入舒适系统地址码 46，查询故障码为“01173——驾驶人侧座椅前后高度调节电动机/舒适系统数据总线故障”。进入数据诊断接口地址码 19，查询到了故障含义为数据总线单线模式的故障码。

（2）连接故障诊断仪 V. A. S5051 观察舒适系统总线的波形，发现 LOW 线对地短路。由于数据诊断接口以星形方式与舒适系统控制单元、4 车门控制模块及电动座椅控制单元连接，在将 4 个车门及电动座椅控制单元的插头断开后，测量总线波形仍是以 HIGH 线单线运行。分别测量仪表后方的绿色插头中 8、9 号接脚（舒适总线到组合仪表）对地的电阻以及两线之间的电阻，未见异常。

（3）对仪表内的 8 号和 9 号接脚进行电阻测量，其阻值接近无穷大。

（4）使用组合仪表进行替换检查，故障现象消失且波形正常。测量损坏仪表的 8、9 脚对地电阻为无穷大，而正常阻值为 2.6kΩ 左右。可见，此车的故障是由于仪表内 LOW 线对地短路引起的。

（5）更换组合仪表，对新仪表进行自适应后，故障排除。

2. 本田雅阁轿车前排乘客侧座椅加热器故障

故障现象

一辆 2005 年款广汽本田雅阁 2.4L 轿车，该车因事故前部严重受损，维修过程中拆下了发动机、仪表板、前后座椅及地毯。车辆修复后试车时，发现前排乘客侧座椅加热器在开关未打开的情况下就会自动长期加热，且车辆在停放一夜后蓄电池电量会被耗光。

故障诊断与排除

（1）根据图 11-3 所示的座椅加热器电路图，首先从仪表板下熔丝/继电器盒上拆下了 15 号（20A）和 30 号（7.5A）两个控制座椅加热器继电器的熔丝，然后又分别断开了前排乘客侧座椅加热器开关和座椅加热器的 4 针插接器。

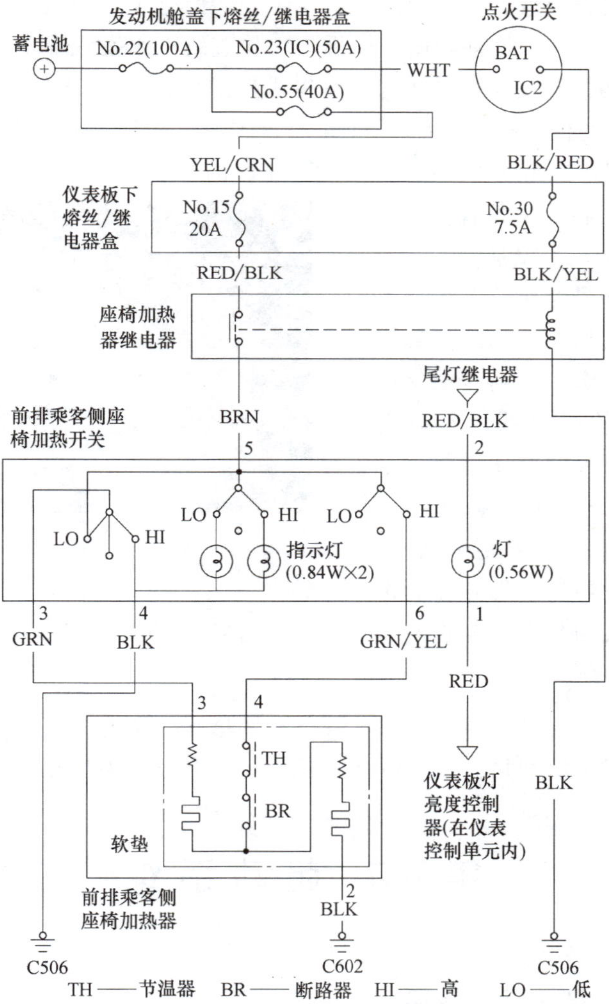

图 11-3 座椅加热器电路图

（2）测量座椅加热器开关 6 针插头的 5 号棕色线接地电压为 0，正常。再测量座椅加热器插头一侧，4 针插头的 3 号绿线与 2 号黑线无电压，却发现 4 针插头的 4 号绿黄线与 2 号黑线电压为 12V，且长期有电，说明此原因造成前排乘客侧座椅加热器长期加热。初步判断为相关线路绝缘层损坏导致线路间短路或是线束插头接错。

（3）通过对维修手册线束布置图进行分析可知，加热器线束与仪表板线束一体，左侧到达仪表板最左侧多路集成控制系统（MICS）处，右侧到达仪表板最右侧，中间通过地毯到达前排乘客侧座椅下。于是将中控台杂物箱和前排乘客侧座椅拆下，检查线束未发现异常。

（4）当拆到仪表板左侧的多路集成控制系统（MICS）时，发现有1个线束插头的位置插错，如图11-4所示。这个插头本应与MICS上部一个转接器相连，而该车却被错插到了MICS的一个原本应闲置的插座上。

（5）在将插头位置重新调换后，再测量，发现加热器开关6针插头的6号绿黄线与座椅加热器的绿黄线相通。当加热器开关断开后，再次测量前排乘客侧座椅加热器的绿黄线，不再有电压，说明原来的电压就是因插头错接从MICS上串过来的。

图11-4 错误插头

（6）在将车辆完全恢复后，关好车门，用遥控器锁车，断开蓄电池负极测量全车自放电电流，测试结果为20mA，恢复正常。

维修小结

由于维修人员在安装仪表板过程中错接一个插头，导致前排乘客侧座椅加热器长期加热，使蓄电池异常放电，造成人为故障。

第四节 起动系统

一、起动系统概述

起动系统由蓄电池、点火开关、起动继电器、起动机、防盗控制系统等组成，如图11-5所示。起动系统的功用是通过起动机将蓄电池的电能转换成机械能，起动发动机运转。下面以路虎车系为例说明起动系统的连接。

二、起动系统的检测与维修

1. 起动机的结构

起动机的结构如图11-6所示。

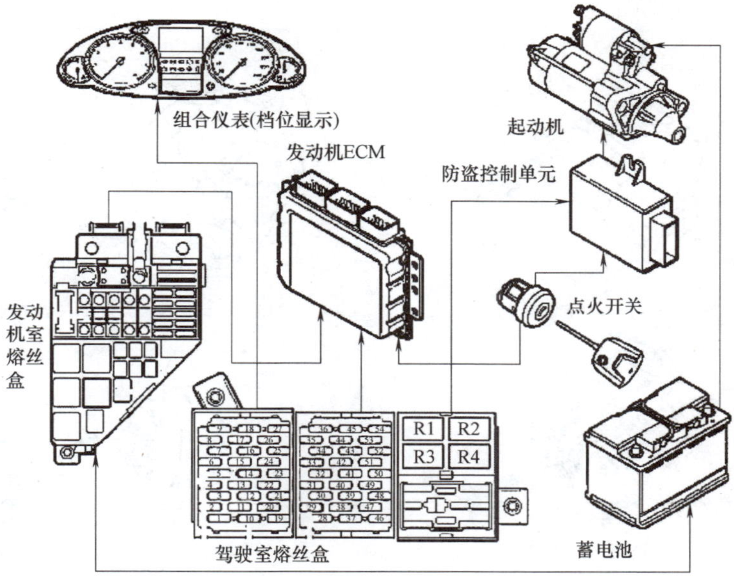

图 11-5　起动系统示意图

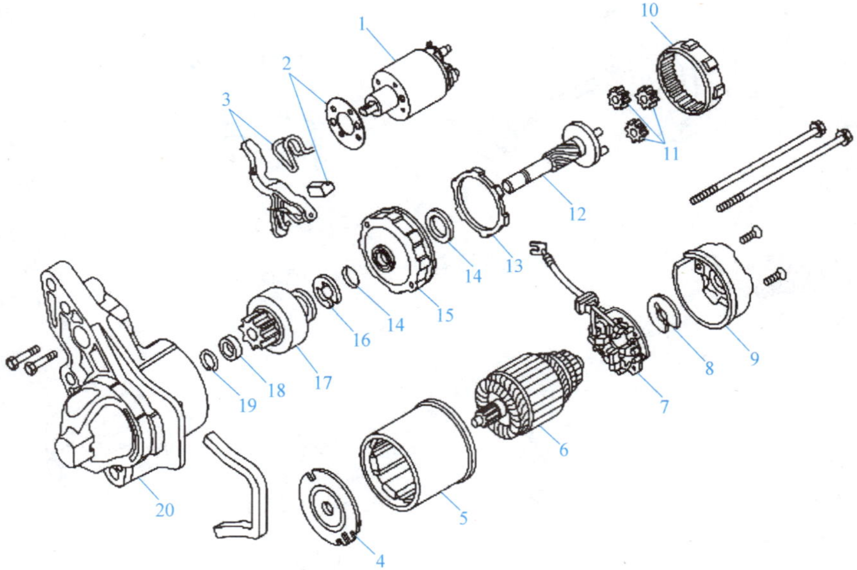

图 11-6　起动机结构示意图

1—电磁开关总成　2—防尘罩套件　3—拨叉装置　4—支架　5—定子组件　6—电枢组件　7—电刷支架总成　8、14—止推垫圈　9—后端盖总成　10—内齿圈　11—行星齿轮　12—小齿轮轴　13—密封件　15—支架　16—卡环　17—小齿轮总成　18—球轴承　19—压板　20—齿轮箱总成

2. 起动机的检修

拆解	(1)拆下端子 C 的引线螺母	(2)拆下电动机总成
	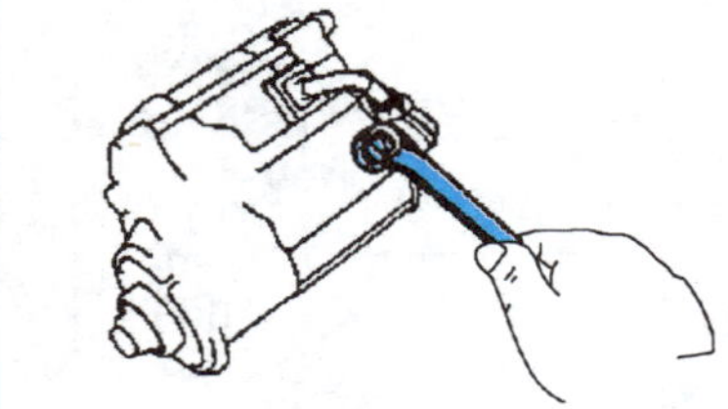	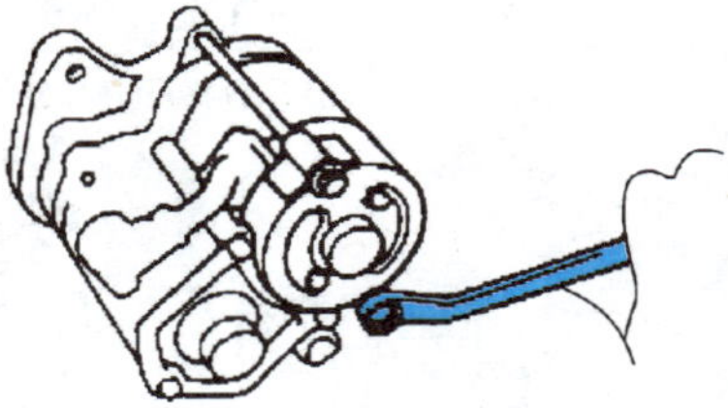
	(3)拆下齿轮壳体总成	(4)从离合器轴孔上拆下弹簧和钢球
	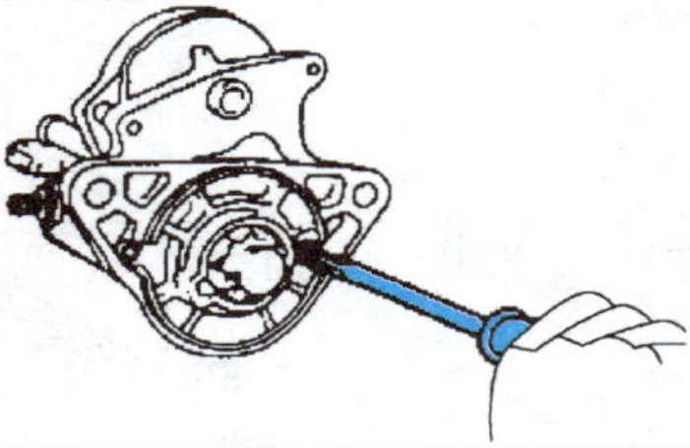	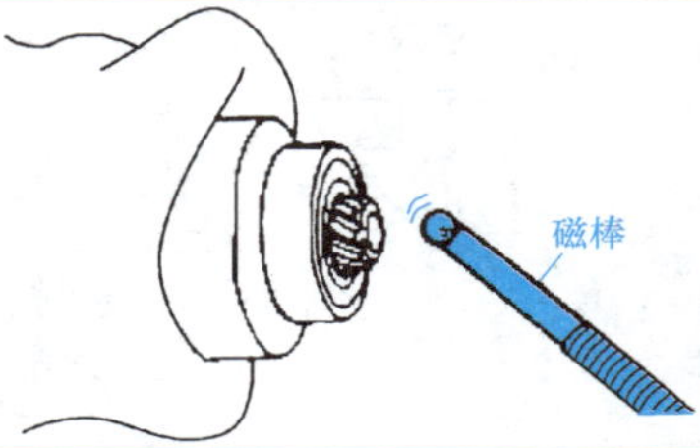
	(5)拆下电动机后端盖	(6)拆下电刷架
	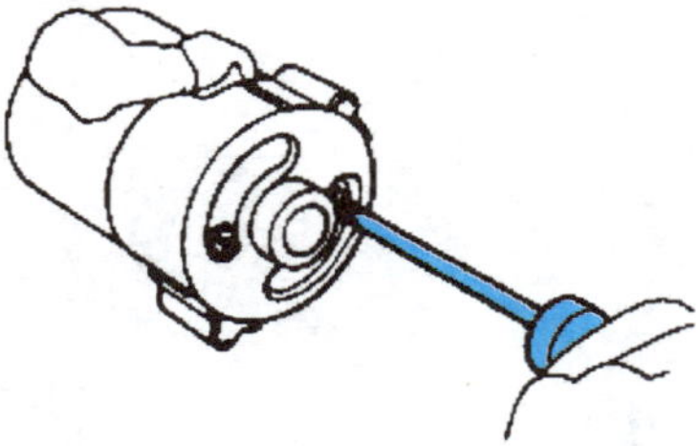	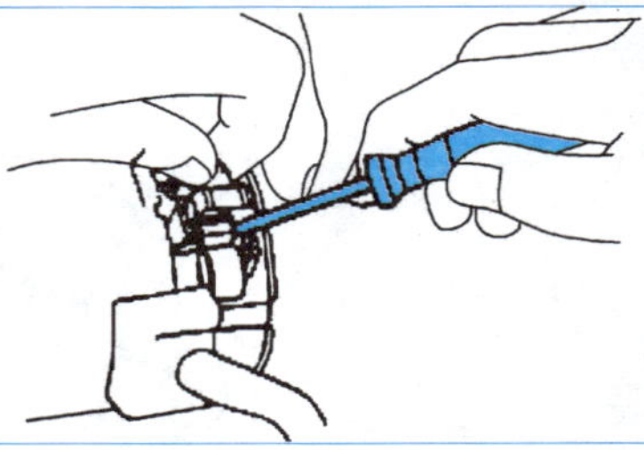
检查	(1)测试电枢轴	(2)换向器整流片测试
	使用万用表检查换向器与电枢线圈之间的导通性。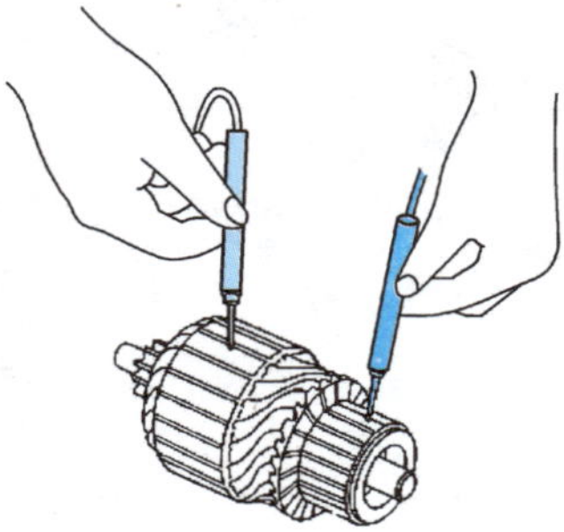电枢轴应不导通，如果导通，表明存在短路，应更换电枢	使用万用表检查换向器整流片之间的导通性。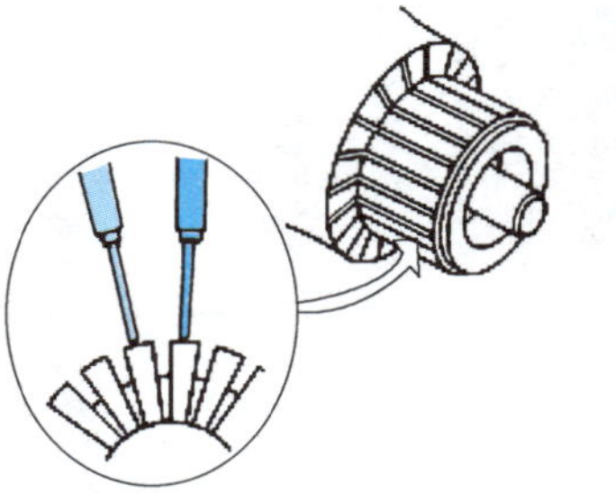换向器整流片之间应导通，若整流片之间存在断路，则更换电枢

检查	(3)检查换向器凹槽深度	(4)电枢短路测试
	用塞尺测量凹槽深度。 	将电枢放在检验仪V形铁上，并在电枢线圈上部放一条钢锯条，然后接通检验仪电源，同时缓慢转动电枢一周。
	以本田起动机为例，凹槽深度应不小于0.2mm，否则用钢锯条将云母凹槽切至适当的深度；此外凹槽不能太浅或太窄，否则应更换电枢	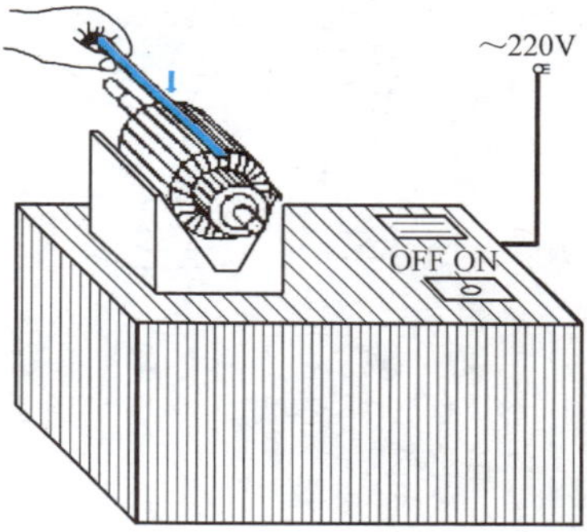 当电枢转动时，如果锯条被吸引或振动，则表明电枢有短路，应更换电枢或用砂纸清理干净换向器上的铜粉
	(5)清理换向器	(6)电刷检查
	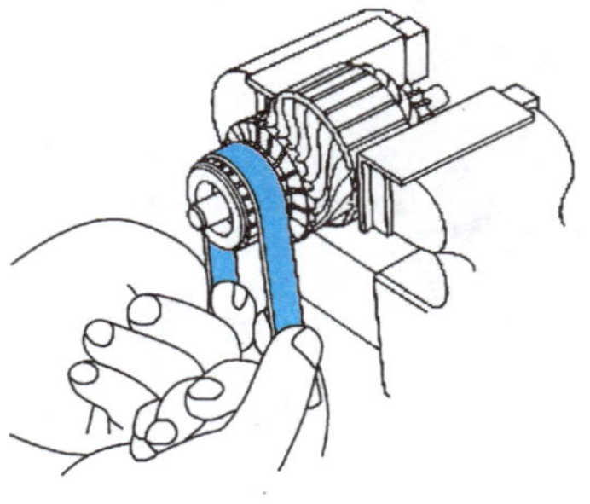 如果表面污脏或烧蚀，则用金刚砂布或#500的砂纸(B)重新修复	使用游标卡尺测量电刷长度。 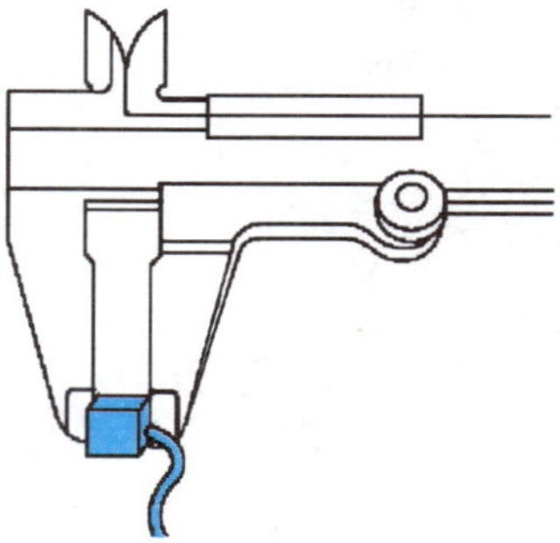 电刷长度极限值因车型不同，标准值有所不同，以本田车系起动机为例，电刷长度应不低于4mm
	(7)测试电枢壳体电刷	(8)电刷架测试
	使用万用表测量电枢壳体两电刷之间以及每个电刷与壳体的导通性。	用万用表检查正电刷架与负电刷架之间的导通性。

<table>
<tr><td rowspan="4">检
查</td><td>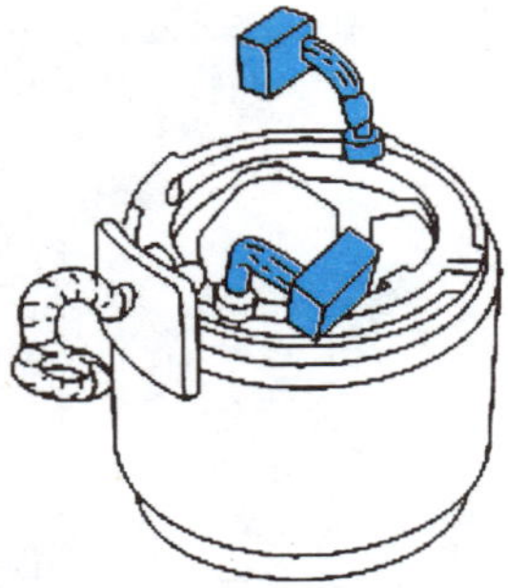
如果电刷之间不导通，则更换电枢壳体；每个电刷与电枢壳体之间如果导通，也必须更换电枢壳体</td><td>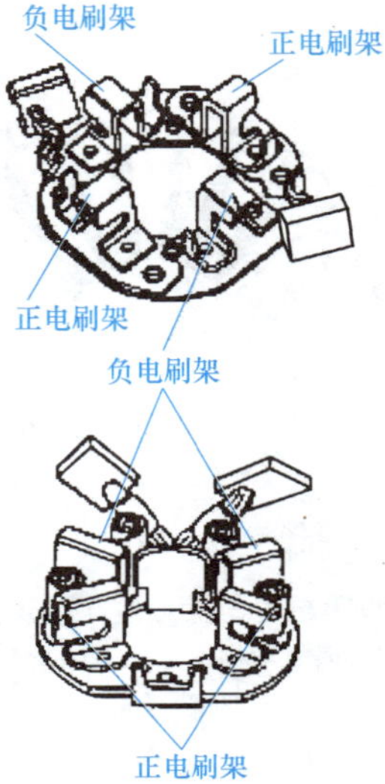

如果导通，说明正电刷架已经接地，应更换电刷架总成</td></tr>
<tr><td>（9）吸引线圈测试</td><td>（10）保持线圈测试</td></tr>
<tr><td>用万用表测量电磁开关“50”端子与“C”端子之间的电阻。
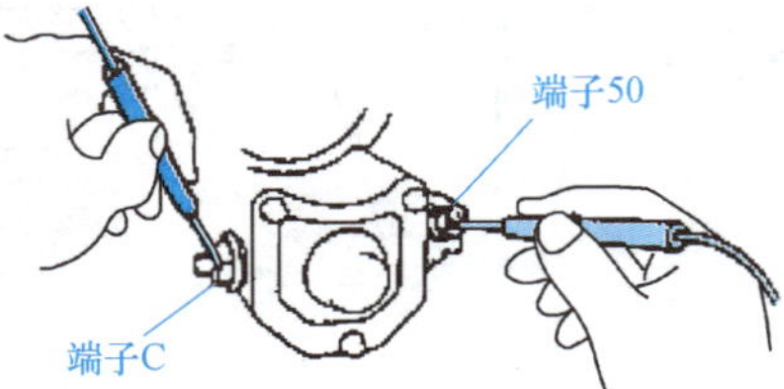

测量时电阻为无穷大，表明电磁开关内部吸引线圈断路，应更换电磁开关；如果电阻过小，吸引线圈可能存在短路，应更换</td><td>用万用表测量电磁开关“50”端子与壳体之间的电阻。
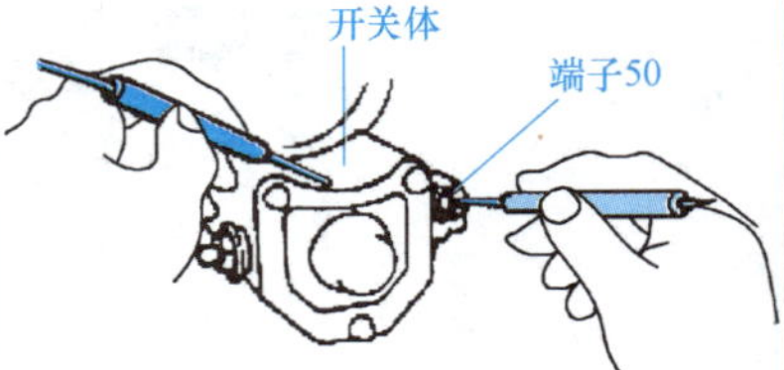

测量时电阻为无穷大，表明电磁开关内部保持线圈断路，应更换电磁开关；如果电阻过小，保持线圈可能存在短路，应更换</td></tr>
</table>

<table>
<tr><td rowspan="6">检
查</td><td colspan="2">(11)电动机开关检查</td></tr>
<tr><td>电磁开关内部电动机开关触点与接触面如果烧蚀,则用砂纸打磨或更换</td><td>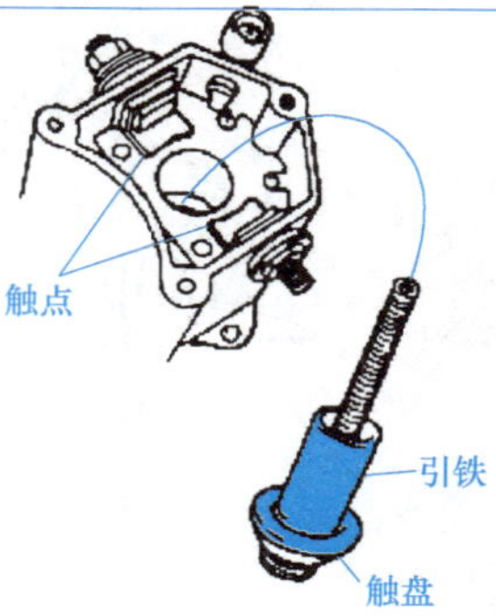
</td></tr>
<tr><td colspan="2">(12)单向离合器检查</td></tr>
<tr><td>逆时针方向转动离合器小齿轮,应自由转动。然后顺时针方向转动离合器小齿轮,应锁定,否则应更换起动组件</td><td>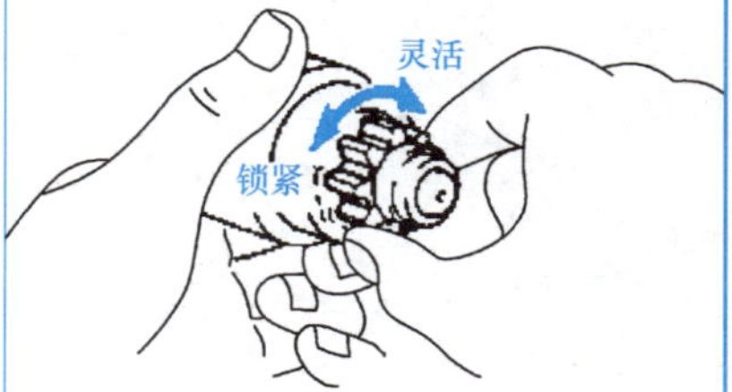
</td></tr>
<tr><td colspan="2">(13)轴承检查</td></tr>
<tr><td>用手转动每个轴承,同时施加一个向内的力,观察轴承的工作情况。
转动时若发现有卡滞或明显阻力则更换轴承</td><td>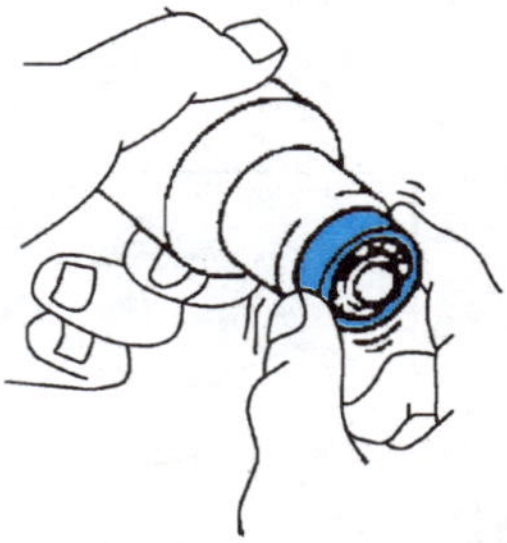</td></tr>
</table>

组装

（1）将电枢装入电动机壳体

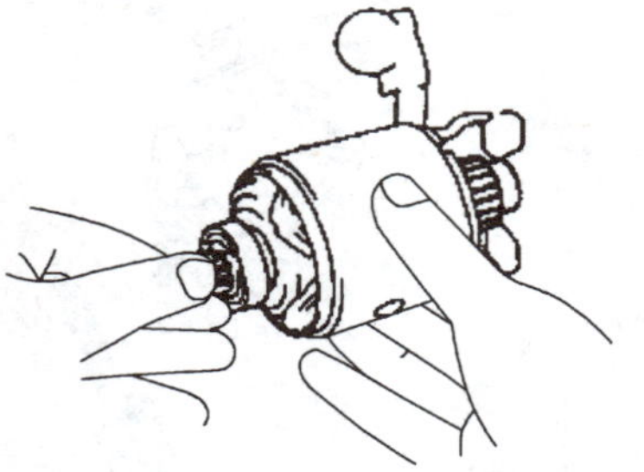

安装时应在电枢轴承和小齿轮上涂抹润滑脂

（2）安装电刷

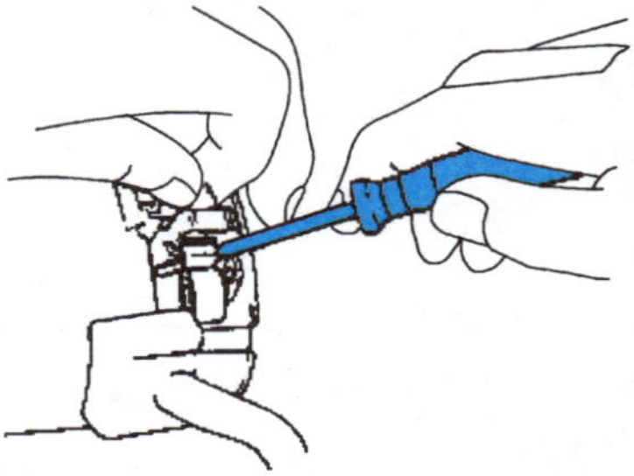

安装电刷后必须确保弹簧安装到位

（3）将钢球装入离合器轴孔

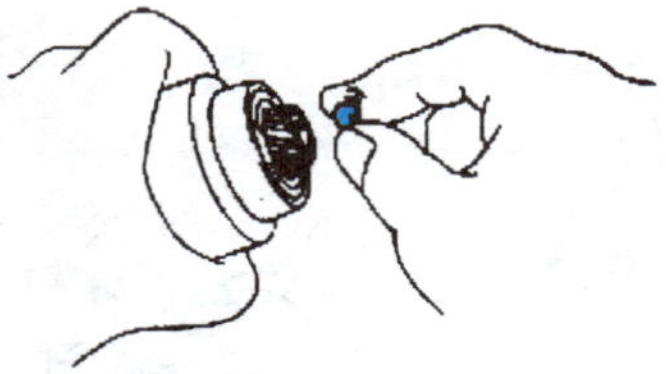

（4）安装减速传动齿轮

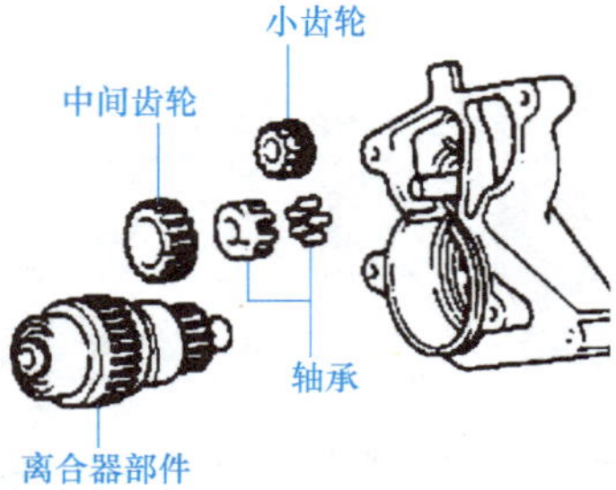

安装时在小齿轮上涂抹润滑脂

（5）安装齿轮壳体、电动机以及电磁开关

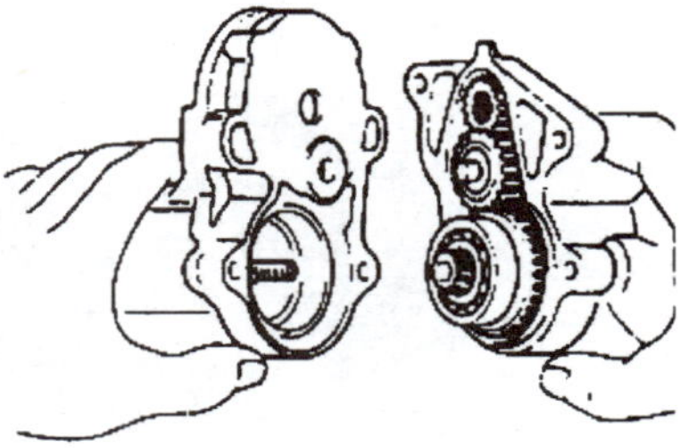

无负载测试

将蓄电池“＋”极连接到电流表、起动机“30”端子，并将蓄电池“－”极连接到起动机壳体上。测试时用一根导线将“30”端子和“50”端子连接。

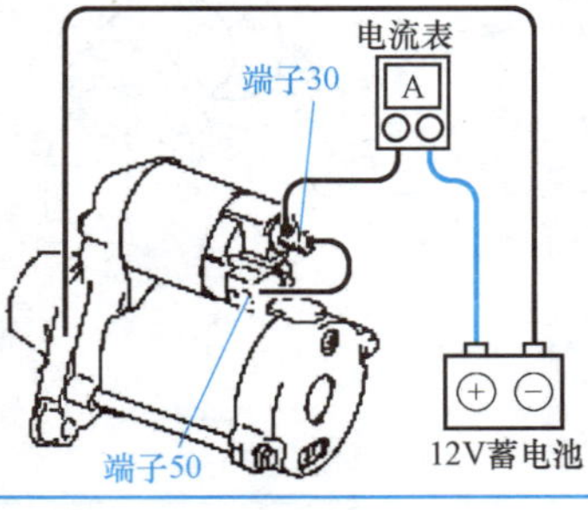

测试时必须将起动机固定或用脚踩住，起动机应运行顺畅，否则应重新检修，必要时更换总成

三、起动系统故障诊断与维修实例

（一）起动系统快速诊断流程

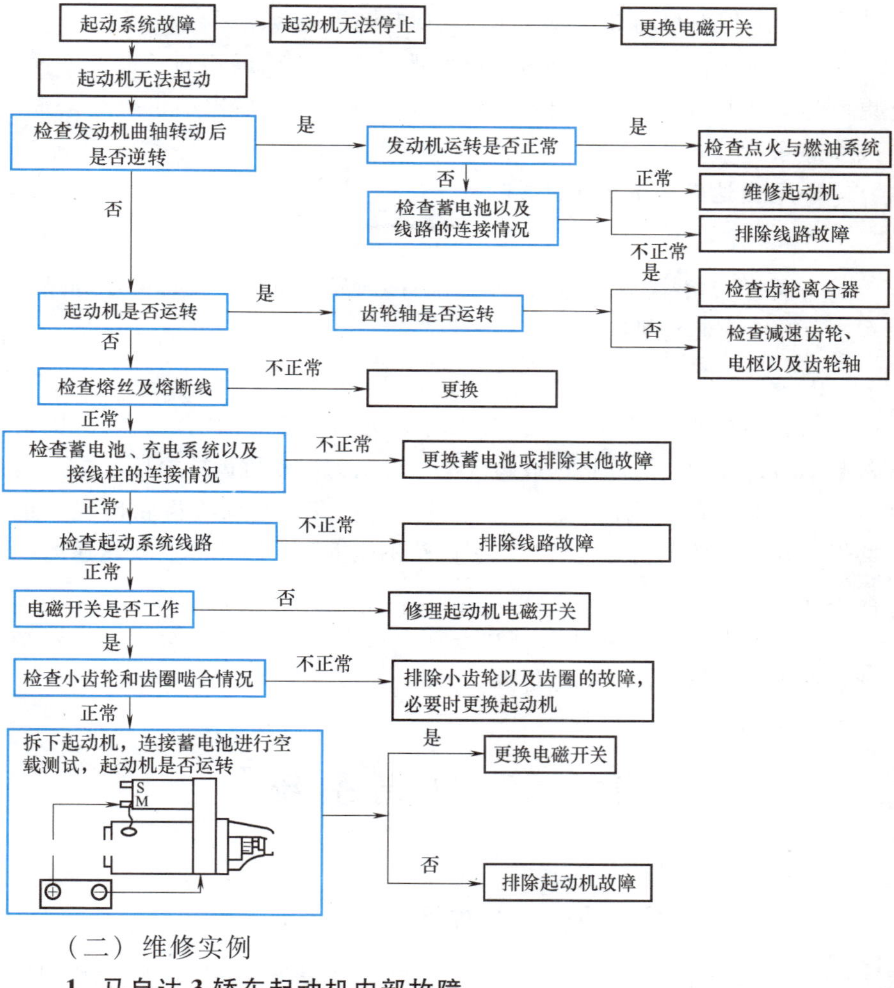

（二）维修实例

1. 马自达 3 轿车起动机内部故障

故障现象

一辆 2010 年款马自达 3 轿车，配置 Z6 发动机，行驶了 4.6 万 km，车主反映发动机起动困难。

故障诊断与排除

（1）首先检查蓄电池电压为 12.4V 以上，为正常状态。

（2）将燃油压力表连接至燃油管路中，起动发动机检查油压为330kPa，在正常的技术范围内。

（3）起动发动机时，感觉起动机运转无力，初步怀疑起动机内部故障，于是拆下起动机进行测试，发现起动机运转无力。

（4）分解起动机，发现电刷已经严重磨损，已经达到了极限位置。更换起动机电刷，并使用细砂纸打磨换向器，装复后发动机起动正常，故障排除。

2. 马自达6轿车起动机异响轿车

故障现象

一辆2012年款马自达6轿车，配置LF发动机，行驶3.4万km后，车主反映该车起动机出现异常的响声。

故障诊断与排除

（1）首先起动发动机，起动瞬间出现“咔哒”的响声，发动机正常起动后，异响消除。根据故障现象，确认为起动机齿轮损坏。

（2）拆下起动机，对起动机进行分解，发现起动机齿轮出现严重磨损，并且发现齿轮有裂痕，由于齿轮不能拆开，因此需更换超速离合器总成。

（3）在装复时对内部的轴承添加润滑剂进行保养，安装完成后起动发动机，一切正常，故障排除。

第五节 灯光系统

一、灯光系统的检测与维修

前照灯的调整	（1）将车头正对墙面并做好标记	（2）起动车辆直线倒车，使其距离墙面10m处停住
	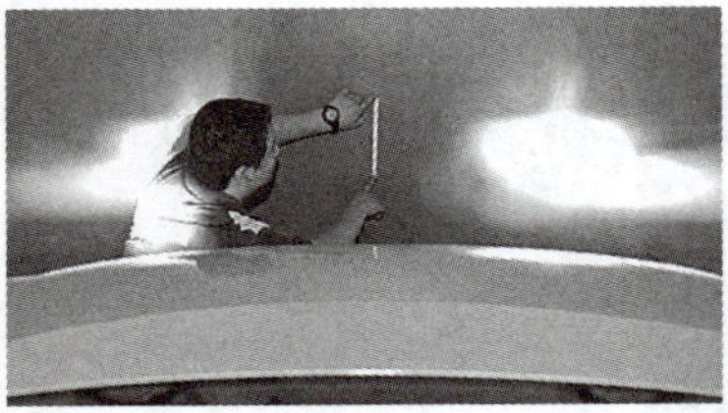	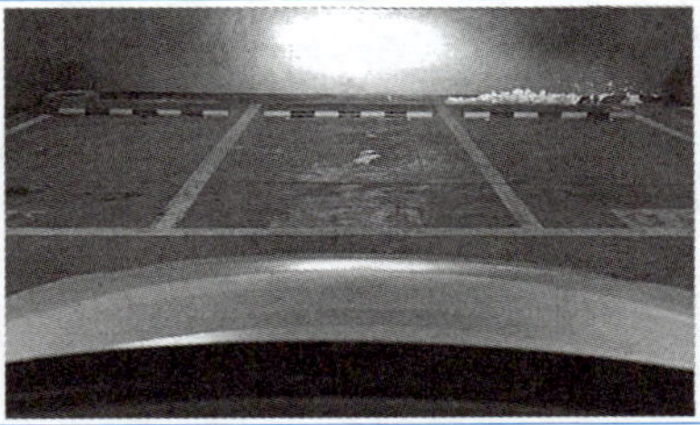

<table>
<tr><td rowspan="10">前照灯的调整</td><td>(3)测量左、右车灯外罩中心点到地面的高度(数值 A)</td><td>(4)分别测量远光灯和近光灯中心到车头中心线的距离(数值 B、数值 C)</td></tr>
<tr><td>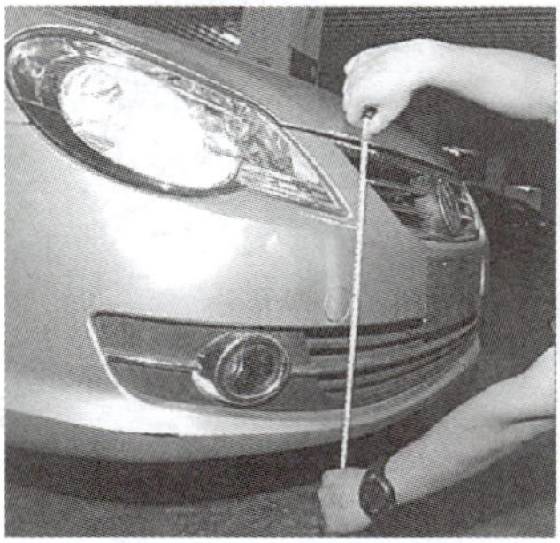</td><td>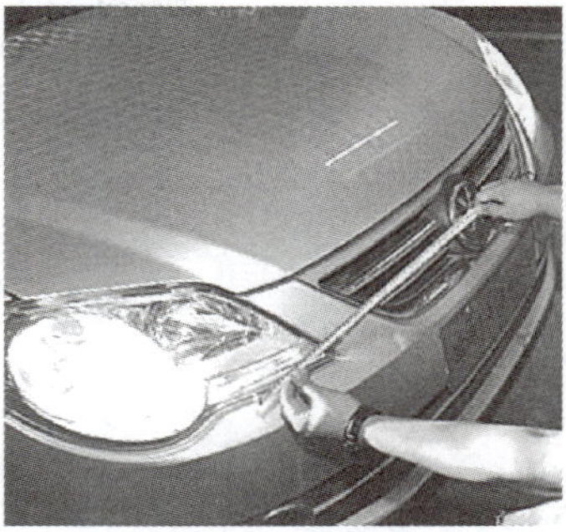</td></tr>
<tr><td>(5)在墙面上标记出水平线，一条对应数值 A，另一条在 A 值下面 10cm 处进行标记，然后参照车头中心线的位置标出数值 B 和 C</td><td>(6)分清远、近光上下和左右的调节位置</td></tr>
<tr><td>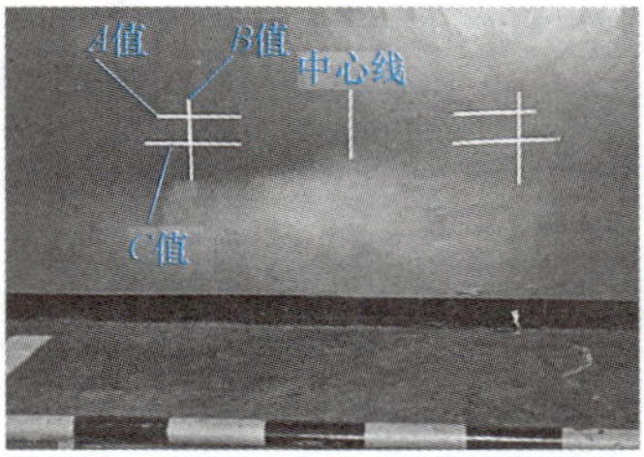</td><td>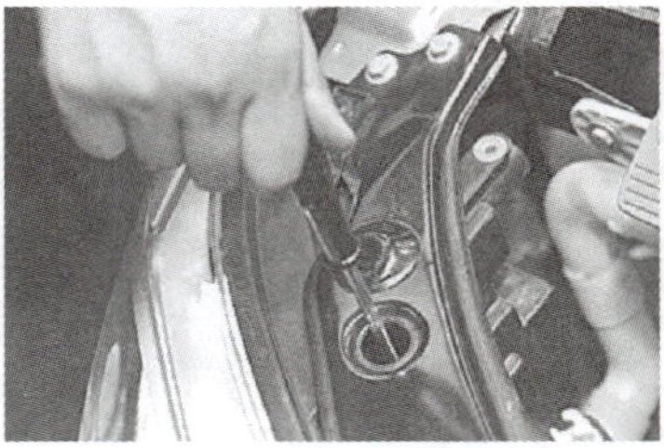</td></tr>
<tr><td>(7)用毛巾或纸将另一侧的前照灯遮盖住，然后进行调整</td><td>(8)打开近光灯，调节近光灯的明暗分割线转折点的位置与墙面下方近光灯十字标志对齐</td></tr>
<tr><td></td><td>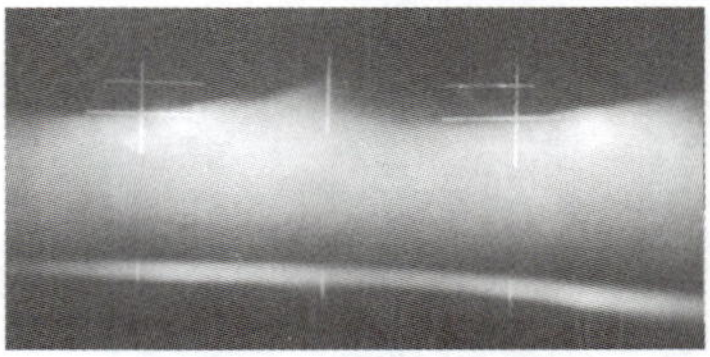</td></tr>
<tr><td colspan="2">(9)打开远光灯，使光斑最亮点与墙面上方的远光灯十字标志对齐</td></tr>
<tr><td colspan="2">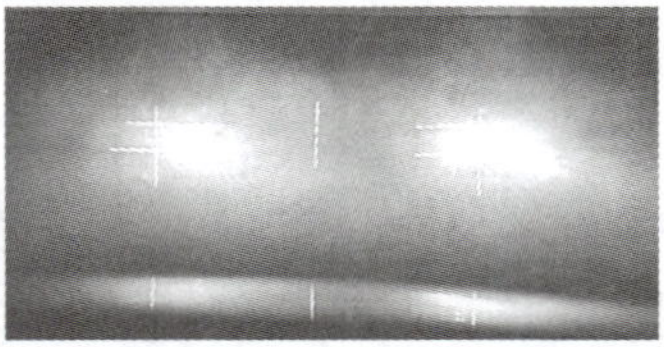</td></tr>
</table>

<table>
<tr><td rowspan="6">元件的测试</td><td colspan="2">(1)制动踏板位置开关的测试</td></tr>
<tr><td>踩下制动踏板时，使用万用表检查制动开关1与2端子应导通，释放制动踏板时，应不导通。
如果测试结果与规定不符合，应更换开关或调节踏板高度</td><td>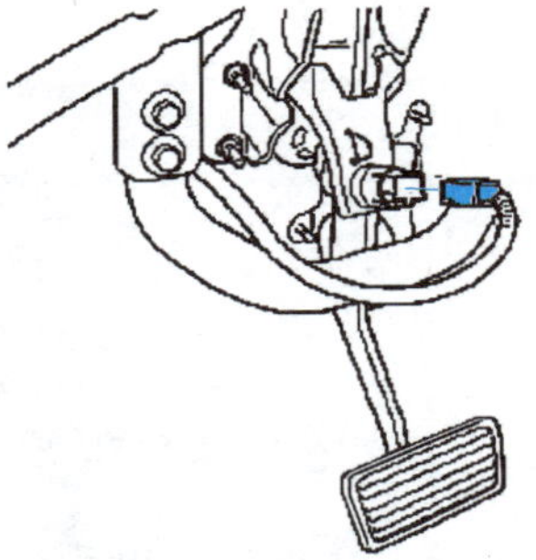</td></tr>
<tr><td colspan="2">(2)侧转向灯</td></tr>
<tr><td>将蓄电池电压连接到侧转向灯两端子。
如果侧转向灯不亮，则将其更换</td><td>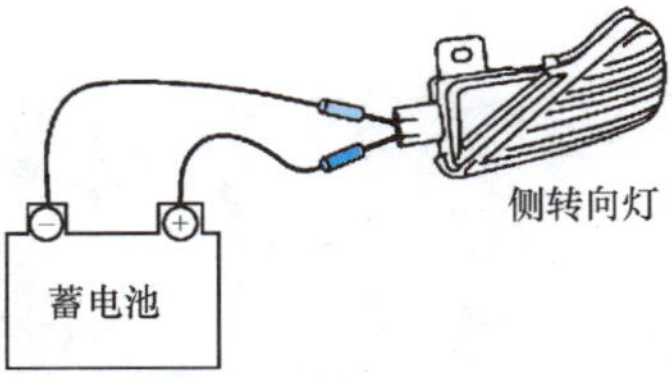</td></tr>
<tr><td colspan="2">(3)前照灯调平开关的测试</td></tr>
<tr><td>通过移动开关按钮，在0、1、2与3档位时，使用万用表测量接线端子之间的电阻变化值来判断。
当在0、1、2与3档位时，电阻值应发生变化，否则应更换开关</td><td>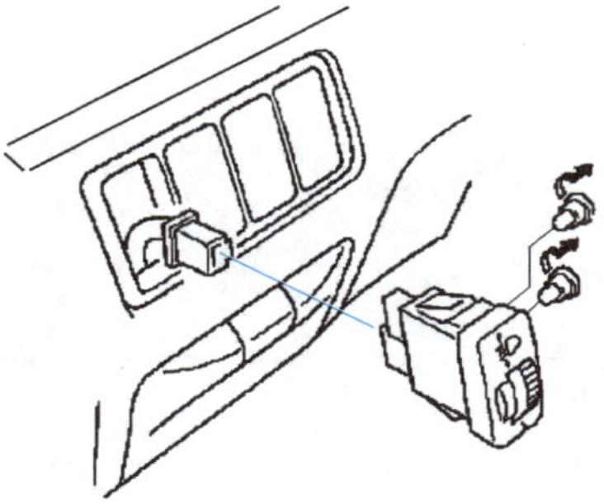</td></tr>
</table>

二、灯光系统常见故障排除与维修实例

（一）灯光系统常见故障快速诊断（表11-2）

表 11-2 灯光系统常见故障快速诊断表

故障现象	故障原因	排除方法
前照灯灯光不亮	(1)灯泡损坏 (2)熔丝熔断 (3)灯光开关损坏 (4)继电器损坏 (5)线路短路或断路故障	①更换灯泡 ②更换熔丝 ③用万用表检查开关各档位的通断情况,若与要求不符,应更换灯光开关 ④将继电器线圈直接供电,如不能正常工作,应更换继电器 ⑤用万用表或试灯逐段检查线路,以便找出短路或断路故障的部位
前照灯灯光亮度下降	(1)蓄电池电量不足 (2)发电机和调节器的故障 (3)导线接头松动或接触不良 (4)导线过细或接地不良 (5)散光镜损坏或反射镜有尘垢 (6)灯泡玻璃表面发黑或灯泡功率过低	①检查蓄电池和发电机的工作状态,若不符合要求,应先恢复电源系统的正常工作电压 ②更换发电机 ③检查线路的连接情况及灯具是否良好 ④更换线束或重新接地 ⑤更换前照灯总成或清洁散光镜 ⑥更换灯泡
灯泡频繁烧坏	(1)电压调节器故障或失调,使发电机输出电压过高 (2)前照灯灯座接触不良	①更换电压调节器 ②更换前照灯灯座或总成
汽车制动灯工作不正常	(1)熔断器断路 (2)制动灯开关损坏 (3)灯泡断路 (4)连接线路断路或插接件松脱	①如果一侧制动灯亮而另一侧制动灯不亮,应先检查不亮侧的制动灯灯泡是否断路,灯座处导线上的电压是否正常。若均良好,再检查接地线是否良好,以及灯泡与灯座接触是否良好 ②如果两侧的制动灯均不亮,应先检查熔断器是否断路。若良好,再检查制动灯开关处导线电压是否正常。若电压正常,则拆下制动灯开关处的两导线并连接在一起,此时若制动灯亮,说明制动灯开关损坏,应予以更换;若制动灯仍不亮,则应检查制动灯灯泡是否断路,连接导线是否断路等

（续）

故障现象	故障原因	排除方法
汽车倒车灯工作不正常	(1)熔断器断路 (2)倒车灯开关损坏 (3)倒车灯灯泡损坏 (4)连接导线断路或插接件松脱	①如果两侧倒车灯均不亮，首先检查熔断器是否断路 ②若熔断器良好，应挂入倒档，检查灯座处黑色导线上的电压是否正常 ③如果电压正常，应检测倒车灯灯泡是否损坏，接地线接触是否良好。如果电压为零，则应检测倒车灯开关处黑色导线电压是否正常 ④若正常，将其与黑底色导线连在一起，此时，若倒车灯亮，说明倒车灯开关损坏，应更换；若倒车灯仍不亮，说明连接线路有断路处，应修复
汽车灯光闪烁频率不一致	(1)转向灯灯泡功率选用不当 (2)转向灯灯泡损坏 (3)闪光继电器调整不当 (4)某侧接地线接触不良	①检查闪光频率较高的一侧灯泡是否损坏，灯泡型号是否符合规定 ②检查接地线接触是否良好，插接件是否牢固。不符合要求的应更换或修整
汽车转向灯工作而报警灯不工作	(1)熔断器断路 (2)报警灯开关损坏 (3)连接导线断路或插接件损坏	首先检查熔断器是否断路，若良好时，应检查报警灯开关是否正常，相关插接件是否松脱，报警灯开关接线柱接触是否良好，并视具体情况予以更换或修理

（二）维修实例

1. 丰田凯美瑞轿车倒车灯不亮故障

故障现象

一辆丰田2011年款凯美瑞2.4轿车，行驶里程为3.85万km，挂倒档时倒车灯不亮，牌照灯与仪表板上的雾灯指示灯（后）同时点亮。

故障诊断与排除

(1) 首先打开点火开关，挂上R位，用数字万用表检查倒车灯插座上有无12V电源，同时测量倒车灯的接地线，结果导通。

(2) 用12V试灯检查，没有发现虚电压的现象，于是用导线直接跨接一根接地线，故障消失。

(3) 查找电路图，发现倒车灯、牌照灯、后雾灯和后小灯都有共同的接地点，左中柱下端“BL”和尾箱锁扣下端“BM”。检查这两个接地点无异常。说明倒车灯接地线与这两个接地点之间出现断路。

（4）拆下尾箱盖上的整条线束，逐段剥开，发现其中一处被折断。连接好后，故障排除。

2. 奇瑞 A5 轿车前照灯突然亮起故障

故障现象

一辆 2009 年款奇瑞 A5 轿车，配置 SQR481 发动机，该车仅行驶 2500km 就出现前照灯有时会突然亮起，但马上又熄灭的故障。

故障诊断与排除

（1）首先试车，发现故障是在换档的情况下出现的，于是怀疑是变速杆碰到线造成接地，于是将接地杆饰板拆掉，但没发现接地杆与线路造成接地的情况。

（2）由于行驶时换档必须踩离合器，于是检查离合器踏板处，发现前 ISU 的 A17 号脚到近光继电器的这根线在踩下离合器时碰到离合器踏板造成接地，所以在行驶中踩下离合器踏板时前照灯的近光灯亮起，在松开踏板时前照灯熄灭。

（3）重新处理后故障排除。

维修小结

仪表线束在离合器踏板上方和转向万向节上方，很容易产生磨损，导致线束搭铁，在维修仪表线束时一定要用扎带固定，以防磨损。

3. 进口起亚索兰托轿车前照灯近光灯常亮故障

故障现象

一辆 2011 年款进口起亚索兰托轿车，配置 2.4L 发动机，行驶里程为 14100km，车主反映该车右侧前照灯近光灯常亮。

故障诊断与排除

（1）将点火开关完全关闭，右侧的近光灯依然是点亮的状态，说明右侧近光灯线路存在短路。

（2）查阅前照灯的电路图，左侧近光灯电源线是从车身控制模块上编号为 I/P-D 插接器的 6 号端子直接连接到左侧前照灯插接器 E13 上的 1 号端子上，而右侧近光灯的电源线是从车身控制模块上的 I/P-D 插接器的 8 号端子输出，中途要经过一个编号为 EE11 插接器的 11 号端子后连接到右侧前照灯插接器 E38 上的 1 号端子。

（3）按照电路图找到了位于发动机室熔丝盒上的 EE11 号插接器，拔掉该插接器后右侧的近光灯熄灭。于是测量 EE11 插接器的 11 号端子电压始终为 12V（正常随灯光开关近光档的 ON 或 OFF 变化），说明线路中可能存在对正极短路的情况。

（4）由于 EE11 插接器的 11 号端子连接到车身控制模块 I/P-D 插接器的 8 号端子，于是测量车身控制模块上 I/P-D 插接器插槽的 8 号端子的电压，数值同样始终为 12V，说明车身控制模块故障。

（5）更换车身控制模块，装复后两侧的前照灯近光灯可以正常点亮和关闭，故障排除。

第六节 仪　表

一、仪表的组成

现代汽车仪表主要由转速表、车速表、发动机冷却液温度表、燃油表、多功能信息显示中心及仪表警告灯等组成，其外形如图 11-7 所示。

图 11-7　组合仪表外观

学习提示

汽车仪表是反映车辆各系统工作状况的装置，使驾驶人能随时了解汽车的行驶情况和发动机的工作状况，以便正确使用汽车，提高行车安全，及时发现和排除可能出现的故障。

以大众迈腾轿车为例说明组合仪表警告灯的含义，汽车仪表板上警告灯位置如图 11-8 所示。

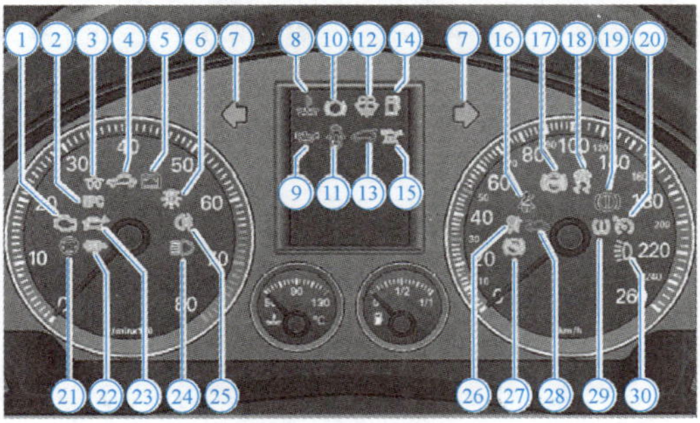

图 11-8　组合仪表警告灯位置

①废气排放指示灯	②EPC 指示灯
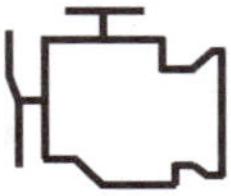 自检完成后如果该指示灯点亮，表明废气排放值不正常	EPC 对于大众汽车公司的车型，电子节气门出现故障时，本灯亮起，车主应及时进行检修
③预热及故障指示灯	④防盗指示灯
 DDE 对于柴油车车型，发动机预热器电路出现故障时，本灯亮起，车主应及时进行检修	 显示防盗状态，当设定锁车防盗之后此灯一直闪亮，如果不亮，车主应及时进行检修
⑤发电机指示灯	⑥灯泡检测指示灯
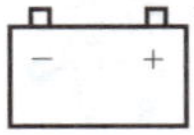 显示蓄电池工作状态的指示灯。接通点火开关后亮起，发动机起动后熄灭。如果不亮或常亮不灭应立即检查发电机及电路	 灯泡检测指示灯主要检查所有灯泡系统，当灯泡出现故障时则报警
⑦转向信号指示灯	⑧冷却液温度及液位指示灯
 转向灯亮时，相应的转向信号指示灯按一定频率闪烁。按下危险警告灯按键时，两灯同时亮起	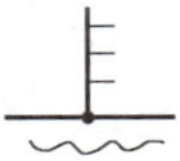 显示发动机冷却液温度过高的指示灯，此灯点亮报警时应停车并关闭发动机，待冷却至正常温度后再继续行驶

⑨机油压力报警灯	⑩制动衬片磨损指示灯
 显示机油压力的指示灯，本灯亮起时表示润滑系统失去压力，可能有渗漏，此时需立即停车关闭发动机进行检查	 显示制动盘片磨损情况的指示灯。正常情况下此灯熄灭，点亮时提示车主应及时更换制动片
⑪车门指示灯	⑫风窗清洗液液位报警灯
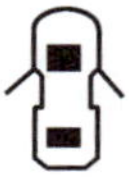 显示车门是否完全关闭的指示灯，车门打开或未能完全关闭时，相应的指示灯亮起	 显示风窗清洗液储存量的指示灯，如果清洗液即将耗尽，此灯点亮，提示车主及时添加清洗液
⑬行李箱开启指示灯	⑭燃油油位报警灯
 显示行李箱是否完全关闭的指示灯，行李箱打开或未能完全关闭时，此灯亮起	 提示燃油不足的指示灯，该灯亮起时，表示燃油即将耗尽，一般从该灯亮起到燃油耗尽之前，车辆还能行驶约 50km 左右
⑮机油油位报警灯	⑯安全带未系报警灯
 提示机油不足的指示灯，该灯亮起时，表示机油油位或压力过低，提醒车主添加机油	 显示安全带状态的指示灯，按照车型不同，该灯会亮起数秒进行提示，或者直到系好安全带才熄灭，有的车还会有声音提示
⑰ABS 警告灯	⑱ASR 或 ESP 指示灯
 显示 ABS 状态的指示灯，接通点火开关后点亮，约 3 ~ 4s 后熄灭，表示系统正常。不亮或常亮则表示系统故障，此时可以继续低速行驶，但应避免紧急制动	 ASR/ESP 系统工作时，ASR/ESP 指示灯点亮，反之就熄灭

⑲驻车制动、制动液位、制动系统指示灯	⑳定速巡航指示灯
 驻车制动手柄拉起时，此灯点亮；个别车型出现制动液不足时，此灯也会点亮	 定速巡航工作时，此灯点亮
㉑电动助力转向指示灯	㉒柴油车颗粒净化器报警灯
 电动助力转向指示灯点亮时说明电动助力转向系统存在故障，车主应及时进行检修	 显示废气排放工作状态的指示灯，灯亮起表明柴油车发动机排放超标，提醒车主进行检修
㉓油箱盖开启报警灯	㉔远光灯指示灯
 显示油箱盖是否完全关闭的指示灯，油箱盖打开或未能完全关闭时，此灯亮起	 显示前照灯是否处于远光状态，在远光灯接通或使用远光灯瞬间点亮功能（超车灯）时会亮起
㉕后雾灯指示灯	㉖安全气囊或燃爆式安全带故障指示灯
 后雾灯接通时，指示灯点亮	 显示安全气囊工作状态的指示灯，接通点火开关后点亮，约 3～4s 后熄灭，表示系统正常，不亮或常亮表示系统存在故障
㉗制动踏板指示灯	㉘发动机舱盖未关指示灯
 显示制动踏板工作状态，当踩下制动踏板时，停住车后松开踏板，制动踏板灯点亮	 显示发动机舱盖是否完全关闭的指示灯，发动机舱盖打开或未能完全关闭时，此灯亮起
㉙轮胎压力报警灯	㉚日间行车灯指示灯
 如果该报警灯显示为黄色，说明胎压检测系统存在故障；如果该报警灯显示为红色，说明胎压不足	 本灯主要针对德国大众汽车公司车型，行驶时该灯自动点亮

二、仪表的检修

1. 燃油表与转速表	车辆在使用中，有可能出现转速表或者燃油表指示不准确的故障，应拆解转速表或者燃油表及相应的印制电路板，必要时进行更换。 (1)将组合仪表从车上拆下，注意不要损坏相应的线路 (2)拆下组合仪表后面燃油表白色挡板的紧固螺钉，轻轻拔下燃油表插头，注意不要用力过猛。用一字螺钉旋具挑起燃油表印制电路板卡子，取下燃油表印制电路板 (3)拆下固定仪表前罩的紧固螺钉，右手用一字螺钉旋具撬起仪表前罩的黑色卡子，左手轻轻拔开仪表前罩，依次取出6个卡销，取下仪表前罩，注意卡销为塑料质地，撬起时不要用力过猛 (4)拆下固定转速表印制电路板的铜螺母，取下印制电路板，并拔下电路板线束插头 (5)拆下固定转速表的紧固螺钉，取下转速表 (6)拆下燃油表后部3个铜螺母，取下弹性垫圈放好，再拆下固定燃油表更换转速表(燃油表)及其印制电路板时，必须是同型号的印制电路板
2. 里程表	在车辆使用过程中，可能会出现当车行驶时里程表指针不动、里程计数器不动或者指针和计数器都不动的故障，应拆解里程表修复，必要时更换里程表。 (1)拔下里程表与仪表后壳连接的线束插头，拆下里程表后部白色挡板上的紧固螺钉，再从正面拆下固定里程表的紧固螺钉，取下里程表 (2)用尖嘴钳将计数器限位齿轮固定横杆从限位槽中取出，然后安装新里程表
3. 附加电阻	仪表后壳上有2个附加电阻。当发电机电压调节器损坏引起电压过高时，会导致附加电阻温度过高，使仪表后壳烧损，必须更换一个新的壳体。如果壳体没有烧坏，在将发电机修好后，可将附加电阻重新焊接
4. 仪表指示灯	当车使用中出现组合仪表上的个别指示灯因损坏而不亮时，需对其进行更换。方法如下： (1)轻轻取下黑色的仪表指示灯显示塑料贴膜(注意不要用力过猛，以免损坏贴膜) (2)用尖嘴钳夹住仪表灯灯座，逆时针旋转，取下灯座，用手取下灯泡 (3)将新的仪表灯泡两个电极对准灯座上的电极插进去，确认安装可靠。再将灯座安装到仪表后壳上 (4)如果仪表灯有一半不亮时，说明仪表灯泡的寿命基本到了，需要全部更换 组合仪表上的各部分检查修复完毕后，按照与拆解相反的顺序组装，千万注意不要漏装零件

三、仪表故障排除实例

1. 别克新凯越轿车组合仪表故障

故障现象

一辆2008年款新凯越1.8L轿车，行驶里程6.951万km，车主反映该车在燃油箱加满后，出现燃油表中燃油指示不到顶（与正常显示燃油满箱相差一小格）

故障诊断与排除

（1）使用万用表检查蓄电池的电压，电压在正常范围内。

（2）检查燃油泵与ECM连接线束、连接仪表的相关线束接触良好，并且阻值在正常范围内。

（3）检查蓄电池对ECM的供电正常、对燃油泵液位划片电阻输出了5V的参照电压，均正常。

（4）测量燃油泵液位划片电阻反馈给ECM的电压、ECM反馈给组合仪表的电压均在正常的范围内。

（5）检查燃油泵的安装位置，发现安装位置不正确，导致燃油泵液位浮子无法正常工作，重新安装后故障依旧。

（6）更换组合仪表，故障排除。

2. 奇瑞A5轿车指示灯异常故障

故障现象

一辆2009年款奇瑞A5轿车，配置SQR481发动机，该车行驶985km后冷却液温度表和转速表不工作，发动机故障灯点亮，EPC灯点亮，左右转向指示灯不亮，ABS灯常点亮，前、后雾灯指示灯常亮。

故障诊断与排除

（1）首先检查仪表接地线，ACC电源都正常，更换仪表后故障依旧存在，很显然故障在外部线路。

（2）用K81检测有故障码输出：①仪表和ECU不能通信；②仪表和ABS不能通信；③仪表和ISU不能通信。

（3）检查线路图可知，前ISU的A26#、A25#，ECU的62#、81#，ABS的3#、18#通过CAN网络的HIGH线和LOW线与仪表29#、30#相互通信。用万用表测CAN的HIGH线和LOW线与地之间的电阻，

HIGH 线为 0，LOW 线为无穷大，显然 HIGH 线接地。

（4）顺着 CAN 网络布局查找，在仪表板横梁与空调蒸发器总成处线束被挤压到一起。CAN 的白/绿 HIGH 线与黑色接地线挤在一起造成短路，重新包扎后测量电阻无穷大，通信电阻正常，装复仪表打开点火开关，仪表自检显示正常，起动后故障灯熄灭。冷却液温度表和转速表工作正常，路试一切正常。

第七节　刮水器与洗涤系统

一、刮水器与洗涤系统的组成

刮水器与洗涤系统由车身控制单元（BCU）在接收到驾驶人的指令后动作。所有的刮水器功能都是由安装在变速杆右侧的多功能刮水器开关控制，主要由刮水器电动机、刮水器连杆机构、两个刮臂及刮片、两个洗涤器喷嘴、洗涤壶和洗涤泵、刮水洗涤开关以及前照灯洗涤系统组成，如图 11-9 所示。

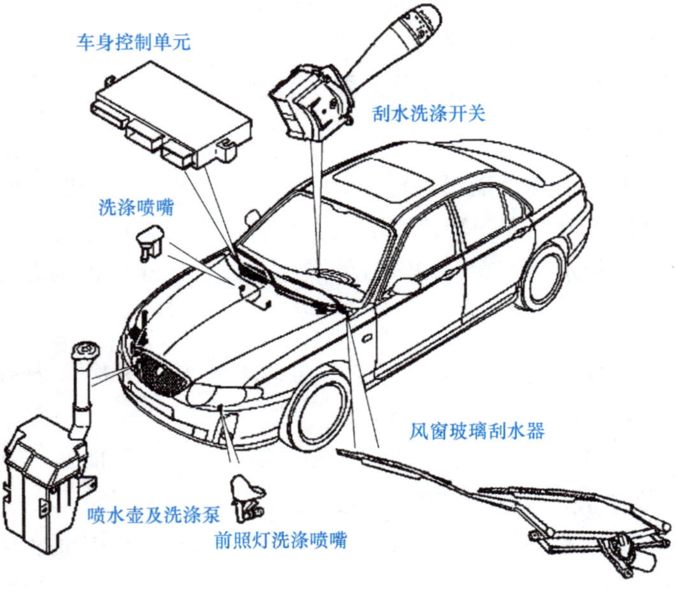

图 11-9　刮水器与洗涤系统组成示意图

二、刮水器与洗涤系统的检修

1. 刮水器拆卸	(1)拆下刮水器臂紧固螺母	(2)拆下刮水器臂和刮水器片
	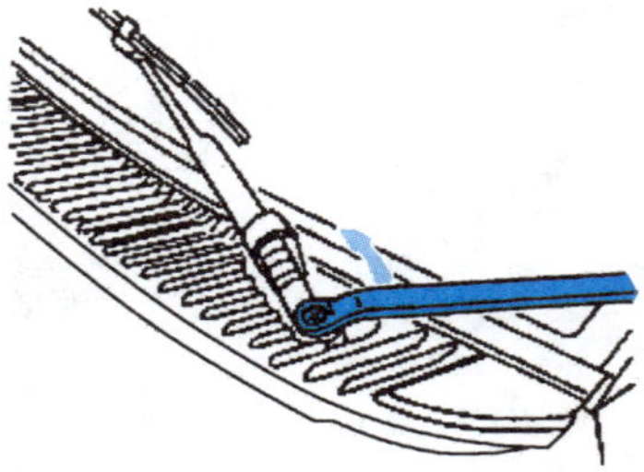	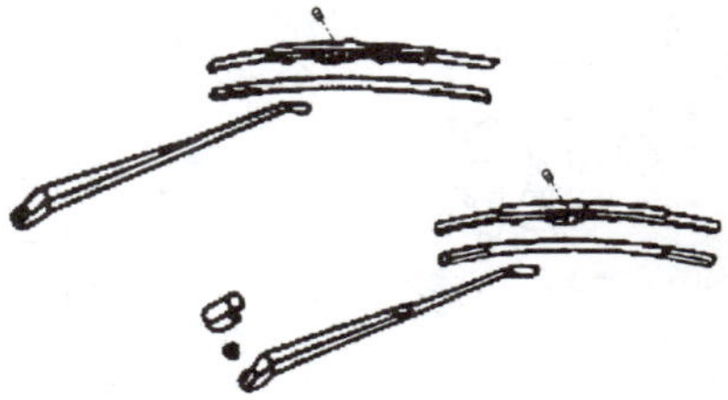
	(3)拆下通风盖板和密封条	(4)拆下刮水器电动机总成
		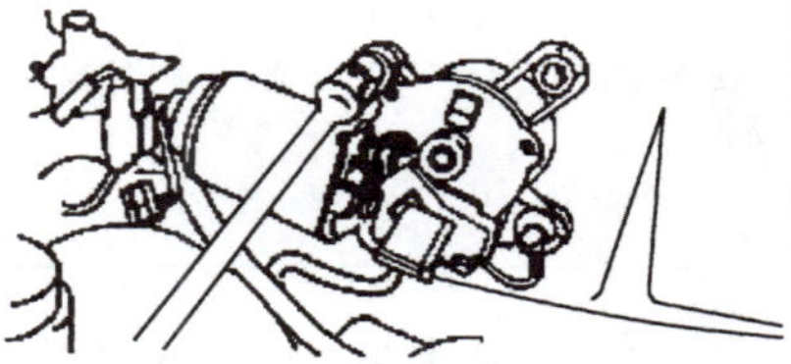
	(5)拆下传动连杆总成	
	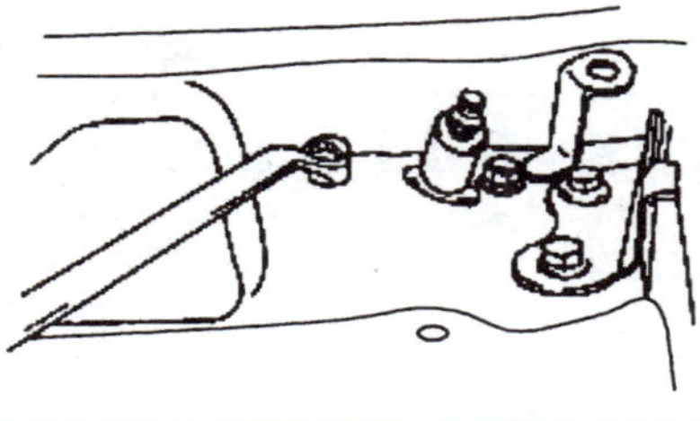	
2. 刮水器电动机测试	(1)低速性能测试	(2)高速性能测试
	将蓄电池“+”极连接到接线插头端子“1”，蓄电池“-”极连接到电动机壳体。	将蓄电池“+”极连接到接线插头端子“2”，蓄电池“-”极连接到电动机壳体。
	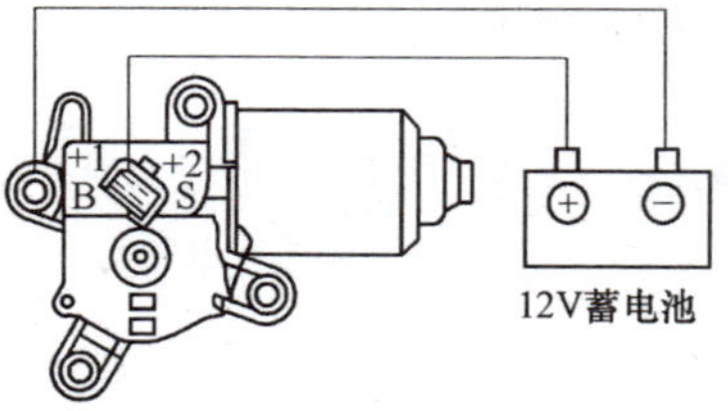	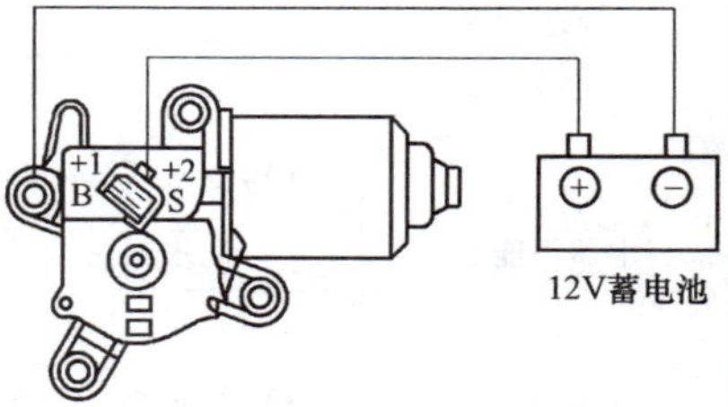
	电动机应低速运转，否则应修理或更换电动机	电动机应高速运转，否则应修理或更换电动机

3. 喷水器电动机测试	4. 前照灯清洗器电动机测试
将蓄电池“+”极连接到接线插头端子“2”，蓄电池“-”极接到端子“1”，电动机应正常工作。 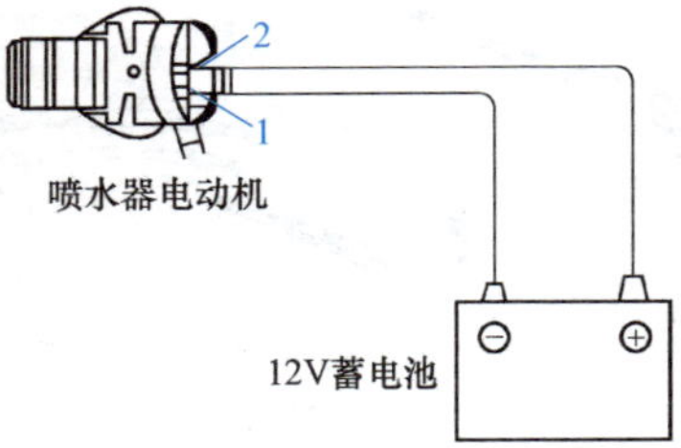 ①如果不符合要求，则更换电动机。 ②测试时应在20s内完成，否则易损坏电动机	将蓄电池“+”极连接到接线插头端子“1”，蓄电池“-”极接到端子“2”，电动机应正常工作。 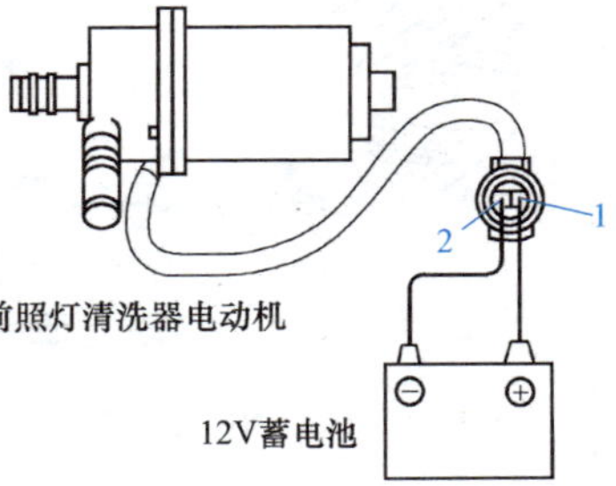 ①如果不符合要求，则更换电动机。 ②测试时应在3~5s内完成，否则易损坏电动机

三、刮水器与洗涤系统常见故障排除实例

（一）刮水器与洗涤系统常见故障快速诊断（表11-3）。

表11-3 刮水器与洗涤系统快速诊断表

故障现象	故障原因	排除方法
刮水器与洗涤系统均无法工作	(1)刮水器控制电路熔丝或继电器损坏	①更换熔丝或继电器
	(2)刮水器开关损坏	②更换刮水器开关
刮水器无法正常工作	(1)刮水器电动机损坏	①分解检修，必要时更换总成
	(2)刮水器开关接触不良	②调整或更换刮水器开关
	(3)刮水器电动机传动机构故障	③调整或更换传动机构
	(4)刮水器片与刮水器臂调整不当	④重新校正并调整
刮水器不能变速	(1)刮水器电动机电刷接触不良	①更换电刷，必要时更换总成
	(2)刮水器变速档开关损坏	②更换刮水器开关
	(3)刮水器控制线路断路	③修理线路
刮水器电动机运转不停	(1)刮水器开关短路	①更换刮水器开关
	(2)刮水器电动机内部短路	②更换刮水器电动机

（续）

故障现象	故障原因	排除方法
刮水器不能自动复位	(1)刮水器安装不当	①重新安装
	(2)刮水器电动机轴损坏	②更换刮水器电动机
洗涤器不能工作	(1)电动喷水泵损坏	①更换电动喷水泵
	(2)刮水器开关损坏	②更换刮水器开关
	(3)储液罐无清洗液	③添加清洗液
	(4)洗涤器管路泄漏或堵塞	④更换管路
	(5)喷嘴堵塞	⑤清洁喷嘴

（二）故障检修实例

1. 上海大众 POLO 轿车刮水器不停故障

故障现象

一辆 2006 年款上海大众 POLO 1.4L 轿车，车主反映该车只要起动发动机或打开点火开关，后刮水器电动机就会一直转动，对刮水器开关的档位进行调整也不起作用。只有关闭点火开关或者拔下后刮水器的熔丝，刮水器电动机才会停止转动。

故障诊断与排除

(1) 接车后进行验证，故障确如车主所述。用 VAS5052 查询各控制单元故障存储器，没有发现故障码。

(2) 对照线路图，首先检测后刮水器电动机上线路与刮水器开关和电源的连接导通情况：1 号接脚是负极的连接导线，测量正常。2 号接脚是从刮水器开关 T41/20 引出，并且与中央电器控制单元（T18a/15 接脚）相连，测量正常。3 号接脚从刮水器开关 T41/21 引出，并且连接到刮水器喷水器电动机的 2 号接脚，测量正常。4 号接脚是后刮水器电动机的正极供电电源，由受 X-触点卸载继电器控制的 SB1 号熔丝供电，测量也正常。测量 1 号和 4 号接脚的正、负极供电正常，线路也没有短路及断路现象。

(3) 由于后刮水器电动机能运转，于是决定先拆下刮水器开关。取下安全气囊后，拆下转向盘，拔下刮水器开关的插头，再打开点火开关，发现后刮水器电动机还是在运转。接着又拔下中央电器控制单元上的 T18a 插头，发现刮水器电动机停止运转。

（4）拔下刮水器开关和中央电器控制单元 T18a 的插头后，后刮水器电动机停止运转，说明故障出现在刮水器开关或者中央电器控制单元，检查线路和后刮水器电动机正常。

（5）通过分别接通、断开刮水器开关和中央电器控制单元的插头，确定中央电器控制单元损坏，发出异常的控制信号而导致后刮水器电动机一直运转。

（6）更换中央电器控制单元后，故障排除。

2. 广汽本田奥德赛轿车风窗玻璃洗涤器不喷水且刮水器不工作故障

故障现象

一辆 2005 年款广汽本田奥德赛 2.4L 轿车，行驶里程为 8 万 km，车主反映该车停驶一夜后，早晨发现前风窗玻璃洗涤器不喷水，刮水器也不工作。

故障诊断与排除

（1）按下前风窗玻璃洗涤器开关，洗涤器不喷水且无电动机工作声音，正常情况应该是在喷水的同时刮水器来回动作。同时操纵刮水器开关，发现前刮水器无间歇档和除霜档，而中、高速档工作正常。

（2）首先使用本田专用故障诊断仪 HDS 检测多路集成控制系统 MICS，调出故障码 B1080：继电器控制模块和多路集成控制模块 MICU 的供电电路 IG1 输入错误。

（3）检查仪表板下继电器盒内为 MICU 供电的 21 号熔丝（7.5A），供电正常。

（4）利用 HDS 对执行器进行功能测试，结果喷水器电动机工作正常，且刮水器各档位工作正常，说明 MICU 及继电器控制模块功能正常。

（5）查看数据列表，检测组合开关相关控制信号正常，初步判断为线路故障。

（6）关闭点火开关，拆下发动机室内继电器控制模块，断开继电器控制模块的 10 针线束插头 K，检查该模块的电源及接地情况，结果插头 K 中的 10 号端子与车身接地正常。

（7）打开点火开关，测量插头 K 中的 8 号端子与接地之间的电压为零，而正常应为蓄电池电压，说明继电器模块到仪表板下熔丝盒之间的导线断路。

（8）拆开转向盘侧仪表板下熔丝盒，检查 C3 端子电压正常，继电器控制模块插头 K8 号端子与仪表板下熔丝盒 C3 号端子之间断开，仔细检查发现左前减振器座通往防火墙之间的线束被老鼠咬断。

（9）修复 K8 到 C3 之间断路的线路，清除故障码后，前风窗玻璃洗涤器及刮水器工作正常，故障排除。

维修小结

该车由于线路被老鼠咬断，造成继电器控制模块供电不良，从而无法接收到开关控制模块发送到网络通信回路上的前风窗玻璃洗涤器开关信号，继电器控制模块就没有为继电器提供接地信号，从而无法接通刮水器及喷水器电动机的电路，才导致了该故障的出现。

3. 上汽大众斯柯达明锐轿车刮水器不能喷水故障

故障现象

一辆 2007 年款上汽大众斯柯达明锐 1.6L 轿车，车主反映该车刮水器突然出现不能喷水的现象。

故障诊断与排除

（1）连接故障诊断仪对车辆进行检测，在组合仪表系统中存在故障含义为“J519 没有通信”的故障码，收音机中也存在同样的故障码。

（2）重新对中央电器控制单元 J519 进行编码，编码后进行功能引导，将车辆恢复了出厂设置，但故障依旧。

（3）利用故障诊断仪对喷水器电动机执行诊断操作时，喷水器电动机仍然不动作，说明喷水器电动机的线路存在故障。

（4）利用万用表测量 J519 到喷水器电动机间的线路时发现，线路连接正常，但 2 根线均为电源线，为 0 电位，说明 J519 没有输出控制命令，表明 J519 损坏。

（5）更换 J519 后，故障排除。

第八节　电动后视镜

一、电动后视镜的组成

电动后视镜由两个外后视镜以及一个圆形四向开关和两个左/右选

择开关构成，如图 11-10 所示。

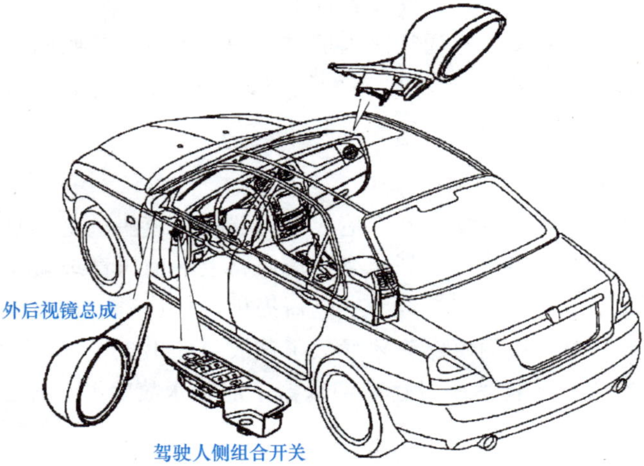

图 11-10 电动后视镜位置图

二、电动后视镜的检修

1. 电动机测试	(1)向上转动的检测	(2)向下转动的检测
	用导线将蓄电池正极“+”连接到电动后视镜插头端子“3”，蓄电池负极“-”连接到端子“2”。 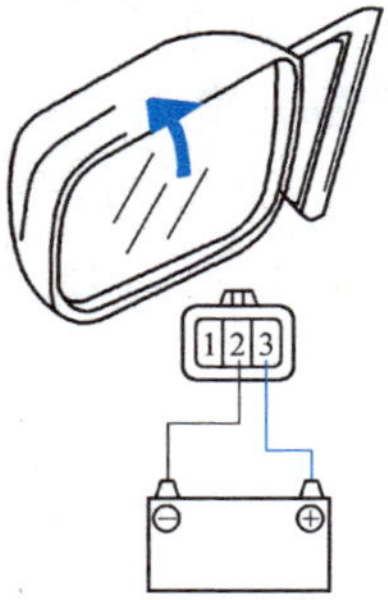 电动后视镜应向上转动，如果与规定不符，则表明电动机损坏，应更换	用导线将蓄电池正极“+”连接到电动后视镜插头端子“2”，蓄电池负极“-”连接到端子“3”。 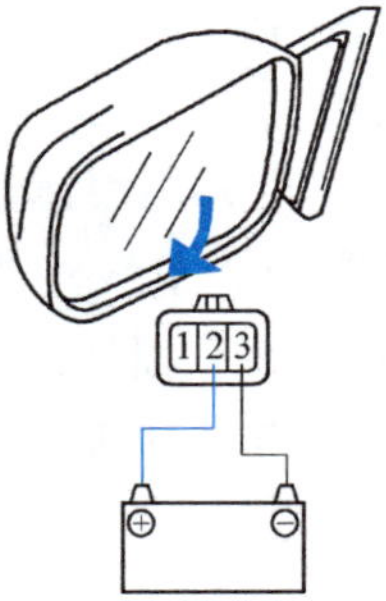 电动后视镜应向下转动，如果与规定不符，则表明电动机损坏，应更换
	(3)向左转动的检测	(4)向右转动的检测
	用导线将蓄电池正极“+”连接到电动后视镜插头端子“1”，蓄电池负极“-”连接到端子“2”。	用导线将蓄电池正极“+”连接到电动后视镜插头端子“2”，蓄电池负极“-”连接到端子“1”。

<table>
<tr><td>1. 电动机测试</td><td>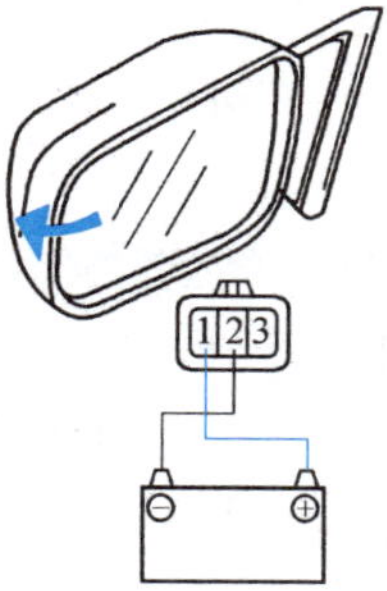

电动后视镜应向左转动，如果与规定不符，则表明电动机损坏，应更换</td><td>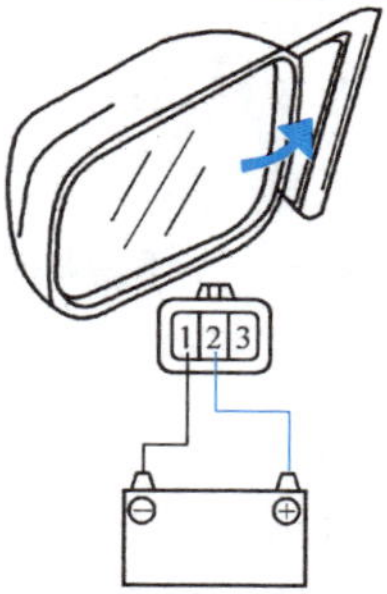

电动后视镜应向右转动，如果与规定不符，则表明电动机损坏，应更换</td></tr>
<tr><td rowspan="4">2. 拆装外后视镜玻璃</td><td>(1)用专用拆卸工具脱开外后视镜下部的2个定位爪并将后视镜玻璃分离</td><td>(2)断开插接器并拆下外后视镜玻璃</td></tr>
<tr><td>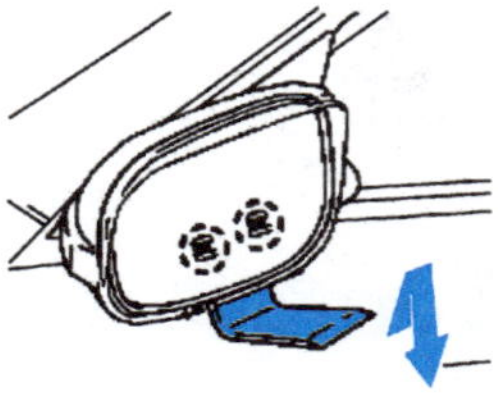</td><td>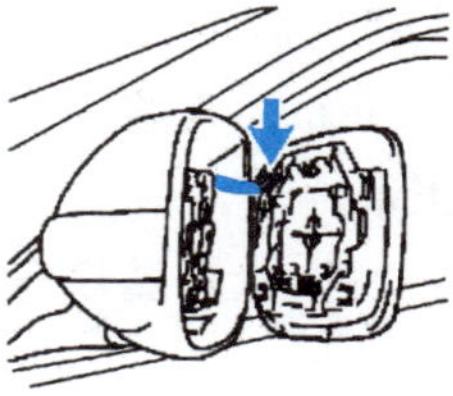</td></tr>
<tr><td colspan="2">(3)接上插接器插头，将外后视镜玻璃下部的2个定位爪与外后视镜接合</td></tr>
<tr><td colspan="2">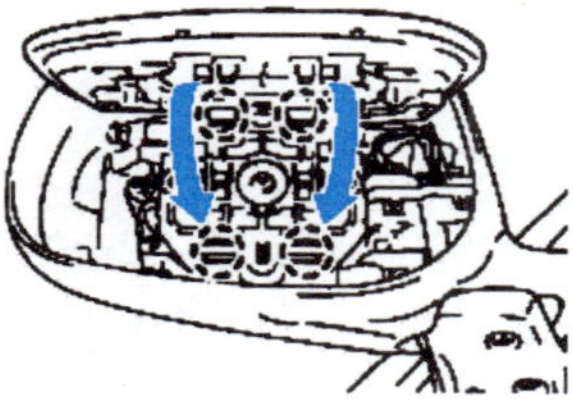</td></tr>
</table>

三、电动后视镜故障排除实例

1. 一汽大众宝来 1.6L 轿车车外后视镜位置无法调整故障

故障现象

一辆 2010 年款一汽大众宝来 1.6L 轿车，车主反映车外后视镜位置无法调整。

故障诊断与排除

(1) 首先根据电路图检查后视镜熔丝，未发现故障。

（2）对所有熔丝逐一进行检查，结果发现无倒车灯和中控锁熔丝，倒车灯和中控锁功能均不能工作，但此现象与车外后视镜位置无法调整没有直接关系。

（3）打开小灯，所有其他部分的照明灯均亮起，唯独车外后视镜调整按钮的照明灯不亮，于是判断为线束插头松动或脱落。

（4）拆下左侧车内饰板，发现其线束插头脱落，将其装复，后视镜调整按钮的照明灯亮，但是调节功能仍不能执行。由于两侧后视镜均没有动作，所以后视镜本身故障的可能性极小，重新拆开车门内衬板对线路进行检查，电动机接地良好。

（5）于是决定更换控制开关，结果故障依旧。

（6）连接 V. A. G5051 进行诊断，发现自诊断 17——组合仪表进不去，发电机电脑记忆 17978——控制单元被锁死，且故障码无法清除。

（7）重新检查熔丝，在检查过程中发现 11 号熔丝熔断，更换熔丝后一切正常。

2. 一汽大众迈腾轿车后视镜折叠故障

故障现象

一辆 2008 年款一汽大众迈腾 2.0L 轿车，行驶了 4.25 万 km，车主反映右后视镜折叠后不能正常恢复，而且左、后视镜出现了延迟折叠的现象。

故障诊断与排除

（1）首先用 V. A. G5051 检测，在 52——右前门控制单元内存在一个故障码，后视镜折叠电动机—前排乘客侧—V122 电路中有电气故障。

（2）迈腾后视镜折叠控制线路：后视镜调整、加热、折叠功能总成通过 T6aq/6 端子到 J386（左前门控制单元）的 T32/19 号脚，再通过总线到 J387（右前门控制单元）。经内部电路处理后通过 T16l/16 和 T16l/14 连接端子到右后视镜折叠电动机（V122）。

（3）用手转动右后视镜外壳，发现找不到正常中间点位置，并且右后视镜人工折叠时明显有机械件松脱感。初步判断后视镜折叠电动机—前排乘客侧—V122 电路中的电气故障。

（4）拆掉右前门门内衬，对连接折叠电动机的绿色线和紫色线进行测量，结果见表 11-4，线路正常。

（5）于是确定右后视镜控制总成故障，更换后故障排除。

表 11-4　折叠开关测试

开关状态	关闭	开启
紫色线电压	0V	12V
绿色线电压	12V	0V

3. 一汽马自达 6 轿车后视镜左右两侧不动作故障

故障现象

一辆 2008 年款一汽马自达 6 轿车（2.0L），车主反映控制后视镜折回开关时，后视镜左右两侧均不动作，但后视镜镜片角度调节功能正常。

故障诊断与排除

（1）首先检查副熔丝盒内的 MIRROR 5A 熔丝，正常，左右两侧后视镜线束插头也正常。

（2）查找电路图发现该车折回功能的控制原理是：ACC（附件）电源经 MIRROR 5A 熔丝、控制开关至左右两侧后视镜线束插头（左右两侧后视镜与控制开关并联）。当按下后视镜折回控制开关（折回），用万用表测量后视镜线束侧插头电压时，发现 P/B（带黑色条纹的粉红色）线电压为 12V、P（粉红色）线电压也为 12V。

（3）于是初步判断后视镜内部电控系统短路，用万用表测量阻值正常；后视镜线束侧插头至接地回路处有断路现象。然后用万用表对后视镜控制开关进行检测，发现当控制开关复位时（开关不按下），O（橙色）线与 P/B 线导通，P 线与 B（黑色）线也导通；当折回时（开关按下），O 线与 P 线导通，P/B 线与 B 线也导通。说明开关正常，后视镜也正常。

（4）测量线束和常用插接器，当测量开关端 P 线与左侧后视镜线束插头 P 线的导通情况时，正常；当检测开关端 P/B 线与左侧的后视镜线束插头 P/B 线时，电阻值为无穷大，说明该线之间有断路或接触不良现象。

（5）检查插接器时发现，插脚腐蚀，接触不良。将插脚处理后插牢，左右两侧后视镜折回功能恢复正常，故障排除。

第九节　电动车窗

一、电动车窗的组成

以丰田轿车为例说明电动车窗的位置，如图 11-11 所示。

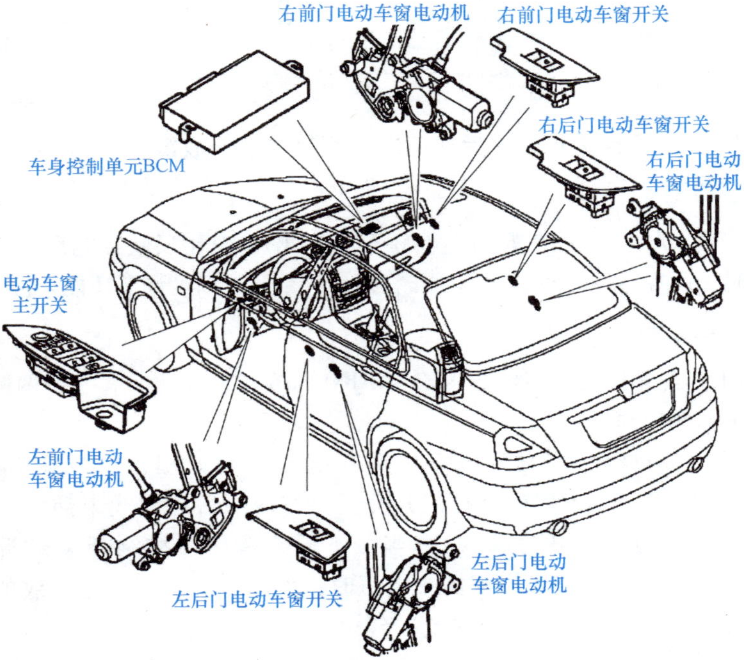

图 11-11 电动车窗示意图

二、电动车窗的检修

(1)测试电动机

①将蓄电池“+”极用导线连接到车窗电动机端子1;蓄电池“-”极用导线连接到车窗电动机端子2,电动机应转动。

②反接连接线,电动机应反方向运动

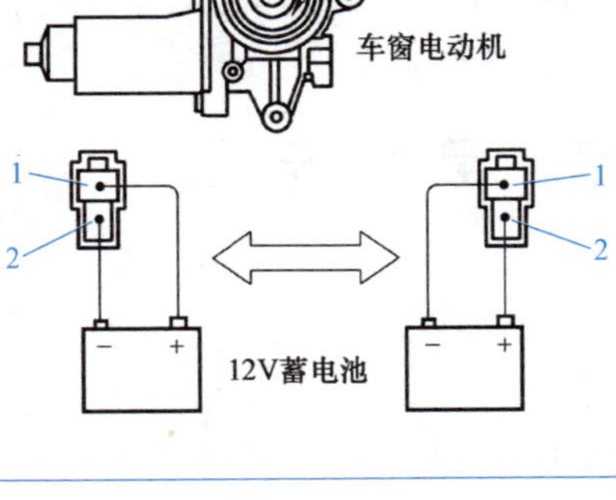

若车窗电动机无法工作或转动无力,应更换电动机或修复

(2)拆解电动机

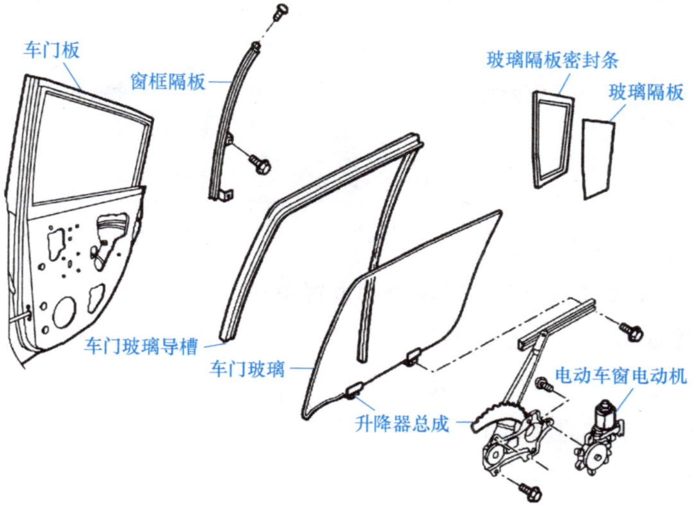

三、电动车窗常见故障排除实例

(一) 电动车窗常见故障快速诊断(表11-5)

表11-5 电动车窗快速诊断表

故障现象	故障原因	排除方法
车窗电动机不工作	(1)车窗开关损坏	①更换车窗开关
	(2)熔丝熔断	②更换熔丝
	(3)车窗控制线路断路或短路	③修理或更换线束
	(4)车窗电动机损坏	④修复或更换电动机
车窗电动机工作时有异常声响	(1)车窗电动机安装不到位	①重新安装
	(2)卷丝筒内钢丝跳槽	②重新修理,必要时更换总成
	(3)滑动支架内的传动钢丝夹转动	③更换滑动支架总成
	(4)电动机盖板或固定架与玻璃碰擦	④重新安装或调整支架
电动车窗电动机正常工作,但玻璃无法升降	(1)支架钢丝拉断	①更换支架钢丝,必要时更换支架总成
	(2)滑动支架损坏或支架内的传动钢丝夹转动	②修理或更换支架

（续）

故障现象	故障原因	排除方法
玻璃升降时阻力过大或卡滞	(1)车窗玻璃导轨有异物	①清理异物
	(2)玻璃导轨或变形	②重新校正或更换导轨
	(3)传动钢丝磨损或锈蚀	③更换或添加润滑脂
	(4)车窗电动机内部卡滞	④修复或更换电动机

（二）故障排除实例

1. 一汽大众速腾轿车玻璃不能升降故障

故障现象

一辆2008年款一汽大众速腾1.6L轿车，行驶里程为5.5万km，车主反映该车左前玻璃不能升降。

故障诊断与排除

(1) 首先进行测试，故障确如车主所述，左前玻璃升降器电动机不动作，其他3门玻璃升降器电动机则能够正常运转。

(2) 连接故障诊断仪对车辆进行检测，设备显示故障码“电动车窗玻璃升降器电动机—驾驶人侧—V147电路中有电气故障，电动车窗玻璃升降器电动机—驾驶人侧—V147未进行基础设定/匹配或执行不正确”，但维修人员更换玻璃升降器电动机后，试车故障依旧。

(3) 查阅相关电路图后，测量玻璃升降器电动机的供电线，发现有正常的蓄电池电压。根据以往的维修经验，只用万用表测量电压是不能判定该电源线供电是否正常的，因为如果存在的是虚电，不能用万用表测量。为了确定该电源是否为可靠的供电，使用一个小功率试灯进行检测，发现试灯不亮，说明故障出在供电线路上。

(4) 经过进一步查找，维修人员发现在左前车门与车身连接处有断裂，如图11-12所示。重新包扎线束后试车，玻璃升降机功能恢复正常，故障彻底排除。

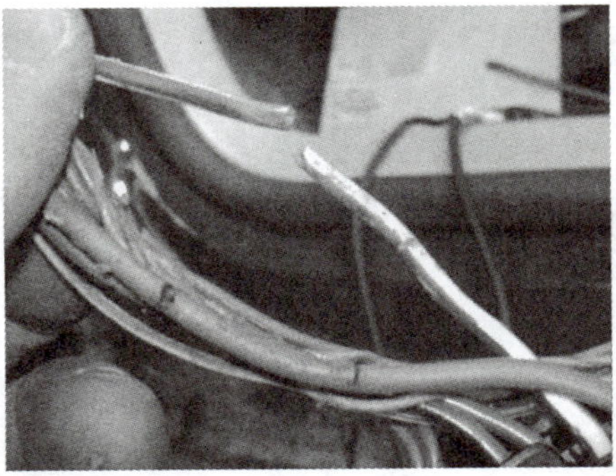

图11-12　玻璃升降机线束

2. 宝马 740i 轿车后风窗加热器故障导致漏电

故障现象

一辆 2007 年款宝马 740i 轿车，行驶里程为 6 万 km，车主反映该车停放一夜后无法起动。

故障诊断与排除

（1）维修人员令车辆进入休眠状态，测量休眠电流，电流为 9A，过高。

（2）测量网线信号电压，未发现电压异常，说明所有控制单元已进入休眠状态。

（3）用钳形电流表逐个测量车身电器控制单元各输出端的工作电流，发现后风窗加热器有工作电流，说明风窗加热器仍在工作，因此判定风窗加热驱动电路失效。

（4）更换车身电器控制单元，故障排除。

第十二章 汽车电路综合知识

第一节 汽车导线常识

一、汽车导线颜色代码

汽车导线颜色代码见表 12-1。

表 12-1 线束颜色代码表

	缩写	英文	中文
国产汽车导线颜色	B	Black	黑色
	Bl	Blue	蓝色
	Br	Brown	棕色
	G	Green	绿色
	Gr	Gray	灰色
	O	Orange	橙色
	R	Red	红色
	V	Violet	紫色
	W	White	白色
	Y	Yellow	黄色
欧洲汽车导线颜色	BL	Blue	蓝色
	BR	Brown	棕色
	EL	Cream	乳白色
	GE	Yellow	黄色
	GR	Gray	灰色
	EBL	Light Blue	浅蓝色
	HGN	Light Green	浅绿色
	M	Maroon	褐红色

（续）

	缩写	英文	中文
欧洲汽车导线颜色	N	Green	绿色
	NF	Neutral	浅灰色
	OG	Orange	橙色
	RS	Pink	粉红色
	RT	Red	红色
	SW	Black	黑色
	VI	Violet	粉紫色
	WS	White	白色
美国汽车导线颜色	BK	Black	黑色
	BN	Brown	棕色
	BU	Blue	蓝色
	CR	Clear	透明
	DKGN	Dark Green	深绿色
	GN	Green	绿色
	GY	Gray	灰色
	LT GN	Light Green	浅绿色
	LT BU	Light Blue	浅蓝色
	OG	Orange	橙色
	PK	Pink	粉红色
	PL	Purple	紫色
	RD	Red	红色
	TN	Tan	褐色
	VI	Violet	粉紫色
	WT	White	白色
	YL	Yellow	黄色
日本汽车导线颜色	WHT	White	白色
	YEL	Yellow	黄色
	BLK	Black	黑色
	BLU	Blue	蓝色
	GRN	Green	绿色
	RED	Red	红色
	ORN	Orange	橙色
	PNK	Pink	粉红色
	BRN	Brown	棕色
	GRY	Gray	灰色
	PUR	Purple	紫色
	LT BLU	Light Blue	浅蓝色
	LT GRN	Light Green	浅绿色

二、汽车导线维修

<table>
<tr><td rowspan="4">线束插头维修</td><td>(1)拆卸连接插头</td><td>(2)线束插头测试</td></tr>
<tr><td>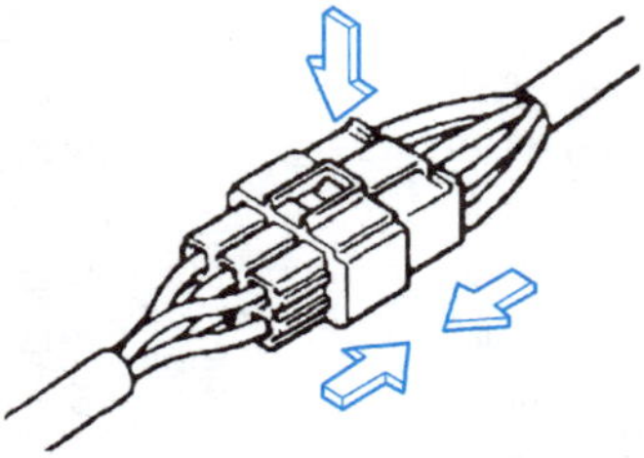
①断开插接器时，先将锁扣解开，然后按下锁爪将插接器分离。
②切勿拽拉线束，应直接捏住插接器使其断开</td><td>用万用表测试插接器时，应将表笔从线束旁边测试。
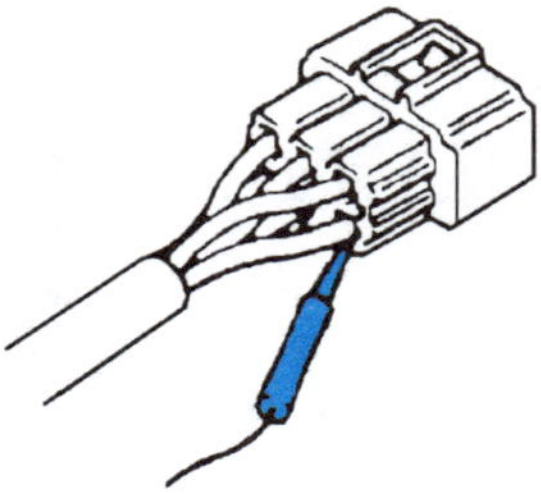
如果无法从线束旁边检查防水插接器，应连接一个辅助线束来测试</td></tr>
<tr><td>(3)清理插头异物</td><td>(4)测试线路</td></tr>
<tr><td>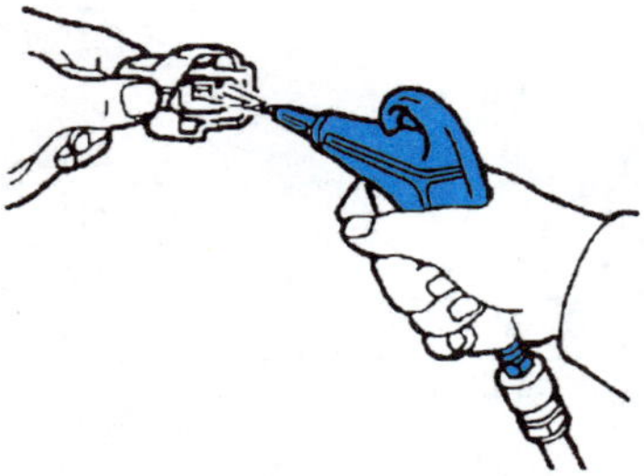
如果插头端子上粘有异物，应用风枪吹干净。切勿用磨砂纸摩擦触头，否则容易刮掉电镀层</td><td>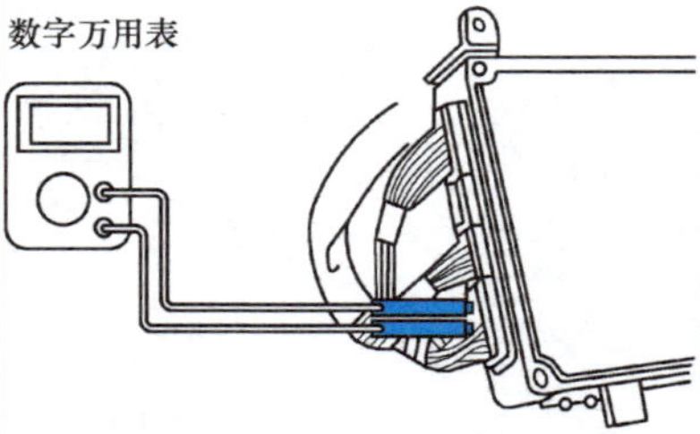

检查控制单元或执行元件的插头时，将万用表尖头探针从导线侧插入插头中，直至与导线端子接触</td></tr>
<tr><td rowspan="2">线路断路测试</td><td>(1)线束断路的电阻或电压测试</td><td>(2)测试 A 与 C 之间的电阻</td></tr>
<tr><td>查找线束插头 A、B、C 中断路的电阻或电压。</td><td>断开线束插接器插头 A 和 C，使用万用表分别测量插接器 A1-C1 与 A2-C2 的电阻。</td></tr>
</table>

线路断路测试

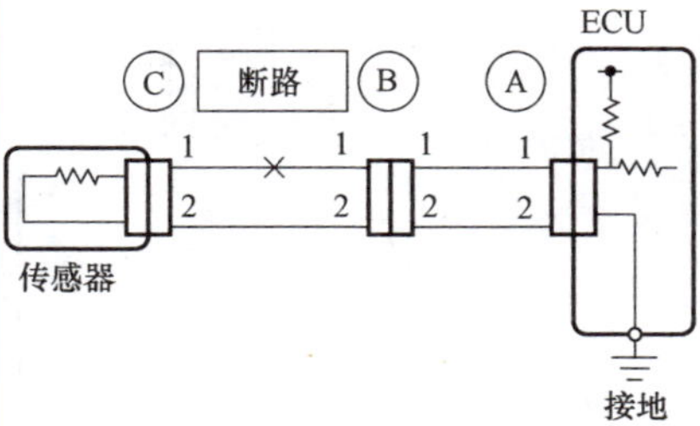

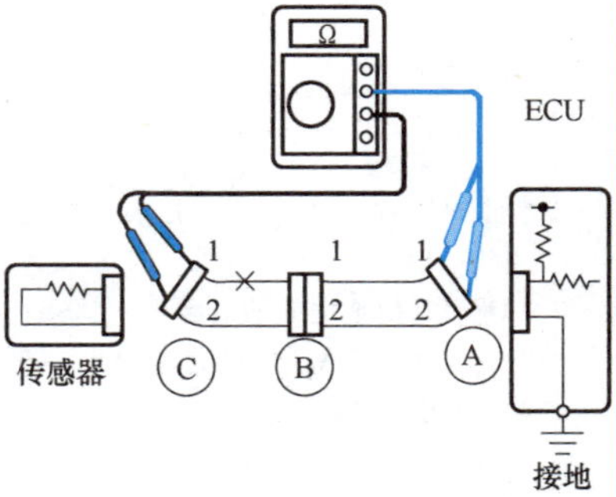

当 A2-C2 低于 1Ω 为正常，如果出现 A1-C1 高于 10kΩ，说明存在断路故障

（3）测试 A、B、C 之间的电阻

断开线束插接器插头 B，使用万用表分别测量插接器 A1 与 B1-1 和 B2-1 与 C1 之间的电阻。

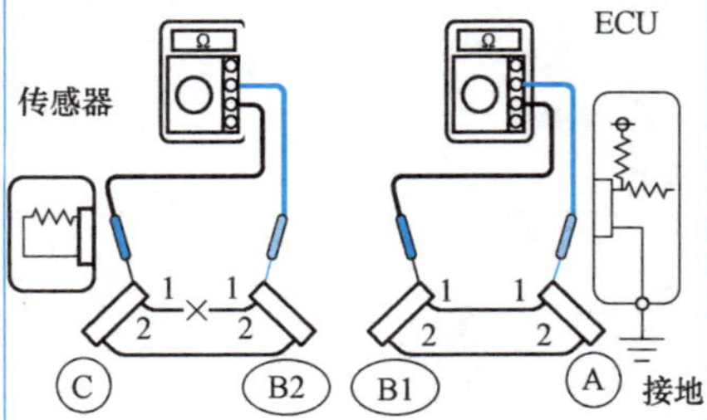

当 A1 与 B1-1 之间的电阻低于 1Ω 时为正常，如果出现 B2-1 与 C1 之间的电阻高于 10kΩ，说明存在断路故障，应进行修复

（4）电压测试

使用万用表测试 ECU 电路中 A、B、C 插接器端子的电压。

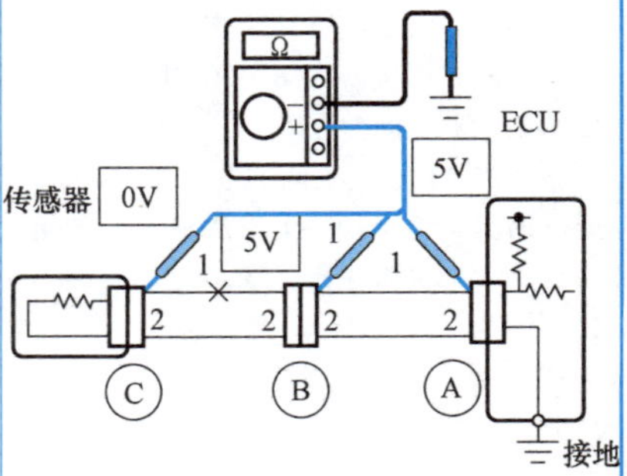

当 A1-接地、B1-接地电压为 5V 时为正常，如果 C1-接地电压为 0V，说明存在断路故障，应进行修复

线路短路测试

（1）线束短路测试

如果线束接地短路，通过接地的电阻检查来查明短路的部位。

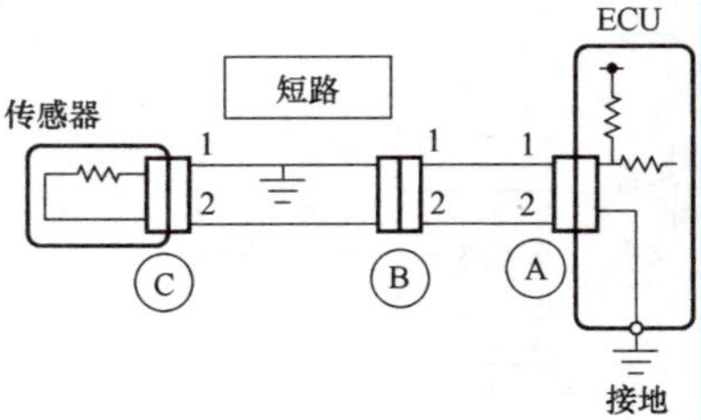

线路短路测试

(2)测试线束 A 与接地之间的电阻

断开插接器 A，使用万用表分别测量它们之间的电阻。

当 A2-接地之间的电阻高于 10kΩ 或更高时为正常；当 A1-接地之间的电阻低于 1Ω 时，说明存在短路，应进行检修

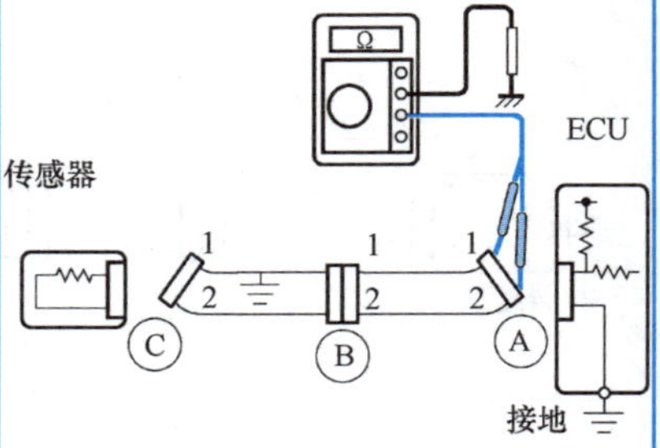

(3)测试线束 A、B、C 与接地之间的电阻

断开插接器 A、B 和 C，使用万用表分别测量它们之间的电阻。

当 A1-接地之间的电阻高于 10kΩ 或更高时为正常；当 B2-1 与接地之间的电阻低于 1Ω 时，说明存在短路，应进行修复

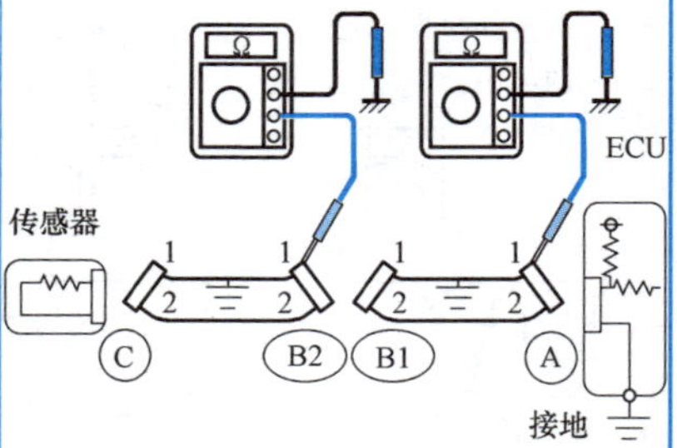

检查和更换 ECU

(1)在线检查 ECU 接地电路

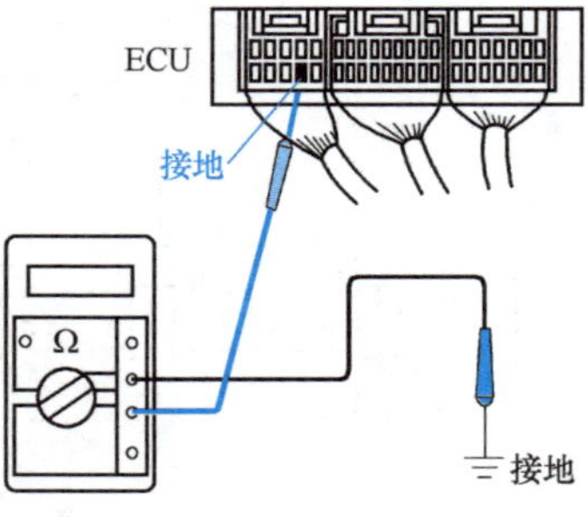

(2)断开线路检查 ECU 接地

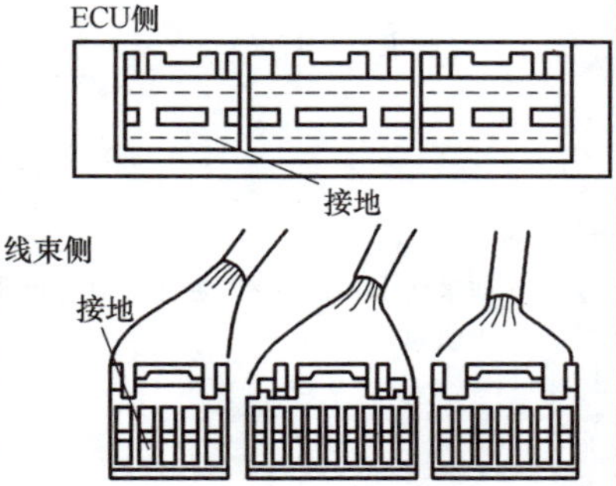

检查和更换ECU	使用万用表测量ECU接地端子与地之间的电阻应低于1Ω。 如果ECU接地电路正常，则ECU可能有故障。使用一个能正常工作的ECU更换该ECU，检查是否出现症状。如果故障症状消失，则更换原来的ECU	断开ECU连接器。检查ECU侧的接地端子和线束侧的接地端子是否有弯曲、腐蚀或粘有杂质。最后，检查插座式端子的接触压力

第二节　汽车电路图常识

一、汽车电路图的基本组成

汽车电路通常由电源电路、起动电路、照明与灯光信号装置电路、仪表信息系统电路、辅助装置电路和电子控制系统电路组成。

学习提示

汽车电路图主要是将汽车的电源及各种用电设备按照它们各自的电路连接关系，通过开关、导线、熔丝等配电设备连接起来构成完整的电路，且用特定的符号形式表示出来的图形。

（1）电源电路也称充电电路，由蓄电池、发电机、调节器及充电指示装置等组成。

（2）起动电路是由起动机、起动继电器、起动开关及起动保护电路组成的电路。

（3）照明与灯光信号装置电路是由前照灯、雾灯、转向灯、制动灯、倒车灯、车内照明灯及相关控制继电器和开关组成的电路。

（4）仪表信息系统电路是由仪表及其传感器、各种报警指示灯及控制器组成的电路。

（5）辅助装置电路一般包括风窗刮水及清洗装置、风窗除霜（防雾）装置、空调装置、音响装置、电动车窗、电控门锁、电动座椅调节装置和电动遥控后视镜等。

（6）电子控制系统电路主要由发动机控制系统（包括燃油喷射、点火、排放等控制）、自动变速器及恒速行驶控制系统、防抱死制动系统、安全气囊控制系统等电路组成。

二、汽车电气线路的特点

1. 低压直流电	蓄电池和交流发电机向用电设备供应的电流都是以**直流电**的方式输出。目前汽车电气设备使用电源的额定电压主要有 **12V** 和 **24V** 两种。**柴油车**一般采用低压**直流 24V** 电压供电，个别柴油车也采用直流 12V 电压供电。**汽油车**一般采用低压**直流 12V** 电压供电
2. 双电源	双电源是指**蓄电池**和**发电机**两个供电电源。蓄电池主要储存电能，在汽车未运转时向有关用电设备供电；发电机是主电源，当发电机转速达到规定的发电转速后，向相关用电设备供电，同时对蓄电池进行充电
3. 单线制	所谓单线制，就是利用汽车发动机和底盘、车身等金属机件作为各种用电设备的共用连线（接地，俗称搭铁），而用电设备到电源只需另设一根导线。任何一个电路中的电流都是从电源的正极出发，经导线流入到用电设备后，通过车身搭铁流回电源负极而形成回路。采用单线制主要是简化电路，节约导线
4. 负极搭铁	所谓搭铁，就是采用单线制时，将蓄电池的一个电极用导线连接到发动机或底盘等金属车体上。若蓄电池的负极连接到金属车体上，称为负极搭铁；若蓄电池的正极连接到金属车体上，则称为正极搭铁，目前汽车采用负极搭铁方式
5. 用电设备并联	所谓用电设备并联，就是指汽车上的各种用电设备都采用并联方式与电源连接，每个用电设备都由各自串联在其支路中的专用开关控制，互不产生干扰。 为了确保汽车上各用电设备能独立工作、互不干扰，汽车上的各种用电设备都与电源并联连接，每个用电设备都由各自串联在其支路中的独立的开关控制
6. 断路保护装置	所谓断路保护装置主要指熔丝/继电器盒，主要是为了防止电路或元器件因过载、搭铁或短路而烧坏电线束和用电设备，各种类型的汽车上均安装有断路保护装置。它主要有易熔线、熔断器或电路过载保护器（继电器）等

三、电路图的分类

1. 原理框图

原理框图通常采用方框符号或者带注释的框绘制，其框内的注释可以是文字，可以是符号，也可以同时采用文字和符号；框可以是实线框，也可以是点画线框；框与框之间的关系用线条沟通，线条中的箭头表示信号的走向。

技能提升

在识读原理框图时，应认真查看图中的箭头方向，箭头方向表示信号的传输方向。如果没有箭头方向，则可根据框图的图形符号来判断。在识读由集成电路组成的电子电路过程中，若无引脚功能说明，则可以借助集成电路内部原理框图来判断主要引脚功能，比如判断输出和输入引脚的功能。原理框图引脚内的箭头如果是双向的，即表示信号既能输入又能输出。

原理框图可分为多种，按照其表述的内容可分为整车电路原理框图、系统电路原理框图和元器件工作原理框图，如图 12-1 所示。

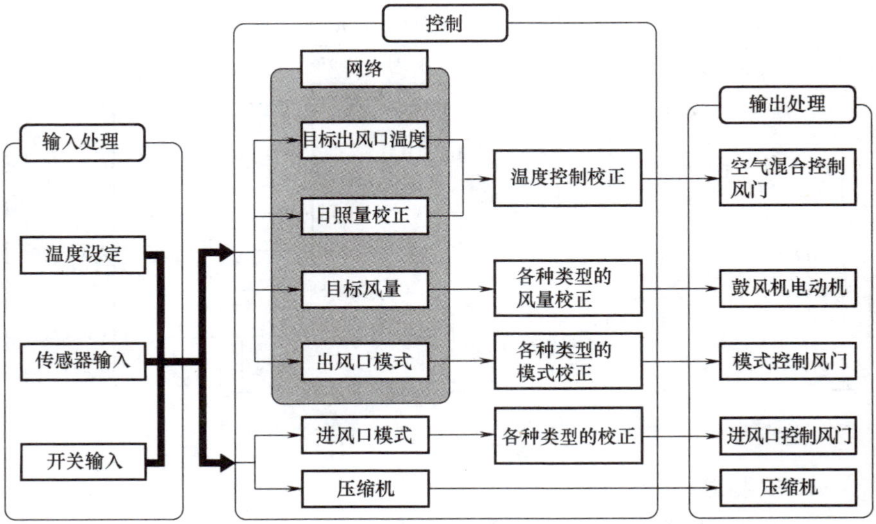

图 12-1 空调放大器控制原理框图

2. 原理图

学习提示

电路原理图是指用于表示汽车电气系统的电路工作原理的电路图，有全车电路原理图和系统电路原理图之分。

电路原理图是详细说明汽车电子电路元器件间、执行电路间、单元电路间、元器件和单元电路之间的连接关系及电路工作原理的简图，是设备调试、维修的依据，如图 12-2 所示。

技能提升

电路原理图将相关电器、电子元器件及电路的布置等都简化成最简单的符号，各个元器件旁注明了元器件的代号（或参数值）、借助原理图分析电路中电流的来龙去脉，即可了解电路图对应设备的工作原理。

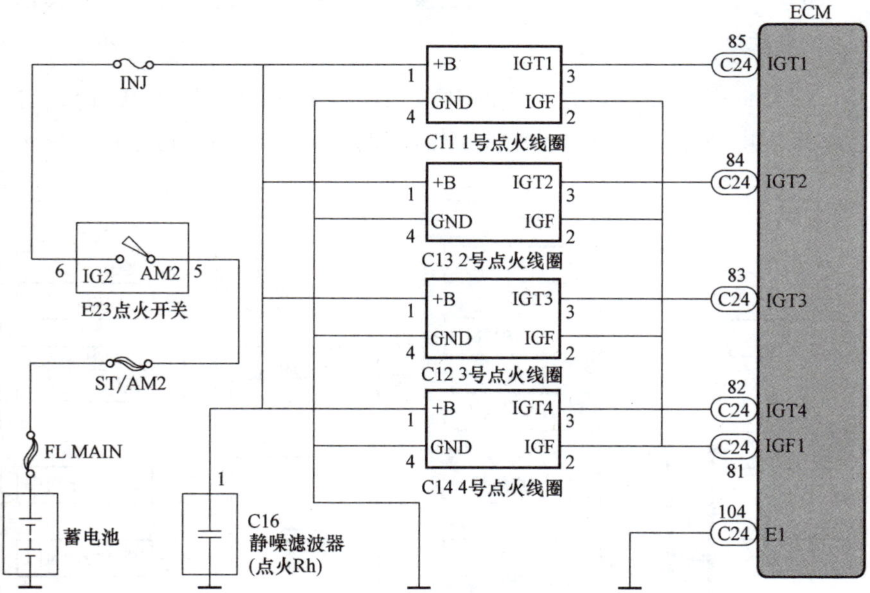

图 12-2　丰田凯美瑞点火系统原理图

3. 安装图

汽车电子电路的安装图也被称为布线图，主要说明电路的工作原理，如图 12-3 所示。

学习提示

安装图就是在电路板图上用实物图或符号画出每个元器件的位置。对于一些较简单的电路，一般还可以画出对应的实物图。有的安装图还包括元器件正面放置的实体图和反面的连接图。

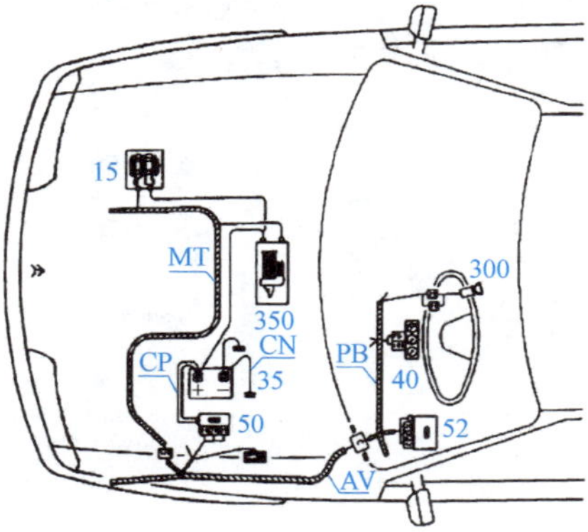

图 12-3　充电和起动电路元件安装图

15—交流发电机　35—蓄电池　40—组合仪表　50—发动机室熔丝/继电器盒
52—驾驶人侧熔丝/继电器盒　300—点火开关　350—起动机

4. 线束图

线束是电路的主干，通过插接器、铰接点与车内电器或车体连接，从线束图中可以了解线束的走向及线束各部插接器的位置，如图 12-4 所示。

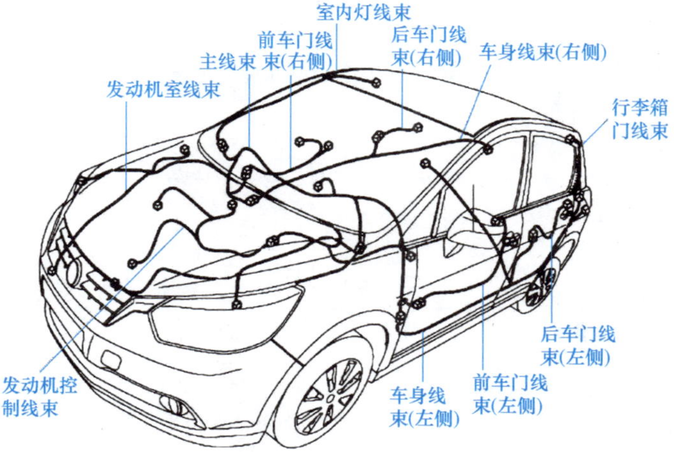

图 12-4　线束示意图

四、汽车电路图识读要领

1. 图形符号

学习提示

图形符号是电路图基本的识别语言，看懂汽车电路图的前提是必须掌握常用的图形符号，见表 12-2。

表 12-2 汽车电路图形符号表

	名称	图形符号
限定符号	直流	—
	交流	～
	交直流	≈
	正极	+
	负极	-
	中性点	N
	磁场	F
	搭铁	⊥
	交流发电机输出接线端	B
	磁场二极管输出端	D +
导线、端子和导线的连接符号	接点	●
	端子	○
	可拆卸的端子	∅
	导线的连接	
	导线的分支连接	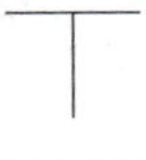
	导线的交叉连接	
导线、端子和导线的连接符号	导线的跨越	
	插座的一个极	
	插头的一个极	
	插头和插座	
	多极插头和插座（示出的为三极）	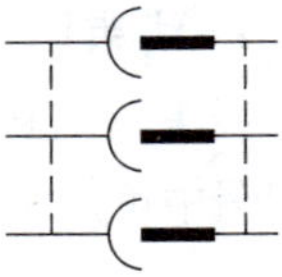
	接通的连接片	
	断开的连接片	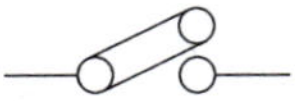
	边界线	
	屏蔽（护罩）	
	屏蔽导线	

（续）

名　称		图形符号
触点与开关符号	动合（常开）触点	
	动合（常闭）触点	
	先断后合的触点	
	中间断开的双向触点	
	双动合触点	
	双动断触点	
	单动断双动合触点	
	双动断双动合触点	
	一般情况下手动控制	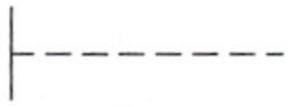
	拉拔操作	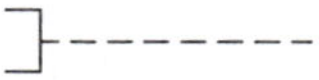
	旋转操作	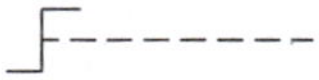
	按动操作	
	一般机械操作	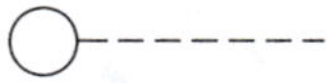
	钥匙操作	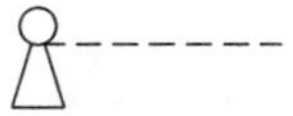
	热执行器操作	
	温度控制	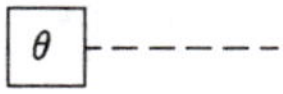

名　称		图形符号
触点与开关符号	压力控制	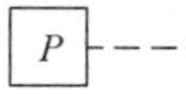
	制动压力控制	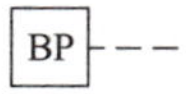
	液位控制	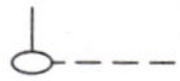
	凸轮控制	
	联动开关	
	手动开关的一般符号	
	定位（非自动复位）开关	
	按钮开关	
	能定位的按钮开关	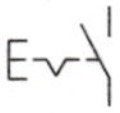
	拉拔开关	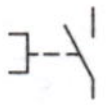
	旋转、旋钮开关	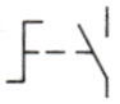
	液位控制开关	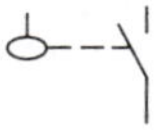
	机油滤清器报警开关	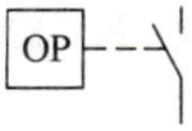
	热敏开关动合触点	
	热敏开关动断触点	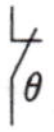
	热敏自动开关动断触点	

（续）

类别	名称	图形符号
触点与开关符号	热继电器触点	
	旋转多档开关位置	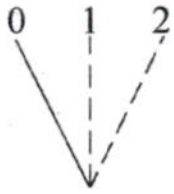
	推拉开关位置	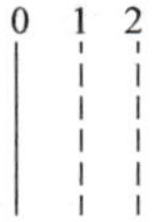
	钥匙开关（全部定位）	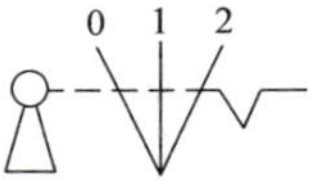
	多档开关，点火、起动开关，瞬时位置为2能自动驼回到1（即2不能定位）	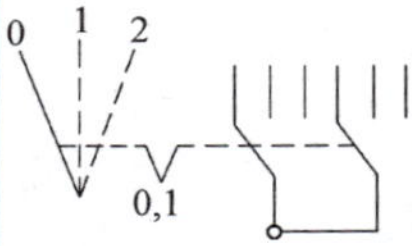
	节流阀开关	
电器元件符号	电阻器	
	可变电阻器	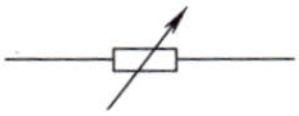
	压敏电阻器	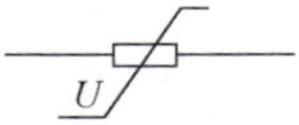
	热敏电阻器	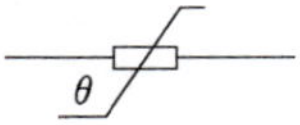
	滑线式电阻器	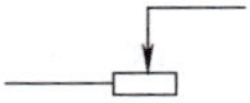
	分路器	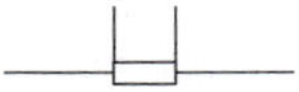
电器元件符号	滑动触点电位器	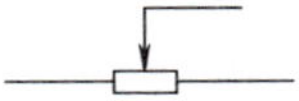
	仪表照明调光电阻	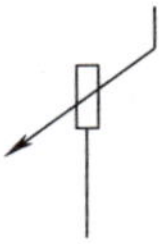
	光敏电阻	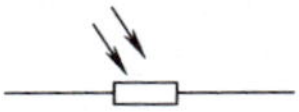
	加热元件、电热塞	
	电容器	
	可变电容器	
	极性电容器	
	穿心电容器	
	半导体二极管一般符号	
	单向击穿二极管，电压调整二极管（稳压管）	
	发光二极管	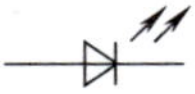
	双向二极管（变阻二极管）	
	晶闸管	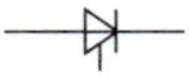
	光敏二极管	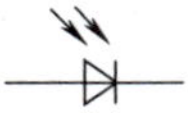
	PNP 型晶体管	
	集电极接管壳晶体管（NPN 型）	

（续）

名称		图形符号
电器元件符号	具有两个电极的压电晶体	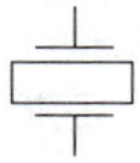
	电感器、线圈、绕组、扼流圈	
	带磁心的电感器	
	熔丝	
	易熔线	
	电路断电器	
	永久磁铁	
	操作器件一般符号	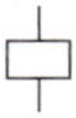
	一个线圈电磁铁	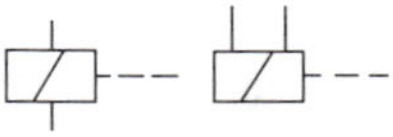
	两个线圈电磁铁	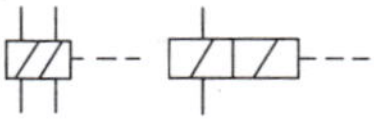
	不同方向线圈电磁铁	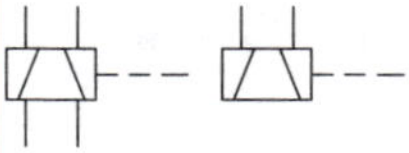
	触点常开的继电器	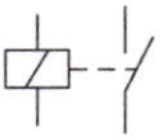
	触点常闭的继电器	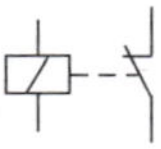
仪表符号	指示仪表	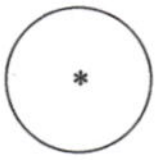
	电压表	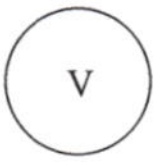
	电流表	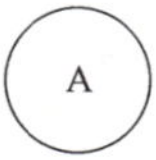
仪表符号	电压电流表	
	电阻表	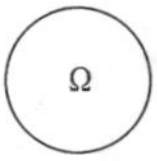
	功率表	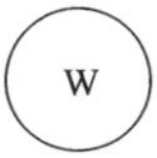
	油压表	
	转速表	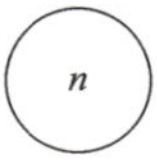
	温度表	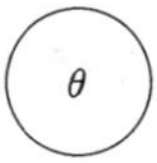
	燃油表	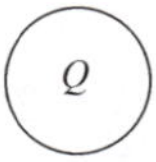
	车速里程表	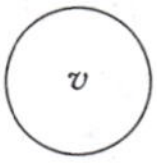
	时钟	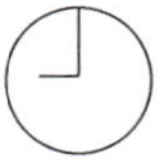
	数字式时钟	
各种传感器符号	传感器的一般符号	
	温度表传感器	
	空气温度传感器	

（续）

	名　称	图形符号		名　称	图形符号
各种传感器符号	冷却液温度传感器		电气设备符号	照明灯、信号灯、仪表灯、指示灯	
	燃油表传感器			双丝灯	
	油压表传感器			荧光灯	
	空气质量传感器			组合灯	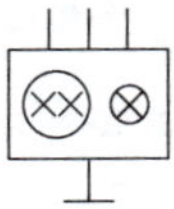
	空气流量传感器			预热指示器	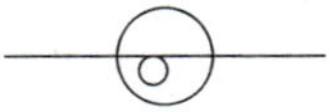
	氧传感器			电喇叭	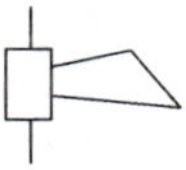
	爆燃传感器	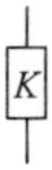		扬声器	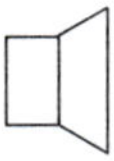
	转速传感器	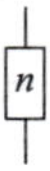		蜂鸣器	
	速度传感器	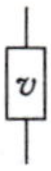		报警器、电警笛	
	空气压力传感器			元件、装置、功能元件	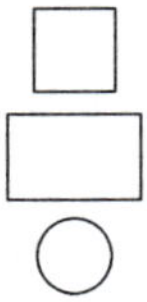
	制动压力传感器			信号发生器	
				脉冲发生器	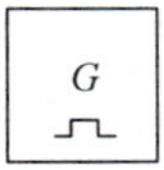

（续）

名　　称		图形符号	名　　称		图形符号
电气设备符号	闪光器	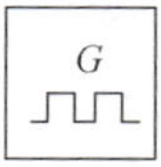	电气设备符号	振荡器	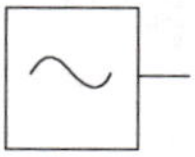
	霍尔信号发生器	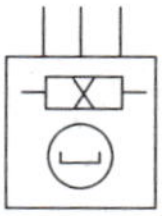		变换器、转换器	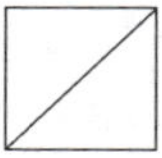
	磁感应信号发生器			光电发生器	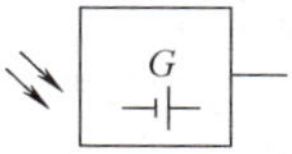
	温度补偿器	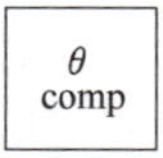		空气调节器	
	电磁阀一般符号	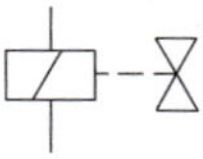		滤波器	
	常开电磁阀	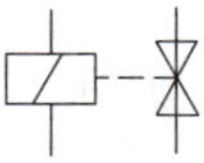		稳压器	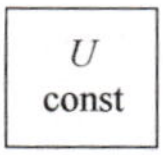
	常闭电磁阀	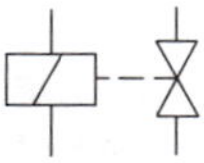		点烟器	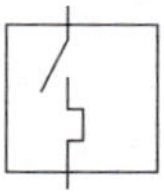
	电磁离合器	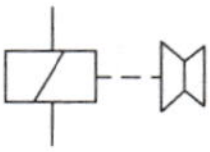		热继电器的驱动器件	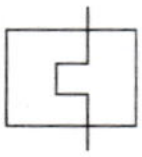
	用电动机操纵的怠速调整装置	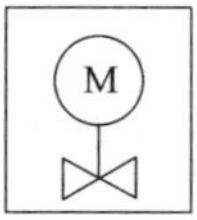		间歇刮水继电器	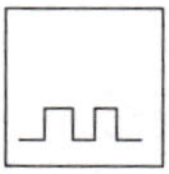
	过电压保护装置			防盗报警系统	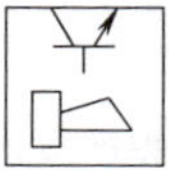
	过电流保护装置			天线一般符号	
	加热器（除霜器）	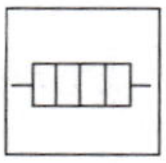		发射机	

（续）

名称		图形符号
电气设备符号	收音机	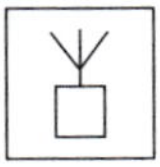
	内部通信联络及音乐系统	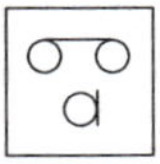
	收放机	
	电话机	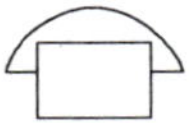
	传声器一般符号	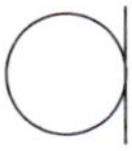
	点火线圈	
	分电器	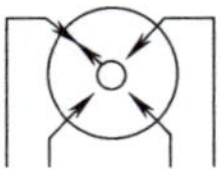
	火花塞	
	电压调节器	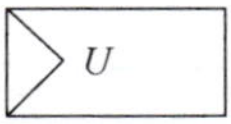
	转速调节器	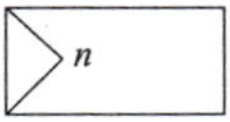
	温度调节器	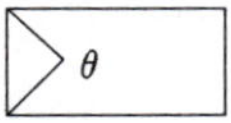
	串励绕组	
	并励或他励绕组	
	集电环或换向器上的电刷	
电气设备符号	直流电动机	
	串励直流电动机	
	并励直流电动机	
	永磁直流电动机	
	起动机（带电磁开关）	
	燃油泵电动机、洗涤电动机	
	晶体管电动燃油泵	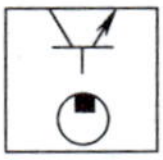
	加热定时器	
	点火电子组件	
	风扇电动机	
	刮水电动机	
	天线电动机	

（续）

名　称		图形符号
电气设备符号	直流伺服电动机	
	直流发电机	
	星形联结的三相绕组	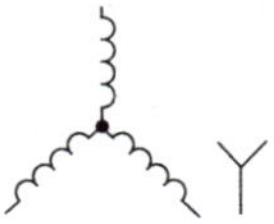
	三角形联结的三相绕组	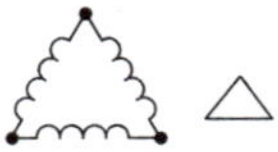
	定子绕组为星形联结的交流发电机	
	定子绕组为三角形联结的交流发电机	
	外接电压调节器与交流发电机	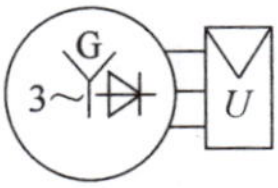
	整体式交流发电机	
	蓄电池或蓄电池组	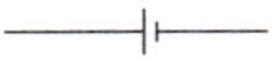
	蓄电池传感器	
	制动灯传感器	
电气设备符号	尾灯传感器	
	制动器摩擦片传感器	
	燃油滤清器积水传感器	
	三丝灯泡	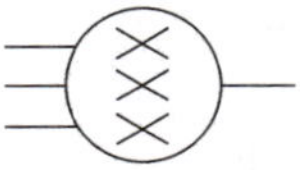
	汽车底盘与吊机间电路集电环与电刷	
	自记车速里程表	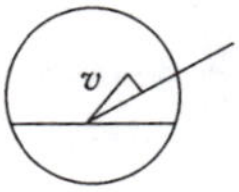
	带时钟自记车速里程表	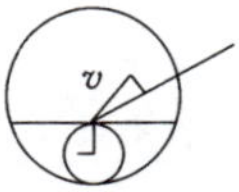
	带时钟的车速里程表	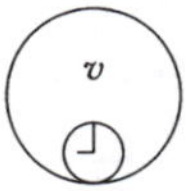
	门窗电动机	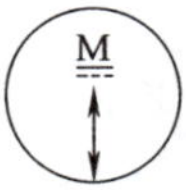
	座椅安全带装置	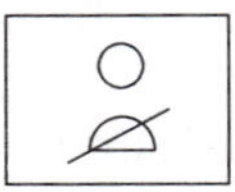

2. 文字符号

学习提示

文字符号是指电气设备、装置和元器件的种类或名称用字母代码来表示。文字符号分为基本文字符号和辅助文字符号两大类，基本文字符号见表 12-3。

表 12-3 常用基本文字符号

设备、装置、元器件种类	举例	基本文字符号	
		单字母	双字母
组件部件	电桥	A	AB
	晶体管放大器		AD
	集成电器放大器		AJ
	印制电路放大器		AP
非电量到电量变换器或电量到非电量变换器	送话器、扬声器、晶体换能器	B	BP
	压力变换器		
	温度变换器		BT
电容器	电容器	C	
数字集成电路和器件	数字集成电路和器件	D	
其他元器件	发热器件	E	EH
	照明灯		EL
保护器件	熔丝	F	FU
	限压保护器件		FV
发生器	发生器	G	GS
发电机	发电机		GA
电源	蓄电池		GB
信号器件	声响指示	H	HA
	光指示器		HL
	指示灯		HL
继电器	交流继电器		KA
	双稳态继电器	K	KL
接触器	簧片继电器		KR
	接触器		KM
电感器	感应线圈	L	
电动机	电动机	M	
模拟元件	运算放大器、混合模拟/数字器件 指示器件信号发生器	N	

（续）

设备、装置、元器件种类	举例	基本文字符号	
		单字母	双字母
测量设备	电流表	P	PA
试验设备	（脉冲）计数器		PC
	电压表		PV
电阻器	变阻器	R	
	电位器		RP
	热敏电阻器		RT
	压敏电阻器		RV
控制、记忆、信号电路的开关操作、选择器	控制开关、选择开关	S	SA
	按钮开关		SB
	压力传感器		SP
	位置传感器		SQ
	温度传感器		ST

3. 辅助文字符号

学习提示

辅助文字符号表示电气设备、装置和元件以及线路的功能、状态和特征，见表12-4。如“SYN”表示同步，“L”表示左或低，“ON”表示闭合，“OFF”表示断开等。

表12-4 常用辅助文字符号

文字符号	名称	文字符号	名称
A	电流	BK	黑
A	模拟	BL	蓝
AC	交流	BW	向后
A AUT	自动	C	控制
ACC	加速	CW	顺时针
ADD	附加	CCW	逆时针
ADJ	可调	D	延时（延迟）
AUX	辅助	D	差动
ASY	异步	D	数字
B BRK	制动	D	降低

（续）

文字符号	名　称	文字符号	名　称
DC	直流	PE	保护搭铁
DEC	减	PEN	保护搭铁与中性线共用
E	搭铁	PU	不保护搭铁
EM	紧急	R	记录
F	快速	R	右
FB	反馈	R	反
FW	正;向前	RD	红
GN	绿	R RST	复位
H	高		
IN	输入	RES	备用
INC	增	RUN	运转
IND	感应	S	信号
L	左	ST	起动
L	限制	S SE	复位,定位
L	低		
LA	闭锁	SAT	饱和
M	主	STE	步进
M	中	STP	停止
M	中间线	SYN	同步
M MAN	手动	T	温度
		T	时间
N	中性线	TE	无噪声（防干扰）、搭铁
OFF	断开	V	真空
ON	接通	V	速度
OUT	输出	V	电压
P	压力	WH	白
P	保护	YE	黄

五、汽车电路图识读技巧

1. 纵观“全图”，细分“系统”

（1）对照线路图和图注，找出电器在车上的大概位置及其用途。

全车电路一般都是由各个系统电路组合构成的，它们之间存在连接和控制关系。

（2）分清系统电路图的工作原理。

掌握各个系统电路的基本情况和接线规律，然后分析各系统电路的关系，如电源电路、接地线的联系，进而弄清楚整车电路的工作原理。

2. 熟悉电路标记符号

熟悉相关电器元件名称及其在图中的位置和接线情况。

电源端接线柱用“B”或“30”表示，接至点火开关的接线柱用“SW”或“15”表示，接至起动机的接线柱用“S”表示，接至各种灯具的接线柱用L表示，发电机中性点接线柱用“N”表示，励磁电压输出端接线柱用“D +”表示，发电机电枢输出端接线柱用“B +”表示等。

3. 牢记回路原则

（1）用电器回路线路。

任何一个电路都包括电源、开关（或熔断器）、电器（或电子线路）、导线和插接器等，并从电源正极经导线、开关（或熔断器）至用电器后接地，再回到同一电源的负极。

（2）控制线路。

任何一个控制线路信号电压或电流都是由ECU发出，然后经过接地线回到ECU。

4. 化整为零

（1）熟悉共同接地线或共用电源线。

整车电路可以通过共同接地线或共用电源线为起点进行识读。

（2）对汽车电气线路的各个分电路逐一进行分析。

对各分电路进一步细分，如电子控制系统电路，可分为发动机电子控制系统、自动变速器电子控制系统、防抱死制动电子控制系统等电路。同时发动机电子控制系统又可分为汽油喷射控制、点火控制、排放控制等不同电路。

5. 掌握开关在电路中的作用

（1）熟悉开关的工作原理。

以分析开关在电路中的作用为突破点进行识读。

（2）细分开关的功用。

当开关接线柱较多时，首先抓住从电源来的一两个接线柱，再逐个分析与其他各接线柱相连的用电设备处于何种档位，从而找出控制关系。

6. 熟悉电路中开关或继电器的状态

（1）了解电路中开关或继电器通电的工作情况。

以开关或继电器的功能改变为突破口识读。因为大多数电器或电子设备都是通过开关（包括电子开关）或继电器的不同状态而形成回路或改变回路实现不同的控制。如燃油泵的回路必须在燃油泵继电器触点闭合时才能形成，而燃油泵继电器触点闭合的条件是继电器线圈的ECU通电导通。

（2）分清多档点火开关或组合开关的电路。

① 了解多档点火开关或组合开关的电路电流从何处来，中间是否经过其他开关或熔丝。

② 了解多档开关共有几个档位，开关内部有几个同时或分别动作的触点，在每一档位各接通或关断哪些电器。

③ 组合开关由哪些开关或按钮组合而成，各通过哪些触点接通电路或改变回路等。

7. 掌握电器装置在电路图中的布置

（1）集中表示法。

集中表示法是把一个电器装置的各组成部分，在图上集中（即靠近）绘制的一种表示方法。

（2）分开表示法。

分开表示法是把继电器的线圈、触点分别画在不同的电路中，用同一个文字符号或数字符号将分开的部分联系起来。

8. 掌握各系统电路之间的联系

整车电路中各系统电路都是独立的，但它们之间存在着内在联系，一般通过连接符号a、b、c等形成连接。

9. 熟悉线束色标的规律

电线的颜色都是有一定规律的，如红色线大多为控制电源线，棕色多为接地线，白、黄色线多用于控制灯，蓝色线大多用于指示灯或传感器，全绿、红/黑或绿/黑线多用于脉冲式的用电器。

10. 通过解剖典型电路达到触类旁通的目的

许多车型的电路都是相同或相近的，剖析几个典型电路，掌握其接线特点和原则，达到触类旁通的目的。